应用技术型高校汽车类专业规划教材

Qiche Yeya yu Qiya Chuandong

汽车液压与气压传动

柳　波　主编

人民交通出版社股份有限公司
China Communications Press Co.,Ltd.

内容提要

本书是应用技术型高校汽车类专业规划教材,详细介绍了汽车液压与气压传动相关知识,内容包括:液压传动与气压传动基础、液压动力元件、液压执行元件、液压控制元件、液压辅助元件、液压基本回路、液压伺服和比例控制系统、液压系统的设计计算、汽车液压系统、气压传动、气压传动在汽车上的应用等11章,在每章后都附加了本章小结和复习思考题,以便读者使用。

本书适合作为高等院校车辆工程、汽车服务工程专业的教材,也可作为高职高专、成人教育、自学考试等机械类专业和汽车工程专科专业的教材。同时,也可供从事液压传动与控制技术、汽车设计与制造技术工作的工程技术人员参考。

图书在版编目(CIP)数据

汽车液压与气压传动 / 柳波主编. —北京: 人民交通出版社股份有限公司, 2014.6

应用技术型高校汽车类专业规划教材

ISBN 978-7-114-11412-0

Ⅰ.①汽… Ⅱ.①柳… Ⅲ.①汽车-液压传动-高等学校-教材 ②汽车-气压传动-高等学校-教材 Ⅳ.①U463.2

中国版本图书馆 CIP 数据核字(2014)第 091207 号

应用技术型高校汽车类专业规划教材

书　　名: 汽车液压与气压传动
著 作 者: 柳　波
责任编辑: 夏　韡
出版发行: 人民交通出版社股份有限公司
地　　址: (100011)北京市朝阳区安定门外外馆斜街3号
网　　址: http://www.ccpress.com.cn
销售电话: (010)59757973
总 经 销: 人民交通出版社股份有限公司发行部
经　　销: 各地新华书店
印　　刷: 北京市密东印刷有限公司
开　　本: 787×1092　1/16
印　　张: 16.25
字　　数: 374千
版　　次: 2014年7月　第1版
印　　次: 2014年7月　第1次印刷
书　　号: ISBN 978-7-114-11412-0
定　　价: 38.00元

应用技术型高校汽车类专业规划教材编委会

前言

FOREWORD

当前,随着汽车行业的快速发展,汽车人才需求激增,无论是汽车制造企业对于汽车研发、汽车制造人才的大量需求,还是汽车后市场对于汽车服务型人才的大量需求,都需要高校不断地输送相关人才。而目前,我国高等教育所培养的大部分人才还是以理论知识学习为主,缺乏实践动手能力,在进入企业一线工作时,往往高不成低不就。一方面,企业会抱怨招不到合适的人才;另一方面,毕业生们又抱怨没有合适的工作可找,主要问题就在于人才培养模式没有跟上社会发展实际需求。

《国家中长期教育改革和发展规划纲要(2010—2020年)》中明确指出,要提高人才培养质量,重点扩大应用型、复合型、技能型人才培养规模。培养理论和实操兼具的人才,使之去企业到岗直接上手或稍加培养即可适应岗位。2014年2月26日,李克强总理在谈到教育问题时指出,要建立学分积累和转换制度,打通从中职、专科、本科到研究生的上升通道,引导一批普通本科高校向应用技术型高校转型。可见,国家对于应用型技术人才的培养力度将持续加大。

教材建设是高校教学和人才培养的重要组成部分,作为知识载体的教材则体现了教学内容和教学要求,不仅是教学的基本工具,更是提高教学质量的重要保证。目前,国内多家高校在应用型人才培养过程中普遍缺乏适用的教材,现有的本科教材远不能满足要求。因此,如何编写应用型本科教材是培养紧缺人才急需解决的问题。正是基于上述原因,人民交通出版社经过充分调研,结合自身汽车类专业教材、图书的出版优势,于2012年12月在北京组织召开了"高等教育汽车类专业应用型本科规划教材编写会",并成立教材编写委员会。会议审议并通过了教材编写方案。

本系列教材定位如下:

(1)使用对象确定为拥有车辆工程、汽车服务工程或交通运输等专业的二三本院校；

(2)设计合理的理论与实践内容的比例，主要解决“怎么做”的问题，涉及最基本的、较简单的“为什么”的问题，既满足本科教学设计的需要，又满足应用型教育的需要；

(3)与现行汽车类普通本科规划教材是互为补充的关系，与高职高专教材有明显区别，深度上介于两者之间，满足教学大纲的需求，有比较详细的理论体系，具备系统性和理论性。

《汽车液压与气压传动》教材根据“高等教育汽车类专业应用型本科规划教材编写会”会议精神编写。本书编写遵循“注重基础、强化全面，强调应用”的理念，在着重基本概念与结构、原理阐述的同时，突出理论知识应用能力的培养。从流体力学基础理论入手，分析了流体力学在液压与气压传动中的应用，进而介绍和分析了液压与气动元件、基本回路及系统的结构组成、工作原理及应用，注重揭示出它们之间的共性和本质。结合理论联系实际的需要，分析了系统设计方法，通过实例分析了液压与气动技术在汽车上的应用。

本书共分11章，其中第1章液压传动基础部分及第2、3、4、5、6、7章由柳波编写；第1章气压传动基础部分及第8、10章由衣红编写；第9章由李向华编写；第11章由陈敏编写。同时，感谢张振海、肖益民、彭志方在资料搜集等方面所做的大量工作。

本书突出汽车液压与气动技术的特点，简化基础理论推导过程，在阐述汽车液压与气动技术基本内容的基础上，注重理论知识在汽车上的具体应用，强化汽车液压与气动技术的应用特色。本书不仅可以作为高等院校相关专业的使用教材或培训资料，还可以供教师、学生、企业技术人员课内外学习、拓展视野或进一步提高时参考。

由于编者水平有限，书中不妥之处在所难免，恳请读者批评指正。

应用技术型高校汽车类专业规划教材编委会

2014年3月

目录

CONTENTS

第1章　液压传动与气压传动基础 …… 1

1.1　液压传动概述 …… 1

1.2　液压传动基础 …… 4

1.3　气压传动概述 …… 25

本章小结 …… 27

复习思考题 …… 28

第2章　液压动力元件 …… 29

2.1　液压泵概述 …… 29

2.2　齿轮泵 …… 33

2.3　叶片泵 …… 37

2.4　柱塞泵 …… 40

本章小结 …… 46

复习思考题 …… 46

第3章　液压执行元件 …… 48

3.1　液压马达 …… 48

3.2　液压缸 …… 54

本章小结 …… 64

复习思考题 …… 64

第4章　液压控制元件 …… 66

4.1　液压阀的特性与分类 …… 66

4.2　方向控制阀 …… 69

4.3　压力控制阀 …… 79

4.4　流量控制阀 …… 90

本章小结 …… 96

复习思考题 …… 97

第5章　液压辅助元件 …… 98

5.1　油箱 …… 98

5.2　密封装置 …… 101
5.3　过滤器 …… 104
5.4　热交换器 …… 106
5.5　蓄能器 …… 107
5.6　管件 …… 110
本章小结 …… 112
复习思考题 …… 112
第6章　液压基本回路 …… 113
6.1　压力控制回路 …… 113
6.2　速度控制回路 …… 120
6.3　方向控制回路 …… 133
6.4　多执行元件控制回路 …… 135
本章小结 …… 140
复习思考题 …… 141
第7章　液压伺服和比例控制系统 …… 143
7.1　液压伺服控制 …… 143
7.2　电液比例控制 …… 149
本章小结 …… 162
复习思考题 …… 162
第8章　液压系统的设计计算 …… 163
8.1　明确设计要求、进行工况分析 …… 163
8.2　液压系统原理图的拟定 …… 167
8.3　确定液压系统主要参数 …… 167
8.4　液压元件的计算与选择 …… 169
8.5　液压系统性能的验算 …… 171
本章小结 …… 174
复习思考题 …… 174
第9章　汽车液压系统 …… 175
9.1　汽车动力转向液压系统 …… 175
9.2　汽车制动液压系统 …… 177
9.3　汽车液压悬架系统 …… 182
9.4　自动变速器液压控制系统 …… 185
9.5　汽车发动机液压调速系统 …… 193
本章小结 …… 195
复习思考题 …… 195
第10章　气压传动 …… 196
10.1　气源装置及辅助元件 …… 196
10.2　气动元件 …… 204

10.3　气动基本回路 …… 219
本章小结 …… 238
复习思考题 …… 238
第 11 章　气压传动在汽车上的应用 …… 239
11.1　汽车制动气压系统 …… 239
11.2　汽车空气动力悬架系统 …… 246
本章小结 …… 248
复习思考题 …… 248
参考文献 …… 249

第1章　液压传动与气压传动基础

教学目标

1. 了解液压传动的组成、工作原理及特点。
2. 了解油液的性质。
3. 掌握液压静力学和动力学基础。
4. 掌握孔口、管道、缝隙流动特性以及液压冲击和空穴现象。
5. 了解气压传动的组成、工作原理及特点。

教学要点

知识要点	掌握程度	相关知识
液压传动与气压传动原理	熟练	帕斯卡静压传递原理
液压静力传递两大特性	理解	流体力学
液压动力传动三大方程	理解	流体力学
孔口与缝隙流动特性	熟练	流体力学

液压与气压传动是现代机械设备中高速发展的重要技术，特别是与微电子、计算机技术相结合，使其进入了一个崭新的发展阶段，目前已广泛应用在以汽车行业为代表的各工业领域。由于近年来微电子、计算机技术的飞跃发展，液压和气压零部件的制造技术进一步提高，使得液压与气压传动不仅在作为一类基本的传动形式上占有重要地位，而且还以优良的静态、动态性能成为一种重要的控制手段。

液压与气压传动技术的发展，极大地促进了汽车技术和汽车工业的高速发展，使得现代汽车成为机、电、液、计算机一体化的高新技术产物，汽车技术已成为现代科学技术和物质文明的发展标志。目前，技术先进的汽车上已广泛采用液压和气压技术进行传动或控制，在其燃料供给、节气门控制、机械润滑、动力转向、制动、悬架、废气循环等系统中大量应用了液压与气压传动技术。因此，加强针对汽车的液压与气压传动技术学习与研究，对于科学合理地设计、制造、使用和维修汽车具有重要意义。

1.1　液压传动概述

1.1.1　液压传动概述与应用

1. 液压传动的概述

液压传动相对于机械传动来说，它是一门新学科，但从17世纪中叶帕斯卡提出静压传动原理,18 世纪末英国制成第一台水压机算起,液压传动已有两三百年的历史,只是由于早期技术水平和生产需求的不足,液压传动技术没有得到普遍地应用。随着科学技术的不断发展,对传动技术的要求越来越高,液压传动技术自身也在不断发展,特别是在第二次世界大战期间及战后,由于军事及建设需求的刺激,液压技术日趋成熟。

第二次世界大战前后,成功地将液压传动装置用于舰艇炮塔转向器,其后出现了液压六角车床和磨床,一些通用机床到 20 世纪 30 年代才用上了液压传动。第二次世界大战期间,在兵器上采用了功率大、反应快、动作准的液压传动和控制装置,它大大提高了兵器的性能,也大大促进了液压技术的发展。战后,液压技术迅速转向民用,并随着各种标准的不断制定和完善及各类元件的标准化、规格化、系列化,而在机械制造、工程机械、农业机械、汽车制造等行业中推广开来。近 30 年来,由于原子能技术、航空航天技术、控制技术、材料科学、微电子技术等学科的发展,再次将液压技术推向前进,使它发展成为包括传动、控制、检测在内的一门完整的自动化技术,在国民经济的各个部门都得到了应用,如工程机械、数控加工中心、冶金自动线等。采用液压传动的程度已成为衡量一个国家工业水平的重要标志之一。

2. 液压传动的应用

工程实际中都是基于液压传动与控制技术的某种优点而应用的。如液压机是利用液压传动能够输出极大的压制力而应用;金属切削机床是利用液压传动无级调速、频繁启动性、换向快速性和平稳性等应用;工程机械和所有行走机械是利用液压传动结构简单,体积小、质量轻,可执行元件工作的功能得到应用等。

冶金工业中的应用:高炉(炉顶、布料、热风炉)装置液压系统、电弧炉液压系统、方坯连铸液压系统、棒材线材机组液压系统、型材机组液压系统、带钢跑偏液压控制系统等。

石油机械中的应用:石油钻机液压系统、采油机械液压系统、钻井平台桩腿升降机液压系统等。

汽车运输中的应用:汽车助力转向系统、自卸式载货汽车车厢举升液压系统、汽车制动液压系统、汽车变速器液压系统等。

在测试仪器系统中很多都用到了液压系统。

1.1.2 液压传动系统的组成及工作原理

1. 液压传动原理

液压传动是利用静压传递原理来工作的,其传动模型如图 1-1 所示。

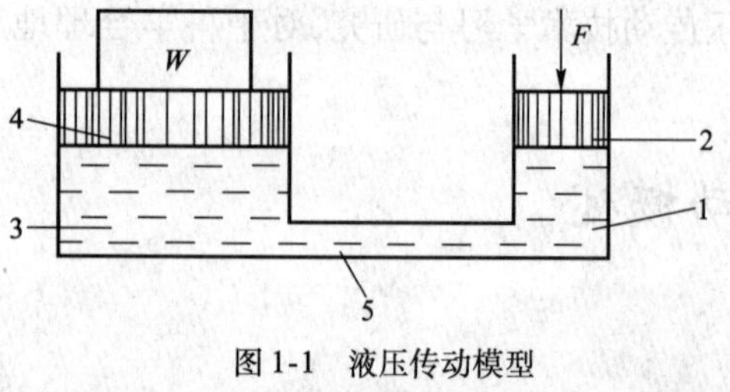

图 1-1 液压传动模型

1、3-缸体;2、4-活塞;5-连通管;*W*-重物重力;*F*-作用力

密封容器中盛满液体,当小活塞在作用力 F 足够大时即下压,小缸体内的液体流入大缸体内,依靠液体压力推动大活塞,将重物 W 举升。这种力和运动的传递是通过容器内的液体来实现的。

图 1-2 所示是磨床工作台液压系统工作原理图。

油液由油箱 1 经滤油器 2 被吸入液压泵 3,由液压泵输出的压力油经过节流阀 5、换向阀 6 进入液压缸 7 的左腔(或右腔),液压缸的右腔

(或左腔)的油液则经过换向阀后流回油箱,工作台9随液压缸中的活塞8实现向右(或向左)移动,当换向阀处于中位时,工作台停止运动。工作台实现往复运动时,其速度由节流阀5调节,克服负载所需的工作压力则由溢流阀4控制。图1-2中a)、b)、c)分别表示了换向阀处于三个工作位置时,阀口P、T、A、B的接通情况。

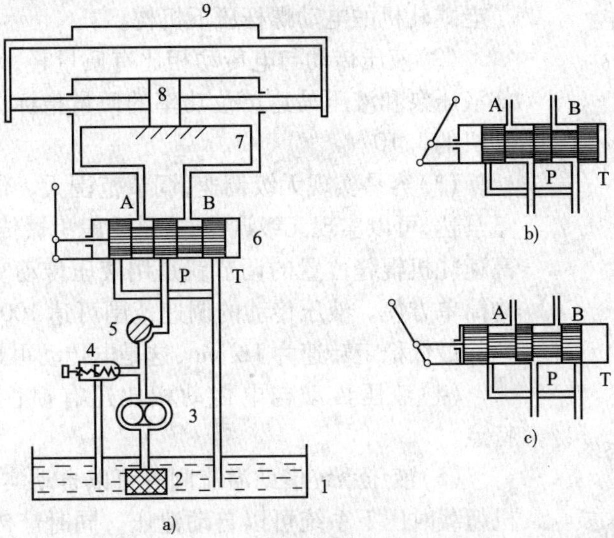

图1-2 液压传动系统工作原理图

1-油箱;2-滤油器;3-液压泵;4-溢流阀;5-节流阀;6-换向阀;7-液压缸;8-活塞;9-工作台

2. 液压传动系统的组成

根据磨床工作台液压系统的工作原理可知,液压传动是以液体为工作介质的,一个完整的液压传动系统还必须由动力元件、执行元件、控制元件、辅助元件几部分组成,见表1-1。

液压传动系统组成 表1-1

组成部分	功用	举例
动力元件	将机械能转换为液体的压力能	液压泵
执行元件	将液体的压力能转化为机械能	液压缸、液压马达
控制元件	控制流体的压力、流量和方向,保证执行元件完成预期的动作要求	方向阀、压力阀、流量阀等
辅助元件	起连接、储油、过滤、测量等作用	接头、油管、油箱、滤油器、空气滤清器、压力表等

图1-2所示的液压系统结构原理图较直观、容易理解,但图形较复杂,难以绘制。在实际工作中,常用图形符号来绘制,如图1-3所示。图形符号不表示元件的具体结构,只表示元件的功能,使系统图简化,原理简单明了,便于阅读、分析、设计和绘制。

1.1.3 液压传动的特点

1. 液压传动与其他传动形式相比具有的优点

(1)借助油管的连接可以方便灵活地布置传动机构,执行元件可以布置得远离原动机,

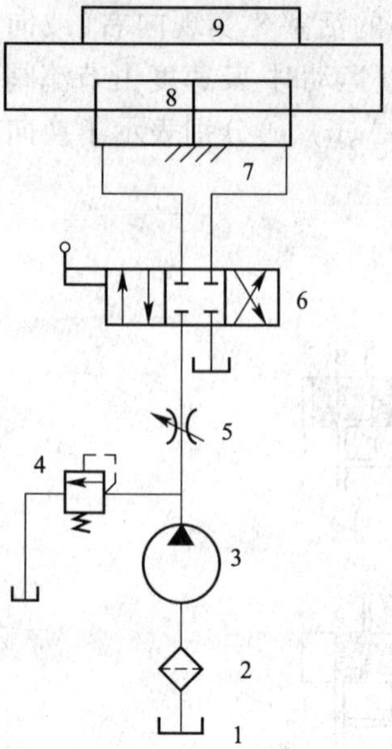

图 1-3　液压传动系统图形符号

1-油箱;2-滤油器;3-液压泵;4-溢流阀;5-节流阀;6-换向阀;7-液压缸;8-活塞;9-工作台

这是比机械传动优越的地方。比如轧机的压下机构弯辊等液压缸的动力泵站就远离轧机。由于液压缸容易布置,所以使轧机弯辊控制成为可能。又由于液压缸的推力大,压下速度快,操作方便,反应灵敏,而且外形美观大方,体积小,在轧机上已经取代了老式轧机的电动螺杆压下机构。

(2)液压传动与电传动相比有质量轻,体积小的突出优点。如液压泵和液压马达单位功率的质量指标,目前是发电机及电动机的1/10。

(3)容易实现无级调速,调节范围大。借助阀或变量泵,变量马达,可以实现无级调速,这是一般机械传动无法比拟的。如高速轧机辊缝位置的调节就是用液压传动实现无级调节的,结构简单方便。液压传动的调速范围可达1000∶1,柱塞式液压马达的最低稳定转速为1r/min,这是电传动很难达到的。

(4)液压传动与电传动相比还有惯性小,响应速度快的特点。

(5)液压系统借助溢流阀等可以自动实现过载保护。如轧机超载时压下系统可以自动泄压。同时液传动运转平稳,用油作介质时设备和元件有自润滑作用,故使用寿命长。

(6)液压传动借助各种控制阀,可以实现机器运行的自动化,特别是采用电—液联合控制后,不但可以实现更高程度的自动控制过程,而且可以实现遥控。

2. 液压传动存在的缺点

(1)由于液体流动阻力损失和泄漏较大,因此,液压传动效率低,一般为75%～80%。如果管理不当,泄漏不仅污染场地,而且可能引起火灾等事故。

(2)因为液体的黏度随温度变化而变化,所以温度的变化对液体系统工作性能影响很大,特别是伺服系统。为保证系统正常工作,一般都要设置液压恒温控制。

(3)液压元件制造精度要求高,尤其对以煤油为基础油的液压元件其精度要求更高,因而价格较贵,使用和维护的技术水平要求更高。

(4)对油污染敏感。污染的液压油使液压元件磨损和堵塞,甚至损坏,因而要求有较高过滤精度的过滤系统。在液压轧机上伺服系统一般要求不低于3μm。

(5)液压传动在我国发展历史较短,目前尚存在不少问题,如液压元件质量较差,使用寿命短,液压油的成分及纯度也不能完全满足使用要求等。

1.2　液压传动基础

1.2.1　油液的性质

在液压系统中,使用的工作介质有石油基液压油、难燃型液压液、高水基液和水介质(海水、淡水)等,一般称为液压油。液压油的基本性质和合理选用对液压系统的工作状态影响很大。

1. 液压油的主要性质

1）液体的密度

液体单位体积内的质量称为密度，通常用ρ表示，即

$$\rho=\frac{m}{V} \tag{1-1}$$

式中：m——液体质量，kg；

V——液体体积，m^3。

2）液体的黏性

液体在外力作用下流动时，由于液体分子间的内聚力而产生一种阻碍液体分子之间进行相对运动的内摩擦力，液体的这种产生内摩擦力的性质称为液体的黏性。

由于液体具有黏性，当流体发生剪切变形时，流体内就产生阻滞变形的内摩擦力，由此可见，黏性表征了流体抵抗剪切变形的能力。处于相对静止状态的流体中不存在剪切变形，因而也不存在变形的抵抗，只有当运动流体流层间发生相对运动时，流体对剪切变形的抵抗，也就是黏性才表现出来。黏性所起的作用为阻滞流体内部的相互滑动，在任何情况下它都只能延缓滑动的过程而不能消除这种滑动。

当液体流动时，由于液体与固体壁面的附着力及流体本身的黏性使流体内各处的速度大小不等，以流体沿图1-4所示的平行平板间的流动情况为例，设上平板以速度u_0向右运动，下平板固定不动。紧贴于上平板上的流体黏附于上平板上，其速度与上平板相同，紧贴于下平板上的流体黏附于下平板，其速度为零，中间流体的速度按线性分布。把这种流动看成是许多无限薄的流体层在运动，当运动较快的流体层在运动较慢的流体层上滑过时，两层间由于黏性就产生内摩擦力的作用。

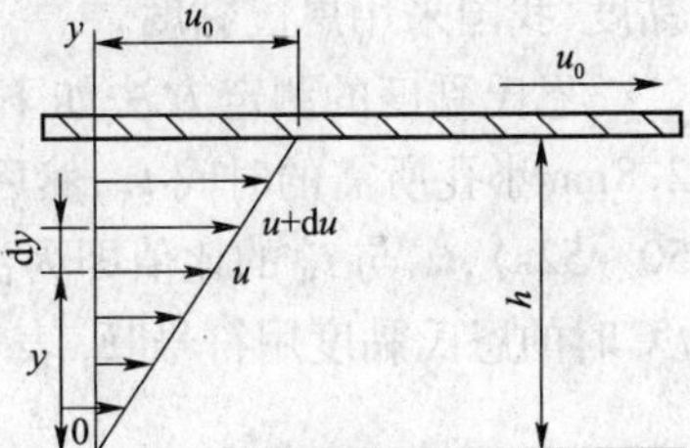

图1-4 液体黏性示意图

根据实际测定的数据所知，流体层间的内摩擦力F与流体层的接触面积A及流体层的相对流速du成正比，而与此二流体层间的距离dy成反比，即

$$F=\mu A\frac{du}{dy} \tag{1-2}$$

如以τ表示切应力，即单位面积上的内摩擦力，则

$$\tau=\frac{F}{A}=\mu\frac{du}{dy} \tag{1-3}$$

式中：μ——衡量流体黏性的比例系数，称为绝对黏度或动力黏度；

$\frac{du}{dy}$——表示流体层间速度差异的程度，称为速度梯度。

上式是液体内摩擦定律的数学表达式。当速度梯度变化时，μ为不变常数的流体称为牛顿流体，μ为变数的流体称为非牛顿流体。除高黏性或含有大量特种添加剂的液体外，一般的液压用流体均可看作是牛顿流体。

黏性的大小可用黏度来衡量，黏度是选择液压用流体的主要指标，是影响流动流体的重要物理性质。流体的黏度通常有三种不同的测试单位。

（1）绝对黏度μ。绝对黏度又称动力黏度，它直接表示流体的黏性即内摩擦力的大小。动力黏度μ在物理意义上讲，是当速度梯度$du/dy=1$时，单位面积上的内摩擦力的大小，即

$$\mu = \tau \left(\frac{\mathrm{d}u}{\mathrm{d}y}\right)^{-1} \tag{1-4}$$

动力黏度的国际(SI)计量单位为 $\mathrm{N \cdot s/m^2}$ 或为 Pa·s。

(2)运动黏度 ν。运动黏度是绝对黏度 μ 与密度 ρ 的比值,即

$$\nu = \frac{\mu}{\rho} \tag{1-5}$$

运动黏度的 SI 单位为 $\mathrm{m^2/s}$。还可用 CGS 制单位:斯(托克斯),St 斯的单位太大,应用不便,常用1%斯,即1厘斯来表示,符号为 cSt,故

$$1\mathrm{cSt} = 10^{-2}\mathrm{St} = 10^{-6}\mathrm{m^2/s}$$

运动黏度 ν 没有什么明确的物理意义,它不能像 μ 一样直接表示流体的黏性大小,但对 ρ 值相近的流体,例如各种矿物油系液压油之间,还是可用来大致比较它们的黏性。由于在理论分析和计算中常常碰到绝对黏度与密度的比值,为方便起见才采用运动黏度这个单位来代替 μ/ρ。它之所以被称为运动黏度,是因为在它的量纲中只有运动学的要素长度和时间因次的缘故。机械油的牌号上所标明的号数就是表明以厘斯为单位的,在温度50℃时运动黏度 ν 的平均值。例如10号机械油指明该油在50℃时其运动黏度 ν 的平均值是10cSt。蒸馏水在20.2℃时的运动黏度 ν 恰好等于1cSt,所以从机械油的牌号即可知道该油的运动黏度。动力黏度和运动黏度是理论分析和推导中经常使用的黏度单位。它们都难以直接测量,因此,工程上采用另一种可用仪器直接测量的黏度单位,即相对黏度。

(3)相对黏度。相对黏度是以相对于蒸馏水的黏性的大小来表示该液体的黏性的。相对黏度又称条件黏度。各国采用的相对黏度单位有所不同。有的用赛氏黏度,有的用雷氏黏度,我国采用恩氏黏度。

恩氏黏度的测定方法如下:测定200mL某一温度的被测液体在自重作用下流过直径2.8mm小孔所需的时间 t_A,然后测出同体积的蒸馏水在20℃时流过同一孔所需时间 t_B(t_B = 50~52s),t_A 与 t_B 的比值即为流体的恩氏黏度值。恩氏黏度用符号°E 表示。被测液体温度 t℃时的恩氏黏度用符号°E_t 表示。即

$$°E_t = \frac{t_A}{t_B} \tag{1-6}$$

工业上一般以20℃、50℃和100℃作为测定恩氏黏度的标准温度,并相应地以符号°E_{20}、°E_{50}和°E_{100}来表示。

知道恩氏黏度以后,利用下列的经验公式,将恩氏黏度换算成运动黏度:

$$\nu = \left(7.31°E_t - \frac{6.31}{°E_t}\right) \times 10^{-6} \tag{1-7}$$

液体的黏度随液体的压力和温度的变化而变化。对液压油来说,压力增大时,黏度增大;但在一般液压系统使用的压力范围内,增大的数值很小,可以忽略不计。液压油黏度对温度的变化十分敏感,温度升高,黏度下降。这个变化率的大小直接影响液压油的使用,其重要性不亚于黏度本身。

3)可压缩性

液体受压力后其容积发生变化的性质,称为液体的可压缩性。可压缩性使用体积压缩系数 k 表示,并定义为单位压力变化下的液体体积的相对变化量,即

$$k = -\frac{1}{\Delta p}\frac{\Delta V}{V_0} \tag{1-8}$$

式中：Δp——压力增大量；

ΔV——体积减小量；

V_0——液体初态的体积。

由于压力增大时，液体的体积减小，因此上式右端加一负号，以使 k 成为正值。

体积压缩系数 k 的单位为 m^2/N。常用液压油的压缩系数 $k=(5\sim7)\times10^{-10}m^2/N$。

液体的体积压缩系数 k 的倒数称为液体的体积弹性模量，即 $K=1/k$。液压油的体积弹性模量为 $(1.4\sim1.9)\times10^9N/m^2$。

2. 液压介质的种类

液压传动介质按照 GB/T 7631.2—1987（等效采用 ISO 6743/4）进行分类，主要有石油基液压油和难燃液压液两大类。

1）石油基液压油

（1）L－HL 液压油（又称普通液压油）：采用精制矿物油作基础油，加入抗氧、抗腐、抗泡、防锈等添加剂调和而成，是当前我国供需量最大的主品种，用于一般液压系统，但只适于0℃以上的工作环境。其牌号有：HL－32、HL－46、HL－68。在其代号 L－HL 中，L 代表润滑剂类，H 代表液压油，L 代表防锈、抗氧化型，最后的数字代表运动黏度。

（2）L－HM 液压油（又称抗磨液压油，M 代表抗磨型）：其基础油与普通液压油同，除加有抗氧、防锈剂外，主剂是极压抗磨剂，以减少液压件的磨损。适用于－15℃以上的高压、高速工程机械和车辆液压系统。其牌号有：HM－32、HM－46、HM－68、HM－I00、HM－150。

（3）L－HG 液压油（又称液压—导轨油）：其基础油与普通液压油同，除普通液压油所具有的全部添加剂外，还加有油性剂，用于导轨润滑时有良好的防爬性能。适用于机床液压和导轨润滑合用的系统。

（4）L－HV 液压油（又称低温液压油、稠化液压油、高黏度指数液压油）：用深度脱蜡的精制矿物油，加抗氧、抗腐、抗磨、抗泡、防锈、降凝和增黏等添加剂调和而成。其黏温特性好，有较好的润滑性，以保证不发生低速爬行和低速不稳定现象。适用于低温地区的户外高压系统及数控精密机床液压系统。

（5）其他专用液压油：如航空液压油（红油）、炮用液压油、舰用液压油等。

2）难燃液压液

难燃液压液可分为合成型、油水乳化型和高水基型三大类。

（1）合成型抗燃工作液。

①水—乙二醇液（L－HFC 液压液）。这种液体含有35%～55%的水，其余为乙二醇及各种添加剂（增稠剂、抗磨剂、抗腐蚀剂等）。其优点是凝点低（－50℃），有一定的黏性，而且黏度指数高，抗燃。适用于要求防火的液压系统，使用温度范围为－18～65℃。其缺点是价格高，润滑性差，只能用于中等压力（20MPa 以下）。这种液体密度大，所以吸入困难。水—乙二醇液能使许多普通油漆和涂料软化或脱离，可换用环氧树脂或乙烯基涂料。

②磷酸酯液（L－HFDR 液压液）。这种液体的优点是，使用的温度范围宽（－54～135℃），抗燃性好，抗氧化安定性和润滑性都很好。允许使用现有元件在高压下工作。其缺

点是价格昂贵(为液压油的 5~8 倍);有毒性;与多种密封材料(如丁氰橡胶)的相容性很差,而与丁基胶、乙丙胶、氟橡胶、硅橡胶、聚四氟乙烯等均可相容。

(2)油水乳化型抗燃工作液(L-HFB、L-HFAE 液压液)。油水乳化液是指互不相溶的油和水,使其中的一种液体以极小的液滴均匀地分散在另一种液体中所形成的抗燃液体。分水包油乳化液和油包水乳化液两大类。

(3)高水基型抗燃工作液(L-HFAS 液压液)。这种工作液不是油水乳化液。其主体为水,占 95%,其余 5% 为各种添加剂(抗磨剂、防锈剂、抗腐剂、乳化剂、抗泡剂、极压剂、增黏剂等)。其优点是成本低,抗燃性好,不污染环境。其缺点是黏度低,润滑性差。

3. 液压油的选用

正确而合理地选用液压油,乃是保证液压设备高效率正常运转的前提。

选用液压油时,可根据液压元件生产厂样本和说明书所推荐的品种号数来选用液压油,或者根据液压系统的工作压力、工作温度、液压元件种类及经济性等因素全面考虑,一般是先确定适用的黏度范围,再选择合适的液压油品种。同时还要考虑液压系统工作条件的特殊要求,如在寒冷地区工作的系统则要求油的黏度指数高、低温流动性好、凝固点低;液压系统的精度越高,要求所选用的液压油清洁度也越高,压缩性小,如对有电液伺服阀的闭环液压系统要求用高级 HM 和 HV 液压油。高压系统则要求油液抗磨性好。在选用液压油时,黏度是一个重要的参数。黏度的高低将影响运动部件的润滑、缝隙的泄漏以及流动时的压力损失、系统的发热温升等。所以,在环境温度较高,工作压力高或运动速度较低时,为减少泄漏,应选用黏度较高的液压油,否则相反。

总之,正确选用和合理使用液压油,对液压设备运行的可靠性,延长系统和元件的使用寿命,保证设备安全,防止事故的发生着重要的意义。特别是液压系统朝着缩小体积、减轻质量、增大功率、提高效率、增加可靠性和环境友好的方向发展,正确选用液压油显得更为重要。

1.2.2 液压静力学基础

液压传动是以液体作为工作介质进行能量传递的,因此要研究液体处于相对平衡状态下的力学规律及其实际应用。所谓相对平衡是指液体内部各质点间没有相对运动,至于液体本身完全可以和容器一起如同刚体一样做各种运动。因此,液体在相对平衡状态下不呈现黏性,不存在切应力,只有法向的压应力,即静压力。

1. 液体静压力及其特性

作用在液体上的力有两种类型:一种是质量力,另一种是表面力。

质量力作用在液体所有质点上,它的大小与质量成正比,属于这种力的有重力、惯性力等。单位质量液体受到的质量力称为单位质量力,在数值上等于重力加速度。

表面力作用于所研究液体的表面上,如法向力、切向力。表面力可以是其他物体(例如活塞、大气层)作用在液体上的力;也可以是一部分液体间作用在另一部分液体上的力。对于液体整体来说,其他物体作用在液体上的力属于外力,而液体间作用力属于内力。由于理想液体质点间的内聚力很小,液体不能抵抗拉力或切向力,即使是微小的拉力或切向力都会使液体发生流动。因为静止液体不存在质点间的相对运动,也就不存在拉力或切向力,所以静止液体只能承受压力。

所谓静压力是指静止液体单位面积上所受的法向力,用 p 表示。

液体内某质点处的法向力 ΔF 对其微小面积 ΔA 的极限称为压力 p,即

$$p=\lim_{\Delta A\to 0}\frac{\Delta F}{\Delta A} \tag{1-9}$$

若法向力均匀地作用在面积 A 上,则压力表示为

$$p=\frac{F}{A} \tag{1-10}$$

式中:A——液体有效作用面积;

F——液体有效作用面积 A 上所受的法向力。

静压力具有下述两个重要特征:

(1)液体静压力垂直于作用面,其方向与该面的内法线方向一致。

(2)静止液体中,任何一点所受到的各方向的静压力都相等。

2. 液体静力学方程

静止液体内部受力情况可用图1-5来说明。设容器中装满液体,在任意一点 A 处取一微小面积 $\mathrm{d}A$,该点距液面深度为 h,距坐标原点高度为 Z,容器液平面距坐标原点为 Z_0。为了求得任意一点 A 的压力,可取 $\mathrm{d}A\cdot h$ 这个液柱为分离体(图1-5b)。

根据静压力的特性,作用于这个液柱上的力在各方向都呈平衡,现求各作用力在 Z 方向的平衡方程。微小液柱顶面上的作用力为 $p_0\mathrm{d}A$(方向向下),液柱本身的重力 $G=\gamma h\mathrm{d}A$(方向向下),液柱底面对液柱的作用力为 $p\mathrm{d}A$(方向向上),则平衡方程为

$$p\mathrm{d}A=p_0\mathrm{d}A+\gamma h\mathrm{d}A$$

将上式简化后,得

$$p=p_0+\gamma h \tag{1-11}$$

为了更清晰地说明静压力的分布规律,将上式按坐标 Z 变换一下,即以

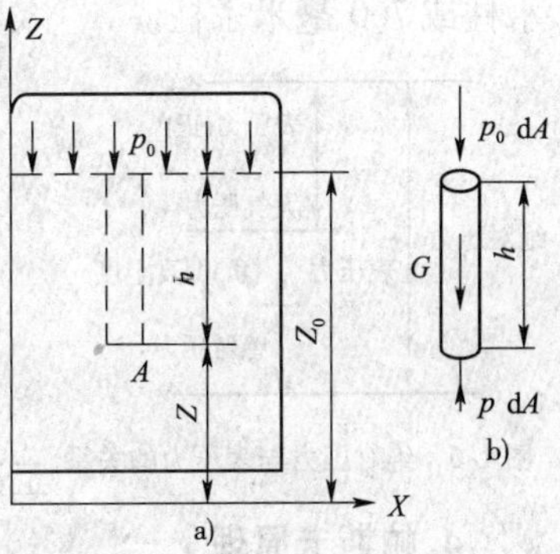

图1-5 静压力的分布规律

$$h=Z_0-Z$$

代入上式整理后,得

$$p+\gamma Z=p_0+\gamma Z_0=\text{常量} \tag{1-12}$$

式(1-12)是液体静力学基本方程的另一种形式。其中 Z 实质上表示 A 点的单位质量液体的位能。设 A 点液体质点的质量为 m,重力为 mg,如果质点从 A 点下降到基准水平面,它的重力所做的功为 mgz。因此 A 处的液体质点具有位置势能 mgz,单位质量液体的位能就是 $mgz/mg=Z$,Z 又常称作位置水头。而 $p/\rho g$ 表示 A 点单位质量液体的压力能,常称为压力水头。由以上分析可知,静止液体中任一点都有单位质量液体的位能和压力能,即具有两部分能量,而且各点的总能量之和为一常量。

分析式(1-11)可知:

(1)静止液体中任一点的压力均由两部分组成,即液面上的表面压力 p_0 和液体自重而引起的对该点的压力 γh。

(2)静止液体内的压力随液体距液面的深度变化呈线性规律分布，且在同一深度上各点的压力相等，压力相等的所有点组成的面为等压面，很显然，在重力作用下静止液体的等压面为一个平面。

(3)可通过下述三种方式使液面产生压力 p_0：

①通过固体壁面（如活塞）使液面产生压力。

②通过气体使液面产生压力。

③通过不同质的液体使液面产生压力。

3. 压力的表示方法及单位

液压系统中的压力就是指压强，液体压力通常有绝对压力、相对压力（表压力）两种表示方法。因为在地球表面上，一切物体都受大气压力的作用，而且是自成平衡的，即大多数测压仪表在大气压下并不动作，这时它所表示的压力值为零，也就是说，它是相对于大气压（即以大气压为基准零值时）所测量到的一种压力，习惯上将测出的压力是高于大气压力的那部分压力称为表压力。另一种是以绝对真空为基准零值时所测得的压力，称它为绝对压力。当绝对压力低于大气压时，习惯上称为出现真空。因此，某点的绝对压力比大气压小的那部分数值称为该点的真空度。如某点的绝对压力为 4.052×10^4Pa（0.4 大气压），则该点的真空度为 0.6078×10^4Pa（0.6 大气压）。理论上在标准大气压下的最大真空度可达 10.33 米水柱或 760 毫米汞柱。

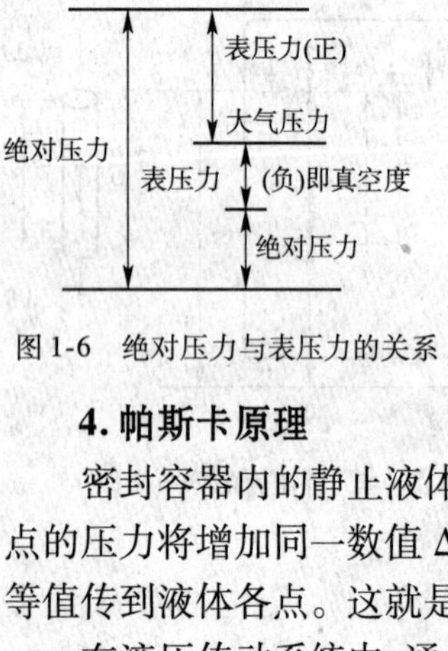

图 1-6 绝对压力与表压力的关系

绝对压力、相对压力（表压力）的关系如图 1-6 所示。

根据上述归纳如下：

(1)绝对压力 = 大气压力 + 表压力

(2)表压力 = 绝对压力 - 大气压力

(3)真空度 = 大气压力 - 绝对压力

压力单位为帕斯卡，简称帕，符号为 Pa。由于此单位很小，工程上使用不便，因此常采用它的倍单位兆帕，符号 MPa。

4. 帕斯卡原理

密封容器内的静止液体，当边界上的压力 p_0 发生变化时，例如增加 Δp，则容器内任意一点的压力将增加同一数值 Δp_0，也就是说，在密封容器内施加于静止液体任一点的压力将以等值传到液体各点。这就是帕斯卡原理或静压传递原理。

在液压传动系统中，通常是外力产生的压力要比液体自重（γh）所产生的压力大得多。因此可把式(1-11)中的 γh 项略去，而认为静止液体内部各点的压力处处相等。

根据帕斯卡原理和静压力的特性，液压传动不仅可以进行力的传递，而且还能将力放大和改变力的方向。图 1-7 所示是应用帕斯卡原理推导压力与负载关系的实例。图中垂直液压缸（负载缸）的截面积为 A_1，水平液压缸截面积为 A_2，两个活塞上的外作用力分别为 F_1 和 F_2，则缸内压力分别为 $p_1=F_1/A_1$，$p_2=F_2/A_2$。由于两缸充满液体且互相连接，根据帕斯卡原理有 $p_1=p_2$。因此有

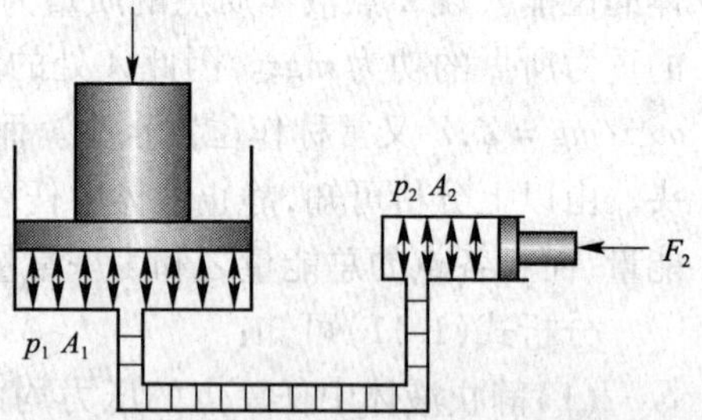

图 1-7 静压传递原理应用实例

$$F_1 = \frac{F_2 A_1}{A_2} \tag{1-13}$$

上式表明,只要A_1/A_2足够大,用很小的力F_1就可产生很大的力F_2。液压千斤顶和水压机就是按此原理制成的。

如果垂直液压缸的活塞上没有负载,即 $F_1=0$,则当略去活塞重力及其他阻力时,不论怎样推动水平液压缸的活塞也不能在液体中形成压力。这说明液压系统中的压力是由外界负载决定的,这是液压传动的一个基本概念。

5. 液压静压力对固体壁面的作用力

在液压传动中,略去液体自重产生的压力,液体中各点的静压力是均匀分布的,且垂直作用于受压表面。因此,当承受压力的表面为平面时,液体对该平面的总作用力 F 为液体的压力 p 与受压面积 A 的乘积,其方向与该平面相垂直。如压力油作用在直径为 D 的柱塞上,则有 $F=pA=p\pi D^2/4$。

当承受压力的表面为曲面时,由于压力总是垂直于承受压力的表面,所以作用在曲面上各点的力不平行但相等。要计算曲面上的总作用力,必须明确要计算哪个方向上的力。

图 1-8 所示为液压缸筒受力分析图。设缸筒半径为 r,长度为 l,求液压力作用在右壁部 x 方向的力F_X。在缸筒上取一微小窄条,其面积为 $\mathrm{d}A=l\mathrm{d}s=lr\mathrm{d}\theta$,压力油作用在这微小面积上的力 $\mathrm{d}F$ 在 x 方向投影为

$$\mathrm{d}F_X=\mathrm{d}F\cos\theta\mathrm{d}\theta=p\mathrm{d}Acos\theta=plr\cos\theta\mathrm{d}\theta$$

在液压缸筒右半壁上 x 方向的总作用力为

$$F_X = \int_{\frac{-\pi}{2}}^{\frac{\pi}{2}} plr\cos\theta\mathrm{d}\theta = 2lrp \tag{1-14}$$

式中:$2lr$——曲面在 x 方向的投影面积。由此可得出结论,作用在曲面上的液压力在某一方向上的分力等于静压力与曲面在该方向投影面积的乘积。这一结论对任意曲面都适用。

图 1-9 为球面和锥面所受液压力分析图。要计算出球面和锥面在垂直方向受力 F,只要先计算出曲面在垂直方向的投影面积 A,然后再与压力 p 相乘,即

$$F=pA=\frac{p\pi d^2}{4} \tag{1-15}$$

式中:d——承压部分曲面投影圆的直径。

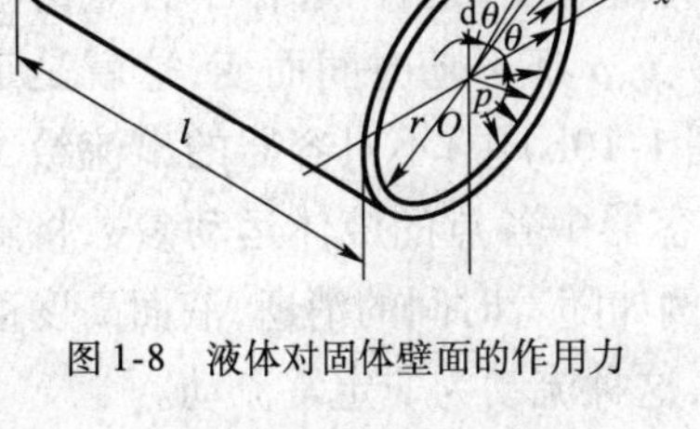

图 1-8　液体对固体壁面的作用力

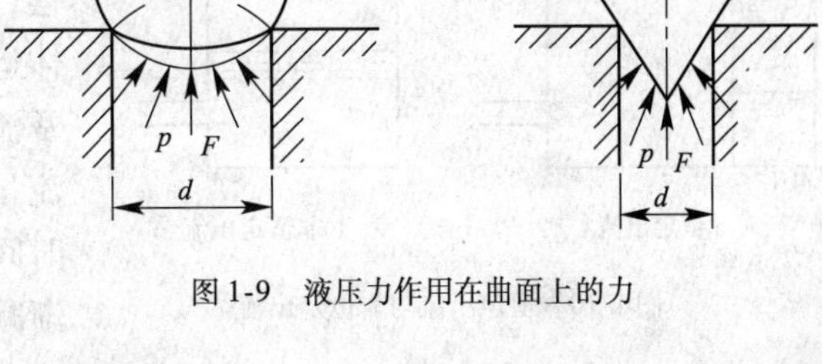

图 1-9　液压力作用在曲面上的力

1.2.3 液压动力学基础

在液压传动系统中,液压油总是在不断的流动中,因此,要研究液体在外力作用下的运动规律及作用在流体上的力及这些力和流体运动特性之间的关系。对液压流体力学只关心和研究平均作用力和运动之间的关系。本节主要讨论三个基本方程式,即液流的连续性方程、伯努利方程和动量方程。它们是刚体力学中的质量守恒、能量守恒及动量守恒原理在流体力学中的具体应用。前两个方程描述了压力、流速与流量之间的关系,以及液体能量相互间的变换关系,后者描述了流动液体与固体壁面之间作用力的情况。液体是有黏性的,并在流动中表现出来,因此,在研究液体运动规律时,不但要考虑质量力和压力,还要考虑黏性摩擦力的影响。此外,液体的流动状态还与温度、密度、压力等参数有关。为了分析,可以简化条件,从理想液体着手,所谓理想液体是指没有黏性的液体,同时,一般都视为在等温的条件下把黏度、密度视作常量来讨论液体的运动规律,然后在通过实验对产生的偏差加以补充和修正,使之符合实际情况。

1. 基本概念

1)理想液体与定常流动

液体具有黏性,并在流动时表现出来,因此,研究流动液体时就要考虑其黏性,而液体的黏性阻力是一个很复杂的问题,使对流动液体的研究变得复杂。因此,引入理想液体的概念,理想液体就是指没有黏性、不可压缩的液体。首先对理想液体进行研究,然后再通过实验验证的方法对所得的结论进行补充和修正。这样,不仅使问题简单化,而且得到的结论在实际应用中扔具有足够的精确性。把既具有黏性又可压缩的液体称为实际液体。

当液体流动时,可以将流动液体中空间任一点上质点的运动参数,例如压力 p、流速 v 及密度 ρ 表示为空间坐标和时间的函数,例如:

压力 $p=p(x,y,z,t)$

速度 $v=v(x,y,z,t)$

密度 $\rho=\rho(x,y,z,t)$

如果空间上的运动参数 p、v 及 ρ 在不同的时间内都有确定的值,即它们只随空间点坐标的变化而变化,不随时间 t 变化,对液体的这种运动称为定常流动或恒定流动。定常流动时,有

$$\frac{\partial p}{\partial t}=0,\frac{\partial v}{\partial t}=0,\frac{\partial \rho}{\partial t}=0$$

在流体的运动参数中,只要有一个运动参数随时间而变化,液体的运动就是非定常流动或非恒定流动。

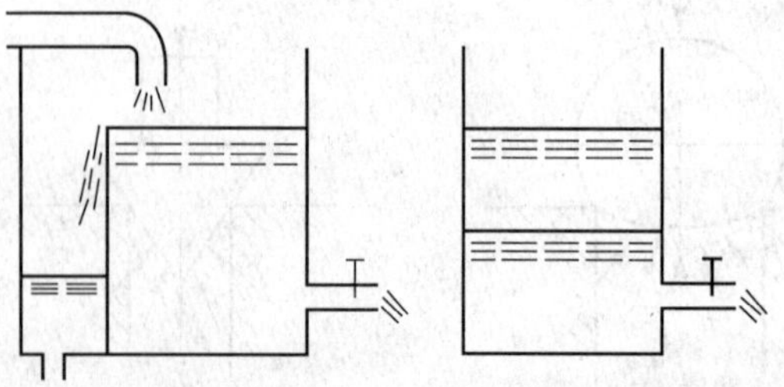

a)恒定出流　　b)非恒定出流

图 1-10　恒定出流与非恒定出流

在图 1-10a)中,对容器出流的流量给予补偿,使其液面高度不变,这样,容器中各点的液体运动参数 p、v、ρ 都不随时间而变,这就是定常流动。在图 1-10b)中,不对容器的出流给予流量补偿,则容器中各点的液体运动参数将随时间而改变,例如随着时间的消逝,液面高度逐渐减低,因此,这种流动为非定常流动。

2)迹线、流线、流束和通流截面

(1)迹线:迹线是流场中液体质点在一段时间内运动的轨迹线。

(2)流线:流线是流场中液体质点在某一瞬间运动状态的一条空间曲线(图1-11a)。在该线上各点的液体质点的速度方向与曲线在该点的切线方向重合。在非定常流动时,因为各质点的速度可能随时间改变,所以流线形状也随时间改变。在定常流动时,因流线形状不随时间而改变,所以流线与迹线重合。由于液体中每一点只能有一个速度,所以流线之间不能相交也不能折转。

(3)流管:某一瞬时 t 在流场中画一封闭曲线,经过曲线的每一点作流线,由这些流线组成的表面称流管。

(4)流束:充满在流管内的流线的总体,称为流束(图1-11b)。

(5)通流截面:垂直于流束的截面称为通流截面。

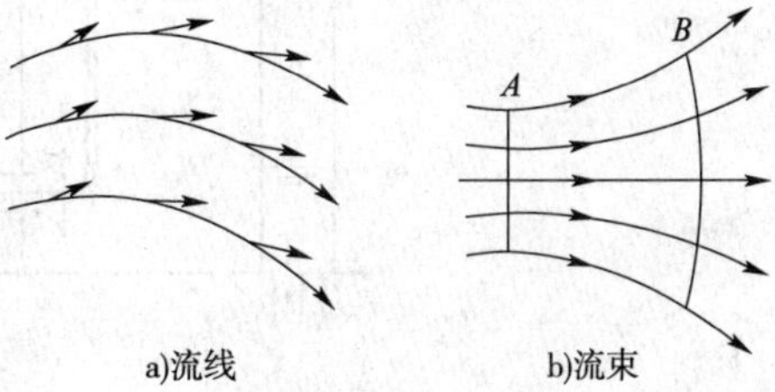

图1-11 流线和流束

3)流量和平均流速

(1)流量:单位时间内通过通流截面的液体的体积称为流量,用 q 表示,流量的常用单位为 L/min。

对微小流束,通过 $\mathrm{d}A$ 上的流量为 $\mathrm{d}q$,其表达式为

$$\mathrm{d}q = u\mathrm{d}A \tag{1-16}$$

$$q = \int_A u\mathrm{d}A$$

当已知通流截面上的流速 u 的变化规律时,可以由上式求出实际流量。

(2)平均流速:在实际液体流动中,由于黏性摩擦力的作用,通流截面上流速 u 的分布规律难以确定,因此引入平均流速的概念,即认为通流截面上各点的流速均为平均流速,用 v 来表示,则通过通流截面的流量就等于平均流速乘以通流截面积。令此流量与上述实际流量相等,得

$$q = \int_A u\mathrm{d}A = vA \tag{1-17}$$

则平均流速为

$$v = \frac{q}{A} \tag{1-18}$$

4)流动状态、雷诺数

实际液体具有黏性,是产生流动阻力的根本原因。然而流动状态不同,则阻力大小也是不同的。所以先研究两种不同的流动状态。

(1)流动状态——层流和紊流。液体在管道中流动时存在两种不同状态,它们的阻力性质也不相同。虽然这是在管道液流中发生的现象,却对气流和潜体也同样适用。

试验装置如图1-12所示,试验时保持水箱中水位恒定和平静,然后将阀门A微微开启,使少量水流流经玻璃管,即玻璃管内平均流速 v 很小。这时,如将颜色水容器的阀门B也微微开启,使颜色水也流入玻璃管内,可以在玻璃管内看到一条细直而鲜明的颜色流束,而且不论颜色水放在玻璃管内的任何位置,它都能呈直线状,这说明管中水流都是安定地沿轴向

运动，液体质点没有垂直于主流方向的横向运动，所以颜色水和周围的液体没有混杂。如果把A阀缓慢开大，管中流量和它的平均流速 v 也将逐渐增大，直至平均流速增加至某一数值，颜色流束开始弯曲颤动，这说明玻璃管内液体质点不再保持安定，开始发生脉动，不仅具有横向的脉动速度，而且也具有纵向脉动速度。如果A阀继续开大，脉动加剧，颜色水就完全与周围液体混杂而不再维持流束状态。

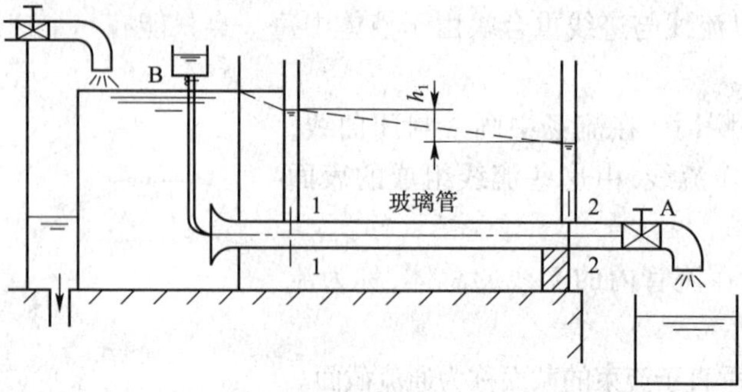

图 1-12　雷诺试验

层流：在液体运动时，如果质点没有横向脉动，不引起液体质点混杂，而是层次分明，能够维持安定的流束状态，这种流动称为层流。

紊流：如果液体流动时质点具有脉动速度，引起流层间质点相互错杂交换，这种流动称为紊流或湍流。

(2)雷诺数。液体流动时究竟是层流还是紊流，须用雷诺数来判别。

实验证明，液体在圆管中的流动状态不仅与管内的平均流速 v 有关，还和管径 d、液体的运动黏度 ν 有关。但是，真正决定液流状态的，却是这三个参数所组成的一个称为雷诺数 Re 的无量纲纯数

$$Re = \frac{\nu d}{v} \tag{1-19}$$

由式(1-19)可知，液流的雷诺数如相同，它的流动状态也相同。当液流的雷诺数 Re 小于临界雷诺数时，液流为层流；反之，液流大多为紊流。

对于非阀截面的管道来说，Re 可用下式计算

$$Re = \frac{4\nu R}{v} \tag{1-20}$$

式中：R——流截面的水力半径。

R 等于有效截面积 A 和湿周（有效截面的周界长度）x 之比，即

$$R = \frac{A}{x} \tag{1-21}$$

直径为 d 的圆柱截面管道的水力半径为

$$R = \frac{A}{x} = \frac{\frac{\pi d^2}{4}}{\pi d} = \frac{d}{4}$$

将此式代入式(1-20)，可得式(1-19)。

又如正方形的管道，边长为 b，则湿周为 $4b$，因而水力半径为 $R = b/4$。水力半径的大小，

对管道的通流能力影响很大。水力半径大,表明流体与管壁的接触少,通流能力强;水力半径小,表明流体与管壁的接触多,通流能力差,容易堵塞。

2. 连续性方程

质量守恒是自然界的客观规律,不可压缩液体的流动过程也遵守质量守恒定律。在流体力学中这个规律用称为连续性方程的数学形式来表达的。

如图 1-13 所示,其不可压缩流体作定常流动的连续性方程为

$$v_1A_1 = v_2A_2 \tag{1-22}$$

由于通流截面是任意取的,则有

$$q = v_1A_1 = v_2A_2 = v_3A_3 = \cdots = 常数 \tag{1-23}$$

式中:v_1,v_2 分别是流管通流截面A_1及A_2上的平均流速。式(1-23)表明通过管内任一通流截面上的流量相等,当流量一定时,任一通流截面上的通流面积与流速成反比,则有任一通流断面上的平均流速为

$$v_i = \frac{q}{A_i}$$

3. 伯努利方程

能量守恒是自然界的客观规律,流动液体也遵守能量守恒定律,这个规律是用伯努利方程的数学形式来表达的。伯努利方程是一个能量方程,掌握这一物理意义是十分重要的。

1)理想液体微小流束的伯努利方程

为研究的方便,一般将液体作为没有黏性摩擦力的理想液体来处理。即

$$\frac{p_1}{\rho g} + Z_1 + \frac{u_1^2}{2g} = \frac{p_2}{\rho g} + Z_2 + \frac{u_2^2}{2g} \tag{1-24}$$

式中$\frac{p}{r}$为单位质量液体所具有的压力能,称为比压能,又称压力水头。Z 为单位质量液体所具有的势能,称为比位能,又称位置水头。$\frac{u^2}{2g}$为单位质量液体所具有的动能,称为比动能,又称速度水头,它们的量纲都为长度。如图 1-14 所示。

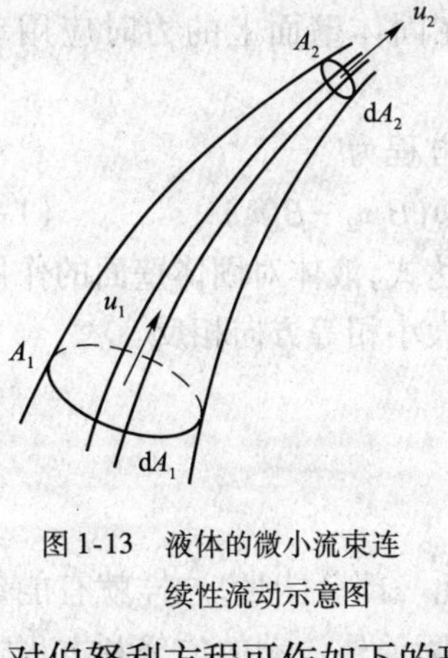

图 1-13 液体的微小流束连续性流动示意图

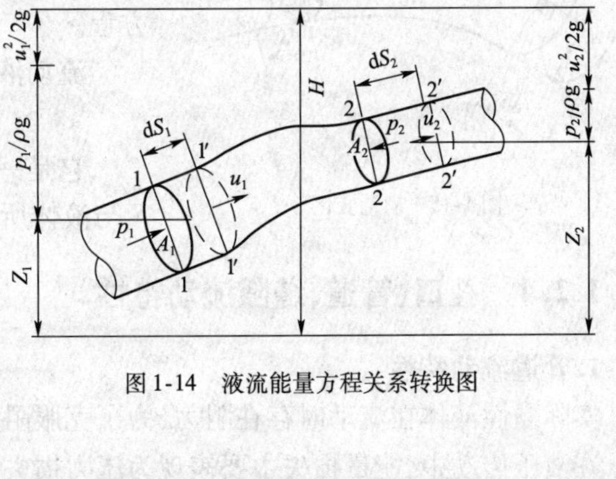

图 1-14 液流能量方程关系转换图

对伯努利方程可作如下的理解:

(1)伯努利方程式是一个能量方程式,它表明在空间各相应通流断面处流通液体的能量

守恒规律。

(2)理想液体的伯努利方程只适用于重力作用下的理想液体作定常活动的情况。

(3)任一微小流束都对应一个确定的伯努利方程式,即对于不同的微小流束,它们的常量值不同。

伯努利方程的物理意义为:在密封管道内作定常流动的理想液体在任意一个通流断面上具有三种形成的能量,即压力能、势能和动能。三种能量的总和是一个恒定的常量,而且三种能量之间是可以相互转换的,即在不同的通流断面上,同一种能量的值会是不同的,但各断面上的总能量值都是相同的。

2)实际液体微小流束的伯努利方程

由于液体存在着黏性,其黏性力在起作用,并表示为对液体流动的阻力,实际液体的流动要克服这些阻力,表示为机械能的消耗和损失,因此,当液体流动时,液流的总能量或总比能在不断地减少。所以,实际液体微小流束的伯努力方程为

$$\frac{p_1}{\rho g}+Z_1+\frac{u_1^2}{2g}=\frac{p_2}{\rho g}+Z_2+\frac{u_2^2}{2g}+h_w \tag{1-25}$$

3)实际液体总流的伯努利方程

$$\frac{p_1}{\rho g}+Z_1+\frac{\alpha_1 u_1^2}{2g}=\frac{p_2}{\rho g}+Z_2+\frac{\alpha_2 u_2^2}{2g}+h_w \tag{1-26}$$

伯努利方程的适用条件为:

(1)稳定流动的不可压缩液体,即密度为常数。

(2)液体所受质量力只有重力,忽略惯性力的影响。

(3)所选择的两个通流截面必须在同一个连续流动的流场中是渐变流(即流线近于平行线,有效截面近于平面),而不考虑两截面间的流动状况。

4. 动量方程

动量方程是动量定理在流体力学中的具体应用。流动液体的动量方程是流体力学的基本方程之一,它是研究液体运动时作用在液体上的外力与其动量的变化之间的关系(图1-15)。在液压传动中,计算液流作用在固体壁面上的力时应用动量方程。

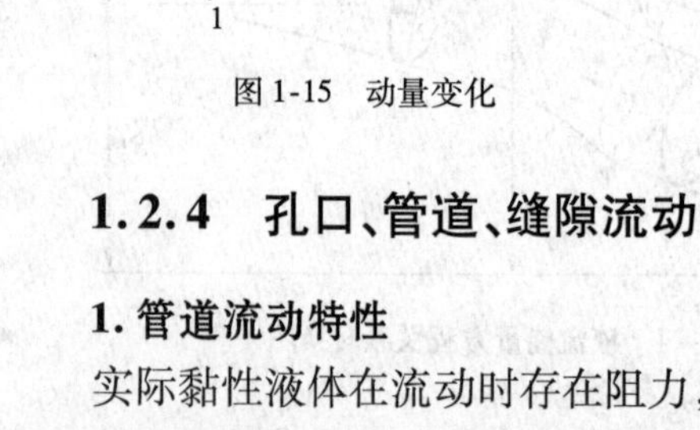

图1-15 动量变化

流动液体的动量方程为

$$F=\rho q(\beta_2 v_2-\beta_1 v_1) \tag{1-27}$$

它是一个矢量表达式,液体对固体壁面的作用力F与液体所受外力F大小相等方向相反。

1.2.4 孔口、管道、缝隙流动特性

1. 管道流动特性

实际黏性液体在流动时存在阻力,为了克服阻力就要消耗一部分能量,这样就有能量损失。在液压传动中,能量损失主要表现为压力损失,这就是实际液体流动的伯努利方程式中的h_w项的含义。液压系统中的压力损失分为两类:一类是油液沿等直径直管流动时所产生

的压力损失，称之为沿程压力损失，这类压力损失是由液体流动时的内、外摩擦力所引起的；另一类是油液流经局部障碍（如弯头、接头、管道截面突然扩大或收缩）时，由于液流的方向和速度的突然变化，在局部形成漩涡引起油液质点间，以及质点与固体壁面间相互碰撞和剧烈摩擦而产生的压力损失称之为局部压力损失。

压力损失过大也就是液压系统中功率损耗的增加，这将导致油液发热加剧，泄漏量增加，效率下降和液压系统性能变坏。

在液压技术中，研究阻力的目的是：①为了正确计算液压系统中的阻力；②为了找出减少流动阻力的途径；③为了利用阻力所形成的压差 Δp 来控制某些液压元件的动作。

液体在直管中流动时的压力损失是由液体流动时的摩擦引起的，称之为沿程压力损失，它主要取决于管路的长度、内径、液体的流速和黏度等。液体的流态不同，沿程压力损失也不同。液体在圆管中层流流动在液压传动中最为常见，因此，在设计液压系统时，常希望管道中的液流保持层流流动的状态。

1）层流时的压力损失

在液压传动中，液体的流动状态多数是层流流动，在这种状态下液体流经直管的压力损失可以通过理论计算求得。

（1）液体在流通截面上的速度分布规律。如图1-16a）所示，液体在直径 d 的圆管中作层流运动，圆管水平放置，在管内取一段与管轴线重合的小圆柱体，设其半径为 r，长度为 l。在这一小圆柱体上沿管轴方向的作用力有：左端压力 p_1，右端压力 p_2，圆柱面上的摩擦力为 F_f，则其受力平衡方程式为

$$(p_1 - p_2)\pi r^2 - F_f = 0 \tag{1-28}$$

根据液体内摩擦定律和 $p_1 - p_2 = \Delta p$，则

$$u = \frac{\Delta p}{4\mu l}(R^2 - r^2) \tag{1-29}$$

由式（1-29）可知管内流速 u 沿半径方向按抛物线规律分布，最大流速在轴线上，其值为

$$u_{max} = \frac{\Delta p R^2}{4\mu l} \tag{1-30}$$

（2）管路中的流量。图1-16b）所示抛物体体积，是液体单位时间内流过通流截面的体积即流量。为计算其体积，可在半径为 r 处取一层厚度为 dr 的微小圆环面积，通过此环形面积的流量为

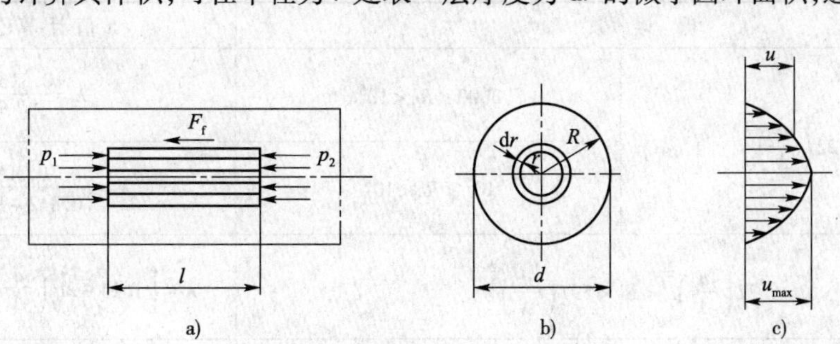

图1-16 圆管中的层流

$$dq = 2\pi r u dr = 2\pi r \frac{\Delta p}{4\mu l}(R^2 - r^2)dr \tag{1-31}$$

对式(1-31)积分，即可得流量 q 为

$$q = \int_0^R dq = \int_0^R 2\pi r \frac{\Delta p}{4\mu l}(R^2 - r^2)\mathrm{d}r = \frac{\pi R^4 \Delta P}{8\mu l} = \frac{\pi d^4 \Delta p}{128\mu l} \tag{1-32}$$

(3)平均流速。设管内平均流速为 v，则

$$v = \frac{q}{A} = \frac{\pi d^4 \Delta p}{128\mu l} \bigg/ \frac{\pi d^2}{4} = \frac{d^2 \Delta p}{32\mu l} \tag{1-33}$$

把式(1-33)与式(1-30)对比可得平均流速与最大流速的关系为

$$v = \frac{1}{2}u_{\max} \tag{1-34}$$

(4)沿程压力损失。层流状态时，液体流经直管的沿程压力损失可从式(1-33)求得，即

$$\Delta p = \frac{32\mu l v}{d^2} \tag{1-35}$$

由式(1-35)可看出，层流状态时，液体流经直管的压力损失与动力黏度、管长、流速成正比，与管径平方成反比。

在实际计算压力损失时，为了简化计算，将公式 $\mu = \frac{vd\rho}{Re}$ 代入式(1-35)，且分子分母同乘以 $2g$ 得

$$\Delta p = \lambda \cdot \rho g \cdot \frac{l}{d} \cdot \frac{v^2}{2g} \tag{1-36}$$

式中：λ——沿程阻力系数。

λ 的理论值为 $\lambda = \frac{64}{Re}$，而实际由于各种因素的影响，对光滑金属管取 $\lambda = \frac{75}{Re}$，对橡胶管取 $\lambda = \frac{80}{Re}$。

2)紊流时的压力损失

层流流动中各质点有沿轴向的规则运动，而无横向运动。紊流的重要特性之一是液体各质点不再是有规则的轴向运动，而是在运动过程中互相渗混合脉动。这种极不规则的运动，引起质点间的碰撞，并形成漩涡，使紊流能量损失比层流大得多(表1-2)。

圆管紊流时的 λ 值 表1-2

雷诺数 Re		λ 值计算公式
$Re < 22\left(\frac{d}{\Delta}\right)^{\frac{8}{7}}$	$3000 < Re < 10^5$	$\lambda = \frac{0.3164}{Re^{0.25}}$
	$10^5 < Re < 10^8$	$\lambda = \frac{0.308}{(0.842 - \lg Re)^2}$
$32\left(\frac{d}{\Delta}\right)^{\frac{8}{7}} < Re < 597\left(\frac{d}{\Delta}\right)^{\frac{9}{8}}$		$\lambda = \left[1.14 - 2\lg\left(\frac{d}{\Delta} + \frac{21.25}{Re^{0.9}}\right)\right]^{-2}$
$Re > 597\left(\frac{d}{\Delta}\right)^{\frac{9}{8}}$		$\lambda = 0.11\left(\frac{d}{\Delta}\right)^{0.25}$

由于紊流流动现象的复杂性，完全用理论方法加以研究至今，尚未获得令人满意的成

果，故仍用实验的方法加以研究，再辅以理论解释，因而紊流状态下液体流动的压力损失仍用式(1-36)来计算，式中的 λ 值不仅与雷诺数 Re 有关，而且与管壁表面粗糙度 Δ 有关，具体的 λ 值见表1-2。

3)局部压力损失

局部压力损失是液体流经阀口、弯管、通流截面变化等所引起的压力损失。液流通过这些地方时，由于液流方向和速度均发生变化，形成漩涡(图1-17)，使液体的质点间相互撞击，从而产生较大的能量损耗。

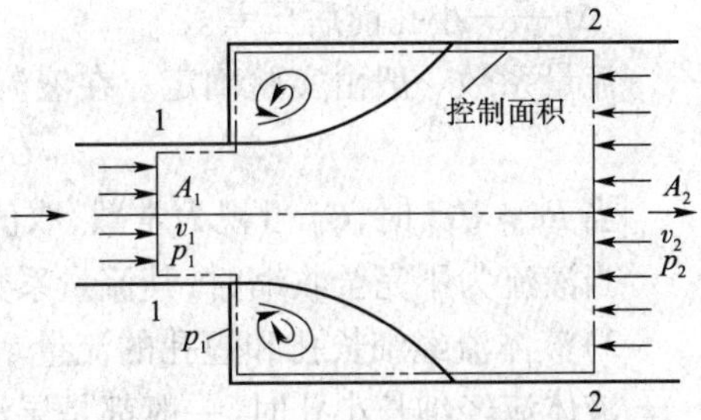

图1-17　突然扩大处的局部损失

局部压力损失的计算公式如下

$$\Delta p = \frac{1}{2}\zeta\rho v_2 \tag{1-37}$$

式中：ζ——局部阻力系数，其值仅在液流流经突然扩大的截面时可以用理论推导方法求得，其他情况均须通过实验来确定；

v_2——液体的平均流速，一般情况下指局部阻力下游处的流速。

4)管路系统中的总压力损失与效率

管路系统的总压力损失等于所有沿程压力损失和所有局部压力损失之和，即

$$\Delta p = \sum\Delta p + \sum\Delta p\gamma = \sum\gamma\lambda\,\frac{l}{d}\frac{v^2}{2g} + \sum\zeta\,\frac{\gamma v^2}{2g} \tag{1-38}$$

2. 孔口流动特性

液体流经小孔的情况可以根据孔长 l 与孔径 d 的比值分为三种情况：$l/d \leqslant 0.5$ 时，称为薄壁小孔；$0.5 < l/d \leqslant 4$ 时，称为短孔；$l/d > 4$ 时，称为细长孔。

1)液体流经薄壁小孔的流量

液体流经薄壁小孔的情况如图1-18所示。液流在小孔上游大约 $d/2$ 处开始加速并从四周流向小孔。由于流线不能突然转折到与管轴线平行，在液体惯性的作用下，外层流线逐渐向管轴方向收缩，逐渐过渡到与管轴线方向平行，从而形成收缩截面 A_c。对于圆孔，约在小孔下游 $d/2$ 处完成收缩。通常把最小收缩面积 A_c 与孔口截面积之比值称为收缩系数 C_c，即 $C_c = A_c/A$。其中 A 为小孔的通流截面积。

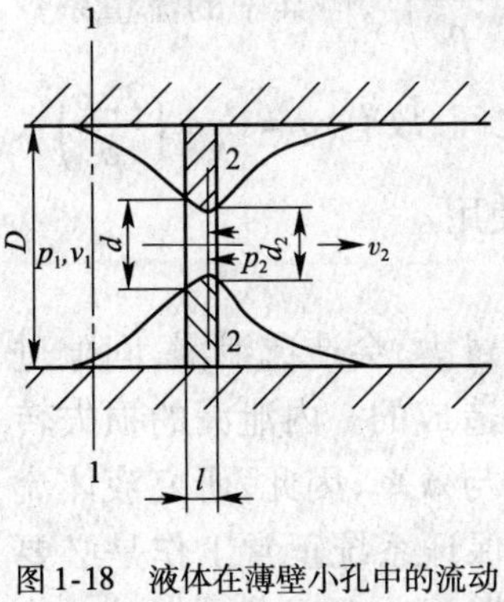

图1-18　液体在薄壁小孔中的流动

液流收缩的程度取决于 Re、孔口及边缘形状、孔口离管道内壁的距离等因素。对于圆形小孔，当管道直径 D 与小孔直径 d 之比 $D/d \geqslant 7$ 时，流速的收缩作用不受管壁的影响，称为完全收缩。反之，管壁对收缩程度有影响时，则称为不完全收缩。

对于图1-18所示的通过薄壁小孔的液流，取截面1—1和2—2为计算截面，设截面1—1处的压力和平均速度分别为 p_1、v_1，截面2—2处的压力和平均速度分别为 p_2、v_2，则由伯努利方程推导可得流经小孔的流量为

$$q = A_c v_2 = C_C C_v A\sqrt{\frac{2\Delta p}{\rho}} = C_d A\sqrt{\frac{2\Delta p}{\rho}} \tag{1-39}$$

式中：流量系数 $C_d = C_C C_v$；

$c_v = \dfrac{1}{(\alpha_2 + \zeta)}$，为小孔流速系数；

Δp——小孔前后压差。

流量系数一般由实验确定。在液流完全收缩的情况下，当 $Re \leqslant 105$ 时，C_d 可按下式计算

$$C_d = 0.964 Re^{-0.05}$$

当 $Re > 105$ 时，C_d 可视为常数，取值为 $C_d = 0.60 \sim 0.62$。

当液流为不完全收缩时，其流量系数为 $C_d \approx 0.7 \sim 0.8$。

2）液体流经细长孔和短孔的流量

液体流经细长小孔时，一般都是层流状态，所以可直接应用前面已导出的直管流量公式(1-32)来计算，当孔口直径为 d，截面积为 $A = \pi d^2/4$ 时，可写成：

$$q = \frac{\pi d^4 \Delta p}{128\mu l} \tag{1-40}$$

比较式(1-39)和式(1-40)不难发现，通过孔口的流量与孔口的面积、孔口前后的压力差以及孔口形式决定的特性系数有关，由式(1-39)可知，通过薄壁小孔的流量与油液的黏度无关，因此流量受油温变化的影响较小，但流量与孔口前后的压力差呈非线性关系；由式(1-40)可知，油液流经细长小孔的流量与小孔前后的压差 Δp 的一次方呈正比，同时由于公式中也包含油液的黏度 μ，因此流量受油温变化的影响较大。为了分析问题的方便起见，将式(1-39)和式(1-40)一并用下式表示，即

$$q = KA\Delta P^m \tag{1-41}$$

式中：m——指数，当孔口为薄壁小孔时，$m = 0.5$，当孔口为细长孔时，$m = 1$；

K——孔口的通流系数，当孔口为薄壁孔时，$K = C_d \left(\dfrac{2}{\rho}\right)^{0.5}$；当孔口为细长孔时，$K = \dfrac{d_2}{32\mu l}$。

液流流经短孔的流量仍可用薄壁小孔的流量计算式：$q = C_d A \left(\dfrac{2\Delta p}{\rho}\right)^m$，但其中的流量系数可在有关液压设计手册中查得。由于短孔介于细长孔和薄壁孔之间，故有：$q = C_d A \left(\dfrac{2\Delta p}{\rho}\right)^m$，$0.5 < m < 1$。短孔加工比薄壁小孔容易，故常用作固定的节流器使用。

3. 缝隙流动特性

液压元件内各零件间有相对运动，必须要有适当间隙。间隙过大，会造成泄漏；间隙过小，会使零件卡死。如图 1-19 所示的泄漏，泄漏是由压差和间隙造成的。内泄漏的损失转换为热能，使油温升高，外泄漏污染环境，两者均影响系统的性能与效率，因此，研究液体流经间隙的泄漏量、压差与间隙量之间的关系，对提高元件性能及保证系统正常工作是必要的。间隙中的流动一般为层流，一种是压差造成的流动称压差流动，另一种是相对运动造成的流动称剪切流动，还有一种是在压差与剪切同时作用下的流动。

1）平行平板的间隙流动

液体流经平行平板间隙的一般情况是既受压差 $\Delta p = p_1 - p_2$ 的作用，同时又受到平行平板间相对运动的作用。如图 1-20 所示。设平板长为 l，宽为 b（图中未画出），两平行平板间的间隙为 h，且 $l \gg h$，$b \gg h$，液体不可压缩，质量力忽略不计，黏度不变。

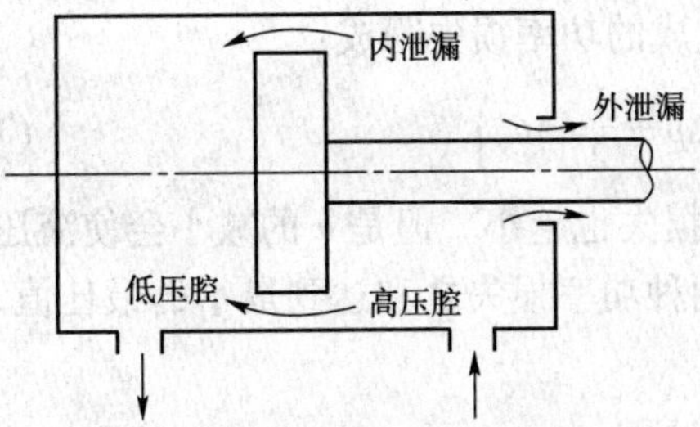

图 1-19 内泄漏与外泄漏

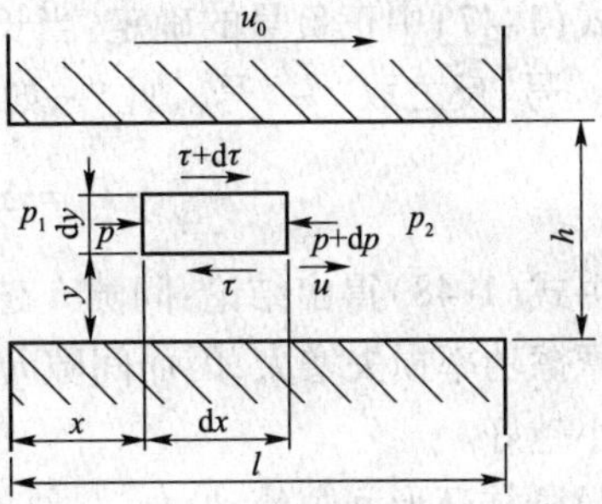

图 1-20 平行平板间隙流动

(1)固定平行平板间隙流动(压差流动)且 $u=0$。

上、下两平板均固定不动,液体在间隙两端的压差的作用下而在间隙中流动,称为压差流动。

由边界条件:当 $y=0$ 时,$u=0$;当 $y=h$ 时,$u=0$,得出间隙内速度公式为

$$u=\frac{y^2}{2\mu}\frac{\mathrm{d}p}{\mathrm{d}x}+C_1y+C_2 \tag{1-42}$$

进而可得出流量公式为

$$q=\frac{bh^3}{12\mu l}\Delta p \tag{1-43}$$

从以上两式可以看出,在间隙中的速度分布规律呈抛物线状,通过间隙的流量与间隙的三次方成正比,因此必须严格控制间隙量,以减小泄漏。

(2)两平行平板有相对运动时的间隙流动。

①两平行平板有相对运动,速度为 u_0,但无压差,这种流动称为纯剪切流动。将边界条件:当 $y=0$ 时,$u=0$;当 $y=h$ 时,$u=u_0$,且$\frac{\mathrm{d}p}{\mathrm{d}x}=0$,则

$$u=\frac{u_0y}{h} \tag{1-44}$$

由式(1-44)可知,速度沿 y 方向呈线性分布。其流量为

$$q=\int_A u\mathrm{d}A=\int_0^h\frac{u_0}{h}y\mathrm{d}y=\frac{1}{2}bhu_0 \tag{1-45}$$

②两平行平板既有相对运动,两端又存在压差时的流动,这是一种普遍情况,其速度和流量是以上两种情况的线性叠加,即

$$u=-\frac{h}{2\mu}(h-y)y\frac{\mathrm{d}p}{\mathrm{d}x}+\frac{u_0y}{h} \tag{1-46}$$

同样

$$\frac{\mathrm{d}p}{\mathrm{d}x}=\frac{(p_1-p_2)}{l}=-\frac{\Delta p}{l}$$

得

$$q=\frac{bh^3}{12\mu l}\Delta p\pm\frac{1}{2}bhu_0 \tag{1-47}$$

式(1-47)中正负号的确定：当长平板相对于短平板的运动方向和压差流动方向一致时，取“+”号；反之取“-”号。此外，如果将泄漏所造成的功率损失写成：

$$P_l = \Delta q p = \Delta p\left(\frac{bh^3}{12\mu l}\Delta p \pm \frac{1}{2}bhu_0\right) \tag{1-48}$$

由式(1-48)得出结论：间隙 h 越小，泄漏功率损失也越小。但是 h 的减小会使液压元件中的摩擦功率损失增大，因而间隙 h 有一个使这两种功率损失之和达到最小的最佳值，并不是越小越好。

2)圆柱环形间隙流动

(1)同心环形间隙在压差作用下的流动。图 1-21 所示为同心环形间隙流动，当 $h/r \ll 1$ 时，可以将环形间隙间的流动近似地看作是平行平板间隙间的流动，只要将 $b = \pi d$ 代入式(1-47)，就可得到这种情况下的流动，即

$$q = \frac{\pi dh^3}{12\mu l}\Delta p \pm \frac{1}{2}\pi dhu_0 \tag{1-49}$$

该式中“+”号和“-”号的确定同式(1-47)。

(2)偏心环形间隙在压差作用下的流动。液压元件中经常出现偏心环状的情况，例如活塞与液压缸不同心时就形成了偏向环状间隙。图 1-22 表示了偏心环状间隙的简图。孔半径为 R，其圆心为 O，轴半径为 r，其圆心为 O_1，偏心距为 e，设半径在任一角度 α 时，两圆柱表面间隙为 h，从图可看出

$$h = R - (r\cos\beta + e\cos\alpha)$$

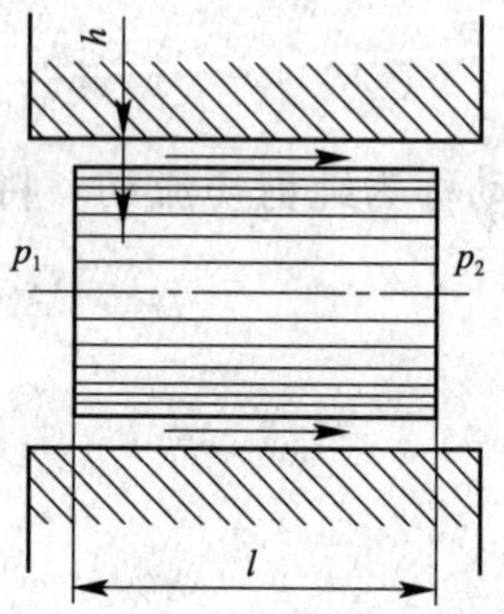

图 1-21　同心环形间隙间的液流

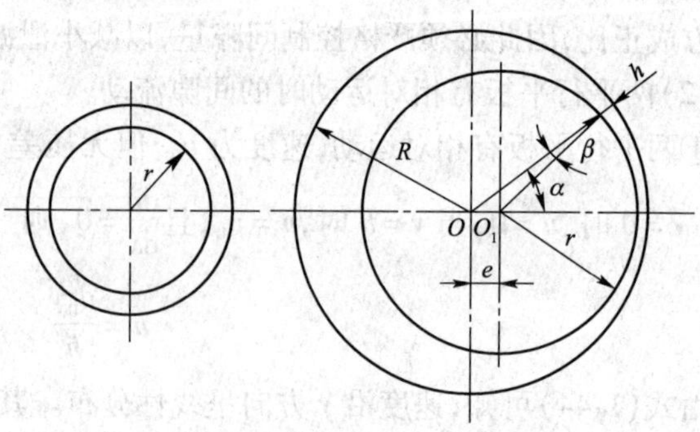

图 1-22　偏心环状间隙中的液流

因为 β 很小，$\cos\beta \to 1$，所以

$$h = R - (r + e\cos\alpha) \tag{1-50}$$

在 $d\alpha$ 一个很小的角度范围内，通过间隙的流量 dq 可应用平面间隙流量公式(1-43)计算，即

$$q = \frac{bh^3\Delta p}{12\mu l}$$

因为 b 相当于 $Rd\alpha$，令 $R - r = h_0$(同心时半径间隙量)，$\frac{e}{h_0} = \varepsilon$(相对偏心率)，$d = 2R$，于是有

$$q = \frac{R\Delta p}{12\mu l}\int_0^{2\pi} h^3 d\alpha = \frac{R\Delta p}{12\mu l}\int_0^{2\pi}(R - r - e\cos\alpha)^3 d\alpha \tag{1-51}$$

由式(1-51)可以看出,当 $\varepsilon=0$ 即为同心环状间隙。当 $\varepsilon=1$,即最大偏心 $e=h_0$时,其流量为同心时流量的 2.5 倍,这说明偏心对泄漏量的影响。所以对液压元件的同心度应有适当要求。

(3)内外圆柱表面有相对运动且又存在压差的流动由式(1-47)和式(1-51)可得到:

$$q=\frac{\pi dh_0^3}{12\mu l}\Delta p(1+1.5\varepsilon^2)\pm\frac{1}{2}\pi dh_0u_0 \tag{1-52}$$

式中等号右边第一项为压差流动的流量,第二项为纯剪切流动的泄漏,当长圆柱表面相对短圆柱表面的运动方向与压差流动方向一致时取"+"号,反之取"-"号,当内外圆柱同心($\varepsilon=0$)时,即为式(1-47)。

1.2.5 液压冲击与空穴

1. 液压冲击

在液压系统中,当极快地换向或关闭液压回路时,致使液流速度急速地改变(变向或停止),由于流动液体的惯性或运动部件的惯性,会使系统内的压力发生突然升高或降低,这种现象称为液压冲击(水力学中称为水锤现象)。在研究液压冲击时,必须把液体当作弹性物体,同时还须考虑管壁的弹性。

首先讨论一下液压冲击的发展过程。图1-23 所示为某液压传动油路的一部分。管路 A 的入口端装有蓄能器,出口端装有快速电磁换向阀。当换向阀打开时,管中的流速为 v_0,压力为 p_0,现在来研究当阀门突然关闭时,阀门前及管中压力变化的规律,如图 1-24 所示。

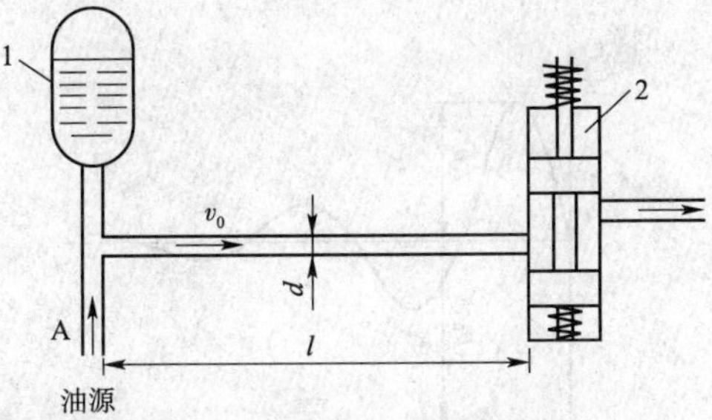

图 1-23 液压冲击的液压传动油路分析

1-气体蓄能器;2-电磁换向阀

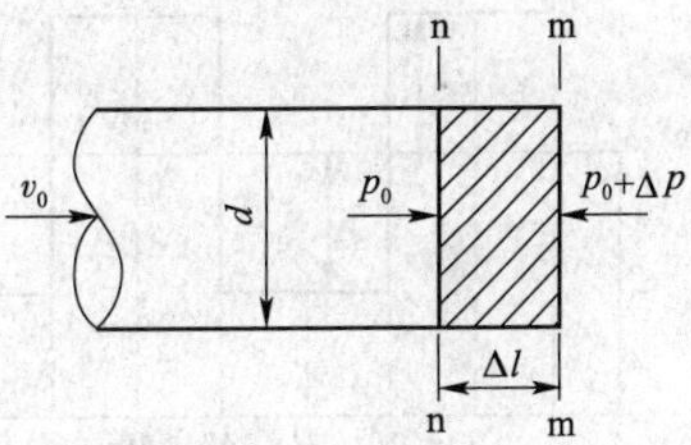

图 1-24 阀门突然关闭时的受力分析

当阀门突然关闭时,如果认为液体是不可压缩的,则管中整个液体将如同刚体一样同时静止下来。但实验证明并非如此,事实上只有紧邻着阀门的一层厚度为 Δl 的液体于 Δt 时间内首先停止流动。之后,液体被压缩,压力增高 Δp,如图 1-24 所示。同时管壁亦发生膨胀。在下一个无限小时间 Δt 段后,紧邻着的第二层液体层又停止下来,其厚度亦为 Δl,也受压缩,同时这段管子也膨胀了些。依此类推,第三层、第四层液体逐层停止下来,并产生增压。这样就形成了一个高压区和低压区分界面(称为增压波面),它以速度 c 从阀门处开始向蓄能器方向传播,称 c 为水锤波的传播速度,它实际上等于液体中的声速。

在阀门关闭 $t_1=l/c$ 时刻后,水锤压力波面到达管路入口处。这时,在管长 l 中全部液体都已依次停止了流动,而且液体处在压缩状态下。这时来自管内方面的压力较高,而在蓄能器内的压力较低。显然这种状态是不能平衡的,可见管中紧邻入口处第一层的液体将会以速度v_0冲向蓄能器中。与此同时,第一层液体层结束了受压状态,水锤压力 Δp 消失,恢复到正常情况下的压力,管壁也恢复了原状。这样,管中的液体高压区和低压区的分界面即减压波面,将以速度 c 自蓄能器向阀门方向传播。

在阀门关闭$t_2=2l/c$ 时刻后,全管长 l 内的液体压力和体积都已恢复了原状。这时要特别注意,当在$t_2=2l/c$ 的时刻末,紧邻阀门的液体由于惯性作用,仍然企图以速度 v_0 向蓄能器方向继续流动。就好像受压的弹簧,当外力取消后,弹簧会伸长得比原来还要长,因而处于受拉状态。这样就使得紧邻阀门的第一层液体开始受到"拉松",因而使压力突然降低 Δp。同样第二层第三层依次放松,这就形成了减压波面,仍以速度 c 向蓄能器方向传去。当阀门关闭$t_3=3l/c$ 时刻后,减压波面到达水管入口处,全管长的液体处于低压而且是静止状态。这时蓄能器中的压力高于管中压力,当然不能保持平衡。在这一压力差的作用下,液体必然由蓄能器流向管路中去,使紧邻管路入口的第一层液体层首先恢复到原来正常情况下的速度和压力。这种情况依次一层一层地以速度 c 由蓄能器向阀门方向传播,直到经过$t_4=4l/c$ 时传到阀门处。这时管路内的液体完全恢复到原来的正常情况,液流仍以速度 v_0 由蓄能器流向阀门。这种情况和阀门未关闭之前完全相同。因为现在阀门仍在关闭状态,故此后将重复上述四个过程。如此周而复始地传播下去,如果不是由于液压阻力和管壁变形消耗了一部分能量,这种情况将会永远继续下去。

图 1-25 表示在紧邻阀门前的压力随时间变化的图形。由图看出,该处的压力每经过 $2l/c$ 时间段,互相变换一次。图 1-25 是理想情况。实际上由于液压阻力及管壁变形需要消耗一定的能量,因此它是一个逐渐衰减的复杂曲线,如图 1-26 所示。

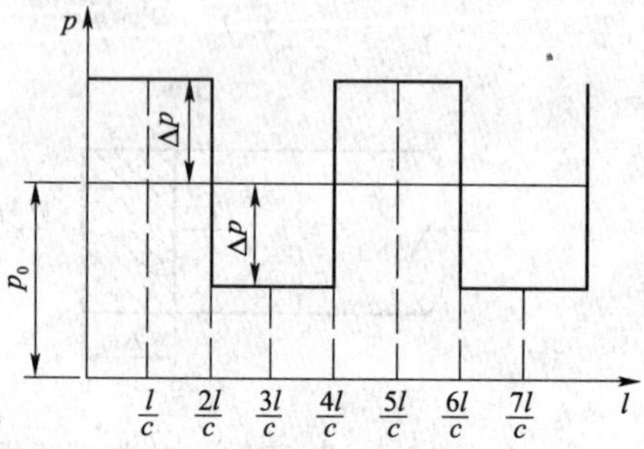

图 1-25 在理想情况下冲击压力的变化规律

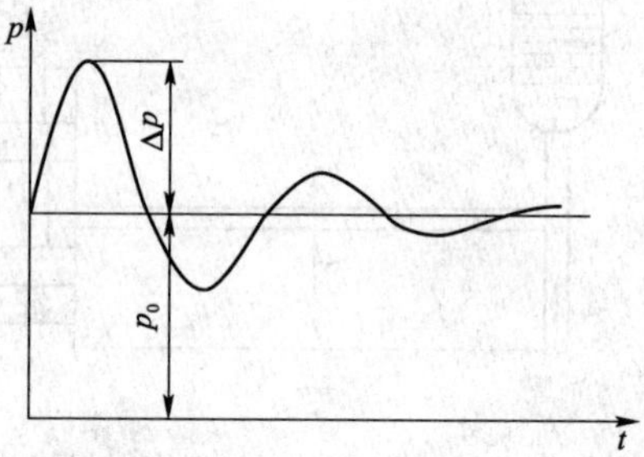

图 1-26 实际情况下冲击压力的变化规律

液压冲击的危害是很大的。发生液压冲击时管路中的冲击压力往往急增很多倍,而使按工作压力设计的管道破裂。此外,所产生的液压冲击波会引起液压系统的振动和冲击噪声。因此在液压系统设计时要考虑这些因素,应当尽量减少液压冲击的影响。为此,一般可采用如下措施。

(1)缓慢关闭阀门,削减冲击波的强度。

(2)在阀门前设置蓄能器,以减小冲击波传播的距离。

(3)应将管中流速限制在适当范围内,或采用橡胶软管,也可以减小液压冲击。

(4)在系统中装置安全阀,可起卸载作用。

2. 空穴现象

一般液体中溶解有空气,水中溶解有约 2% 体积的空气,液压油中溶解有 6% ~12% 体积的空气。成溶解状态的气体对油液体积弹性模量没有影响,成游离状态的小气泡则对油液体积弹性模量产生显著的影响。空气的溶解度与压力成正比。当压力降低时,原先压力较高时溶解于油液中的气体成为过饱和状态,于是就要分解出游离状态微小气泡,其速率是较低的,但当压力低于空气分离压 pg 时,溶解的气体就要以很高速度分解出来,成为游离微小气泡,并聚合长大,使原来充满油液的管道变为混有许多气泡的不连续状态,这种现象称为空穴现象。油液的空气分离压随油温及空气溶解度而变化,当油温 $t=50℃$ 时,$pg<4\times10^4$Pa(0.4bar)(绝对压力)。

空穴现象是一种有害的现象,它主要有以下几方面的危害:

(1)液体在低压部分产生空穴后,到高压部分气泡又重新溶解于液体中,周围的高压液体迅速填补原来的空间,形成无数微小范围内的液压冲击,这将引起噪声、振动等有害现象。

(2)液压系统受到空穴引起的液压冲击而造成零件的损坏。另外,由于析出空气中含有游离氧,对零件具有很强的氧化作用,引起元件的腐蚀,这些称为气蚀作用。

(3)空穴现象使液体中带有一定量的气泡,从而引起流量的不连续及压力的波动,严重时甚至断流,使液压系统不能正常工作。

为减少空穴和气蚀的危害,通常采取下列措施:

(1)减小孔口或缝隙前后的压力降。一般希望孔口或缝隙的压力比值$\frac{p_1}{p_2}<3.5$。

(2)降低泵的吸油高度,适当加大吸油管直径,限制吸油管的流速,尽量减小吸油管路中的压力损失(如及时清洗过滤器或更换滤芯等),对于自吸能力差的泵要安装辅助泵供油。

(3)管路要有良好的密封,防止空气进入。

(4)提高液压零件的抗气蚀能力,采用抗腐蚀能力强的金属材料,减小零件表面粗糙度值。

1.3 气压传动概述

1.3.1 气压传动概念与应用

1. 气压传动概念

气压传动简称气动,是指以压缩空气为工作介质来传递动力和控制信号,控制和驱动各种机械和设备,以实现生产过程机械化、自动化的一门技术。它是流体传动及控制学科的重要分支。

2. 气压传动应用

因为以压缩空气为工作介质,具有防火、防爆、防电磁干扰,抗振动、冲击、辐射,无污染,结构简单,工作可靠等特点,所以气动技术与液压、机械、电气和电子技术一起,互相补充,已发展成为实现生产过程自动化的一个重要手段。

气动技术被广泛应用于机械、电子、轻工、纺织、食品、医药、包装、冶金、石化、航空、交通运输等各个工业部门。气动机械手、组合机床、加工中心、生产自动线、自动检测和实验装置等已大量涌现,它们在提高生产效率、自动化程度、产品质量、工作可靠性和实现特殊工艺等方面显示出极大的优越性。

1.3.2 气压传动系统的组成及工作原理

1. 气压传动工作原理

气压传动,是以压缩空气为工作介质进行能量传递和信号传递的一门技术。气压传动的工作原理是利用空气压缩机把电动机或其他原动机输出的机械能转换为空气的压力能,然后在控制元件的作用下,通过执行元件把压力能转换为直线运动或回转运动形式的机械能,从而完成各种动作,并对外做功。

2. 气压传动系统组成

图1-27所示为典型气压传动系统的组成示意图。

气压传动系统和液压传动系统类似,也是由四部分组成的,它们是:

(1)气源装置。是获得压缩空气的装置。其主体部分是空气压缩机,它将原动机供给的机械能转变为气体的压力能。

(2)控制元件。是用来控制压缩空气的压力、流量和流动方向的,以便使执行机构完成预定的工作循环,它包括各种压力控制阀、流量控制阀和方向控制阀等。

(3)执行元件。是将气体的压力能转换成机械能的一种能量转换装置。它包括实现直线往复运动的气缸和实现连续回转运动或摆动的气马达或摆动马达等。

(4)辅助元件。是保证压缩空气的净化、元件的润滑、元件间的连接及消声等所必需的,它包括过滤器、油雾器、管接头及消声器等。

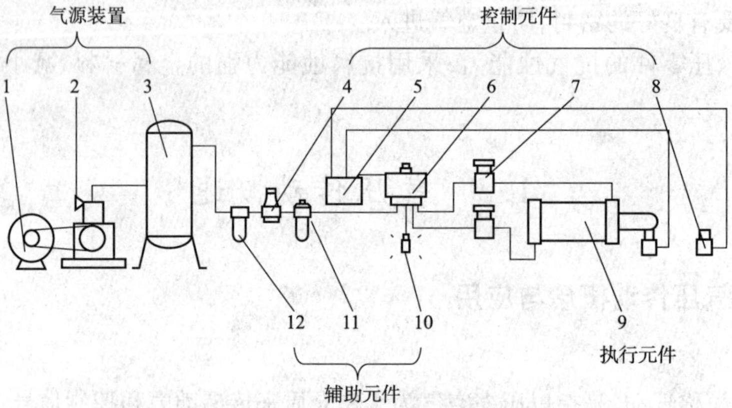

图1-27 气压传动系统的组成示意图

1-电动机;2-空气压缩机;3-储气罐;4-压力控制阀;5-逻辑元件;6-方向控制阀;7-流量控制阀;8-行程阀;9-气缸;10-消声器;11-油雾器;12-分水滤气器

1.3.3 气压传动的特点

1. 气压传动的优点

气压传动与机械、电气、液压传动相比有以下优点:

(1)工作介质是空气,与液压油相比可节约能源,而且取之不尽、用之不竭。气体不易堵塞流动通道,用之后可将其随时排入大气中,不污染环境。

（2）空气的特性受温度影响小。在高温下能可靠地工作，不会发生燃烧或爆炸，且温度变化时，对空气的黏度影响极小，故不会影响传动性能。

（3）空气的黏度很小（约为液压油的万分之一），所以流动阻力小，在管道中流动的压力损失较小，所以便于集中供应和远距离输送。

（4）相对液压传动而言，气动动作迅速、反应快，一般只需0.02～0.3s就可达到工作压力和速度。液压油在管路中流动速度一般为1～5m/s，而气体的流速最小也大于10m/s，有时甚至达到声速，排气时还达到超声速。

（5）气体压力具有较强的自保持能力，即使空气压缩机停机，关闭气阀，但装置中仍然可以维持一个稳定的压力。液压系统要保持压力，一般需要能源泵继续工作或另加蓄能器，而气体通过自身的膨胀性来维持承载缸的压力不变。

（6）气动元件可靠性高、寿命长。液压元件可运行百万次，而气动元件可运行2000万～4000万次。

（7）工作环境适应性好，特别是在易燃、易爆、多尘埃、强磁、辐射、振动等恶劣环境中，比液压、电子、电气传动和控制优越。

（8）气动装置结构简单，成本低，维护方便，过载能自动保护。

2. 气压传动的缺点

（1）由于空气的可压缩性较大，气动装置的动作稳定性较差，外载变化时，对速度的影响较大。

（2）由于工作压力低，气动装置的输出力或力矩受到限制。在结构尺寸相同的情况下，气压传动装置比液压传动装置输出的力要小得多。气压传动装置的输出力不宜大于10～40kN。

（3）气动装置中的信号传动速度比光、电控制速度慢，所以不宜用于信号传递速度要求十分高的复杂线路中。同时实现生产过程的遥控也比较困难，但对一般的机械设备，气动信号的传递速度是能满足工作要求的。

（4）噪声较大，尤其是在超声速排气时要加消声器。

各种传动的性能比较参考见表1-3。

气压传动与其他传动的性能比较 表1-3

类型		操作力	动作快慢	环境要求	构造	负载变化影响	操作距离	无级调速	工作寿命	维护	价格
气压传动		中等	较快	适应性好	简单	较大	中距离	较好	长	一般	便宜
液压传动		最大	较慢	不怕振动	复杂	有一些	短距离	良好	一般	要求高	稍贵
电传动	电气	中等	快	要求高	稍复杂	几乎没有	远距离	良好	较短	要求较高	稍贵
	电子	最小	最快	要求特高	最复杂	没有	远距离	良好	短	要求更高	最贵
机械传动		较大	一般	一般	一般	没有	短距离	较困难	一般	简单	一般

本章小结

1. 液压传动系统主要由动力元件、执行元件、控制元件、辅助元件几部分组成，液压传动是利用静压传递原理来工作的。

2. 液压油的主要性质有密度、黏性、可压缩性等。正确而合理地选用液压油，乃是保证液压设备高效率正常运转的前提。

3. 液压静力学基础主要包括液体静压力及其特性，液体静力学方程，压力的表示方法及单位，帕斯卡原理，液压静压力对固体壁面的作用力等内容。液压动力学基础内容主要包括三大方程：液流的连续性方程、伯努利方程和动量方程。

4. 气压传动的工作原理是利用空气压缩机把电动机或其他原动机输出的机械能转换为空气的压力能，然后在控制元件的作用下，通过执行元件把压力能转换为直线运动或回转运动形式的机械能，从而完成各种动作，并对外做功。气压传动系统和液压传动系统类似，也是由四部分组成的，它们是：气源装置、控制元件、执行元件、辅助元件。

复习思考题

1.1　液压传动系统由哪几部分组成？各组成部分的主要作用是什么？

1.2　简述液压传动和气压传动的主要优缺点。

1.3　在工作中如何选取合适的液压油？

1.4　理想液体的伯努利方程的物理意义是什么？其应用形式是什么？

1.5　液体流动中为什么会有压力损失？压力损失有哪几种？

1.6　空穴现象产生的原因和危害是什么？如何减小这些危害？

1.7　液压冲击产生的原因和危害是什么？如何减小压力冲击？

1.8　如图1-28所示液压泵的吸油装置，吸油管直径$d=60\text{mm}$，通过油液的流量$q=150\text{L/min}$，，液压泵吸油口处允许的真空度为0.02MPa，油液密度$\rho=900\text{kg/m}^3$，黏度$\nu=30\times10^{-6}\text{m}^2/\text{s}$，弯头处局部阻力系数$\zeta_{弯}=0.2$，管道入口处局部阻力系数$\zeta_{入}=0.5$，沿程损失忽略不计，试求吸空高度$h$。

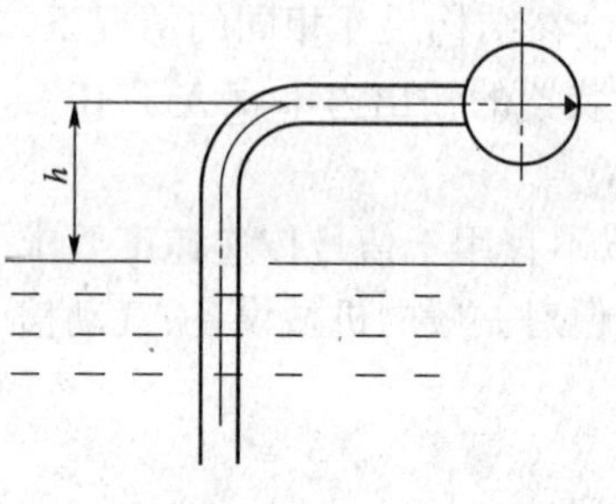

图1-28　题1.8图

第2章　液压动力元件

教学目标

1. 掌握液压泵的工作原理及分类。
2. 掌握液压泵主要工作参数计算。
3. 掌握齿轮泵工作原理和结构上存在的问题。
4. 掌握叶片泵的结构特点、分类及工作原理。
5. 掌握柱塞泵工作原理和结构特点。

教学要点

知识要点	掌握程度	相关知识
液压泵的工作原理	熟练	液压泵功用
液压泵主要工作参数	熟练	液压泵原理
困油现象	理解	齿轮泵工作原理和结构
变量机构	理解	叶片泵与柱塞泵的工作原理

2.1　液压泵概述

液压泵是利用密闭容积的变化来工作的。因此,抓住密封容积是如何构成的,以及密封容积是如何变化的问题,是理解液压泵的工作原理与结构特点的关键。

2.1.1　容积式液压泵的工作原理

图2-1所示为单柱塞液压泵的工作原理图。图中柱塞2装在缸体3中,形成密封工作腔a,柱塞在弹簧4的作用下始终压紧在偏心轮1上。当原动机驱动偏心轮旋转时,柱塞就在缸体中做往复运动,使得密封工作腔a的容积大小随之发生周期性的变化。当柱塞外伸,密封腔a的容积由小变大,局部形成真空,油箱中的油液在大气压的作用下,经吸油管顶开吸油单向阀6进入a腔而实现吸油,此时单向阀5在系统管道油液压力作用下关闭;反之,当柱塞被偏心轮压进缸体时,密封腔a的容积由大变小时,a腔中的油液将顶开排油单向阀5流入系统而实现排油,此时单向阀6关闭。原动机驱动偏心轮不断旋转,液压泵就不断地吸油、排油。

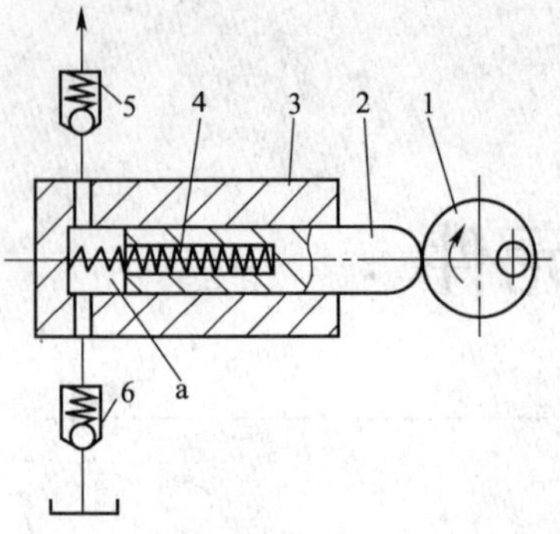

图 2-1　单柱塞容积式泵的工作原理
1-偏心轮；2-柱塞；3-缸体；4-弹簧；5-排油单向阀；6-吸油单向阀

液压泵排出油液的压力取决于油液流动时克服的阻力，排出油液的流量取决于密封腔容积变化的大小和速率。

由此可见，容积式液压泵靠密封工作腔容积的变化实现吸油和排油，从而将原动机输入的机械能转换成液压能；单向阀 5、6 组成配流机构（这里称为阀配流），使吸油过程和排油过程相互隔开，从而使系统能随负载建立起相应的压力。

这种单柱塞泵是靠密封工作腔的容积变化进行工作的，称为容积式泵。构成容积式液压泵必须具备如下的三个条件：

（1）容积式泵必定具有一个或若干个密封工作腔。

（2）密封工作腔的容积能产生由小到大和由大到小的变化，以形成吸油、排油过程。

（3）具有相应的配流机构以使吸油、排油过程能各自独立完成。液压泵和液压马达实现进油、排油的方式称为配流。

本章所述的各种液压泵虽然组成密封工作腔的零件结构各异，配流机构形式也各不相同，但它们都满足上述三个条件，都属于容积式液压泵。

从原理和能量转换的角度来说，液压泵和液压马达是可逆工作的液压元件，即向液压泵输入工作液体便可使其变成液压马达而带动负载工作。因此，液压马达同样需要满足液压泵的上述三个条件，液压马达的工作原理在此不再赘述。

必须指出，由于液压泵和液压马达的工作条件不同，对各自的性能要求也不一样。因此，同类型的液压泵和液压马达尽管结构很相似，但仍存在不少差异，所以实际使用中大部分液压泵和液压马达不能互相代用（注明可逆的除外）。

2.1.2　液压泵的分类

液压泵的类型很多。液压泵按主要运动构件的形状和运动方式分为齿轮泵、叶片泵、柱塞泵和螺杆泵四大类，按排量能否改变可分为定量泵和变量泵。

液压泵也可以按压力来分类，见表 2-1。

压 力 分 级　　表 2-1

压力分级	低压	中压	中高低	高压	超高压
压力（MPa）	≤2.5	>2.5～8	>8～16	>16～32	>32

液压泵一般图形符号如图 2-2 所示。

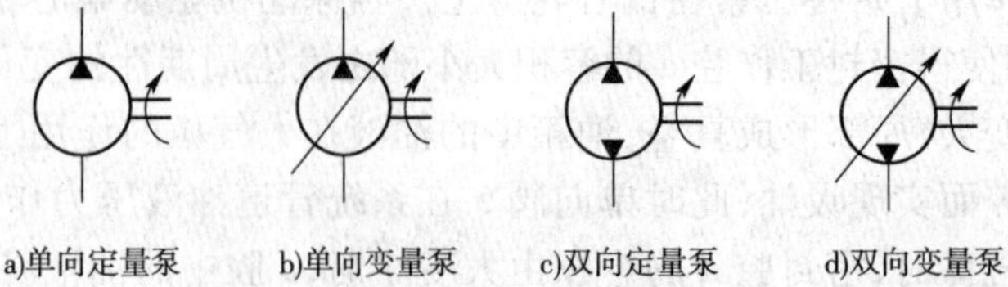

a)单向定量泵　b)单向变量泵　c)双向定量泵　d)双向变量泵

图 2-2　液压泵的图形符号

2.1.3 液压泵的基本性能参数

液压泵的性能参数主要有压力、转速、排量、流量、功率和效率。

1. 液压泵的压力

(1)额定压力 p_n:在正常工作条件下,按试验标准规定连续运转所允许的最高压力。额定压力值与液压泵的结构形式及其零部件的强度、工作寿命和容积效率有关。在液压系统中,安全阀的调定压力要小于液压泵的额定压力。铭牌标注的就是此压力。

(2)最高允许压力 p_{max}:是指泵短时间内所允许超载使用的极限压力,它受泵本身密封性能和零件强度等因素的限制。

(3)工作压力 p_p:液压泵在实际工作时的输出压力,亦即液压泵出口的压力,液压泵的输出压力由负载决定。当负载增加,输出压力就增大,负载减小,输出压力就降低。

(4)吸入压力:液压泵进口处的压力。自吸式液压泵的吸入压力低于大气压力,一般用吸入高度衡量。当液压泵的安装高度太高或吸油阻力过大时,液压泵的进口压力将因低于极限吸入压力而导致吸油不充分,而在吸油腔产生气穴或气蚀。吸入压力的大小与液压泵的结构形式有关。

2. 液压泵的转速(常用单位为 r/min)

(1)额定转速 n:在额定压力下,根据试验结果推荐的能长时间连续运行并保持较高运行效率的转速。

(2)最高转速 n_{max}:在额定压力下,为保证使用寿命和性能所允许的短暂运行的最高转速。其值主要与液压泵的结构形式及自吸能力有关。

(3)最低转速 n_{min}:为保证液压泵可靠工作或运行效率不致过低所允许的最低转速。

3. 液压泵的排量及流量

1)排量 V_p(m^3/r,常用单位为 mL/r)

在不考虑泄漏的情况下(输出压力为零压),液压泵主轴每转一周,所排出的液体的体积,称为排量,又称为理论排量、几何排量。

2)理论流量 q_t(m^3/s,常用单位为 L/min)

在不考虑泄漏的情况下,液压泵在单位时间内所排出的液体的体积,称为理论流量;工程上又称空载流量。

$$q_t = V_p n_p \tag{2-1}$$

式中:V_p——液压泵排量;

n_p——液压泵转速,r/min。

3)额定流量 q_n

在额定压力、额定转速下,按试验标准规定必须保证的输出流量。

4)实际流量 q_p

指实际运行时,在不同压力下液压泵所排出的流量。实际流量低于理论流量,其差值 $\Delta q = q_t - q_p$ 为液压泵的泄漏量。

5)瞬时理论流量 q_{tsh}

由于运动学机理,液压泵的流量往往具有脉动性,液压泵某一瞬间所排的理论流量称为瞬时理论流量。

6）流量不均匀系数 δ_q

在液压泵的转速一定时，因流量脉动造成的流量不均匀程度。其计算公式为

$$\delta_q = \frac{(q_{tsh})_{max} - (q_{tsh})_{min}}{q_t} \tag{2-2}$$

4. 液压泵的功率

1）输入功率 P_i

液压泵的输入功率是原动机的输出功率，亦即实际驱动泵轴旋转所需的机械功率，其计算公式为

$$P_i = \omega T = 2\pi n_p T_i \tag{2-3}$$

式中：T_i——驱动泵轴旋转所需的转矩。

2）输出功率 P_0

液压泵的输出功率（kW）用其实际流量 q_p（m^3/s）和出口压力 p_p（Pa）的乘积表示，即

$$P_0 = p_p q_p \tag{2-4}$$

3）理论功率 P_t

如果液压泵在能量转换过程中没有能量损失，则输入功率与输出功率相等，即为理论功率，用 P_t 表示，即

$$P_t = pq_t = 2\pi n T_t \tag{2-5}$$

式中：T_t——液压泵的理论转矩。

5. 液压泵的效率

实际上，液压泵在能量转换过程中是有损失的，因此输出功率小于输入功率，两者之差，即为功率损失。液压泵的功率损失有机械损失和容积损失，因摩擦而产生的损失是机械损失，因泄漏而产生的损失是容积损失。功率损失用效率来描述。

1）机械效率 η_{Pm}

液体在泵内流动时，液体黏性会引起转矩损失，泵内零件相对运动时，机械摩擦也会引起转矩损失。机械效率 η_{Pm} 是泵所需要的理论转矩 T_t 与输入转矩 T_i 之比，即

$$\eta_{Pm} = \frac{T_t\omega}{T_i\omega} = \frac{T_t}{T_i} \tag{2-6}$$

2）容积效率 η_{PV}

在转速一定的条件下，液压泵的输出功率与理论功率之比，或者液压泵的实际流量与理论流量之比，定义为液压泵的容积效率，即

$$\eta_{PV} = \frac{p_p q_p}{p_p q_t} = \frac{q_p}{q_t} = 1 - \frac{\Delta q_P}{V_p n_p} \tag{2-7}$$

式中：Δq_P——液压泵的泄漏量。

在液压泵结构形式、几何尺寸确定后，泄漏量 Δq_P 的大小主要取决于液压泵的出口压力，与液压泵的转速（对定量泵）或排量（对变量液压泵）无多大关系。因此液压泵在低转速或小排量下工作时，其容积效率将会很低，以致无法正常工作。

由于液压泵内相对运动零件之间间隙很小，泄漏油液的流态是层流，所以泄漏量 Δq_p 和

液压泵的工作压力 p_p 是线性关系，即

$$\Delta q_P = k_l p_p \tag{2-8}$$

式中：k_l——液压泵的泄漏系数。

因此

$$\eta_{PV} = 1 - \frac{k_l p_p}{V_p n_p} \tag{2-9}$$

3）总效率 η_p

总效率 η_p 为液压泵的输出功率与输入功率之比。即

$$\eta_p = \frac{P_0}{P_i} = \frac{p_p q_p}{2\pi n_p T_i} = \frac{p_p q_t \eta_V}{2\pi n_p T_t/\eta_m} = \frac{p_p q_t}{2\pi n_p T_t}\eta_{PV}\eta_{Pm} = \eta_{PV}\eta_{Pm} \tag{2-10}$$

液压泵的总效率 η_p 在数值上等于容积效率和机械效率的乘积。液压泵的总效率、容积效率和机械效率可以通过实验测得。

液压泵的容积效率 η_{PV}、机械效率 η_{Pm}、总效率 η_P、理论流量 q_t、实际流量 q_p 和实际输入功率 P_i 与工作压力 p 的关系曲线如图 2-3 所示。它是液压泵在特定的介质、转速和油温等条件下通过实验得出的。

由图 2-3 可知，液压泵在零压时的流量即为 q_t。由于液压泵的泄漏量随压力升高而增大，所以液压泵的容积效率 η_{PV} 及实际流量 q_p 随液压泵的工作压力的升高而降低，压力为零时的容积效率 $\eta_{PV} = 100\%$，这时的实际流量 q_p 可以视为理论流量 q_t。总效率 η_P 开始随压力 p 的增大很快上升，接近液压泵的额定压力时总效率 η_P 最大，达到最大值后，又逐步降低。由容积效率和总效率这两条曲线的变化，可以看出机械效率的变化情况：液压泵在低压时，机械摩擦损失在总损失中所占的比重较大，其机械效率 η_{Pm} 很低。随着工作压力的提高，机械效率很快上升。在达到某一值后，机械效率大致保持不变，从而表现出总效率曲线几乎和容积效率曲线平行下降的变化规律。

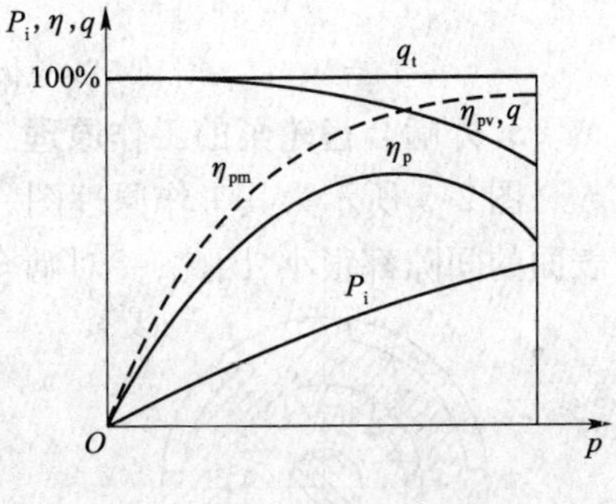

图 2-3 液压泵的性能曲线

6. 液压泵的噪声

液压泵的噪声通常用分贝（dB）衡量，液压泵的噪声产生的原因主要包括：流量脉动、液流冲击、零部件的振动和摩擦，以及液压冲击等。

2.2 齿 轮 泵

齿轮泵按齿轮啮合形式的不同分为外啮合和内啮合两种；按齿形曲线的不同分为渐开线齿形和非渐开线齿形两种。

2.2.1 外啮合齿轮泵

1. 功用

外啮合齿轮泵主要用来输送液体，包括水、油、酸碱液、乳化液、悬乳液和液态金属等，也

可输送液体、气体混合物以及含悬浮固体物的液体。

2. 泵的结构组成

泵的结构如图 2-4 所示，由后泵盖 1、滚针轴承 2、泵体 3、主动齿轮 4、前泵盖 5、传动轴 6、键 7、从动齿轮 8 等零件组成。

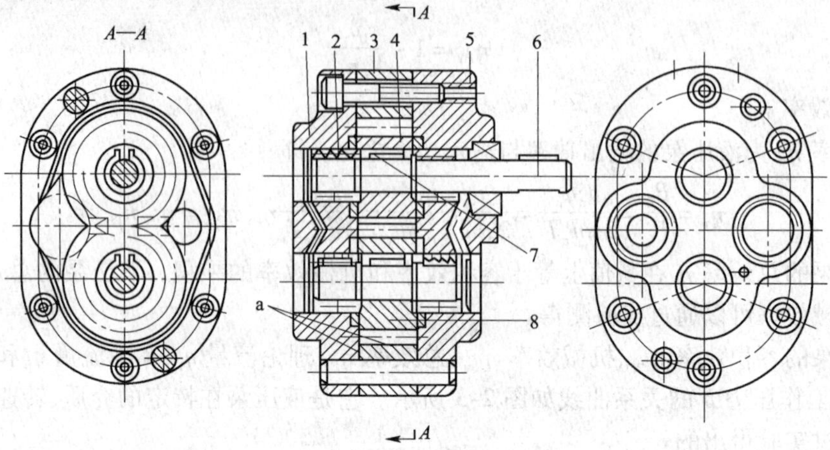

图 2-4　CB－B 型齿轮泵结构图

1-后泵盖；2-滚针轴承；3-泵体；4-主动齿轮；5-前泵盖；6-传动轴；7-键；8-从动齿轮

3. 外啮合齿轮泵的工作原理

图 2-5 所示为其工作原理图。由于齿轮两端面与泵盖的间隙以及齿轮的齿顶与泵体内表面的间隙都很小，因此，一对啮合的轮齿，将泵体、前后泵盖和齿轮包围的密封容积分隔成左、右两个密封工作腔。当原动机带动齿轮如图 2-5 所示方向旋转时，右侧的轮齿不断退出啮合，而左侧的轮齿不断进入啮合，因啮合点的啮合半径小于齿顶圆半径，右侧退出啮合的轮齿露出齿间，其密封工作腔容积逐渐增大，形成局部真空，油箱中的油液在大气压力的作用下经泵的吸油口进入这个密封油腔——吸油腔。随着齿轮的转动，吸入的油液被齿间转移到左侧的密封工作腔。左侧进入啮合的轮齿使密封油腔——压油腔容积逐渐减小，把齿间油液挤出，从压油口输出，压入液压系统。这就是齿轮泵的吸油和压油过程。齿轮连续旋转，泵连续不断地吸油和压油。

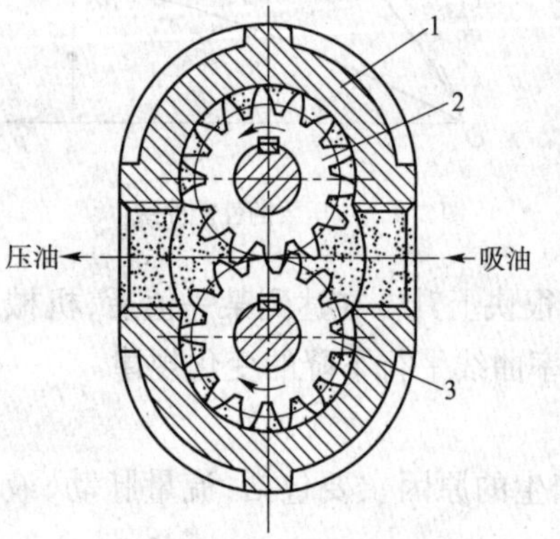

图 2-5　齿轮泵的工作原理图

1-壳体；2-主动齿轮；3-从动齿轮

齿轮啮合点处的齿面接触线将吸油腔和压油腔分开，起到了配油（配流）作用，因此不需要单独设置配油装置，这种配油方式称为直接配油。

4. 特点与不足

1）泄漏问题

液压泵中构成密封工作容积的零件要作相对运动，因此存在间隙。由于泵吸、压油腔之间存在压力差，其间隙必然产生泄漏。外啮合齿轮泵压油腔的压力油主要通过三条途径泄漏到低压腔。

（1）泵体的内圆表面和齿顶径向间隙的泄漏。由于齿轮转动方向与泄漏方向相反，且压油腔到吸油腔泄漏通道较长，所以其泄漏量相对较小，占总泄漏量的10% ~15%。

(2)齿面啮合处间隙的泄漏。由于齿形误差会造成沿齿宽方向接触不好而产生间隙，使压油腔与吸油腔之间造成泄漏，这部分泄漏量很少。

(3)齿轮端面间隙的泄漏。齿轮端面与前后盖之间的端面间隙较大，此端面间隙封油长度又短，所以泄漏量最大，占总泄漏量的70% ~75%。

由此可知，齿轮泵由于泄漏量较大，其额定压力不高，要想提高齿轮泵的额定压力并保证较高的容积效率，首先要减少沿端面间隙的泄漏。

2)困油现象

为了保证齿轮传动的平稳性，保证吸排油腔严格地隔离以及齿轮泵供油的连续性，根据齿轮啮合原理，就要求齿轮的重叠系数 ε 大于1(一般取 $\varepsilon = 1.05 \sim 1.3$)，这样在齿轮啮合中，在前一对轮齿退出啮合之前，后一对轮齿已经进入啮合。在两对轮齿同时啮合的时段内，就有一部分油液困在两对轮齿所形成的封闭油腔内，既不与吸油腔相通也不与压油腔相通，这就是困油现象。如图2-6所示，这个封闭油腔的容积，开始时随齿轮的旋转逐渐减少，以后又逐渐增大。封闭油腔容积减小时，困在油腔中的油液受到挤压，并从缝隙中挤出而产生很高的压力，使油液发热，轴承负荷增大；而封闭油腔容积增大时，又会造成局部真空，产生气穴现象。这些都将使齿轮泵产生强烈的振动和噪声，影响齿轮泵的工作性能，降低泵的容积效率，缩短使用寿命。消除困油现象的措施是在齿轮端面两侧板上开卸荷槽。困油区油腔容积增大时，通过卸荷槽与吸油区相连，反之与压油区相连。卸荷槽的形式有各种各样，有对称开口，不对称开口，有开圆形盲孔卸荷槽。

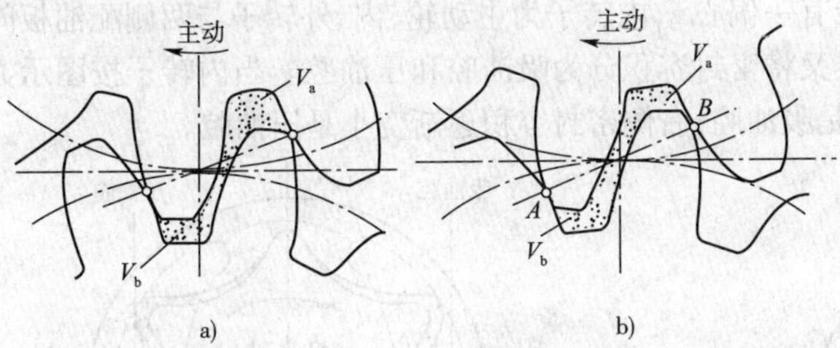

图2-6　齿轮泵的困油现象

3)不平衡的径向力

在齿轮泵中，由于泵体的内圆表面和齿顶径向间隙的泄漏，作用在齿轮外圆上的压力是不相等的，如图2-7所示。齿轮周围压力不一致，使齿轮轴受力不平衡。压油腔压力越高，这个力越大。

从泵的进油口沿齿顶圆圆周到出油口齿和齿之间的油的压力，从压油口到吸油口按递减规律分布，这些力的合力构成了一个不平衡的径向力。其带来的危害是加重了轴承的负荷，并加速了齿顶与泵体之间磨损，影响泵的寿命。可以采用减小压油口的尺寸、加大齿轮轴和轴承的承载能力、开压力平衡槽、适当增大径向间隙等办法来解决。

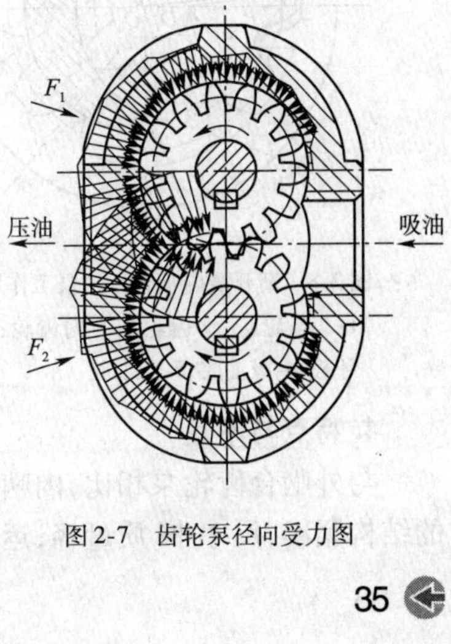

图2-7　齿轮泵径向受力图

外啮合齿轮泵的主要特点是结构简单、体积小、质量轻，转速高且范围大，自吸性能好，工作可靠，对油液污染不敏感，维护方便和价格低廉等。在一般液压传动系统，特别是工程机械上应用较为广泛。它的缺点是径向不平衡力大，泄漏大，流量脉动大，噪声较高，不能做变量泵使用。

2.2.2 内啮合齿轮泵

1. 功用

内啮合齿轮泵适用于输送石油、化工、涂料、染料、食品、油脂、医药等行业中的牛顿液体或非牛顿液体，输送液体的种类可由轻质、挥发性液体，直至重质、黏稠液体，甚至半固态液体。

2. 泵的结构组成

内啮合齿轮泵，它由一对相互啮合的内齿轮及它们中间的月牙形件、泵壳等构成。

3. 工作原理

内啮合齿轮泵有渐开线齿形和摆线齿形两种结构类型。

图 2-8 所示为内啮合渐开线齿轮泵工作原理图。相互啮合的小齿轮 1 和内齿环 2 与侧板围成的密封容积被月牙板 3 和齿轮的啮合线分隔成两部分，即形成吸油腔 4 和压油腔 5。当传动轴带动小齿轮按图 2-8 所示方向旋转时，内齿轮同向旋转，图中上半部轮齿脱开啮合，密封容积逐渐增大，是吸油腔；下半部轮齿进入啮合，使其密封容积逐渐减小，是压油腔。

图 2-9 为内啮合摆线齿轮泵工作原理图。在内啮合摆线齿轮泵中，外转子 1 和内转子 2 只差一个齿，内、外转子的轴心线有一偏心 e，内转子为主动轮，内、外转子与两侧配油板间形成密封容积，内、外转子的啮合线又将密封容积分为吸油腔和压油腔。当内转子按图示方向转动时，左侧密封容积逐渐变大是吸油腔；右侧密封容积逐渐变小是压油腔。

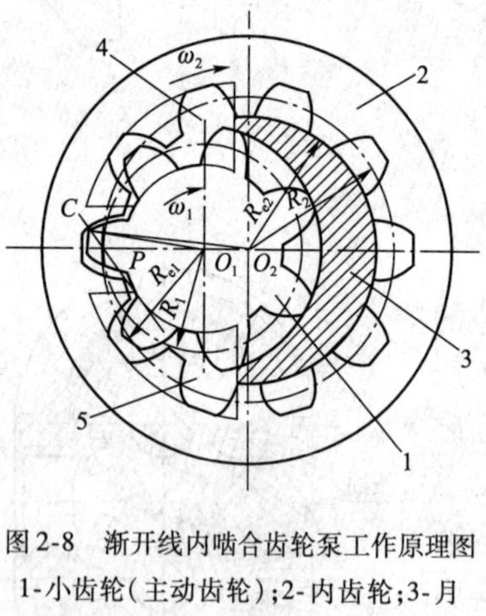

图 2-8 渐开线内啮合齿轮泵工作原理图
1-小齿轮（主动齿轮）；2-内齿轮；3-月牙板；4-吸油腔；5-压油腔

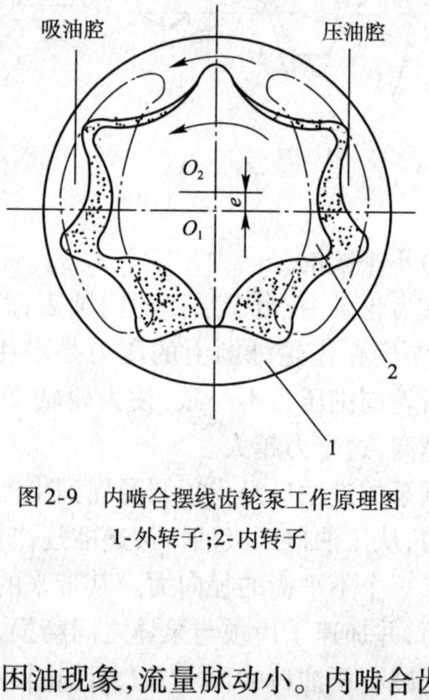

图 2-9 内啮合摆线齿轮泵工作原理图
1-外转子；2-内转子

4. 特点与不足

与外啮合齿轮泵相比，内啮合齿轮泵内可做到无困油现象，流量脉动小。内啮合齿轮泵的结构紧凑，尺寸小，质量轻，运转平稳，噪声低，在高转速工作时有较高的容积效率。但在低速、高压下工作时,压力脉动大,容积效率低,所以一般用于中、低压系统。在闭式系统中,常用这种泵作为补油泵。内啮合齿轮泵的缺点是齿形复杂,加工困难,价格较贵,且不适合高速高压工况。

2.3 叶 片 泵

叶片泵按结构分双作用式和单作用式。双作用叶片泵转子旋转一周,进行二次吸油、排油,流量不可调节,主要作定量泵;单作用式叶片泵转子旋转一周进行一次吸油、排油,流量可调节,主要作变量泵。按压力等级,叶片泵可分为中低压(7MPa)叶片泵、中高压(16MPa)叶片泵和高压(20~32MPa)叶片泵。

2.3.1 单作用叶片泵

1. 功用

单作用式叶片泵易于实现流量调节,常用于快慢速运动的液压系统,可降低功率损耗,减少油液发热,简化油路,节省液压元件。

2. 泵的结构组成

单作用叶片泵结构如图2-10所示,由转子1、定子2、叶片3和配流盘(图中未画出)等零件组成。

3. 单作用叶片泵的工作原理

图2-10为单作用叶片泵工作原理图。

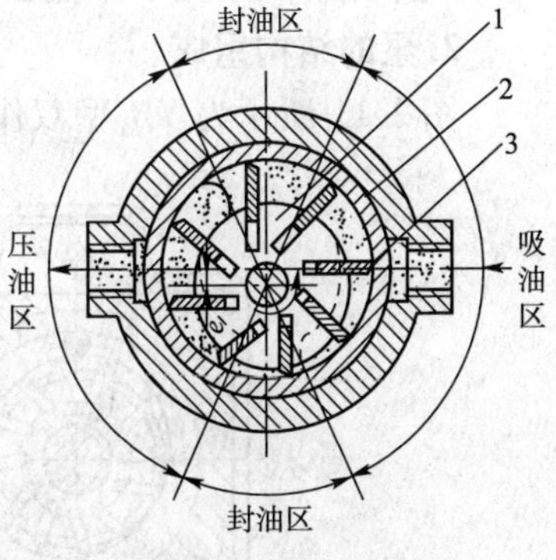

图2-10 单作用叶片泵工作原理图

1-转子;2-定子;3-叶片

与双作用叶片泵不同之处是,定子的内表面为圆柱面,转子与定子不同心,之间有一偏心量 e,配流盘只开一个吸油窗口和一个压油窗口。叶片装在转子的叶片槽内,可在槽内灵活地往复滑动。当转子转动时,由于离心力作用,叶片顶部将始终压在定子内圆柱表面上。定子、转子和两侧配流盘间形成密封容积,位于上、下封油区的两个叶片将密封容积分成左右两个工作腔。当转子按图2-10所示方向旋转时,图中右边叶片由于外伸,密封工作腔容积逐渐加大,产生真空,油箱中油液由吸油口经配流盘上吸油窗口(图中虚线弧形槽)进入该密封工作腔,这是吸油过程。图中左侧叶片被定子内表面压入叶片槽内,使密封容积逐渐变小,油液经配流盘压油窗口被压出进入到系统中去,这是压油过程。在吸油区与压油区之间各有一段封油区将它们相互隔开,当前一个叶片离开封油区时,与之相邻的后一个叶片进入封油区以保证吸油区与压油区始终隔离。在转子每转一周的过程中,每个叶片参与吸油和压油各一次,所以称为单作用式叶片泵。

4. 特点与不足

1)困油现象

配流盘的吸、排油窗口间的密封角略大于两相邻叶片间的夹角,而单作用叶片泵的定子不存在与转子同心的圆弧段,因此,当上述被封闭的容腔发生变化时,会产生与齿轮泵相类似的困油现象,通常,通过配流盘排油窗口边缘开三角卸荷槽的方法来消除困油现象。

2)叶片沿旋转方向向后倾斜

叶片仅靠离心力紧贴定子表面,考虑到叶片上还受哥氏力和摩擦力的作用,为了使叶片所受的合力与叶片的滑动方向一致,保证叶片更容易的从叶片槽滑出,叶片槽常加工成沿旋转方向向后倾斜。

3)叶片根部的容积不影响泵的流量

由于叶片头部和底部同时处在排油区或吸油区中,所以叶片厚度对泵的流量没有多大影响。

4)转子承受径向液压力

单作用叶片泵转子上的径向液压力不平衡,轴承负荷较大,这使泵的工作压力和排量的提高均受到限制。

单作用叶片泵的主要缺点是:转子受到来自压油腔单向压力的作用,使轴承要承受很大的径向载荷。所以,这种叶片泵也称为非平衡式叶片泵。

2.3.2 双作用叶片泵

1. 功用

双作用叶片泵用于中低压、要求较高的系统中,主要作定量泵来使用。

2. 泵的结构组成

图 2-11 所示为 YB_1 型双作用叶片泵的结构简图。

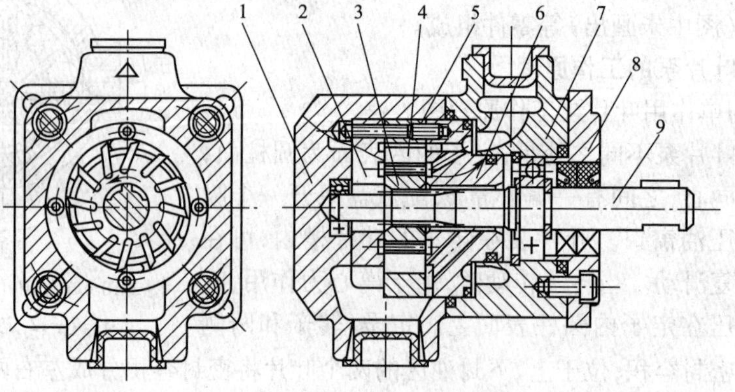

图 2-11 YB_1 型双作用叶片泵结构简图

1-左泵体;2-左配流盘;3-转子;4-叶片;5-定子;6-右配流盘;7-右泵体;8-泵盖;9-传动轴

该泵主要有左、右泵体 1 和 7,在泵体中装有配流盘 2 和 6,用长定位销将配流盘和定子定位,固定在泵体上,以保证配流盘上吸、压油窗口位置与定子内表面曲线相对应。传动轴 9 支承在滚动轴承上,通过花键带动转子在配流盘之间转动。转子 3 上均匀地开有 12 条叶片槽。为保证叶片 4 能在叶片槽内沿径向方向自由滑动且紧贴定子内表面,双作用叶片泵的叶片槽根部采用了全部通高压的通油方式:右配流盘 6 上开有与压油腔相通的环槽,将压力油引入叶片底部。泵的左侧为吸油口,右侧(靠近伸出轴一端)为压油口。

3. 双作用叶片泵的工作原理

图 2-12 所示为双作用叶片泵工作原理图。转子 10 和定子 9 是同心的,定子的内环由两段大半径圆弧(圆心角为 β_1)、两段小半径圆弧(圆心角为 β_2)和四段过渡曲线(范围角为 β)组成,其中 $\beta_1=\beta_2=\frac{2\pi}{Z}$、$\beta=\frac{\pi}{2}-\frac{2\pi}{Z}$,$Z$ 为叶片数,$\frac{2\pi}{Z}$为两叶片间夹角。过渡曲线处对应于配

流盘的吸、压油窗口。如图 2-12 所示，由定子的内环、转子的外圆和左右配流盘组成的密闭容积被叶片 1、3、5、7 分割成四个工作腔。

当转子由泵轴带动如图 2-12 所示顺时针方向旋转时，叶片在离心力和通过配流盘小孔进入叶片底部压力油的作用下，叶片从定子小半径的圆弧面（封油区）经过渡曲面向定子大半径的圆弧面（封油区）滑动时，叶片向外伸，使叶片伸出并紧贴在定子的内表面上。叶片从定子大半径的圆弧面经过渡曲面向定子小半径的圆弧面滑动时，叶片受定子内壁面的作用缩回转子槽内。

因叶片 1 和 5 位于大半径圆弧段。叶片顶点的矢径 $\rho = R$，叶片 3 和 7 位于小半径圆弧段，叶片顶点的矢径 $\rho = r$，且 $r < R$。因此叶片 1 和 3 所分割的容积与叶片 5 和 7 所分割的容积减小，经压油窗口排油，而叶片 3 和叶片 5 分割的容积与叶片 7 和 1 所分割的容积增大，经吸油窗口吸油。即转子每旋转一周完成两次吸油、两次压油。因此这种泵被称作双作用式叶片泵。又因吸、压油窗口对称分布，转子和轴承所受的径向液压力基本相平衡，使泵轴及轴承的寿命长，流量均匀，噪声低。这种泵又称作平衡式叶片泵，一般多做成定量泵。

4. 特点与不足

1）定子工作表面曲线

定子工作表面曲线如图 2-13 所示。它是由两段大半径为 R 的圆弧和两段小半径为 r 的圆弧，以及圆弧间的四段过渡曲线组成。图 2-13 中，两段大半径圆弧和两段小半径圆弧对应的中心角均为 β，为了保证吸、排油腔不相连通，中心角 β 必须大于或等于两叶片间的夹角，即 $\beta > \frac{2\pi}{Z}$。大、小半径之差 $R - r$ 越大，泵的排量也越大，但差值过大，叶片从转子叶片槽中滑出的长度越大，受液压作用力所产生的弯矩越大，会引起叶片折断、卡死等现象；另外，差值越大，过渡曲线的斜率也越大，当泵启动时，由于叶片的离心力不足，无法将叶片紧贴在定子的过渡曲线上，即产生脱空现象（叶片顶部短时间与定子内表面不接触）而不能正常工作建立油压。

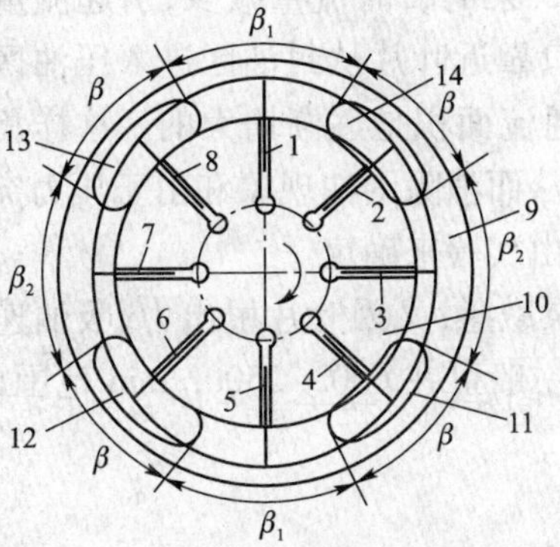

图 2-12 双作用式叶片泵工作原理图

1、2、3、4、5、6、7、8-叶片；9-定子；10-转子；11、13-配流盘吸油窗口；12、14-配流盘压油窗口

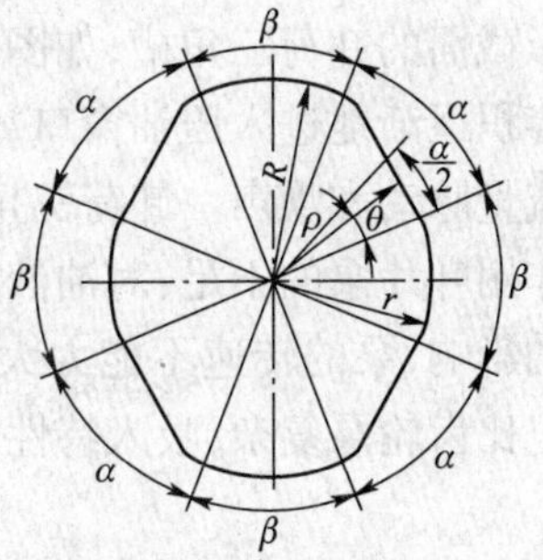

图 2-13 双作用叶片泵定子曲线

叶片滑过圆弧面时，径向运动速度为零，但在圆弧面与过渡曲线连接处，速度发生突然变化，相当于加速度 a 趋于无穷大，叶片对定子会产生冲击。加速度 a 趋于无穷大的冲击称为硬性冲击，加速度 a 为有限值的冲击称为柔性冲击。硬性冲击使连接处产生严重磨损，并

引起强烈噪声。

因此,理想的过渡曲线应保证叶片在叶片槽中滑动时径向速度和加速度变化均匀,并且应使叶片在过渡曲线和圆弧交接点处的速度突变较小,使叶片对定子表面的冲击尽可能地小,对定子的磨损小,瞬时流量脉动小。叶片顶部与定子内表面不产生脱空。

定子的过渡曲线有阿基米德螺线、正弦加速曲线、等加速等减速曲线等。其中等加速等减速曲线应用最为广泛。

2)配流盘

图2-14是双作用叶片泵配流盘的结构简图。配流盘上有两个吸油窗口2、4和两个压油窗口1、3,窗口之间是中心角为α的封油区。图中的小孔a为配流盘定位孔;图中A—A剖视图表示压油窗口通过小孔与配流盘端面环形槽b是连通的,而环形槽又与叶片泵转子上叶片槽底部相对,这样,可使压力油通至叶片槽底部,以便增大叶片对定子表面的压紧力来防止漏油,从而提高了泵的容积效率。

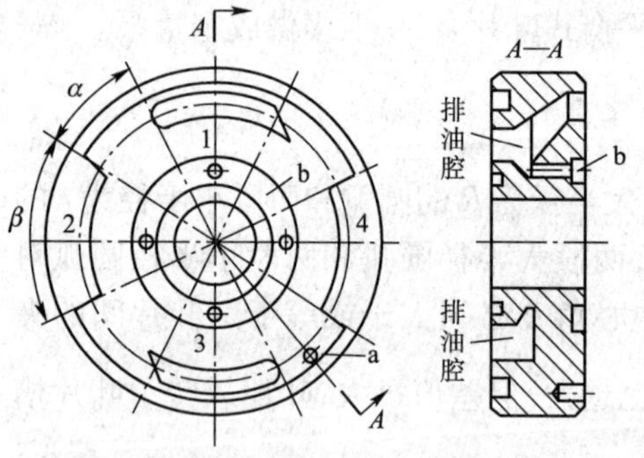

图2-14　叶片泵的配流盘结构

配流盘的作用是给泵进行配油。为了保证配流盘的吸、压油窗口在工作中能隔开,就必须使配流盘上封油区夹角α(即吸油窗口和压油窗口之间的夹角)大于或等于两个相邻叶片间的夹角$2\pi/Z$。此外,定子曲线中的圆弧部分的夹角又应当等于或大于配流盘上封油区夹角α,以免产生困油和气穴现象。

总之,为了保证配流盘的吸、压油窗口在工作中能隔开,当前一个叶片即将离开封油区时,后一个叶片应当进入封油区。当两相邻叶片之间的密闭油液处于吸油窗口到压油窗口之间的封油区时,其压力基本上是吸油压力。但是,当转子再继续转过一个微小角度,使该密闭腔突然与压油窗口相通时,其压力迅速达到泵的输出压力,油液瞬间被压缩,使压油腔中的油液倒流进来,泵的瞬时流量减少,引起流量脉动和噪声。为了避免产生这种现象,在配流盘的压油窗口靠近叶片从封油区进入压油区的一边开有三角形截面的卸荷三角槽,如图2-14所示,其通流面积是逐渐增大的。这样相邻叶片间的密封容积逐渐地进入压油窗口,压力逐渐上升,从而消除困油现象和由于压力突变而引起的瞬时流量脉动和噪声。卸荷三角槽的尺寸通常由实验来确定。

双作用叶片泵的不足:对油液的污染较齿轮泵敏感;又因叶片甩出力、吸油速度和磨损等因素的影响,泵的转速不能太大,也不宜太小,一般可在600~2500r/min范围内使用;泵的结构也比齿轮泵复杂;吸入特性比齿轮泵差。

2.4　柱　塞　泵

柱塞泵是依靠柱塞在其缸体内做往复直线运动时所造成的密封工作腔的容积变化来实现吸油和压油的。由于构成密封工作腔的构件——柱塞和缸体内孔均为圆柱表面,同时加工方便,容易得到较高的配合精度,密封性能好、容积效率高,因而能保证在高压(额定压力一般可达32~40MPa)下仍有较高的容积效率(一般在95%左右),因此,柱塞泵一般都制成高压系列。

按柱塞的排列与运动方向,柱塞泵可分为轴向柱塞式和径向柱塞式,前者的柱塞与传动轴平行或相交成一锐角,后者的柱塞与传动轴垂直。

2.4.1 斜盘式轴向柱塞泵

1. 功用

轴向柱塞泵不仅额定压力高,而且可以实现多种形式变量,因此应用极广,在液压泵中占有极其重要的地位,广泛适用于机床锻压、冶金、工程、矿山、船舶等机械及其他需要高压、变量的液压传动系统中。

2. 结构组成

斜盘式轴向柱塞泵有下列几种结构形式:

(1)按泵轴的支承方式分为通轴式和非通轴式。通轴式的泵轴穿过缸体、两端有轴承支承,此时斜盘位于泵轴的输入端,因此又称为前置斜盘式。非通轴式的泵轴的输入端由轴承支承,另一端为花键,与缸体内花键连接,其轴承位于缸体的外圆,此时斜盘处于泵轴的尾端,因此又称为后置斜盘式。

(2)按柱塞球头与斜盘的接触方式分为点接触式和滑靴式。点接触式的柱塞球头直接与斜盘接触,两者接触应力大。滑靴式在柱塞球头加滑靴后由滑靴底面与斜盘面接触,使接触应力大大减小,其额定压力大大提高。

(3)按配流方式分为配流盘配流和阀式配流。配流盘上开有两个腰圆形窗口,当缸体旋转时,缸体底部窗口交替与配流盘的配流窗口相通,实现配流(吸油或压油),此外,配流端面有平面和球面。阀式配流的轴向柱塞泵的缸体不旋转,当泵轴带动斜盘旋转时,每个柱塞底部的容腔通过一个进油阀和一个排油阀实现吸油和压油,因进、排油阀为锥阀或球阀,密封性好,因此阀式配流用于超高压,且多为定量泵。

由于轴向柱塞泵种类繁多,下面介绍比较常用的典型结构(图2-15)。

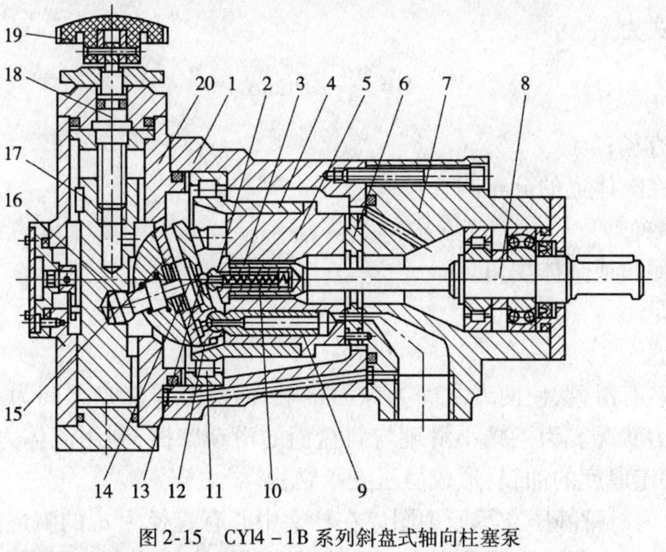

图2-15 CYl4-1B系列斜盘式轴向柱塞泵

1-中间泵体;2-内套;3-弹簧;4-钢套;5-缸体;6-配流盘;7-前泵体;8-传动轴;9-柱塞;10-外套;11-轴承;12-滑靴;13-钢珠;14-回程盘;15-斜盘;16-轴销;17-变量活塞;18-丝杠;19-手轮;20-变量机构壳体

手动变量机构由斜盘15、轴销16、变量活塞17、丝杆18、手轮19及变量机构壳体20等零件组成。改变排量的方法是旋转手轮19，使变量活塞17上下移动，通过轴销12使斜盘15绕钢珠摆动而改变斜盘倾角 α，从而改变柱塞行程实现变量。

3. 工作原理

通轴斜盘式轴向柱塞泵的工作原理如图2-16所示。它主要由配流盘6、缸体5、柱塞4、斜盘3和传动轴1等零件组成。柱塞安装在沿缸体均布的柱塞孔中，弹簧的作用是始终使柱塞4与斜盘3紧密接触，并使缸体5紧压在配流盘6上。配流盘6上两个腰形窗口分别与泵的吸、排油口相通，斜盘3具有一定的倾斜角 α。当缸体在传动轴带动下按图2-16所示方向旋转时，柱塞在缸体内做往复运动。位于配流盘左边的柱塞向缸体外伸，柱塞底部的密闭容积不断增大，形成局部真空，油液通过配流盘右边吸油窗口从泵的吸油口吸油；位于配流盘左边的柱塞向缸体内运动，柱塞底部的密闭容积不断减小，油液通过配流盘左边压油窗口从排油腔向外排油。缸体每旋转一周，每个柱塞往复运动一次，完成一次吸、排油过程。

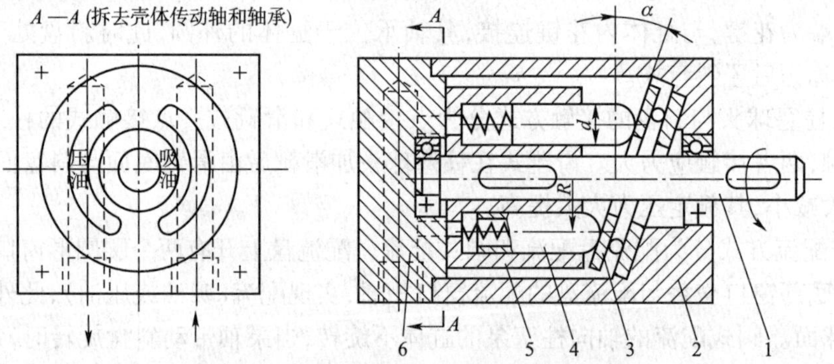

图2-16 斜盘式轴向柱塞泵的工作原理

1-传动轴；2-壳体；3-斜盘；4-柱塞；5-缸体；6-配流盘

4. 排量计算

排量计算公式为

$$V=\frac{\pi d^2}{4}ZD\tan\alpha \tag{2-11}$$

式中：d——柱塞直径；

D——柱塞在缸体上的分布圆直径；

Z——柱塞数；

α——斜盘倾角或缸体摆角。

5. 特点与不足

1）滑靴和斜盘

柱塞的头部装有滑靴，使两者之间为球面接触，而滑靴与斜盘之间为平面接触，从而改善了柱塞工作受力状况。为了减小滑靴与斜盘面的滑动摩擦，利用流体力学中平面间隙流动原理，建立了一定厚度的油膜，形成静压支承结构。

图2-17所示为滑靴静压支承原理图。在柱塞中心有直径为 d_0 的阻尼小孔，将柱塞压油时产生的压力油的压力通过阻尼孔引入到滑靴端面的油室 h，使 h 室及其周围圆环密封带上压力升高，从而产生一个垂直于滑靴端面的液压反推力 F_N，其方向与柱塞压油时产生的柱

塞对滑靴端面产生的压紧力 F 相反,其大小与滑靴端面尺寸 R_1、R_2 有关。通常取压紧系数 $M_0=\frac{F_N}{F}=1.05\sim1.10$。这样,液压反推力 F_N 不仅抵消了压紧力 F,而且使滑靴与斜盘之间形成油膜,使相对滑动面变为液体摩擦,这有利于泵在高压下工作。

2)柱塞和缸体

如图2-17所示,止推板(斜盘)通过滑靴对柱塞的液压反推力 F_N,可沿柱塞的轴向和半径方向分解成轴向力 $F_{Nx}=F_N\cos\alpha$ 和径向力 $F_{Ny}=F_N\sin\alpha$(α 为斜盘倾角)。轴向力 F_{Nx} 是柱塞压油的作用力,而径向力 F_{Ny} 则通过柱塞传给缸体,它将使缸体产生颠覆力矩,造成缸体的倾斜,将使缸体和配流盘之间出现楔形间隙,密封表面局部接触,从而导致了缸体与配流盘之间的表面烧伤及柱塞和缸体之间的磨损,影响了泵的正常工作。所以在图2-17中合理地布置了圆柱滚子轴承,使径向力 F_{Ny} 的合力作用线在圆柱滚子轴承滚子的长度范围之内,从而避免了径向力 F_{Ny} 所产生的不良后果。另外,为了减少径向力 F_{Ny},斜盘的倾角一般不大于20°。

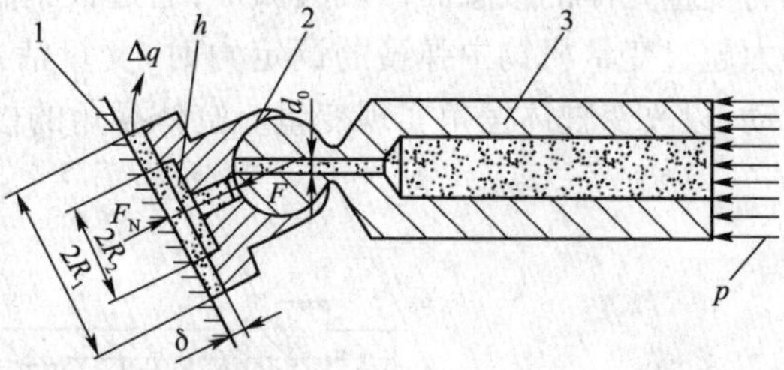

图2-17 滑靴静压支承原理图
1-止推板(斜盘);2-滑履;3-柱塞

由图2-17可见,使缸体紧压配流盘端面的作用力,除机械装置或弹簧的推力外,还有柱塞孔底部台阶面上所受的液压力,此液压力比弹簧力大很多,而且随泵的工作压力增大而增大。由于缸体始终受力紧贴着配油盘,就使端面间隙得到了自动补偿。

3)变量机构

变量轴向柱塞泵中的主体部分大致相同,其变量机构有各种结构形式,有手动、手动伺服、恒功率、恒流量、恒压变量等。图2-18所示的是手动伺服变量机构简图。该机构由缸体1、活塞2和伺服阀芯3组成。活塞2的内腔构成了伺服阀的阀体,并有c、d和e三个孔道分别沟通缸体1的下腔a、上腔b和油箱。主体部分的斜盘4通过适当的机构与活塞2下端相连,利用活塞2的上下移动来改变斜盘倾角。当用手柄操纵伺服阀阀芯3向下移动时,上面的阀口打开,a腔中压力油经孔道c通向b腔,活塞因上腔面积大于下腔的面积而向下移动,活塞2移动时又使伺服阀上的阀口关闭,最终使活塞2停止运动。同理,当阀芯向上移动时,下面的阀口打开,b腔经孔道d和e接通油箱,活塞在a腔压力油的作用下向上移动,并在该阀口关闭时自行停止运动。变量机构就是这样依照伺服阀的动作来实现其控制的。

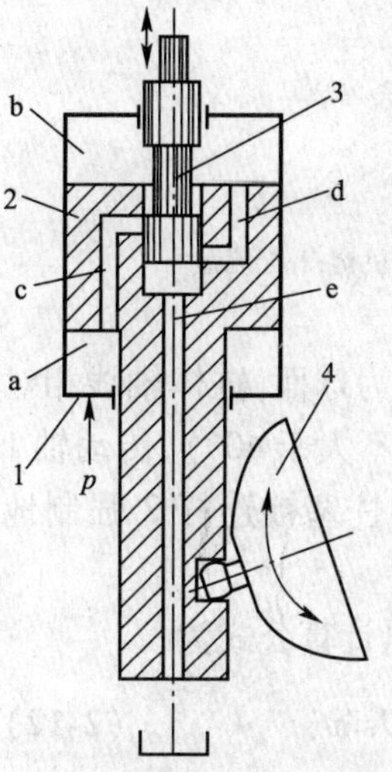

图2-18 手动伺服变量机构
1-缸体;2-控制活塞;3-伺服阀芯;4-斜盘

2.4.2 斜轴式轴向柱塞泵

1. 功用

这种泵的传动轴和缸体轴线倾斜一个角度,故称斜轴式轴向柱塞泵。具有结构紧凑、单位功率体积小、质量轻、工作压力高、容易实现变量和变量方式多等,广泛应用于在工程机械、船舶甲板机械、冶金设备、火炮和空间技术等领域。

2. 结构组成

图 2-19 所示为 A7V 系列单向摆缸斜轴式轴向柱塞泵的结构图。单向摆缸泵的配流盘与变量壳体的接触面做成圆弧形,通过拔销将配流盘与变量机构连接起来。当泵的工作压力超过变量机构中弹簧的调定力时,变量活塞即通过拔销带动配流盘、缸体一起沿滑道摆动,以改变缸体摆角实现变量。缸体摆角的极限位置由限位螺钉限定。

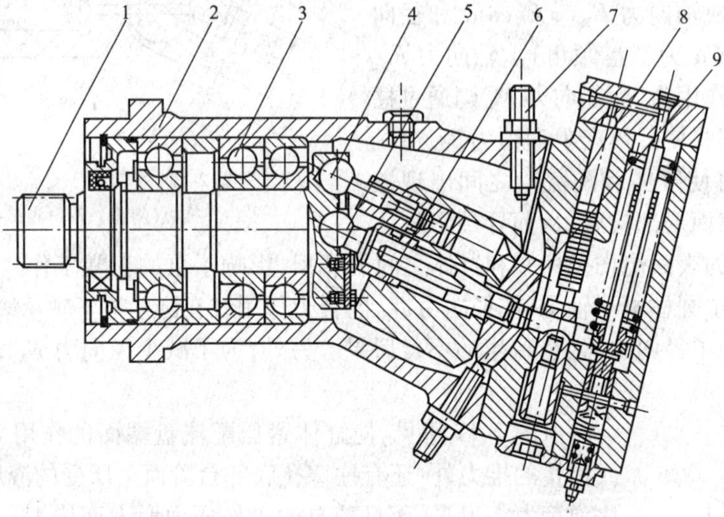

图 2-19　A7V 系列单向摆缸斜轴式轴向柱塞泵

1-传动轴;2-泵壳;3-轴承;4-带连杆柱塞;5-中心轴;6-缸体;7-限位螺钉;8-变量机构;9-配流盘

3. 工作原理

斜轴式轴向柱塞泵的工作原理如图 2-20 所示。配流盘 5 的端面为球面,缸体轴线相对传动轴 1 存在一个摆角 α(不大于 40°),传动轴 1 旋转时,缸体中均匀分布的柱塞被连杆 2 强制地实现往复运动。

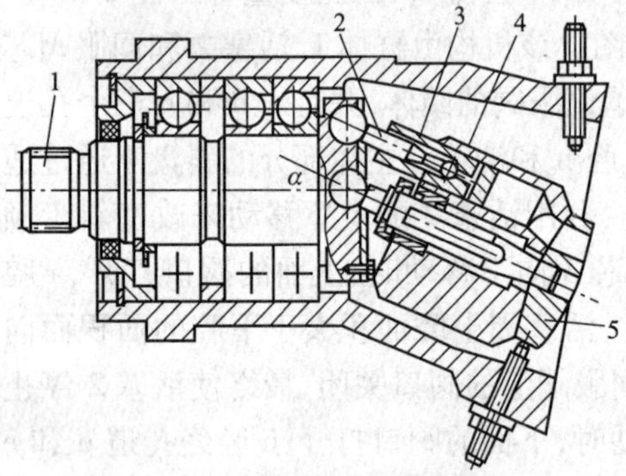

图 2-20　斜轴式轴向柱塞泵的工作原理

1-传动轴;2-连杆;3-柱塞;4-缸体;5-配流盘

斜轴式轴向柱塞泵排量计算公式为

$$V = \frac{\pi d^2}{4} ZD\sin\alpha \tag{2-12}$$

式中:d——柱塞直径;

D——柱塞在缸体上的分布圆直径;

Z——柱塞数;

α——斜盘倾角或缸体摆角。

显然,改变斜盘倾角或缸体摆角 α 的大小可以改变排量。若改变斜盘倾角方向就使泵的进出口变换,成为双向变量泵。

柱塞泵的瞬时流量也是脉动的,其流量不均匀系数 δ_q 与柱塞数及其奇偶性有关。柱塞数越多,流量不均匀系数越小;奇数柱塞比偶数柱塞的流量不均匀系数要小。因此,柱塞泵中的柱塞多采用 $Z=7$ 或 9。

4. 特点与不足

斜轴式轴向柱塞泵具有以下几个特点：

(1)柱塞受力状态较斜盘式好，强度高。

(2)可通过增大摆角来增大流量，变量范围大。

(3)耐冲击、寿命长。

(4)外形尺寸较大，结构复杂。

缺点：对油液污染较敏感，对油液清洁度要求较高，对材质和加工精度要求亦较高，使用和维护要求比较严，价格昂贵。

2.4.3 径向柱塞泵

1. 功用

径向柱塞泵是依靠柱塞径向布置在其缸体内做往复直线运动时所造成的密封工作腔的容积变化来实现吸油和压油的，密封性好，运动行程大。因此，在高压、大流量大功率的液压系统中和流量需要调节的场合，如在龙门刨床、拉床、液压机、工程机械、矿山机械、船舶机械等方面得到广泛应用。

2. 结构组成

如图2-21所示，径向柱塞泵由柱塞1、转子(缸体)2、定子3、衬套4、配油轴5等零件组成。

3. 工作原理

图2-21所示为径向柱塞泵的工作原理图。衬套紧配在转子孔内随着转子一起旋转，而配油轴则是不动的。当转子顺时针旋转时，柱塞在离心力或在低压油作用下，压紧在定子内壁上。由于转子和定子间有偏心量e，故转子在上半周转动时柱塞向外伸出，径向孔内的密封工作容积逐渐增大，形成局部真空，吸油腔则通过配油轴上面两个吸油孔从油箱中吸油；转子转到下半周时，柱塞向里推入，密封工作容积逐渐减小，压油腔通过配油轴下面两个压油孔将油液压出。转子每转一周，每个柱塞底部的密封容积完成一次吸油、压油，转子连续运转，即完成泵的吸压油工作。

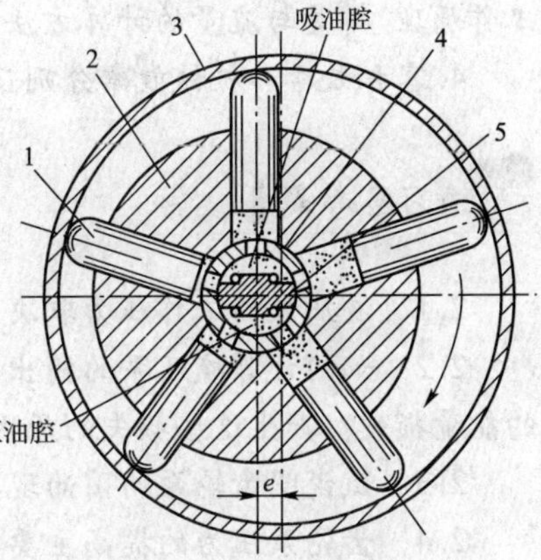

图2-21 径向柱塞泵工作原理图

1-柱塞；2-转子；3-定子；4-衬套；5-配油轴

改变径向柱塞泵转子和定子间偏心量的大小，可以改变输出流量；若偏心方向改变，则液压泵的吸、压油腔互换，这就成为双向变量泵。

径向柱塞泵的径向尺寸大，结构较复杂，自吸能力差，并且配流轴受到径向不平衡液压力的作用，易于磨损，这些都限制了它的速度和压力的提高。最近发展起来的带滑靴连杆—柱塞组件的非点接触径向柱塞泵，改变了这一状况，出现了低噪声、耐冲击的高性能径向柱塞泵，并在凿岩、冶金机械等领域获得应用，代表了径向柱塞泵发展的趋势。

4. 排量计算

径向泵的流量可参照轴向柱塞泵和单作用叶片泵的计算方法计算。

泵的平均排量为

$$V=\frac{\pi}{4}d^2 2eZ=\frac{\pi}{2}d^2 eZ \tag{2-13}$$

泵的输出流量为

$$q=d^2 eZn\eta_v \tag{2-14}$$

这种泵，由于柱塞和孔较易加工，其配合精度容易保证，所以密封工作腔的密封性较好，容积效率较高，一般可达0.94～0.98，故多用于10MPa以上的液压系统中。但是该泵的径向尺寸较大，结构较复杂，且配油轴受到径向不平衡液压力作用，易于磨损，因而限制了转速和压力的提高（最高压力在20MPa左右），故目前生产中应用不多。

5. 特点与不足

径向柱塞泵输油量大，压力高，性能稳定，耐冲击性能好，工作可靠；但其径向尺寸大，结构较复杂，自吸能力差，且配油轴受到不平衡液压力的作用，柱塞顶部与定子内表面为点接触，容易磨损，这些都限制了它的使用，已逐渐被轴向柱塞泵替代。

本章小结

1. 液压泵是液压系统的动力源。

2. 液压泵主要性能参数有：排量、流量、压力、功率和效率。

3. 液压泵根据结构形式的不同，主要分为齿轮式、叶片式、柱塞式三大类，要掌握各类泵工作原理、排量与流量的计算方法，了解其结构特点。

4. 容积效率和机械效率分别反映了液压泵的容积损失和机械损失。

复习思考题

2.1　液压泵的工作压力取决于什么？液压泵的工作压力和额定压力有什么区别？

2.2　如何计算液压泵的输出功率和输入功率？液压泵在工作过程中会产生哪两方面的能量损失？产生这些损失的原因是什么？

2.3　试说明齿轮泵的困油现象及解决办法。

2.4　齿轮泵压力的提高主要受哪些因素的影响？可以采取哪些措施来提高齿轮泵的工作压力？

2.5　试说明叶片泵的工作原理。并比较说明双作用叶片泵和单作用叶片泵各有什么优缺点？

2.6　液压泵的额定流量为100L/min，液压泵的额定压力为2.5MPa，当转速为1450r/min时，机械效率为$\eta_m=0.9$，由实验测得，当液压泵的出口压力为零时，流量为106L/min；压力为2.5MPa时，流量为100.7L/min，试求：

(1)液压泵的容积效率η_v是多少？

(2)如果液压泵的转速下降到500r/min，在额定压力下工作时，估算液压泵的流量是多少？

(3)计算在上述两种转速下液压泵的驱动功率是多少？

2.7 某组合机床用双联叶片泵 YB 4/16 ×63，快速进、退时双泵供油，系统压力 $p=1\text{MPa}$。工作进给时，大泵卸荷(设其压力为0)，只有小泵供油，这时系统压力 $p=3\text{MPa}$，液压泵效率 $\eta=0.8$，试求：

(1)所需电动机功率是多少?

(2)如果采用一个 $q=20\text{L/min}$ 的定量泵，所需的电动机功率又是多少?

第3章　液压执行元件

教学目标

1. 掌握液压马达结构和工作原理。
2. 掌握液压马达转矩、转速等工作参数的计算。
3. 掌握液压缸的结构和工作原理。
4. 掌握液压缸活塞运动速度、推力等工作参数的计算。
5. 了解液压缸组成及相关结构设计。

教学要点

知识要点	掌握程度	相关知识
液压马达的分类、结构及应用特点	熟练	液压马达原理
液压马达的工作参数计算	熟练	液压马达原理
液压缸的分类、结构及应用特点	熟练	液压缸原理
液压缸的工作参数计算	熟练	液压缸原理
液压缸的密封装置	了解	密封材料

3.1　液压马达

液压马达属于液压系统的重要执行元件之一，它以转矩和转速的形式输出，将液压泵提供的液压能转变为机械能的能量转换装置。主要应用于注塑机械、船舶、起扬机、工程机械、建筑机械、煤矿机械、矿山机械、冶金机械、船舶机械、石油化工、港口机械等。

3.1.1　液压马达的分类及特点

液压马达按结构可分为齿轮马达、叶片马达、柱塞马达和螺杆马达；按排量能否改变可分为定量马达、变量马达；按其工作特性分为高速液压马达和低速液压马达。额定转速在500r/min以上的为高速马达，高速液压马达的基本形式有齿轮式、螺杆式、叶片式和轴向柱塞式等。它们的主要特点是：转速较高，转动惯量小，便于启动和制动，调节（调速和换向）灵敏度高。通常高速液压马达的输出转矩不大，仅几十牛·米到几百牛·米，所以又称为高速小转矩液压马达。

额定转速在500r/min以下的为低速液压马达,低速液压马达的基本形式是径向柱塞式,例如多作用内曲线式、单作用曲柄连杆式和静力平衡式等。低速液压马达的主要特点是:排量大,体积大,转速低,有的可低到每分钟几转甚至不到一转,因此可以直接与工作机构连接,不需要减速装置,使传动机构大大简化。通常低速液压马达的输出转矩较大,可达几千牛·米到几万牛·米,所以又称为低速大转矩液压马达。

液压马达一般图形符号如图3-1所示。

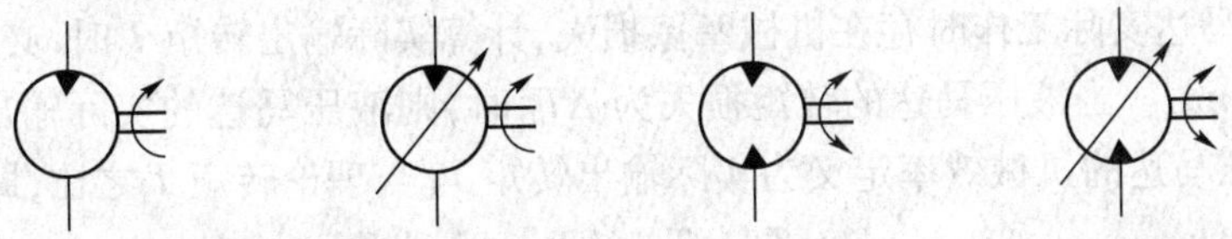

a)单向定量液压马达 b)单向变量液压马达 c)双向定量液压马达 d)双向变量液压马达

图3-1 液压马达的图形符号

3.1.2 液压马达的主要工作参数

1.液压马达的压力

液压马达的额定压力、最高压力、工作压力的定义同于液压泵,其差别是指液压马达的进口压力为高压,而液压马达的出口压力则称为背压。为保证液压马达运转的平稳性,一般取液压马达的背压为0.5~1MPa。

2.液压马达的排量、流量

液压马达的排量、理论流量、实际流量、额定流量及泄漏量的定义与液压泵类似,所不同的是,实际流量指单位时间进入液压马达的液体体积,且实际流量 q_M 大于理论流量 q_{Mt},即 $q_M - q_{Mt} = \Delta q_M$,$\Delta q_M$是液压马达的泄漏量。

3.液压马达的转速和容积效率

液压马达在其排量 V_M一定时,其理论转速 n_t取决于进入马达的流量 q_M,即

$$n_t = \frac{q_M}{V_M} \tag{3-1}$$

由于马达实际工作时存在泄漏,并不是所有进入液压马达的液体都推动液压马达做功,一小部分液体因泄漏损失掉了,所以计算实际转速时必须考虑马达的容积效率 η_{MV}。当液压马达的泄漏流量为 Δq_M时,则输入马达的实际流量为 $q_M = q_t + \Delta q_M$。液压马达的容积效率定义为理论流量 q_{Mt}与实际流量 q_M之比,即

$$\eta_{MV} = \frac{q_{Mt}}{q_M} = \frac{q_M - \Delta q_M}{q_M} = 1 - \frac{\Delta q_M}{q_M} \tag{3-2}$$

则马达实际输出转速为

$$n_M = \frac{q_M - \Delta q}{V_M} = \frac{q_M}{V_M}\eta_{MV} \tag{3-3}$$

4.液压马达的转矩和机械效率

设液压马达的进、出口压力差为 Δp,排量为 V_M,不考虑功率损失,则液压马达输入液压功率等于输出机械功率,即

$$\Delta pq_t = T_t\omega_t$$

因为 $q_t = V_M n_t, \omega_t = 2\pi n_t$，所以液压马达的理论扭矩 T_t 为

$$T_t = \frac{\Delta p V_M}{2\pi} \tag{3-4}$$

式(3-4)称为液压马达转扭矩公式。显然，根据液压马达排量 V_M 的大小可以计算在给定压力下液压马达的理论转矩的大小，也可以计算在给定负载转矩下液压马达的工作压力的大小。

由于液压马达实际工作时存在机械摩擦损失，计算实际输出转矩 T 时，必须考虑液压马达的机械效率 η_{Mm}。当液压马达的转矩损失为 ΔT_M 时，则液压马达的实际输出转矩为 $T_M = T_t - \Delta T_M$。液压马达的机械效率定义为实际输出转矩 T_M 与理论转矩 T_t 之比，即

$$\eta_{Mm} = \frac{T_M}{T_t} = \frac{T_t - \Delta T_M}{T_t} = 1 - \frac{\Delta T_M}{T_t} \tag{3-5}$$

5. 液压马达的功率与总效率

1)输入功率 P_{Mi}

液压马达的输入功率为液压功率，等于进入液压马达的流量 q_M 与液压马达进口压力 p_M 的乘积，即

$$p_{Mi} = p_M q_M \tag{3-6}$$

2)输出功率 P_{Mo}

液压马达的输出功率等于液压马达的实际输出转矩 T_M 与输出角速度 ω_M 的乘积，即

$$p_{MO} = T_M\omega_M \tag{3-7}$$

3)液压马达的总效率

液压马达的总效率 η_M 为

$$\eta_M = \frac{P_{Mo}}{P_{Mi}} = \frac{2\pi n_M T_M}{pq_M} = \eta_{Mm}\eta_{MV} \tag{3-8}$$

由式(3-8)可知，液压马达的总效率等于机械效率与容积效率的乘积，这一点与液压泵相同。但必须注意，液压马达的机械效率、容积效率的定义与液压泵的机械效率、容积效率的定义是有区别的。

3.1.3 齿轮式液压马达

1. 功用

齿轮式液压马达具有体积小、质量轻、结构简单、工艺性好、对污染不敏感、耐冲击、惯性小等优点。因此，在矿山、工程机械及农业机械上广泛使用。但由于压力油作用在液压马达齿轮上的作用面积小，所以输出转矩较小，一般都用于高转速低转矩的情况下。

2. 工作原理

外啮合齿轮马达的工作原理如图 3-2 所示。当高压油(压力为 p_g)输入马达高压腔时，处于高压腔的轮齿均受到压力油的作用，但由于啮合点的啮合半径 R_c 小于齿顶圆半径 R_e，因此互相啮合的两个齿面只有一部分处于高压腔。这样每个齿轮处于高压腔的各个齿面因所受到的液压切向力不平衡而形成转矩 T'_1 和 T'_2，方向如图 3-2 所示。

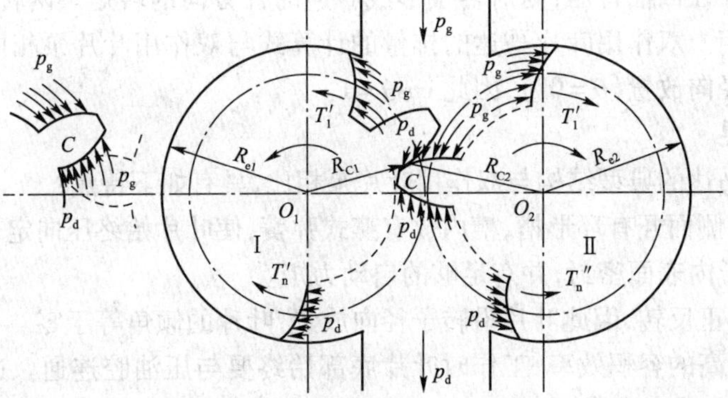

图 3-2 外啮合齿轮马达工作原理图

同理，处于低压腔（压力为 p_d）的各个齿面所受到的液压切向力亦不平衡，并形成逆向转矩 T''_1 和 T''_2，而作用在齿轮轴上的总转矩 $T_1 = T_2 = T'_1 - T''_1 = T'_2 - T''_2 = (p_g - p_d)\frac{V_M}{2\pi}$，式中 V_M 为齿轮马达的排量。

3. 特点与不足

(1) 为减小输出转矩的脉动，齿轮马达的齿数一般较多。

(2) 因液压马达工作时要求正反转，因此齿轮马达的结构具有对称性，如：进、出油口一样大，泄漏油采用单独的油管外泄等。

(3) 为减小启动摩擦转矩，提高启动机械效率，齿轮马达均采用滚动轴承。

(4) 齿轮马达的间隙补偿及径向力的平衡措施与齿轮泵相同。

齿轮液压马达由于密封性差，容积效率较低，所以输入的油压不能过高，因而不能产生较大的转矩，并且它的转速和转矩都是随着齿轮啮合情况而脉动的。

3.1.4 叶片式液压马达

1. 功用

叶片式液压马达的体积小，转动惯量小，因此动作灵敏，可适应的换向频率较高。但泄漏较大，不能在很低的转速下工作，因此，叶片马达一般用于转速高、转矩小和动作灵敏及对惯性要求较小特别是机械特性要求不严的场合。

2. 工作原理

叶片式液压马达一般为双作用式，其工作原理如图 3-3 所示。当液压泵来油进入高压窗口（高压腔）后，叶片 1、5、和叶片 3、7 的一侧同时均受高压油的作用，另一侧处于排油腔，受低压油作用，因此叶片的两侧受力不平衡。但因叶片 1 及 5 位于大半径圆弧段，叶片 3 及 7 处于小半径圆弧段，因此作用在叶片上的液压力对转子轴产生一顺时针方向的转矩，驱动转子旋转。与此同时，由叶片 3 和 5、叶片 7 和 1 所围成的密封容积减小，油液经排油窗口排回

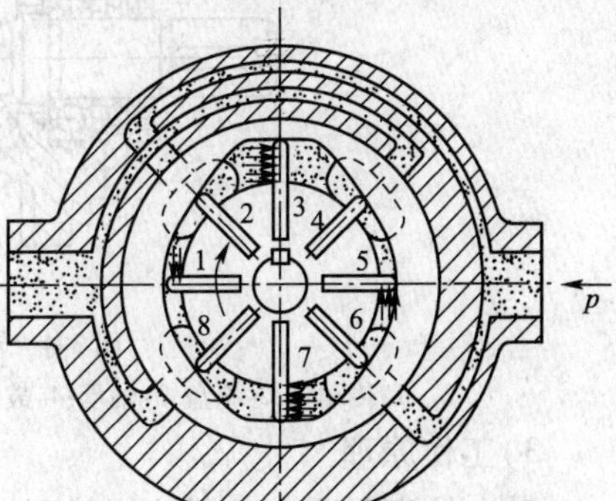

图 3-3 叶片式液压马达的工作原理

1～8-叶片

油箱。若排油腔存在回油背压,则对转子形成一逆时针方向的转矩。两转矩之差即为马达理论上的输出转矩。双作用叶片马达的排量的计算式与双作用叶片泵相同,所不同的是叶片马达的叶片为径向放置($\theta=0°$),因此 $\cos\theta=1$。

3. 特点与不足

双作用叶片马达的典型结构与双作用叶片泵相比,具有如下特点:

(1)转子的两侧面开有环形槽,槽内放有燕式弹簧,使叶片始终压向定子内表面,以保证启动时叶片与定子内表面密封,并有足够的启动力矩。

(2)马达需要正反转,因此叶片沿转子径向放置,叶片的倾角等于零。

(3)为获得较高的容积效率,工作时叶片底部始终要与压油腔连通。这样吸、压油腔互换时,必须在油路上采取措施,在马达正反转时都有压力油通入叶片底部。只要在叶片底部通过两个并联单向阀(梭阀),分别与吸、压油腔相通,就能达到上述要求。

最大缺点是泄漏较大,机械特性较软,不能在较低转速下工作,调速范围不能很大。

3.1.5 柱塞式液压马达

液压马达按其柱塞的排列方式和运动方向的不同,可分为轴向柱塞式液压马达和径向柱塞式液压马达两大类。

1. 轴向柱塞式液压马达

1)功用

一般来说,轴向柱塞式液压马达都是高速马达,输出转矩小,因此,必须通过减速器来带动工作机构。如果能使液压马达的排量显著增大,就可以使轴向柱塞式液压马达制成低速大转矩马达。

2)ZM 型轴向点接触柱塞式液压马达的结构组成

图 3-4 所示为 ZM 型轴向点接触柱塞式液压马达的结构,它由传动轴 1、斜盘 2、鼓轮 4、缸体 7、柱塞 9、配流盘 8 等主要零件组成。

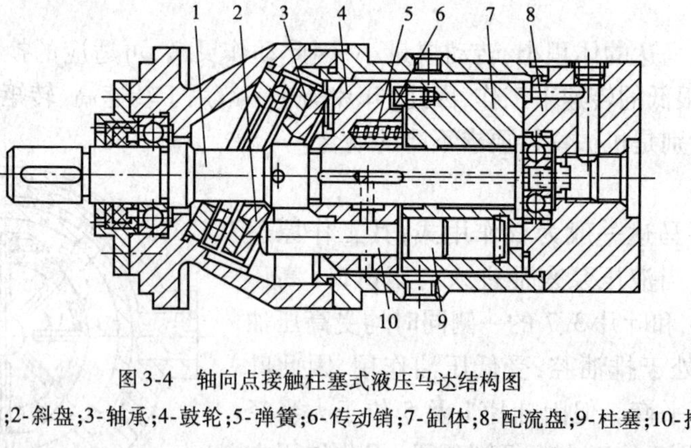

图 3-4 轴向点接触柱塞式液压马达结构图

1-传动轴;2-斜盘;3-轴承;4-鼓轮;5-弹簧;6-传动销;7-缸体;8-配流盘;9-柱塞;10-推杆

3)工作原理

轴向柱塞泵通入高压液体就可以做马达使用。下面,简单介绍一下斜盘式轴向柱塞马达的工作原理及结构特点。

图 3-5 所示为斜盘式轴向柱塞式液压马达的工作原理图。图中柱塞的有效工作面积为

A,当压力为 p 的油液进入液压马达进油腔时,滑靴便受到 p_A 的作用力而压向斜盘,其反作用力为 F_N。力 F_N 可分解成两个分力:一个是平行于柱塞轴线的轴向分力 F;另一个是垂直于柱塞轴线的分力 F_T。分力 F 与柱塞所受液压力平衡,而分力 F_T 对缸体中心产生转矩,驱动液压马达旋转并输出转矩。

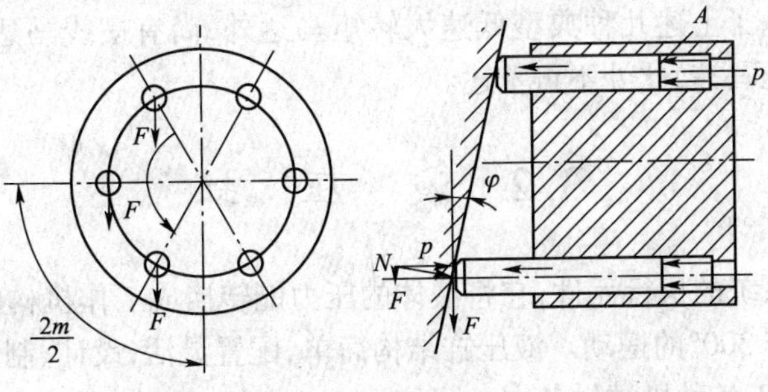

图 3-5 斜盘式轴向柱塞式液压马达工作原理图

单个柱塞产生的转矩为

$$T_Z = F_T \cdot l = \frac{\pi}{4} d^2 \Delta p \tan\gamma \cdot R\sin\varphi_i \tag{3-9}$$

液压马达产生的转矩的总和,为压油区的柱塞产生的转矩和。瞬时驱动力矩的大小随柱塞所在位置的变化而变化,平均力矩的大小为

$$T = \frac{\Delta p V_M}{2\pi} = \frac{1}{2\pi}\Delta p \cdot \frac{\pi}{4} d^2 DZ\tan\gamma = \frac{1}{8}\Delta p d^2 DZ\tan\gamma \tag{3-10}$$

需要指出的是,液压马达是用来驱动外负载做功的,只有当外负载转矩存在时,液压泵输入液压马达的压力油才能建立起压力,液压马达才能产生相当的转矩去克服它。所以液压马达的转矩是随外负载转矩而变化的。

4)特点与不足

(1)采用鼓轮结构。转子分成两半,左半段为鼓轮,右半段为缸体,鼓轮上有可以轴向滑动的推杆10,推杆在柱塞的作用下,顶在斜盘上,获得转矩,并通过鼓轮、键带动传动轴旋转。缸体由传动销6拨动与传动轴一起旋转。由于缸体本身不传递转矩,斜盘对推杆的反作用力所产生的颠覆力矩不会作用在缸体表面上,缸体和柱塞只受轴向力,有效地减轻了柱塞和缸孔的磨损。

(2)缸体和传动轴之间的配合面很窄,使缸体具有一定的自定位作用,缸体表面能很好地与配流盘表面贴合,既保证了密封,又能自动补偿磨损。

(3)斜盘有推力轴承支承,目的是为了减轻推杆头部与斜盘表面的磨损,提高液压马达的机械效率。

(4)该液压马达的斜盘倾角固定不变,排量不可调节,因而是定量液压马达,其转速只能通过改变流量来调节。

2. 径向柱塞式液压马达

径向柱塞式液压马达采用柱塞径向安装,因而结构尺寸大,质量较重,存在较大径向不平衡力,排量大,常作为低速大转矩马达。低速大转矩液压马达是相对于高速马达而言的,通常这类马达在结构形式上多为径向柱塞式,其特点是:最低转速低,为 5 ~ 10r/min;输出转矩大,可达几万牛·米;径向尺寸大,转动惯量大。由于上述特点,它可以直接与工作机构直接连接,不需要减速装置,使传动结构大为简化。低速大转矩液压马达广泛用于起重、运输、建筑、矿山和船舶等机械上。

低速大转矩液压马达的基本形式有三种:它们分别是曲柄连杆马达,静力平衡马达和多作用内曲线马达。除了上述几种典型低速大转矩马达外,尚有摆线马达等介于高速马达和低速马达中间的液压马达,此处不再赘述。

3.2 液　压　缸

液压缸是液压系统的执行元件,它将液体的压力能转换成工作机构的机械能,用来实现直线往复运动或小于300°的摆动。液压缸结构简单,配置灵活,设计、制造比较容易,使用维护方便,被广泛应用于各种机械设备中。

3.2.1 液压缸的类型及特点

液压缸按结构特点,分为活塞缸、柱塞缸、组合缸和摆动缸四类。其中,活塞缸和柱塞缸用以实现直线运动,输出推力和速度;摆动缸用以实现小于300°的转动,输出转矩和角速度。组合缸具有较特殊的结构和功用。工程中以活塞缸应用最为广泛。

液压缸按作用方式和供油方向不同,可分为单作用式和双作用式两种。单作用液压缸只能从一个方向供油,液压作用力只能使活塞(或柱塞)作单方向运动,反方向运动必须靠外力(如弹簧力或自重等)实现,如图3-6所示;双作用液压缸可从两个方向供油,由液压作用力实现两个方向的运动,如图3-7所示。

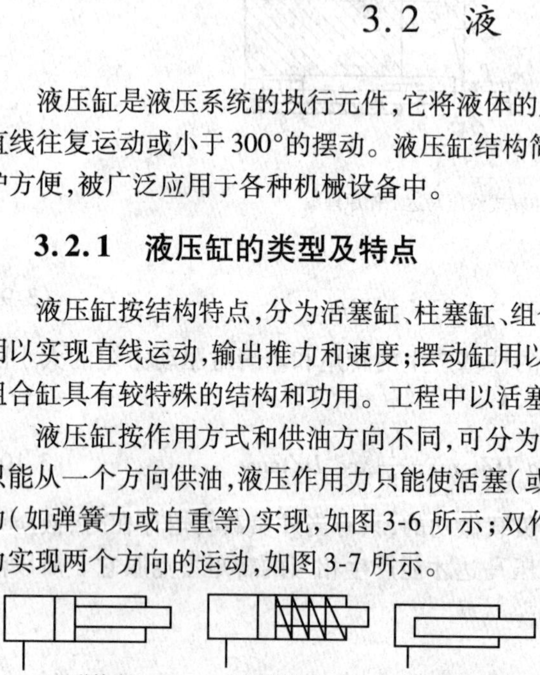

a)无弹簧式　b)弹簧式　c)柱塞式

图3-6　单作用液压缸

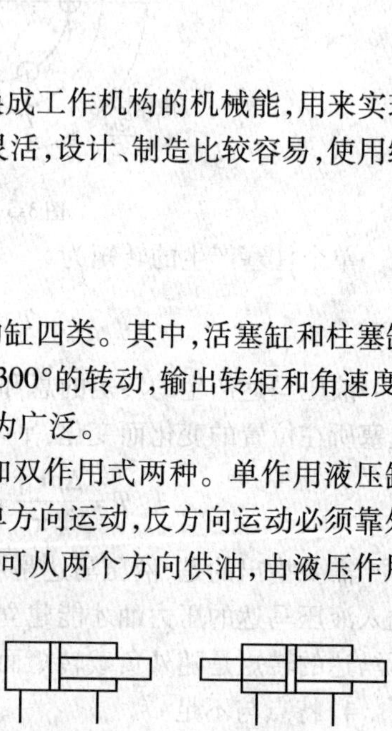

a)单杆式　b)双杆式

图3-7　双作用液压缸

1. 活塞式液压缸

在缸体内作相对往复运动的组件为活塞的液压缸,称活塞缸。活塞缸可分为双杆式和单杆式两种结构。按其安装方式的不同,又分为缸体固定式和活塞杆固定式两种。

1)双杆活塞缸

双杆活塞缸是活塞两端都带有活塞杆的液压缸,其工作原理如图3-8所示。双杆活塞缸的特点是当两活塞杆直径相同,分别向两腔的供油压力和流量都相等时,活塞(或缸体)两个方向的运动速度和推力也都相等,即具有等推力、等速度特性。因此,这种液压缸常用于要求往复运动速度和负载相同的场合,如各种磨床。

图3-8a)所示为缸体固定式结构简图。缸体1固定在机床床身上,工作台4与活塞杆3相连。缸体的两端设有进、出油口,动力由活塞杆传出,进油腔位置与活塞运动方向相反。当油液从a口进入缸左腔时,推动活塞2带动工作台向右运动,缸右腔中的油液从b口回油;反之,右腔进压力油,左腔回油时,活塞带动工作台向左运动。

由图可见,在这种安装方式下,机床工作台的运动范围略大于活塞有效行程L的3倍,占地面积较大,一般用于小型设备的液压系统。

图3-8b)所示为活塞杆固定式结构简图。其活塞杆往往是空心的,固定在机床床身的两个支架上,缸体则与机床工作台相连。进、出油口可以制在活塞杆的两端(液压油从空心的活塞杆中进出),也可以制在缸体两端(采用软管连接)。液压缸的动力由缸体传出,进油腔位置与活塞运动方向相同。当缸的左腔进压力油、右腔回油时,缸体带动工作台向左移动;反之,右腔进压力油、左腔回油时,缸体带动工作台向右移动。在这种安装方式下,机床工作台的移动范围约等于缸体有效行程 L 的2倍,占地面积小,常用于大、中型设备。

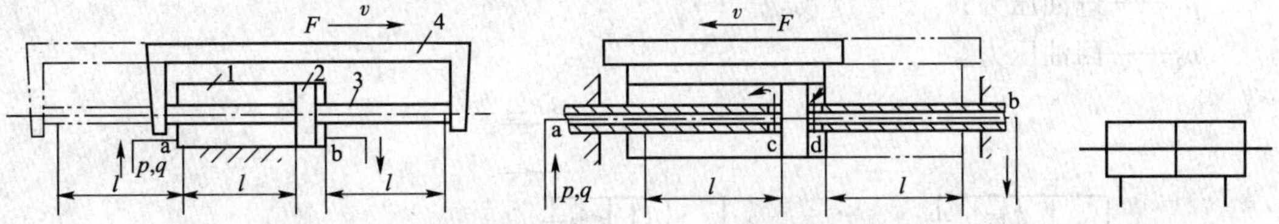

a)缸体固定　　b)活塞杆固定　　c)图形符号

图3-8　双杆活塞缸

1-缸体;2-活塞;3-活塞杆;4-工作台

若回油腔直接接油箱,则回油腔压力约等于零压,于是,双杆活塞缸的推力和速度可按下式计算:

$$F = Ap = \frac{\pi}{4}(D^2 - d^2)p \tag{3-11}$$

$$v = \frac{q}{A} = \frac{4q}{\pi(D^2 - d^2)} \tag{3-12}$$

式中:A——液压缸有效工作面积;

F——液压缸的推力;

v——活塞(或缸体)的运动速度;

p——进油压力;

q——进入液压缸的流量;

D——液压缸内径;

d——活塞杆直径。

2)单杆活塞缸

图3-9所示为单杆活塞缸原理图,其活塞只有一端带活塞杆。单杆活塞缸的特点是两腔的有效工作面积不相等,当向液压缸左右两腔分别供油,且供油压力和流量相同时,活塞(或缸体)在两个方向的推力和运动速度不相等。单杆液压缸也有缸体固定和活塞杆固定两种形式,但它们的工作台移动范围都是活塞有效行程的2倍。

当无杆腔进压力油,有杆腔回油时,如图3-9a)所示。活塞推力 F_1 和运动速度 v_1 分别为

$$F_1 = p_1A_1 - p_2A_2 = \frac{\pi}{4}[p_1D^2 - p_2(D^2 - d^2)] \tag{3-13}$$

$$v_1 = \frac{q}{A_1} = \frac{4q}{\pi D^2} \tag{3-14}$$

当有杆腔进压力油,无杆腔回油时,如图3-9b)所示。活塞推力 F_2 和运动速度 v_2 分别为

$$F_1 = p_1A_2 - p_2A_1 = \frac{\pi}{4}[(p_1(D^2 - d^2) - p_2D^2)] \tag{3-15}$$

$$v_2 = \frac{q}{A_2} = \frac{4q}{\pi(D^2 - d^2)} \tag{3-16}$$

式中：A_1——缸无杆腔有效工作面积；

A_2——缸有杆腔有效工作面积；

q——输入液压缸的流量；

p_1——进油压力；

p_2——回油压力。

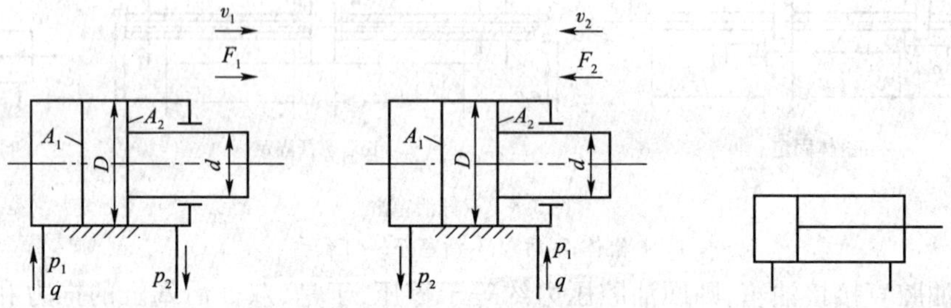

a)无杆腔进油，有杆腔回油　　b)有杆腔进油，无杆腔回油　　c)图形符号

图 3-9　单杆活塞缸

v_2与v_1之比称为液压缸的速度比λ_v，即

$$\lambda_v = \frac{v_2}{v_1} = \frac{1}{1 - \left(\frac{d}{D}\right)^2} \tag{3-17}$$

式中：D——活塞的直径；

d——活塞杆直径。

比较上面公式可知：由于有效工作面积$A_1 > A_2$，所以$v_1 < v_2$，$F_1 > F_2$即无杆腔进压力油工作时，活塞杆伸出，获得的推力大，速度低；有杆腔进压力油工作时，活塞杆缩回，得到的推力小，速度高。工程实际中，单杆活塞缸常用于一个方向有较大负载但运行速度较低，另一个方向为空载要求快速退回运动的设备中。例如，各种金属切削机床、起重机、压力机、注射机的液压系统常用单杆活塞缸。

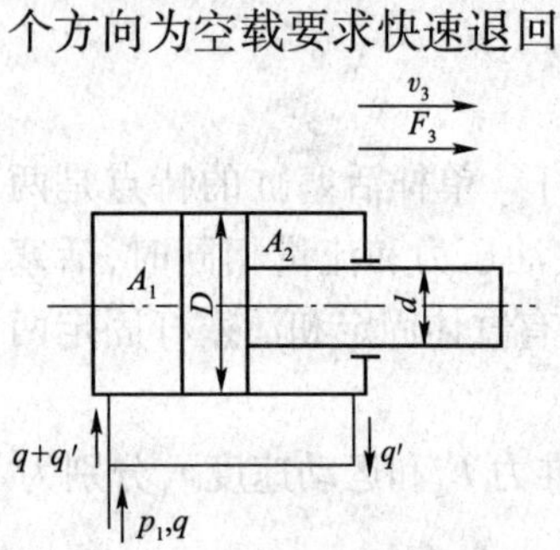

图 3-10　差动连接式的单杆活塞缸

3）差动连接活塞缸

当单杆活塞液压缸两腔同时通入压力油时，利用两端面积差进行工作的连接形式称差动连接。如图 3-10 所示，液压缸差动连接时，左、右两腔压力相同，而由于无杆腔有效工作面积比有杆腔有效工作面积大，因此活塞受到的左腔液压推力大于右腔液压推力，故其向右移动，并使有杆腔中的油液流入无杆腔。

差动连接时，活塞杆推力F_3和运动速度v_3分别为

$$F_3 = A_1p - A_2p = \frac{\pi}{4}d^2p \tag{3-18}$$

因

$$v_3A_1 = q + v_3A_2$$

故有

$$v_3 = \frac{q}{A_1 - A_2} = \frac{q}{A_3} = \frac{4q}{\pi d^2} \tag{3-19}$$

比较式(3-14)和式(3-19)可知,$v_3 > v_1$;比较式(3-13)和式(3-18)可知,$F_1 > F_3$,这说明单杆活塞缸差动连接时,有效工作面积为活塞杆截面积 A_3,能使运动部件获得较高的速度和较小的推力。实际应用中,液压系统常通过控制阀来改变单杆活塞缸的油路连接,使其有不同的工作方式,从而实现“快进—工进—快退”的工作循环:

快进(差动连接,v_3、F_3)→工进(无杆腔进油,v_1、F_1)→快退(有杆腔进油,v_2、F_2)

这时,通常要求“快进”和“快退”的速度相等,即 $v_3 = v_2$ 由式(3-16)和式(3-19)可知,必须 $D = \sqrt{2}d$(或 $d = 0.71D$)。差动连接是在不增加液压泵流量的前提下实现快速运动的有效方法,广泛应用于组合机床等设备的液压系统中。

2. 柱塞式液压缸

一般来说,设备中较多地采用活塞缸,但活塞缸缸体内孔的加工精度要求很高,当行程较长时缸体加工困难。因此,对于长行程的场合,常采用柱塞缸。

柱塞缸是指在缸体内做相对往复运动的组件是柱塞的液压缸。也有缸体固定式和柱塞固定式两种类型。其结构如图 3-11a)所示,柱塞由导向套 3 导向,与缸体内壁不接触,因而缸体内孔可不加工或只作粗加工,工艺性好,结构简单,成本低。常用于行程很长的龙门刨床、导轨磨床和大型拉床等设备的液压系统中。

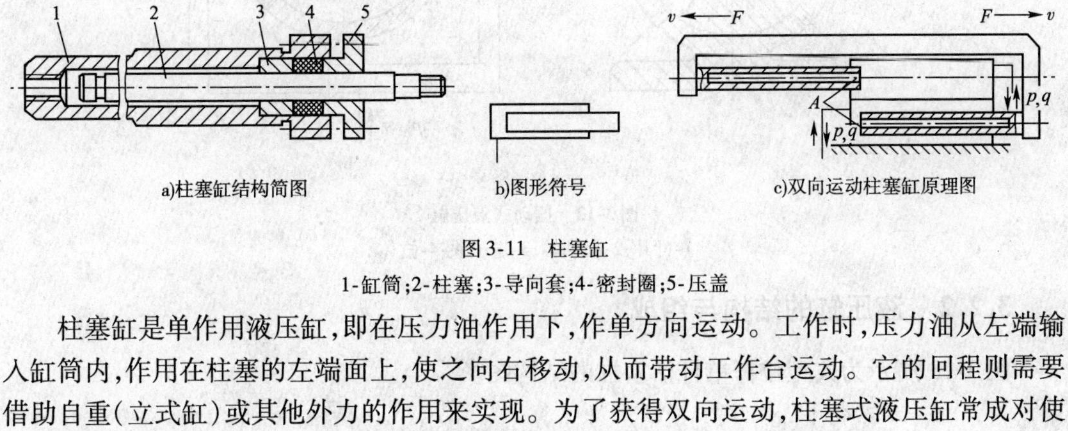

a)柱塞缸结构简图　b)图形符号　c)双向运动柱塞缸原理图

图 3-11　柱塞缸

1-缸筒;2-柱塞;3-导向套;4-密封圈;5-压盖

柱塞缸是单作用液压缸,即在压力油作用下,作单方向运动。工作时,压力油从左端输入缸筒内,作用在柱塞的左端面上,使之向右移动,从而带动工作台运动。它的回程则需要借助自重(立式缸)或其他外力的作用来实现。为了获得双向运动,柱塞式液压缸常成对使用,如图 3-11c)所示。

柱塞缸的速度和推力计算

$$F = pA = p\frac{\pi}{4}d^2 \tag{3-20}$$

$$v = \frac{q}{A} = \frac{4q}{\pi d^2} \tag{3-21}$$

柱塞工作时总是端面受压,为了能输出较大的推力,柱塞一般较粗、较重。水平安装时易产生单边磨损,故柱塞缸适宜于垂直安装使用。当其水平安装时,为防止柱塞因自重而下垂,常制成空心柱塞并设置支承套和托架。

3. 摆动式液压缸

摆动式液压缸输出转矩,并实现往复摆动,也称为摆动式液压马达,在结构上有单叶片和双叶片两种类型。图3-12所示为摆动液压缸的工作原理图,它由叶片1、摆动轴2、定子块3、缸体4等主要零件组成。定子块固定在缸体上,而叶片和摆动轴连接在一起,当两油口相继通以压力油时,叶片即带动摆动轴做往复摆动。

在如图3-12所示中,若叶片的宽度为 b、缸的内径为 D、输出轴的直径为 d、在进油压力为 p、流量为 q 且不计回油腔压力时,摆动式液压缸输出转矩 T 和回转角速度 ω 为

$$T=\frac{P(D^2-d^2)b}{8} \tag{3-22}$$

$$\omega=\frac{8q}{b(D^2-d^2)} \tag{3-23}$$

图3-12a)所示的单叶片摆动液压缸的摆角一般不超过280°,图3-12b)所示的双叶片摆动液压缸的摆角一般不超过150°。此类液压缸常用于机床的送料装置、间歇进给机构、回转夹具、工业机器人手臂和手腕的回转机构等液压系统。

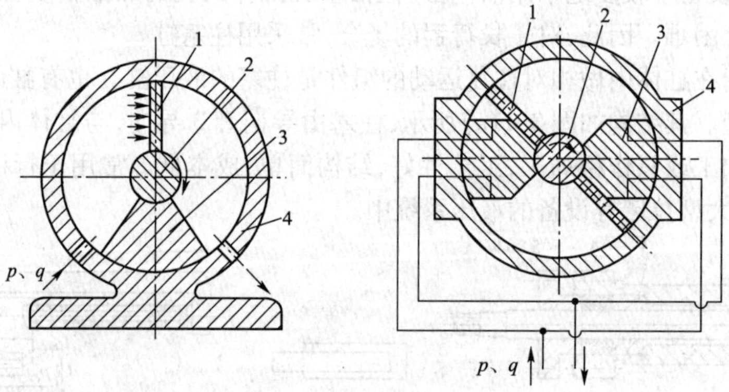

图3-12　摆动式液压缸

1-叶片;2-摆动轴;3-定子块;4-缸体

3.2.2　液压缸的结构与组成

图3-13所示为典型拉杆单杆活塞缸的结构图。

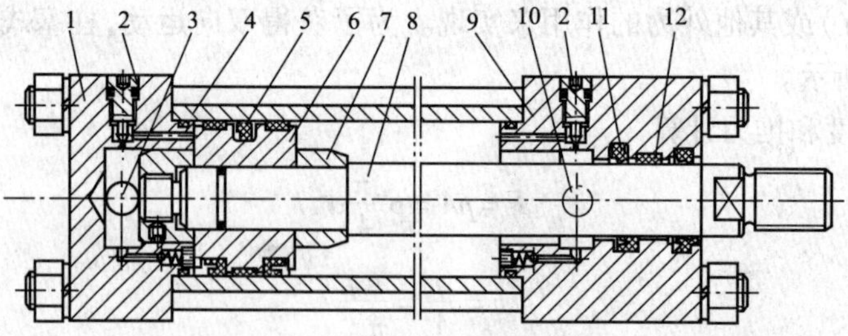

图3-13　轻型拉杆活塞缸结构图

1-后端盖;2-缓冲阀;3-进出油口;4-缸体;5-密封圈;6-活塞;7-缓冲套;8-活塞杆;9-后端盖;10-进出油口;11-密封圈;12-导向套

液压缸主要由缸体组件和活塞组件这两个基本部分组成。缸体组件包括缸体4、前后端盖1和9等零件,缸体多采用无缝钢管制成;活塞组件包括活塞6、缓冲套7、活塞杆8等零件;这两部分在组装后通过4根长拉杆连接起来,并用螺母锁紧。为了保证液压缸具有可靠的密封性能,在前后端盖与缸体之间、活塞与缸体内壁之间、活塞杆与前端盖之间、活塞杆与活塞均设置有相应的密封元件。为了防止活塞在两端撞击端盖,在前后端盖中都设置了由单向阀、缓冲阀(配合缓冲套7)组成的缓冲装置。在液压缸工作前,为了排除液压缸中的空气,在两端盖上方分别设置有排气装置(图中未表示出来)。

由上例可知,液压缸的结构一般都是由缸体组件、活塞组件、密封装置以及缓冲装置和排气装置等5部分组成。

1. 缸体组件

缸体组件包括缸筒、前后端盖和导向套等,它要与活塞组件构成密封油腔,并承受很大的液压作用力,因此,缸体组件要有足够的强度和刚度、较高的表面质量和可靠的密封性。常见的缸筒与端盖的连接形式如图3-14所示。

图3-14a)所示为凸缘连接。缸筒与端部一般用铸造、墩粗等方法制成凸缘或焊接凸缘,采用止口定位,再用螺钉与端盖固定。该连接方式结构简单,易加工,易装卸,使用广泛,但质量和外形尺寸大。

图3-14b)所示为卡键式连接。卡键式连接是将两卡键装于缸筒环形槽内,再用套或挡圈压住卡环,达到连接的目的。这种方式分外卡键连接和内卡键连接两种。卡键式连接结构紧凑,外形尺寸小,质量较轻,易装卸,但缸筒开槽后机械强度削弱,需加厚缸壁。卡键式连接应用十分普遍,常用于由无缝钢管制成的缸筒与缸盖之间的连接。

图3-14c)、d)所示为内、外螺纹连接。它的外形尺寸较小,质量较轻,但缸筒端部结构复杂,装卸时需用专门工具,一般用于外形尺寸小、质量轻的场合。

图3-14e)所示为拉杆连接。拉杆式连接结构简单,工艺性好,通用性强,但缸盖的体积和质量较大,拉杆受力后会拉伸变长,影响密封效果,只适用于长度不大的中、低压液压缸。

图3-14f)所示为焊接连接。焊接连接的机械强度高,制造简单,但焊接时易引起缸筒变形。这里需要注意的是,此种连接只能用于缸筒的一端,另一端必须采用其他结构。

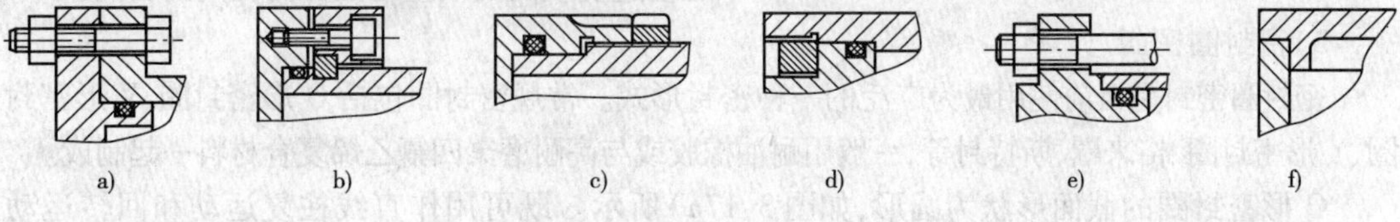

图3-14 缸体组件的连接形式

2. 活塞组件

活塞组件由活塞、活塞杆和连接件等组成。随工作压力、安装方式和工作条件的不同,活塞与活塞杆的连接方式很多。常见的有焊接式连接、锥销式连接、螺纹式连接和卡键式连接等,如图3-15所示。

图3-15a)所示为焊接式连接,此连接结构简单,轴向尺寸小,但损坏后需整体更换,常用于小直径液压缸。

图3-15b)所示为锥销式连接,锥销式连接结构简单,装拆方便,但承载能力小,且需有防

止锥销脱落的措施，多用于中、低压轻载液压缸中。

图3-15c)所示为螺纹式连接，螺纹式连接装卸方便，连接可靠，采用双螺母防松结构，适用尺寸范围广，但因加工了螺纹，削弱了活塞杆的强度，该连接方式不适用于高压系统。

图3-15d)所示为卡键式连接，这种连接拆装简单，连接可靠，但结构比较复杂，常用于高压大负载、特别是振动比较大的场合。

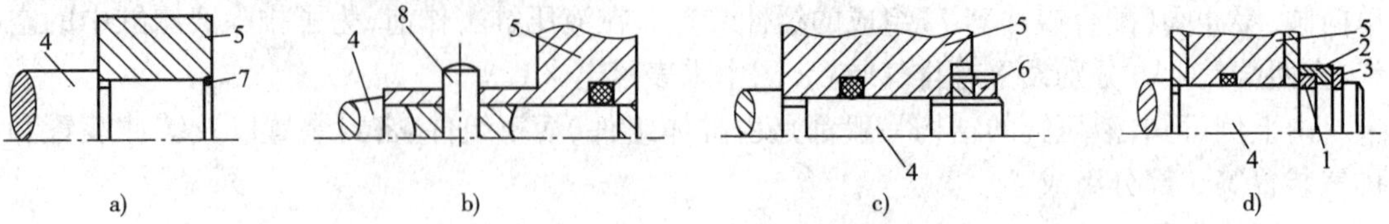

图3-15　活塞与活塞杆的连接形式

1-卡键；2-压环；3-挡环；4-活塞杆；5-活塞；6-圆螺母；7-焊接点；8-锥销

3. 液压缸的密封

液压缸的密封主要指活塞与缸筒、活塞杆与端盖间的动密封和活塞与活塞杆、缸筒与端盖间的静密封，是用来防止液压缸内部（活塞与缸筒内孔的配合面）和外部的泄漏。常见的密封方法及密封元件有以下几种。

1）间隙密封

间隙密封是通过精密加工，使相对运动零件的配合面之间有极微小的间隙δ，使其产生液体摩擦阻力来防止泄漏，实现密封的，如图3-16所示。δ一般为0.02～0.05mm，δ太大，则泄漏量大，工作压力变小，难以保证必要的工作压力；δ太小，则摩擦阻力增大。

间隙密封属于非接触式密封，是一种最简单的密封方法。

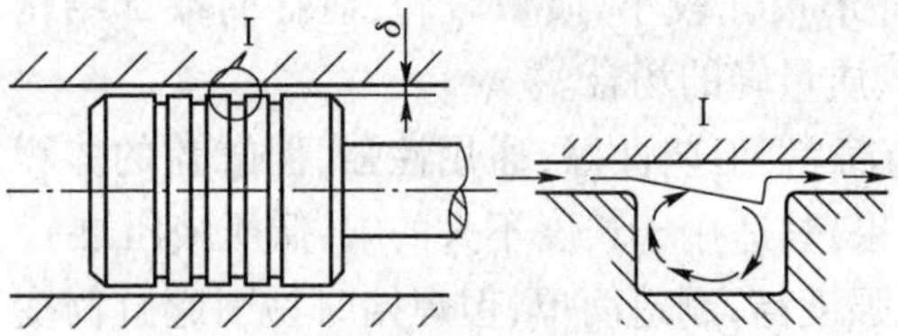

图3-16　间隙密封

间隙密封结构简单，摩擦阻力小，能耐高温，使用寿命长，但磨损后不能自动补偿，泄漏较大，并且随着时间的增加而增加，加工时对配合表面的加工精度和表面粗糙度要求较高，不经济。故此种密封方式只能应用于低压、小直径、运动速度较高的活塞与缸体内孔间的密封。

2）密封圈密封

密封圈密封是目前使用最为广泛的一种密封形式。常规密封圈包括O形密封圈、V形密封圈、Y形密封圈、格来圈、斯特封等，一般用耐油橡胶或与高耐磨聚四氟乙烯复合材料一起制成。

O形密封圈的截面形状为圆形，如图3-17a)所示。既可用作直线往复运动和回转运动的动密封，又可用于静密封；既可用于外径密封，又可用于内径密封和端面密封，如图3-17b)所示。O形密封圈安装时要有合理的预压缩量δ_1和δ_2，如图3-17c)所示，使之既保证可靠密封，又不致使密封阻力过大。

V形密封圈由支承环、V形密封环和压环三部分组成。V形密封圈是利用压环压紧密封环时，支承环使密封环变形而起密封作用的，所以使用时必须三个环联用。

V形密封圈密封接触面长，密封性能好，承受压力可高达50MPa。但其摩擦阻力大，体积也较大。主要用于高压、大直径、低速的活塞（或柱塞）与其缸筒间的密封等。

普通Y形密封圈的截面形状为Y形，与V形密封圈一样，也属于唇形密封。它是利用油的压力使两唇边紧压在配合件的两接合面上实现密封。Y形密封圈主要用于往复运动的密封。Y形圈根据截面长宽比例不同分宽断面和窄断面两种类型。目前液压缸中普遍使用窄断面小Y形密封圈(又称Yx形密封圈),有等高唇Y形圈和不等高唇Y形圈两种,一般适用于工作压力 $p \leqslant 32MPa$、使用温度为 $-30 \sim +100℃$ 的条件下工作。

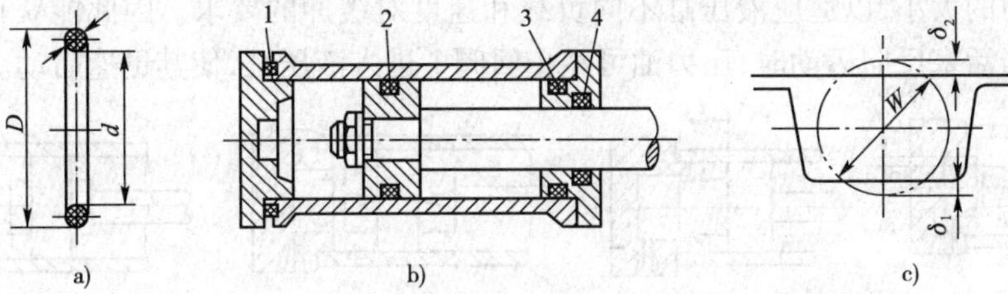

图3-17 O形密封圈

1、2、3、4-O形密封圈

格莱圈和斯特封都是由一个PTFE材质与一个O形密封圈的组合密封圈。格莱圈是双向密封,一般用于活塞密封,O形密封圈在外侧。格莱圈由高耐磨聚四氟乙烯复合材料矩形圈与O形橡胶密封圈组成。O形密封圈提供足够的密封力,对矩形圈的磨耗补偿作用。与导向支撑环配套使用,适用于液压缸活塞密封,可双向密封。

斯特封是单向密封,一般用于活塞杆密封,有时也用于单作用的活塞密封,由一个阶梯圈与O形橡胶密封圈组成,O形密封圈在内侧。O形密封圈提供足够的密封力,并对阶梯圈的磨耗起补偿作用,适用于液压缸活塞杆用密封。

4. 缓冲装置

当液压缸所驱动的工作部件质量较大、速度较高时,由于惯性力较大,活塞运动到终端时会撞击缸盖,产生冲击和噪声,严重影响液压缸工作性能,甚至使液压缸损坏。因此,在大型、高速或高精度的液压设备中,常在液压缸中设置缓冲装置或在系统中设置缓冲回路。

液压缸的制动和缓冲原理是当活塞运动到接近液压缸缸盖时,在活塞和缸盖之间封住一部分油液,利用节流方法,强迫它从小孔或缝隙中挤出,以增大液压缸的回油阻力,使工作部件受到制动,逐渐减慢运动速度,达到避免活塞和缸盖相互撞击的目的。常见的缓冲装置如图3-18所示。

1)环状间隙式缓冲装置

图3-18a)所示为圆柱形环隙式缓冲装置,活塞端部有圆柱形缓冲柱塞,当柱塞运行至液压缸端盖上的圆柱孔内时,封闭在缸筒内的油液只能从环形间隙 δ 中挤压出去(回油)。这样,活塞受到一个很大的、由间隙节流而建立的背压,即受到一个很大的阻力而减速制动,从而达到缓冲的目的。但这种装置在缓冲过程中,其节流面积不变,故缓冲过程中其缓冲制动力将逐渐减小,缓冲效果较差。

图3-18b)所示为圆锥形环隙式缓冲装置。其缓冲柱塞加工成圆锥体,即节流面积将随柱塞伸入端盖孔中距离的增长而减小,缓冲压力变化平缓,缓冲效果较好。

2)可变节流槽式缓冲装置

如图3-18c)所示,在缓冲柱塞上开有几个均布的轴向三角形节流沟槽。随着柱塞的伸入,其节流面积逐渐减小,缓冲压力变化平缓。

3)可调节流孔式缓冲装置

如图3-18d)所示,在液压缸的端盖上设有单向阀1和可调节流阀2。当缓冲柱塞伸入端盖上的内孔后,活塞与端盖间的油液须经节流阀2流出。调节节流孔的大小,可控制缓冲腔内缓冲压力的大小,以适应液压缸不同负载和速度对缓冲的要求。因此能获得最理想的缓冲效果。当活塞反向运动时,压力油可经止回阀1进入液压缸,使其迅速启动。

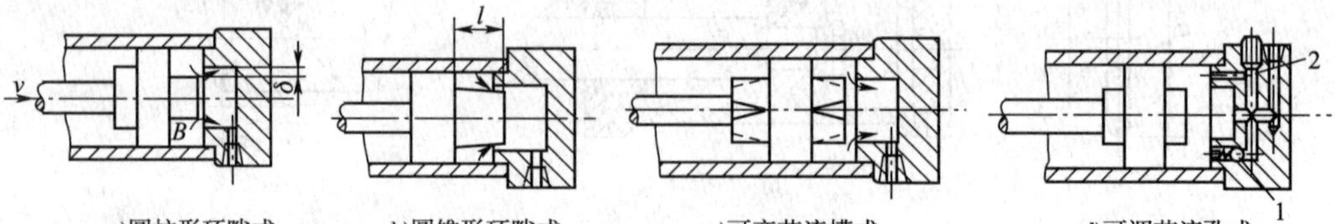

a)圆柱形环隙式　b)圆锥形环隙式　c)可变节流槽式　d)可调节流孔式

图3-18　液压缸的缓冲装置

1-单向阀;2-可调节流阀

5. 排气装置

液压系统中混入空气后,会影响液压缸运动的平稳性,如低速运动时产生爬行,启动时出现液压冲击,引起振动和噪声,换向时降低换向精度,压力过大时还会产生绝热压缩而造成局部高温,有可能烧坏密封件。严重时会使液压系统不能正常工作。因此,在设计和使用液压缸时必须考虑空气的排除。对于要求不高的液压系统,可不设专门的排气装置,而是将液压缸的进出油口设置在缸筒两端的最高处,通过回油将缸内的空气带回油箱,再从油液中逸出。对于速度稳定性要求高的液压缸和大型液压缸,则需在液压缸的最高部位设置专门的排气装置。

常用的排气装置有两种类型,一是排气孔和排气阀,二是排气塞。当使用前一种方式排气时,排气孔2开在液压缸的最高部位处,如图3-19所示,并用长管道通向远处的排气阀排气,如图3-20所示。机床上大多采用这种形式。若用排气塞排气,则是在缸盖的最高部位处直接安装排气塞,如图3-21所示。在液压系统正式工作前,松开排气阀或排气塞的螺钉,并让液压缸全行程空载往复运动8~10次,缸中的空气即可排出。排气完毕后关闭排气阀或排气塞,液压缸便可进入正常工作。

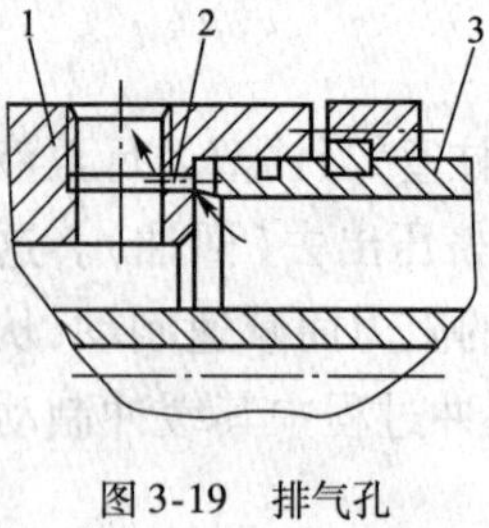

图3-19　排气孔

1-缸盖;2-排气孔;3-缸筒

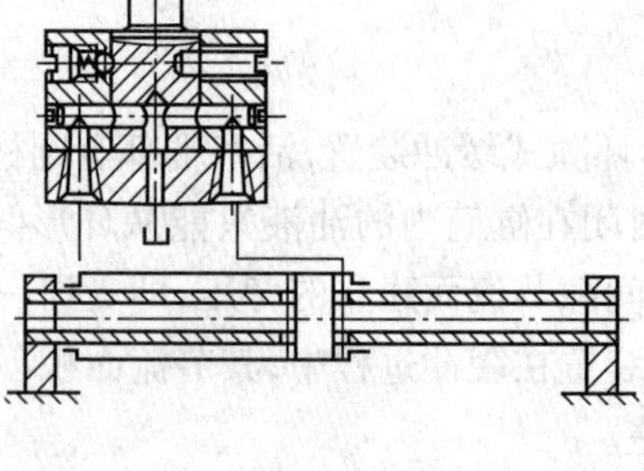
图3-20　排气阀

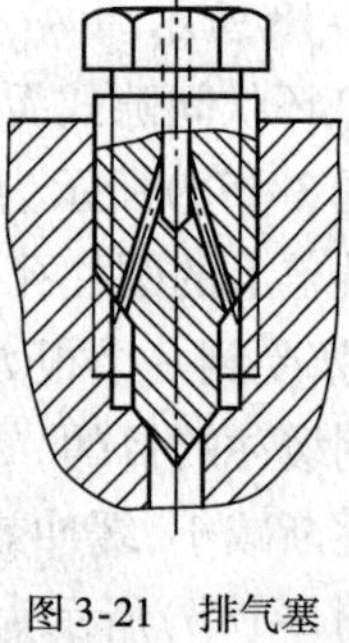
图3-21　排气塞

3.2.3　液压缸的设计计算

液压缸已有系列标准可供选用,但有时还需要自行设计一些非标准液压缸。液压缸的结构尺寸与主机的工作机构有着直接的联系，其设计是在完成了工况分析、负载计算以及选定了工作压力的基础上进行的。设计步骤是：首先根据使用要求确定结构形式和安装方式。因此，在设计前应作调查研究，准备好必要的原始资料和设计依据，然后根据负载情况、运动速度、最大行程和工作压力等要求设计主要结构尺寸，并对主要零件进行强度、刚度验算，必要时应进行活塞杆稳定性校核和缓冲计算；最后完成结构设计。

液压缸的主要尺寸计算：

液压缸的主要尺寸指缸筒内径 D 和活塞杆直径 d，液压缸的长度和活塞杆的长度等。

液压缸的内径和活塞杆的直径的确定方法和使用的液压缸设备类型有关，通常根据液压缸的推力和液压缸的有效工作压力来决定。

液压缸内径 D 和活塞杆直径 d 可根据液压系统中的最大总负载和选取的工作压力来确定。对于单杆的液压缸而言，无杆腔进油且不考虑机械效率时，由式(3-13)可得

$$D=\sqrt{\frac{4F_1}{\pi(p_1-p_2)}-\frac{d^2p_2}{p_1-p_2}} \tag{3-24}$$

有杆腔进油且不考虑机械效率时，由式(3-15)可得

$$D=\sqrt{\frac{4F_1}{\pi(p_1-p_2)}+\frac{d^2p_2}{p_1-p_2}} \tag{3-25}$$

式中，一般选取回油背压 $p_2=0$，于是，上述公式便可简化，即无杆腔、有杆腔进油时分别为

$$D=\sqrt{\frac{4F_1}{\pi p_1}}$$

或

$$D=\sqrt{\frac{4F_1}{\pi p_1}+d^2}$$

上式中的活塞杆直径 d 可根据工作压力或设备类型选取，也可查机械设计手册或参考表3-1。

液压缸工作压力与活塞杆直径 表3-1

液压缸工作压力 p(MPa)	≤5	5~7	>7
推荐活塞杆直径 d	$(0.5\sim0.55)D$	$(0.6\sim0.7)D$	$0.7D$

当液压缸往复运动速度比有一定要求时，由式(3-17)可得杆径 d 为

$$d=D\sqrt{\frac{\lambda_v-1}{\lambda_v}} \tag{3-26}$$

液压缸速比 λ_v 见表3-2。计算所得的液压缸内经 D 和活塞杆直径 d 应查液压设计手册将其圆整到标准系列值。

液压缸往复速度比 λ_v 推荐值 表3-2

工作压力 p(MPa)	≤10	12.5~20	>20
往复速度比 λ_v	1.33	1.46,2	2

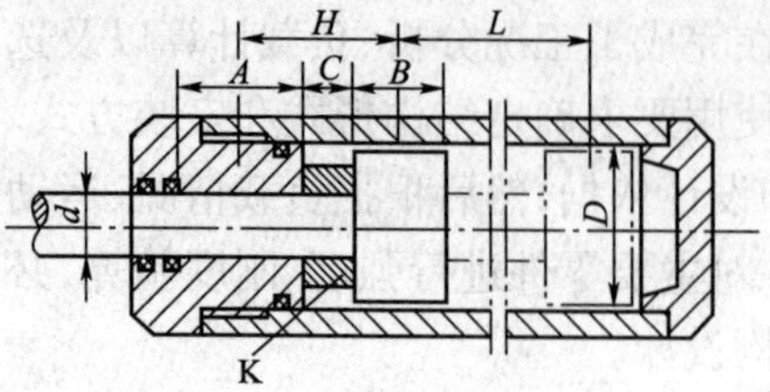

图3-22　液压缸的导向长度
K-隔套

液压缸缸筒长度由活塞最大行程 L、活塞长度、活塞杆导向长度 H 和特殊要求的其他长度确定（图3-22）。其中活塞长度 $B=(0.6\sim1.0)D$；导向套长度 $A=(0.6\sim1.5)D$；必要时可在导向套和活塞之间装一隔套K，隔套的长度为 $C=H-1/2(A+B)$。为了减少加工难度，一般液压缸的缸筒长度不应大于内径的20～30倍。

本章小结

1. 液压马达是液压系统中的重要的执行元件之一，从原理上讲，液压马达是液压泵的逆工况。

2. 要注意了解低速大转矩液压马达（曲柄连杆马达、静力平衡马达、多作用内曲线马达）的结构特点与应用场合。

3. 液压缸用于实现往复直线运动和摆动，是液压系统中最广泛应用的一种液压执行元件。液压缸有时需专门设计。

4. 液压缸可分为单作用式液压缸，双作用式液压缸，组合式液压缸，摆动缸。

复习思考题

3.1　从能量的观点来看，液压泵和液压马达有什么区别和联系？从结构上来看，液压泵和液压马达又有什么区别和联系？

3.2　已知单杆液压缸缸筒直径 $D=100$mm，活塞杆直径 $d=50$mm，工作压力 $P_1=2$MPa，流量为 $q=10$L/min，回油背压力为 $P_2=0.5$MPa，试求活塞往复运动时的推力和运动速度。

3.3　已知单杆液压缸缸筒直径 $D=50$mm，活塞杆直径 $d=35$mm，泵供油流量为 $q=10$L/min，试求：

（1）液压缸差动连接时的运动速度；

（2）若缸在差动阶段所能克服的外负载 $F=1000$N，缸内油液压力有多大（不计管内压力损失）？

3.4　如图3-23所示的叶片泵，铭牌参数为 $q=18$L/min，$p=6.3$MPa，设活塞直径 $D=90$mm，活塞杆直径 $d=60$mm，在不计压力损失且 $F=28000$N 时，试求在各图示情况下压力表的指示压力是多少？（$P_2=2$MPa）

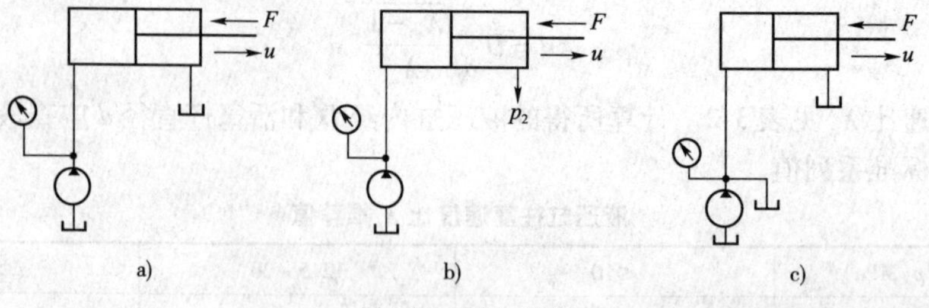

图3-23　题3.4图

3.5　如图3-24所示的串联液压缸，A_1和A_2为有效工作面积，F_1和F_2是两活塞杆的外负载，在不计损失的情况下，试求P_1，P_2，v_1和v_2各是多少？

3.6　如图3-25所示的并联液压缸中，$A_1=A_2$，$F_1>F_2$，当液压缸2的活塞运动时，试求v_1、v_2和液压泵的出口压力P各是多少？

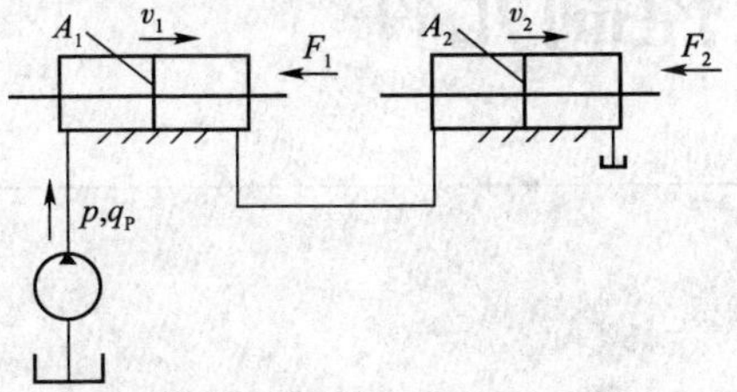

图3-24　题3.5图

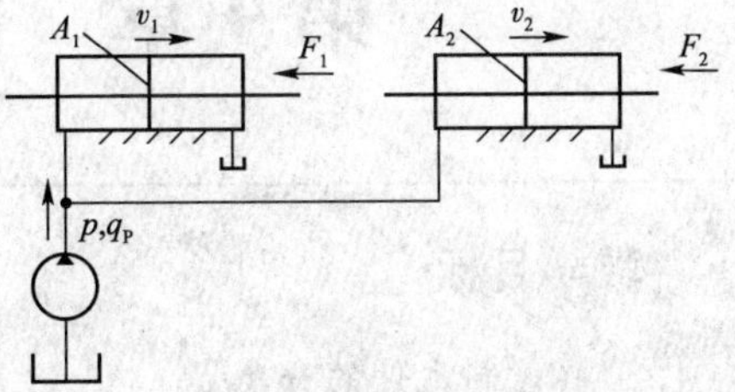

图3-25　题3.6图

3.7　设计一单杆活塞液压缸，要求快进时为差动连接，快进和快退（有杆腔进油）时的速度均为6m/min。工进时（无杆腔进油，非差动连接）可驱动的负载为$F=25000$N，回油背压力为0.25MPa，采用额定压力为6.3MPa、额定流量为25L/min的液压泵，试确定：

(1)缸筒内径和活塞杆直径各是多少？

(2)缸筒壁厚（缸筒材料选用无缝钢管）是多少？

第4章　液压控制元件

教学目标

1. 了解控制元件的分类。
2. 掌握各种液压阀的工作原理和图形符号。
3. 掌握压力阀、流量阀、方向阀的特性及特点。

教学要点

知识要点	掌握程度	相关知识
阀的共性知识	理解	流体力学的动量方程
压力阀压力调节原理	熟练	阀口流动与伯努利方程
节流阀节流特性和调速阀工作原理	熟练	流量调节原理
换向阀中位机能	熟练	换向阀机能

液压控制元件用于实现液压系统的压力、流量及液流流向的控制，分别称为压力阀、流量阀、方向阀，统称液压控制阀，简称液压阀。

4.1　液压阀的特性与分类

4.1.1　液压阀的共性问题

1. 液压阀的基本结构与原理

液压阀的基本结构主要包括阀芯、阀体和驱动阀芯在阀体内作相对运动的操纵装置。阀芯的主要形式有滑阀、锥阀和球阀；阀体上除有与阀芯精密配合的阀体孔或阀座孔外，必须有外接油管的进、出油口，此外，根据功能需要还有控制油口和泄油口；驱动阀芯在阀体内作相对运动的装置可以是手动机构，也可以是弹簧或电磁铁、液压驱动装置等。

在工作原理上，液压阀是利用阀芯在阀体内的相对运动来控制阀口的通断及开口的大小，以实现压力、流量和方向控制。液压阀工作时，所有阀的阀口大小，阀进、出油口间的压差以及通过阀的流量之间的关系都符合孔口流量公式 $q = K_{AT}\Delta p^{m}$，只是各种液压阀控制的参数各不相同而已。

2. 阀口流量公式及流量系数

对于各种滑阀、锥阀、球阀、节流孔口，通过阀口的流量均可用下式表示：

$$q = c_q A_0 \sqrt{\frac{2\Delta p}{\rho}} \tag{4-1}$$

式中：c_q——流量系数；

A_0——阀口通流面积；

Δp——阀口前、后压差；

ρ——液体密度。

3. 滑阀的液压卡紧现象

换向阀在停止使用一段时间后（一般约5min以后）重新启动时，为使阀芯移动，理论上只需要很小的力来克服黏性摩擦阻力就可以了。但实际上，特别在中、高压系统中却十分费力，需要克服很大的阻力才能使阀芯移动，把这种现象称为滑阀的液压卡紧现象。

液压卡紧现象是由于阀芯和阀体的几何形状误差和中心线的不重合而造成的。因为在这种情况下，进入阀芯与阀体配合间隙中的压力油将对阀芯产生不平衡的径向力，该力在一定条件下使阀芯紧贴在孔壁上，产生相当大的摩擦力（卡紧力），使得操纵滑阀运动发生困难，严重时甚至被卡住。

滑阀的液压卡紧现象是个共性问题，不仅换向阀有，其他液压阀（如溢流阀、减压阀等）也存在。为了减小液压卡紧力，可采取以下措施：

(1)在倒锥时，尽可能地减小，即严格控制阀芯或阀孔的锥度，但这将给加工带来困难。

(2)在阀芯凸肩上开均压槽。

(3)采用顺锥。

(4)在阀芯的轴向加适当频率和振幅的颤振。

(5)精密过滤油液。

4.1.2 液压阀的分类

液压阀的种类繁多，除了不同功用、品种、规格的通用阀外，还有许多专用阀和复合阀。就液压阀的基本类型来说，通常按以下方式进行分类。

1. 按功用分

1)压力控制阀

用来控制和调节液压系统中液流的压力或利用压力控制的阀类称为压力控制阀。如溢流阀、减压阀、顺序阀、压力继电器等。

2)流量控制阀

用来控制和调节液压系统中液流流量的阀类称为流量控制阀，如节流阀、调速阀、分流阀、集流阀等。

3)方向控制阀

用来控制和改变液压系统中液流方向的阀类称为方向控制阀，如单向阀、换向阀等。

这三类可互相组合，成为复合阀，以减少管路连接，使结构更为紧凑，提高系统效率，如单向行程调速阀等。

2. 按控制方式分

1)开关或定值控制阀

开关或定值控制阀是最常见的一类液压阀，又称为普通液压阀。此类阀采用手动、机动、电磁铁和液动等控制方式启闭液流通路、定值控制液流的压力和流量。

2)伺服控制阀

伺服控制阀是一种根据输入信号(电气、机械、气动等)及反馈量成比例地连续控制液压系统中液流的压力、流量的阀类，又称随动阀。伺服控制阀具有很高的动态响应和静态性能，但价格昂贵、抗污染能力差，主要用于控制精度要求很高的场合。

3)比例控制阀

比例控制阀的性能介于上面两类阀之间，它可以根据输入信号的大小连续地成比例地控制液压系统中液流的参量，满足一般工业生产对控制性能的要求。与伺服控制阀相比具有结构简单、价格较低、抗污染能力强等优点，因而在工业生产中得到广泛应用，但比例控制阀的中位死区，工作频宽较伺服控制阀低。比例阀又分为两种，一种是直接将开关定值控制阀的控制方式改为比例电磁铁控制的普通比例阀，另一种是带内反馈的新型比例阀。

4)数字控制阀

用计算机数字信息直接控制的液压阀称为数字阀。数字控制阀可直接与计算机连接，不需要数/模转换器。与比例阀、伺服阀相比，数字阀具有结构简单、工艺性好、价廉、抗污染能力强、重复性好、工作稳定可靠、放大器功耗小等优点。在数字阀中，最常用的控制方法有增量控制型和脉宽调制(PWM)型。数字阀的出现至今已有20多年，但它的发展速度不快，应用范围也不广。主要原因是，增量控制型存在分辨率限制，而PWM型主要受两个方面的制约：一是控制流量小且只能单通道控制，在流量较大或要求方向控制时难以实现；二是有较大的振动和噪声，影响可靠性和使用环境。此外，数字阀由于按照载频原理工作，故控制信号频宽较模拟器件低。

3. 根据结构形式分类

液压控制阀一般由阀芯、阀体、操纵控制机构等主要零件组成。根据阀芯结构形式的不同，控制阀又可以分为以下几类。

1)滑阀

滑阀类的阀芯为圆柱形，通过阀芯在阀体孔内的滑动来改变液流通路开口的大小，以实现液流压力、流量及方向的控制。

2)锥阀

锥阀用可移动的锥形阀芯对流体流过截面进行控制。锥阀阀口关闭时，阀与阀芯座孔之间为线密封，因此不仅密封性能好，而且动作灵敏，阀口开启无死区。

3)球阀

球阀类的阀芯为球体，在阀杆带动下绕阀杆的轴线作旋转运动或沿轴线移动以实现液流压力、流量及方向的控制。

4)平板阀

平板阀是一种关闭件为平行闸板的滑动阀。其关闭件可以是单闸板或是其间带有撑开机构的双闸板。

闸板向阀座的压紧力是由作用于浮动闸板或浮动阀座的介质压力来控制。如果是双闸板平板闸阀,则两闸板间的撑开机构可以补充这一压紧力。

5)喷嘴挡板阀

喷嘴挡板阀是利用喷嘴和挡板之间的相对位移来改变液流通路开口大小的控制阀,是由力矩马达驱动挡板偏转,改变喷嘴处压力大小,实现对滑阀的驱动,改变主阀开口大小以实现压力流量控制的阀类。喷嘴挡板作为前置级,主阀常为滑阀式。该类阀主要用于伺服控制和比例控制阀。

6)射流管阀

射流管式阀由力矩马达驱动喷嘴偏转,改变射流管喷嘴的高速射流到主阀接受器的液流大小,控制主阀阀芯两端阀腔的压力变化,使一腔压力升高,另一腔压力降低,连接这两腔的阀芯两端形成压差,驱动阀芯运动来改变液流通路开口大小,实现压力流量控制的阀类。射流管作为前置级,主阀为滑阀,一般用于伺服阀的先导级控制。

4. 对液压阀的基本要求

各种液压阀,由于不是对外做功的元件,而是用来实现执行元件(机构)所提出的力(力矩)、速度、变向的要求的,因此对液压控制阀的共同要求是:

(1)动作灵敏、性能好、工作可靠且冲击振动小。

(2)油液通过阀时的液压损失要小。

(3)密封性能好。

(4)结构简单紧凑、体积小,安装、调整、维护方便,成本低廉,通用性大,寿命长。

4.2 方向控制阀

方向控制阀是用来使液压系统中的油路通断或改变油液的流动方向,从而控制液压执行元件的启动或停止,改变其运动方向的阀类。如单向阀、换向阀、压力表开关等。换向阀按结构类型不同,可分为滑阀式、转阀式、锥阀式和球阀式。

4.2.1 单向阀

单向阀是指依靠介质本身流动而自动开、闭阀口,用来防止介质倒流的阀,又称止回阀。单向阀有普通单向阀和液控单向阀两种。

1. 普通单向阀

1)功用

单向阀常被安装在泵的出口,一方面防止系统的压力冲击影响泵的正常工作;另一方面在泵不工作时防止系统的油液倒流经泵回油箱。单向阀还被用来分隔油路以防止干扰,并与其他阀并联组成复合阀,如单向顺序阀、单向节流阀等。

2)结构组成

单向阀是一种只允许液流沿一个方向通过,而反向液流被截止的方向阀。对单向阀的主要性能要求是:正向液流通过时压力损失要小,反向截止时密封性要好,动作灵敏,工作时撞击和噪声小。

图 4-1a)所示是一种管式普通单向阀的结构，由阀体 1、阀芯 2、弹簧 3 组成。单向阀中的弹簧，主要用来克服摩擦力、阀芯的重力和惯性力，使阀芯在反向流动时能迅速关闭。为了避免液流通过时产生过大的压力损失，弹簧刚度较小，仅用于将阀芯顶压在阀座上。单向阀的开启压力一般为 0.03～0.05MPa，并可根据需要更换弹簧。如将单向阀中的软弹簧更换成合适的硬弹簧，就成为背压阀，这种阀通常安装在液压系统的回油路上，用以产生 0.3～0.5MPa 的背压。

单向阀阀芯形式有钢球式和锥阀式两种。钢球式单向阀的结构简单，但密封性不如锥阀式，并且由于钢球没有导向部分，工作时容易产生振动，一般用在流量较小的场合。锥阀式应用最多，虽然结构比钢球式复杂一些，但其导向性好，密封可靠。

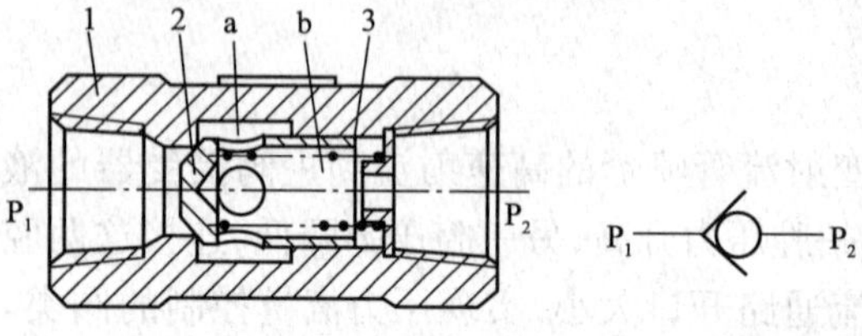

a)结构图　　b)图形符号图

图 4-1　单向阀

1-阀体；2-阀芯；3-弹簧

3）工作原理及图形符号

如图 4-1a)所示，压力油从阀体左端的通口 P_1 流入时，克服弹簧 3 作用在阀芯 2 上的力，使阀芯向右移动，打开阀口，并通过阀芯 2 上的径向孔 a、轴向孔 b 从阀体右端的通口流出。但是压力油从阀体右端的通口 P_2 流入时，它和弹簧力一起使阀芯锥面压紧在阀座上，使阀口关闭，油液无法通过。图 4-1b)所示是单向阀的图形符号。

2. 液控单向阀

1）功用

液控单向阀是可以实现逆向流动的单向阀。液控单向阀具有良好的单向密封性能，常用于执行元件需要较长时间保压、锁紧等情况，也用于防止立式液压缸停止时自动下滑及速度换接等回路中。

2）结构组成

液控单向阀有不带卸荷阀芯的简式液控单向阀和带卸荷阀芯的卸荷式液控单向阀两种结构形式，如图 4-2 所示。液控单向阀与普通单向阀相比，在结构上增加了控制油腔 a、控制活塞 1 及控制油口 K。

3）工作原理及图形符号

图 4-2a)所示为简式液控单向阀。当控制油口 K 不通压力油时，其工作和普通单向阀一样，压力油只能从 P_1 口流向 P_2 口，反向流动不通。当控制油口 K 接通一定压力的控制压力油时，控制压力推动控制活塞 1 右移，通过顶杆使锥阀芯 2 右移，使 P_2 口和 P_1 口接通，油液即可反向流动。为了使活塞无背压阻力，控制活塞制成台阶状并设一外泄油口 L，L 单独接油箱。K 口通入的控制油液一般从主油路上单独引出，控制油路的压力不应低于主油路压力的 30%～50%。

当 P_2 处油腔压力较高时，顶开锥阀所需要的控制压力则必须很高。为了减少控制油口 K 的开启压力，在锥阀内部增设了一个卸荷阀芯 3，如图 4-2b)所示。在控制活塞 1 的顶杆顶起锥阀芯 2 之前，先顶起小面积的卸荷阀芯 3，使上下腔经卸荷阀芯上的卸荷沟槽接通，锥阀上腔 P_2 的压力油泄到下腔，压力降低。此时控制活塞就能以较小的力将锥阀芯顶起，使

P_2和P_1两腔完全连通。这样，液控单向阀用较低的控制油压即可控制有较高油压的主油路，其控制油压约为主油路工作压力的5%，因此可用于压力较高的场合。同时可避免筒式液控单向阀中当控制活塞推开单向阀芯时，因高压封闭回路内油液的压力突然释放而产生的冲击和噪声。

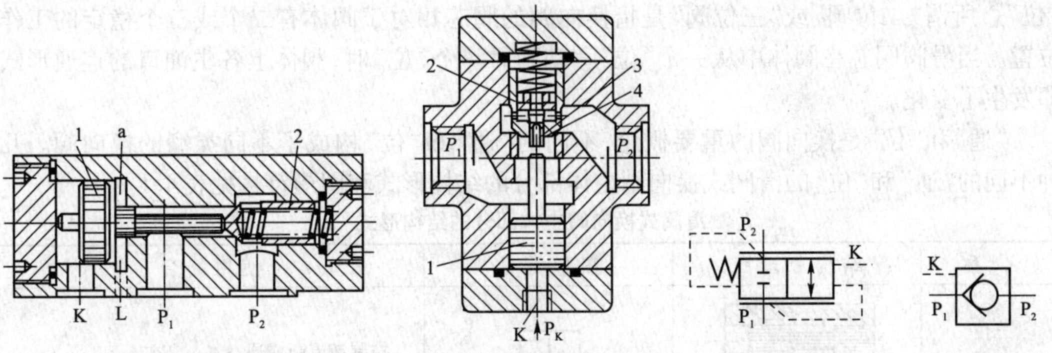

a)筒式液控单向阀　b)卸荷式液控单向阀　c)详细图形符号　d)简化图形符号

图 4-2　液控单向阀

1-控制活塞；2-锥阀芯；3-卸荷阀芯；4-卸荷沟槽

上述两种结构形式的液控单向阀，按其控制活塞处的泄油方式，有内泄式和外泄式之分。图 4-2a）为外泄式，其控制活塞的背压腔直接通油箱，这样反向开启时可减小P_1腔压力对控制压力的影响，从而可减小控制压力。图 4-2b）所示为内泄式，其控制活塞的背压腔与进油口P_1相通。一般而言，在液控单向阀反向工作时，如出口压力P_1较低，可采用内泄式，高压系统则采用外泄式。

4.2.2　换向阀

换向阀的作用是改变阀芯在阀体内的相对工作位置，使阀体各油口连通或断开，从而控制执行元件的换向或启停。滑阀式换向阀的分类如下：

（1）按阀芯的操纵方式不同，可分为手动、机动、电磁动、液动、电液动和气动等换向阀，其操纵符号如图 4-3 所示。

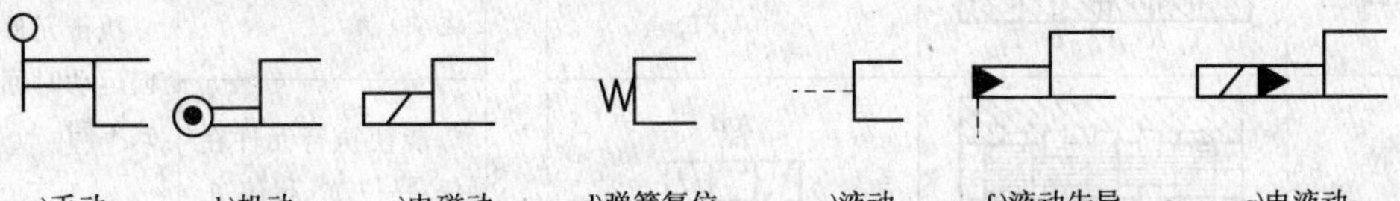

a)手动　b)机动　c)电磁动　d)弹簧复位　e)液动　f)液动先导　g)电液动

图 4-3　换向阀操纵方式符号

（2）按换向阀的阀芯在阀体中的定位方式不同，又可分为钢球定位、弹簧复位、弹簧对中等。

（3）按阀芯工作位置数的不同，可分为二位、三位、多位换向阀；按阀体上主油路进、出油口数目的不同，又可分为二通、三通、四通、五通等。

1. 滑阀式换向阀的结构主体及工作原理

滑阀式换向阀是液压系统中用量最大，品种、名称最复杂的一类阀。它主要由阀体、阀芯以及操纵和定位机构组成。

阀体和滑阀阀芯是滑阀式换向阀的结构主体。阀体内孔有多个沉割槽,每个槽通过相应的油口与外部相通。阀体上与外部连接的主油口,称为“通”,具有二个、三个、四个或五个主油口的换向阀称为“二通阀”、“三通阀”、“四通阀”或“五通阀”。

滑阀阀芯相对于阀体有二个、三个等不同的稳定工作位置,该稳定的工作位置称为“位”。所谓“二位阀”或“三位阀”是指换向阀的阀芯相对于阀体有二个或三个稳定的工作位置。当滑阀阀芯在阀体中从一个“位”移动到另一个“位”时,阀体上各主油口的连通形式即发生了变化。

“通”和“位”是换向阀的重要概念,不同的“通”和“位”构成了不同类型的换向阀。几种不同的“通”和“位”的滑阀式换向阀主体部分的结构形式和图形符号见表4-1。

滑阀式换向阀主体部分的结构形式 表4-1

<table>
<tr><th>名称</th><th>结构原理图</th><th>图形符号</th><th colspan="3">使用场合</th></tr>
<tr><td>二位
二通阀</td><td>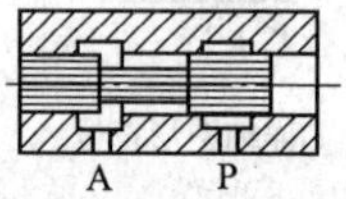</td><td>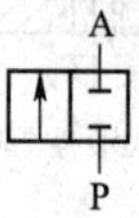</td><td colspan="3">控制液流断或通</td></tr>
<tr><td>二位
三通阀</td><td>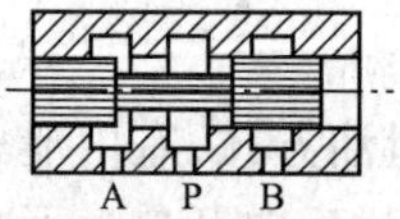</td><td></td><td colspan="3">控制液流方向(从一个方向变换成另一个方向)</td></tr>
<tr><td>二位
四通阀</td><td>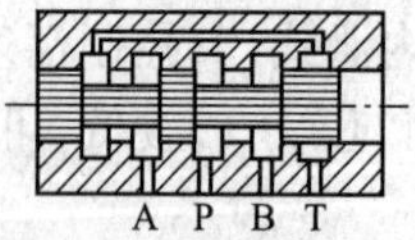</td><td>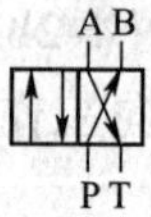</td><td rowspan="4">控制执行元件换向</td><td>不能使执行元件在任一位置上停止运动</td><td rowspan="2">执行元件正反向运动时回油方式相同</td></tr>
<tr><td>三位
四通阀</td><td>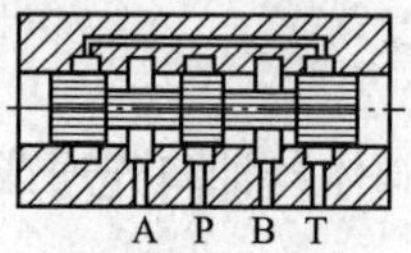</td><td></td><td>能使执行元件在任一位置上停止运动</td></tr>
<tr><td>二位
五通阀</td><td>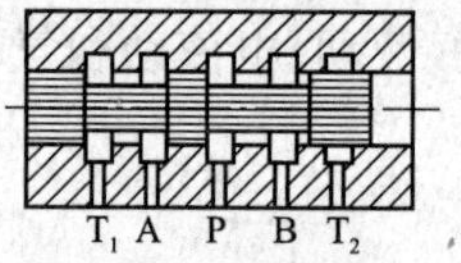</td><td></td><td>不能使执行元件在任一位置上停止运动</td><td rowspan="2">执行元件正反向运动时回油方式不同</td></tr>
<tr><td>三位
五通阀</td><td>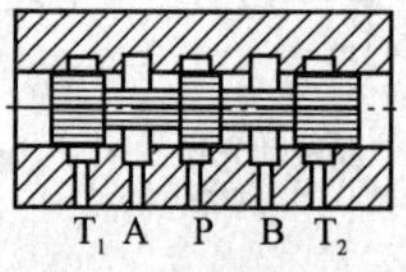</td><td>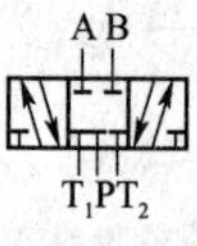</td><td>能使执行元件在任一位置上停止运动</td></tr>
</table>

表4-1中图形符号所表达的含义如下:

(1)方格数即“位”数,三格即三位。位数是指阀芯可能实现的工作位置数目。

(2)箭头表示两油口连通,但不表示流向。

(3)“⊥”或“⊤”表示油口不通流。在一个方格内,箭头、“⊥”或“⊤”符号与方格的交点数为油口的通路数,即“通”数。

(4)控制方式和复位弹簧的符号应画在方格的两端。

(5)P表示压力油的进口,T表示与油箱连通的回油口,A和B表示连接其他工作油路的工作油口。

(6)三位阀的中格及二位阀侧面画有弹簧的那一方格为常态位。所谓常态位,即阀芯未受到操纵力作用时所处的位置。在液压原理图中,换向阀的图形符号与油路的连接一般应画在常态位上。二位二通阀有常开型(常态位置两油口连通)和常闭型(常态位置两油口不连通),应注意区别。必须指出,目前已经不再生产二位二通阀和二位三通阀,而是将二位四通阀堵塞两个油口或一个油口来实现二位二通或二位三通功能。

2. 滑阀式换向阀的工作原理

二位四通滑阀式换向阀的工作原理如图4-4所示。阀芯在阀体中有左、右两个稳定的工作位置。当阀芯在左位时,通油口P和B相连,A和T相连,液压缸有杆腔进油,活塞向左运动;当阀芯移到右位时,通油口P和A接通,B和T接通,液压缸无杆腔进油,活塞右移。

三位换向阀的工作原理可以用表4-1中末行的三位五通阀为例来说明。阀体上有P、A、B、T_1、T_2五个通油口,阀芯在阀体中有左、中、右三个工作位置。当阀芯处在图示中间(中位)位置时,五个通口都关闭;当阀芯移到左端时,通口T_2关闭,油口P和B相通,A和T_1相通;当阀芯移到右端时,通口T_1关闭,油口P和A相通,B和T_2相通;这种结构形式由于具有使五个通口都关闭的工作状态,故可使受它控制的执行元件在任意位置上停止运动。

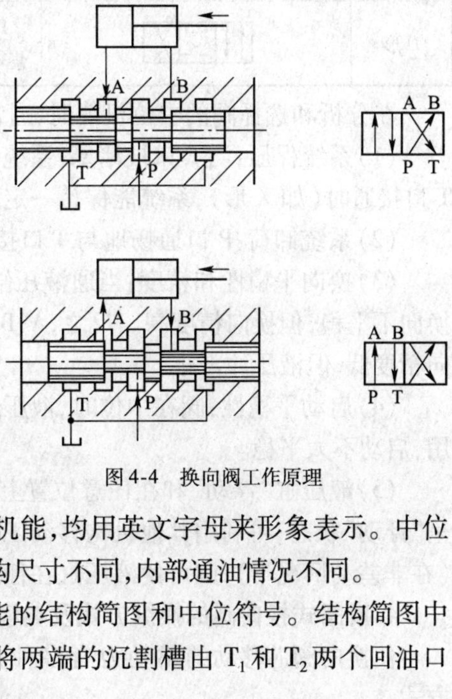

图4-4 换向阀工作原理

3. 滑阀的机能

三位换向阀的中位机能:三位换向阀的阀芯在中间位置(即中位)时,各油口间有不同的连通方式,可满足不同的控制要求,这种连通方式称为中位机能,均用英文字母来形象表示。中位机能不同的同规格阀,其阀体通用,但阀芯台肩的结构尺寸不同,内部通油情况不同。

表4-2中列出了九种常用的三位换向阀中位机能的结构简图和中位符号。结构简图中的四通阀,阀体两端的沉割槽相连,共同接油箱。若将两端的沉割槽由T_1和T_2两个回油口分别回油,四通阀即成为五通阀。

三位换向阀的中位机能　　表4-2

形　式	图形符号	中位油口状况、特点及应用
O形		P、A、B、T四口全封闭,液压泵不卸荷,液压缸闭锁,用于多缺系统
P形	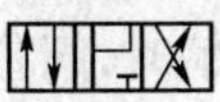	P、A、B口相通,T口封闭,泵与缸两腔相通,可组成差动回路
Y形		P口封闭,A、B、T三口相通,液压缸浮动,在外力作用下可移动,泵不卸荷
M形	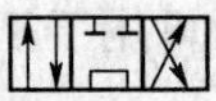	P、T相通,A、B口均封闭,液压缸闭锁不动,泵卸荷,也可用于多缸系统

续上表

形　式	图形符号	中位油口状况、特点及应用
H形		四口全串通，液压缸处于浮动状态，在外力作用下可移动，泵卸荷，不可用于多缸系统
X形		四口处于半开启状态，泵基本上卸荷，但仍保持一定压力
K形	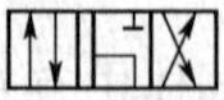	P、A、T口相通，B口封闭，液压缸处于闭锁状态，泵卸荷
C形	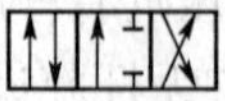	P与A口相通，B和T口皆封闭，液压缸处于停止位置
U形	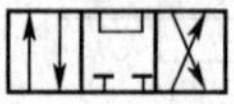	P和T口都封闭，A与B口相通，液压缸浮动，在外力作用下可移动，泵不卸荷

在分析和选择阀的中位机能时，通常考虑以下几点：

(1)系统保压：当P口被堵塞，系统保压，液压泵能用于多缸系统。当P口不太通畅地与T口接通时(如X形)，系统能保持一定的压力供控制油路使用。

(2)系统卸荷：P口通畅地与T口接通时，系统卸荷。

(3)换向平稳性和精度：当通液压缸的A、B两口都堵塞时，换向过程易产生液压冲击，换向不平稳，但换向精度高。反之，A、B两口都通T口时，换向过程中工作部件不易制动，换向精度低，但液压冲击小。

(4)启动平稳性：阀在中位时，液压缸某腔如通油箱，则启动时该腔内因无油液起缓冲作用，启动不太平稳。

(5)液压缸"浮动"和在任意位置上的停止：阀在中位，当A、B两口互通时，卧式液压缸呈"浮动"状态，可利用其他机构移动工作台，调整其位置。当A、B两口堵塞或与P口连接(在非差动情况下)，则可使液压缸在任意位置处停下来。

4. 滑阀式换向阀的操纵方式及典型结构

使换向阀芯移动的驱动力有多种方式，目前主要有手动、机动、电动、液动、电液几种方式。

1)手动换向阀

手动换向阀是利用操纵手柄来改变阀芯位置实现换向的。按结构类型分，有弹簧复位式和钢球定位式两种。

弹簧复位式手动换向阀如图4-5a)所示，当用手向右推动手柄，使阀芯左移至左位时，P口与A口相通，B口经阀芯轴向孔与T口相通；反之，当向左拉动手柄时，阀芯向右移至右位，则P口与B口相通，A口与T口相通，液流实现换向。松开手柄时，阀芯便在两端弹簧力作用下自动恢复至中位，此时P、A、B、T口全部封闭，停止工作。因而适用于动作频繁、工作持续时间短、必须由人操作的场合，例如工程机械的液压系统。

钢球定位式手动换向阀如图4-5b)所示，其阀芯端部的钢球定位装置可使阀芯分别停止在左、中、右三个不同的位置上，使执行机构工作或停止工作，因而可用于工作持续时间较长的场合。

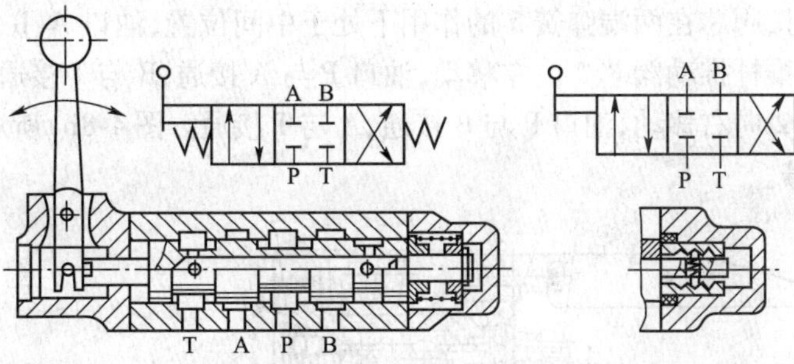

a)换向阀结构图　　b)换向阀图形符号

图 4-5　三位四通手动换向阀

2)机动换向阀

机动换向阀又称行程阀,它是靠安装在执行元件上的挡块 5 或凸轮推动阀芯移动,机动换向阀通常是两位阀。图 4-6a)所示为二位三通机动换向阀。在图示位置,阀芯 2 在弹簧 1 作用下处于上位,油口 P 与 A 连通;当运动部件挡块 5 压下滚轮 4 时,阀芯向下移动,油口 P 与 T 连通。图 4-6b)所示为二位三通机动换向阀的图形符号。

机动换向阀结构简单,换向平稳可靠,但必须安装在运动部件附近,油管较长,压力损失较大。

3)电磁换向阀

电磁换向阀是利用电磁铁的吸合力,控制阀芯运动实现油路换向。电磁换向阀控制方便,应用广泛,但由于液压油通过阀芯时所产生的液动力使阀芯移动受到阻碍,受到电磁吸合力限制,电磁换向阀只能用于控制较小流量的回路。

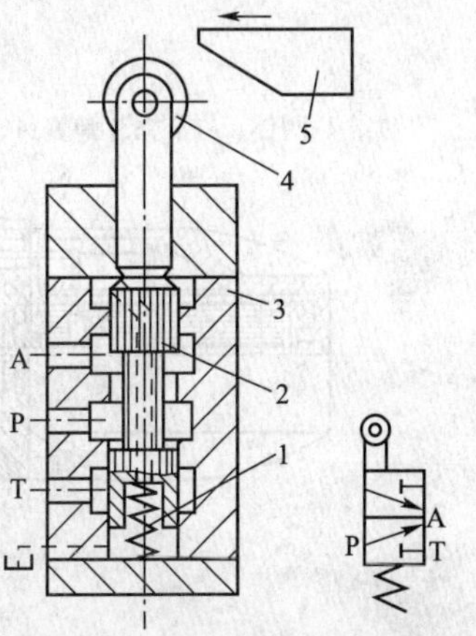

a)弹簧复位式　　b)钢球定位式

图 4-6　二位三通手动换向阀

1-弹簧;2-阀芯;3-阀体;4-滚轮;5-挡块

(1)电磁铁。电磁换向阀中的电磁铁是驱动阀芯运动的动力元件。按电源可分为直流电磁铁和交流电磁铁;按活动衔铁是否在液压油充润状态下运动,可分为干式电磁铁和湿式电磁铁。

交流电磁铁可直接使用 380V、220V、110V 交流电源,具有电路简单、无须特殊电源、吸合力较大等优点,用在设备换向精度要求不高的场合。

直流电磁铁需要一套变压与整流设备,所使用的直流电流为 12V、24V、36V 或 110V,直流电磁铁需特殊电源,一般用在换向精度要求较高的场合。

(2)二位二通电磁换向阀。图 4-7a)所示为二位二通电磁换向阀结构图,由图 4-7a)所示可以看出,阀体上两个沉割槽分别与开在阀体上的油口相连(由箭头表示),阀体两腔由通道a-b-c相连,当电磁铁未通电时,阀芯 2 被弹簧 3 压向左端位置,顶在挡板 5 的端面上,此时油口 P 与 A 不通;当电磁铁通电时,衔铁 8 向右吸合,推杆 7 推动阀芯向右移动,弹簧 3 压缩,油口 P 与 A 接通。图 4-7b)所示为二位二通电磁换向阀的图形符号。

(3)三位四通电磁换向阀。图 4-8a)所示为三位四通电磁换向阀结构图,由图可知,阀芯 2 上有两个环槽,阀体上开有五个沉割槽,中间三个沉割槽分别与油口 P、A、B 相连(由箭头表示),两边两个沉割槽由内部通道 a-b 相连后与油口 T 相通(由箭头表示)。当两端电磁铁8、9均不通电时，阀芯在两端弹簧5的作用下处于中间位置，油口A、B、P、T均不导通；当电磁铁9通电时，推杆推动阀芯2向左移动，油口P与A接通，B与T接通；当电磁铁8通电时，推杆推动阀芯2向右移动，油口P与B接通，A与T接通。图4-8b)所示为三位四通电磁换向阀的形式符号。

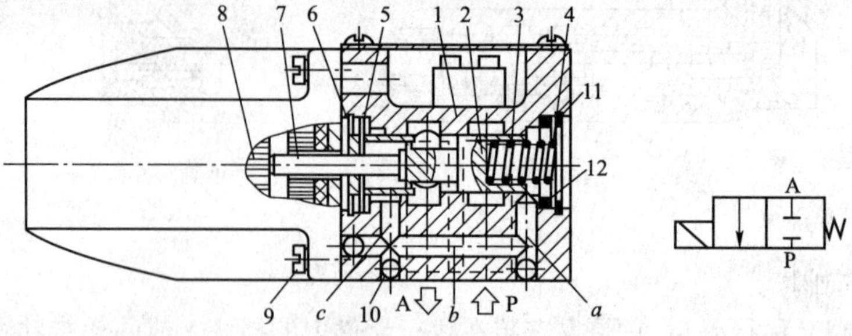

a)结构图　　b)图形符号

图4-7　二位二通电磁换向阀

1-阀体；2-阀芯；3-弹簧；4、5、6-挡块；7-推杆；8-电磁铁；9-螺钉；10-钢球；11-弹簧挡圈；12-密封圈

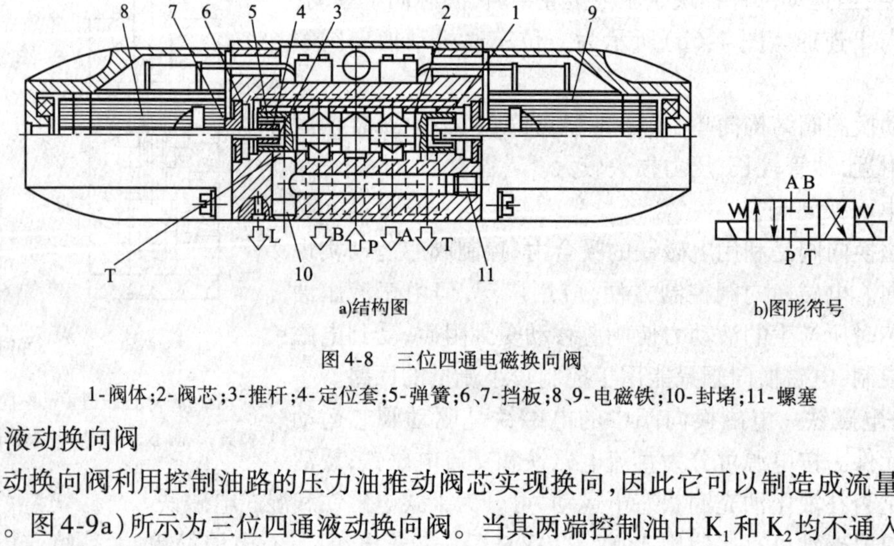

a)结构图　　b)图形符号

图4-8　三位四通电磁换向阀

1-阀体；2-阀芯；3-推杆；4-定位套；5-弹簧；6、7-挡板；8、9-电磁铁；10-封堵；11-螺塞

4)液动换向阀

液动换向阀利用控制油路的压力油推动阀芯实现换向，因此它可以制造成流量较大的换向阀。图4-9a)所示为三位四通液动换向阀。当其两端控制油口K_1和K_2均不通入压力油时，阀芯在两端弹簧的作用下处于中位；当K_1进压力油，K_2接油箱时，阀芯移至右端，P通A，B通T；反之，K_2进压力油，K_1接油箱时，阀芯移至左端，P通B，A通T。图4-9b)所示为三位四通液动换向阀的图形符号。

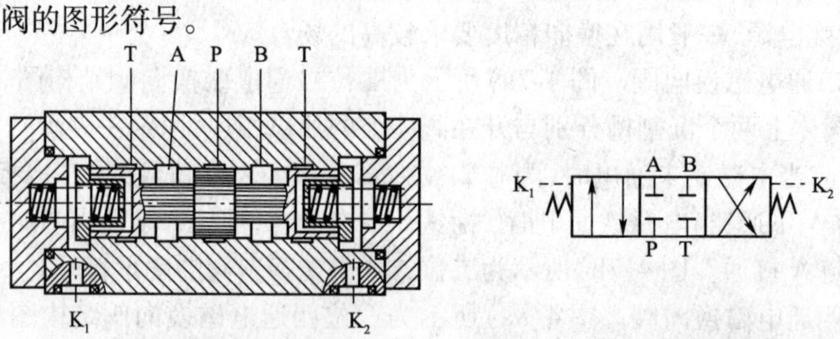

a)液动换向阀结构图　　b)图形符号

图4-9　液动换向阀

液动换向阀结构简单、动作可靠、平稳，由于液压驱动力大，故可用于流量大的液压系统中，但它不如电磁阀控制方便。

5）电液动换向阀

电液动换向阀简称电液换向阀，由电磁换向阀和液动换向阀组成。电磁换向阀为Y型中位机能的先导阀，用于控制液动换向阀换向；液动换向阀为O形中位机能的主换向阀，用于控制主油路换向。

电液换向阀集中了电磁换向阀和液动换向阀的优点：既可方便换向，也可控制较大液流流量。图4-10a）所示为三位四通电液换向阀结构原理图，图4-10b）所示为该阀的图形符号，图4-10c）所示为该阀的简化图形符号。

由图4-10a）所示可知，电液换向阀的原理为：当电磁铁4、6均不通电时，电磁阀芯5处于中位，控制油进口P′被关闭，主阀芯1两端均不通压力油，在弹簧作用下主阀芯处于中位，主油路P、A、B、T互不导通；当电磁铁4通电时，电磁阀芯5处于右位，控制油P′通过单向阀2到达液动阀芯1左腔；回油经节流阀7、电磁阀芯5流回油箱T′，此时主阀芯向右移动，主油路P与A导通，B与T导通。同理，当电磁铁6通电、电磁铁4断电时，先导阀芯向左移，控制油压使主阀芯向左移动，主油路P与B导通，A与T导通。

电液换向阀内的节流阀可以调节主阀芯的移动速度，从而使主油路的换向平稳性得到控制。电磁换向阀无此调节装置。

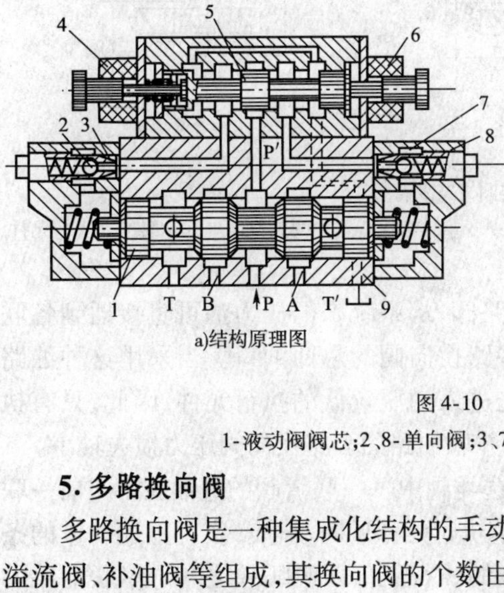

a)结构原理图

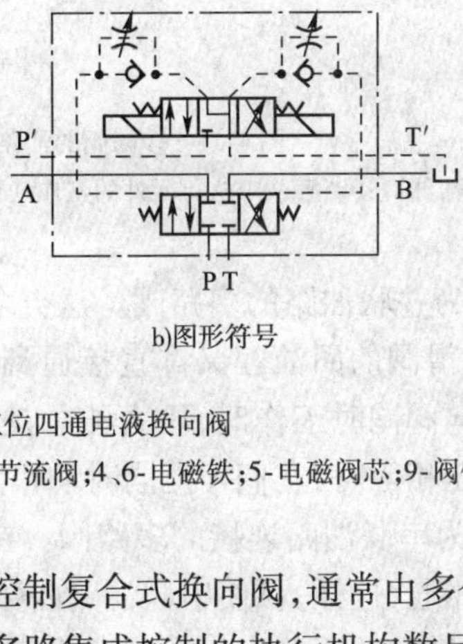

b)图形符号

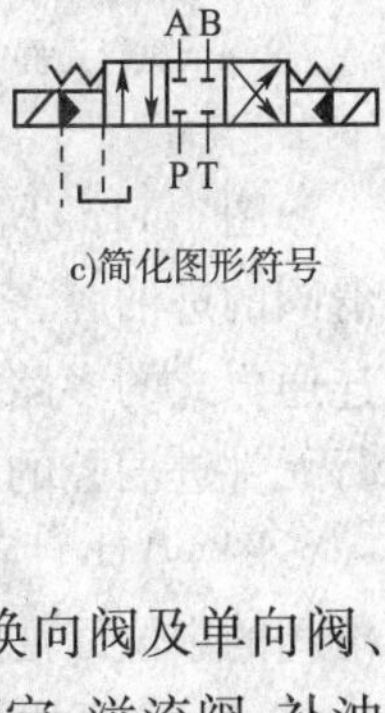

c)简化图形符号

图4-10　三位四通电液换向阀

1-液动阀阀芯；2、8-单向阀；3、7-节流阀；4、6-电磁铁；5-电磁阀芯；9-阀体

5. 多路换向阀

多路换向阀是一种集成化结构的手动控制复合式换向阀，通常由多个换向阀及单向阀、溢流阀、补油阀等组成，其换向阀的个数由多路集成控制的执行机构数目而定，溢流阀、补油阀、单向阀、过载阀可根据要求装设。多路换向阀以其多项的功能、集成的结构和方便的操作性，在矿山机械、冶金机械、工程机械等行走液压设备中得到广泛的应用。

1）多路阀的结构形式

多路阀的结构形式常分为组合式多路阀和整体式多路阀两种。组合式多路阀又称分片式多路阀。它由若干片阀体组成，一个换向阀称为一片，用螺栓将叠加的各片连接起来。它可以用很少几种单元阀体组合成多种不同功能的多路阀，能够适应多种机械的需要。它具有通用性较强、制造工艺性好等特点，但也存在阀体积大、片间需密封、阀体容易变形而卡住阀芯、内泄漏较为严重等问题。

整体式多路阀是把具有固定数目的多个换向阀体铸造成一个整体，所有换向阀滑阀及各种阀类元件均装在这一阀体内。该阀体铸造成油道，利于设计安排，其拐弯处过渡圆滑，过流损失小，通流能力大，阀体刚性好，阀芯配合精度可得到较大的提高，机加工工作量减小，内外泄漏小，结构更加紧凑。这种阀的缺点是铸造及加工要求的工艺性高，清砂工作困难，制造时质量控制难度较大。

2）多路阀油路的连接方式

根据主机工作性能要求，各换向阀之间的油路连接通常有并联、串联、串并联三种方式（图4-11）。

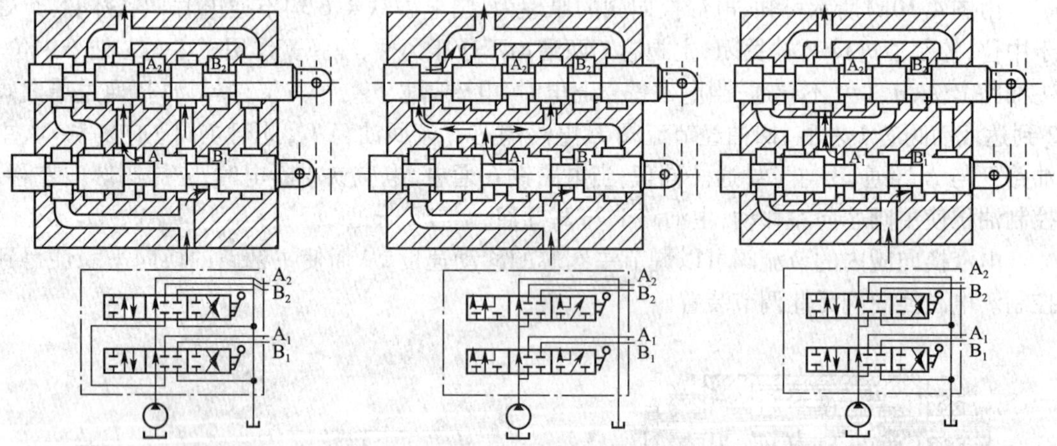

a)并联连通　　b)串联连通　　c)串并联连通

图4-11　多路阀的油路连同方式及符号

A_1-第一个执行元件的工作油口；B_1-第一个执行元件的工作油口；A_2-第二个执行元件的工作油口；B_2-第二个执行元件的工作油口

图4-11a)所示为并联油路的多路阀。这类多路阀，从系统来的压力油可直接通到各联滑阀的进油腔，各联滑阀的回油腔又都直接通到多路换向阀的总回油口。当采用这种油路连通方式的多路换向阀同时工作时，压力油总是先进入油压较低的执行元件，因此，只有执行元件进油腔的油压相等时，它们才能同时动作。并联油路的多路换向阀压力损失较小。

图4-11b)所示为串联油路连接的多路阀。在这类阀中每一联滑阀的进油腔都与前一联滑阀的中位回油路相通，这样，可使串联油路内数个执行元件同时动作。实现上述动作的条件是：液压泵所能提供的油压要大于所有正在工作的执行元件两腔压差之和。串联油路的多路换向阀的压力损失较大。

图4-11c)所示为串并联油路连接的多路阀。在此阀中，每一联滑阀的进油腔都与前一联滑阀的中位回油路相通，每一联滑阀的回油腔则直接与总回油路连接，即各滑阀的进油腔串联，回油腔并联。它的特点是：当某一联滑阀换向时，其后各联滑阀的进油路均被切断。因此，各滑阀之间具有互锁功能，可以防止误动作。

除上述三种基本形式外，当多路换向阀的联数较多时，还常常采用上述几种油路连接形式的组合，称为复合油路连接。

4.3 压力控制阀

压力控制阀是用来调节和控制液压系统中油液压力的阀类。按其功能和用途可分为溢流阀、减压阀、顺序阀、压力继电器等，它们的共同特点是利用作用于阀芯上的液压作用力与弹簧力相平衡的原理进行工作。

4.3.1 溢流阀

1. 功用

溢流阀是通过其阀口的溢流，使被控系统或回路的压力维持恒定，从而实现稳压、调压或限压作用。溢流阀按其结构和工作原理分为直动式溢流阀和先导式溢流阀。

2. 溢流阀的结构和工作原理

1）直动式溢流阀

直动式溢流阀是依靠系统中的压力油直接作用在阀芯上与弹簧力相平衡，以控制阀芯的启闭动作的溢流阀。图4-12a）所示为低压直动式溢流阀的结构。进油口P，到回油口T的油路为主油路，溢流阀不工作时，主油路是不通的；进口压力油经阀芯4上的径向孔f，轴向阻尼孔g进入阀芯底端c腔，对阀芯4产生向上的液压作用压力，这是控制油路；图中，弹簧腔中的泄漏油液经通道e与回油口T相通，为泄油路（堵塞L口），这种连接方式称为内泄。若将泄漏油腔与T口的连接通道e堵塞、将L口打开，直接将泄漏油引回油箱，这种连接方式称为外泄。

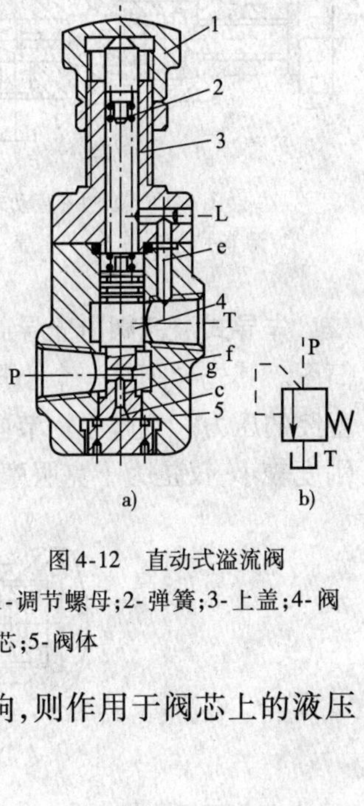

图4-12 直动式溢流阀

1-调节螺母；2-弹簧；3-上盖；4-阀芯；5-阀体

直动式溢流阀的恒压原理是：当进口压力不足以克服弹簧的预紧力，阀芯处于最下端位置，将P和T两油口隔开，阀处于关闭状态；当进油压力升高，阀芯下端所受的油压推力超过弹簧的预紧力F_s时，阀芯上移，阀口被打开，主油口P和T连通，将多余的油液由P口经T口溢流回油箱。此时，被控制的油液压力就不会再升高，因为油液的压力已经能克服油液流动所受到的阻力，阀芯处于受力平衡状态。忽略阀芯自重和摩擦力的影响，则作用于阀芯上的液压力为

$$p=\frac{F_s}{A_v}=\frac{k_s(x_0+x_v)}{A_v}\approx 常数 \tag{4-2}$$

式中：A_v——阀芯的有效作用面积；

x_0——调压弹簧预压缩量；

x_v——溢流阀阀口开口量；

k_s——调压弹簧刚度。

当通过阀口的溢流量改变时，阀口开口量x_v也要变化。但由于阀口开口量x_v变化很小，

远小于弹簧预压缩量 x_0，作用在阀芯上的弹簧力也就变化很小。因此，可以把溢流阀的进口压力 p 近似地看成一个常数。也就是说，只要阀口打开，有油液流经溢流阀，溢流阀的进口压力就基本保持恒定。

当然，溢流阀的溢流量变化时，因阀口开口量的变化和液动力的影响，溢流阀的进口压力还是有所变化的，这是溢流阀的性能——恒压精度问题。

由于惯性和外负载变化，系统压力有可能发生改变，这时溢流阀稳压的自动调节过程如下：当进口油压 p 超过预先所调定的压力时，阀芯 4 失去平衡，阀芯上移，溢流口增大，油液溢回油箱的阻力减小，使进口处油压 p 下降，直至作用在阀芯上的液压力和弹簧力重新平衡为止。同理，若进口压力 p 低于所调定的压力时，阀芯亦失去平衡，阀芯下移，溢流口关小，溢流阻力增大，进口处的油压便自动升高，直至使阀芯重新恢复平衡为止。从控制工程来看，溢流阀是一个恒值（恒压）自动控制系统。

阀芯 4 上的轴向阻尼孔 g 的作用是产生阻尼，使阀芯运动平稳，不出现振荡。

直动式溢流阀是利用液压力直接和弹簧力相平衡来进行压力控制的。若用直动式溢流阀控制较高压力或溢流量较大时，则需采用刚度较大的硬弹簧，结构尺寸也将增大，这样不仅使阀的调节性能变差，油的压力和流量的波动较大，而且调节费力。因此，直动式溢流阀一般只用于低压小流量系统，或作为先导阀使用。图 4-13 所示锥阀芯直动式溢流阀即常作为先导式溢流阀的先导阀用。中、高压系统常采用先导式溢流阀。

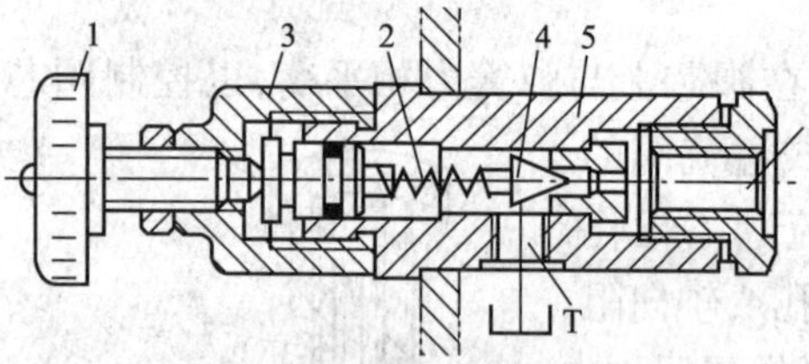

图 4-13　锥阀芯直动式溢流阀
1-调节手轮；2-弹簧；3-上盖；4-阀芯；5-阀体

2）先导式溢流阀

先导式溢流阀由先导阀和主阀两部分组成。图 4-14 所示为中压先导式溢流阀的结构简图。其先导阀是一个小规格锥阀芯直动式溢流阀，其内的弹簧为调压弹簧，用来调定主阀上腔的压力。主阀为一节同心结构，用于控制主油路的溢流，主阀内的弹簧为平衡弹簧，其刚度较小，仅是为了克服摩擦力使主阀芯及时复位而设置的。

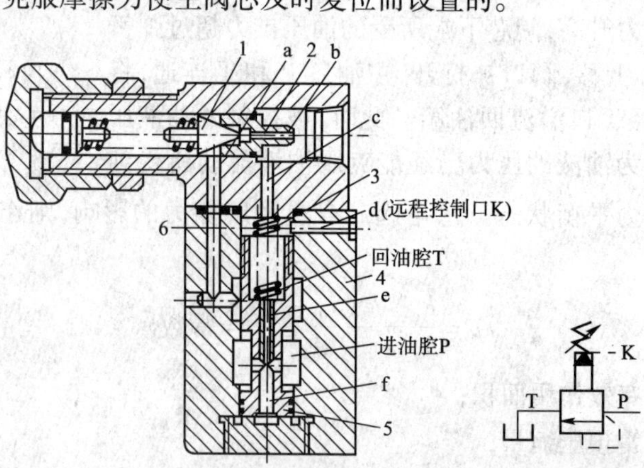

a)先导溢流阀结构图　　b)图形符号

图 4-14　先导式溢流阀
1-先导阀芯；2-先导阀座；3-先导阀体；4-主阀体；5-主阀芯；6-主阀弹簧

先导式溢流阀有主油路、控制油路和泄油路三条油路。主油路：从进油口 P 到出油口（溢流口）T 的油路；控制油路：压力油自进油口 P 进入，通过主阀芯 5 上的径向孔，一路向下通过主阀芯轴向的阻尼孔 f 作用在主阀下腔，产生向上的液压作用力，另一路向上通过主阀芯轴向的节流小孔 e，进入主阀上腔，产生向下的液压作用力，同时通过通道 c、b 进入先导阀阀芯前腔，作用于先导阀芯 1 上；泄油路：先导阀被打开时，从先导阀弹簧腔经泄油通道 a 到出油口 T 的油路。主阀芯 5 上的节流小孔 e 起节流作用；先导阀前和主阀上腔的两个阻尼孔 c 和 b 的作用是增加阻尼，改善主阀芯的动态特性，提高稳定性。

油液从进油口 P 进入，经节流小孔 e 及孔道 c、b 到达先导阀的进油腔（在一般情况下，远控口 K 是堵塞的）。当进油口压力低于先导阀弹簧调定压力时，先导阀关闭，阀内无油液流动，主阀上、下两腔油液压力相等，因而主阀在其弹簧的作用下处于最下端位置，主油路关闭，阀不溢流。当进油口 P 的压力升高时，先导阀进油腔油压也升高，直到作用在先导阀芯上的液压力大于调压弹簧的调定压力时，先导阀被打开，主阀芯上腔的油液经先导阀口及阀体上的孔道 a，由回油口 T 流回油箱。由于油液经主阀芯上节流小孔 e 流动，从而产生压力损失，使主阀阀芯上腔的压力 p_1 低于下腔的压力 p，主阀芯两端产生压力差。当此压力差对主阀芯所产生的液压作用力超过平衡弹簧的作用力 F_s 时，阀芯便被抬起，进油口 P 和回油口 T 相通，从而达到溢流恒压的目的。当溢流阀起溢流恒压作用时，不计阀芯自重和摩擦力，作用于主阀芯上的力平衡方程为

$$pA_v = p_1A_v + F_s \tag{4-3}$$

即

$$p = p_1 + \frac{F_s}{A_v} \tag{4-4}$$

式中：A_v——主阀芯的端面积。

从式(4-4)可知，先导式溢流阀是利用主阀阀芯上下两端的压力差所形成的作用力和弹簧力相平衡的原理进行压力控制的。由于主阀上腔存在有压力 p_1，所以平衡弹簧的刚度可以较小，F_s 的变化也较小，当先导阀的调压弹簧调整好以后，p_1 基本上恒定，因此溢流阀的进口压力基本恒定。

调节先导阀的手轮，便可调节调压弹簧的预紧力，从而调定了系统的工作压力。更换先导阀的弹簧（刚度不同的弹簧），便可得到不同的调压范围。

先导阀的承压面积一般较小，调压弹簧的刚度也不大，因此调压比较轻便。先导式溢流阀工作时振动小，噪声低，压力稳定，但其灵敏度不如直动式溢流阀。先导式溢流阀适用于中、高压系统。

图 4-15 所示为二节同心高压先导式溢流阀的结构图，其主阀芯为带有圆柱面的锥阀。为使主阀关闭时有良好的密封性，要求主阀芯 1 的圆柱导向面、圆锥面与阀套 11 配合良好，两处的同心度要求较高，故称二节同心。其结构特点是：主阀芯仅与阀套和主阀座有同心度要求，结构简单，加工和装配方便；主阀口通流面积大，在相同流量的情况下，主阀开启高度小；或者在相同开启高度的情况下，其通流能力大。因此，可制作得体积小、质量轻；主阀芯与阀套可以通用化，便于组织批量生产。二节同心式溢流阀是目前普遍使用的结构形式。

由图 4-15 所示的先导式溢流阀结构图可绘出图 4-16 所示的先导式溢流阀的工作原理图。

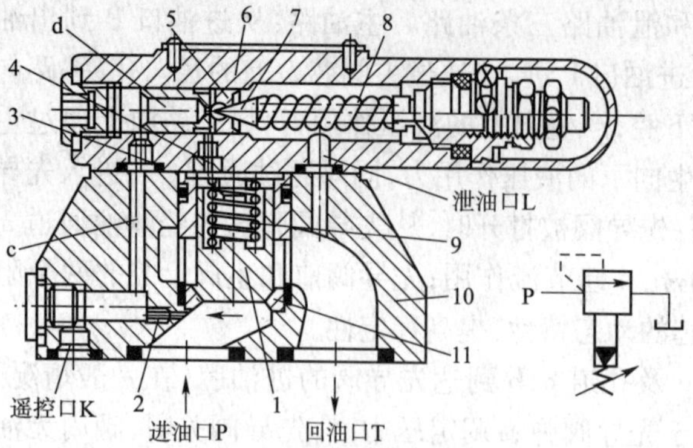

图 4-15　二节同心式溢流阀

1-主阀芯；2、3、4-阻尼孔；5-导阀阀座；6-导阀阀体；7-导阀阀芯；8-调压弹簧；9-主阀弹簧；10-阀体；11-阀套

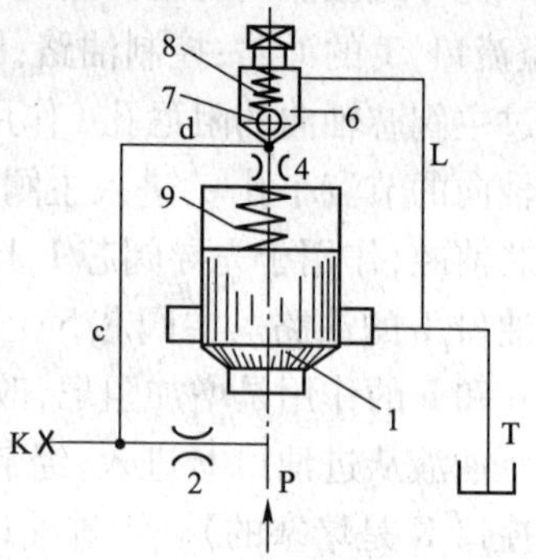

图 4-16　先导型溢流阀原理图

高压先导式溢流阀的控制油路：压力油自进油口 P 进入，直接作用于主阀芯 1 下端面，并通过阀体 10 上的节流孔 2、通道 c、阻尼孔 3 进入先导阀阀芯前腔，作用于锥阀 7 上，同时，经阻尼孔 4 进入主阀上腔，作用于主阀芯上端面。

阀的恒压工作原理是：当进油压力 p 小于先导阀调压弹簧 8 的调定值时，导阀关闭，节流孔 2 中没有油液流动，主阀芯上、下两侧的油液压力相等，因此主阀弹簧力使主阀口压紧，不溢流。当进油压力 p 超过先导阀的调定压力时，先导阀被打开，造成自进油口 P 经节流孔 2、先导阀阀口、泄油路有油液流动。节流孔 2 处的流动损失使主阀芯上、下腔中的油液产生一个随先导阀流量增加而增加的压力差，当它在主阀芯上、下作用面上产生的总压力差足以克服主阀弹簧力时，主阀芯开启。此时进油口 P 与出油口（溢流口）T 直接相通，造成溢流以保持系统压力基本恒定。

先导型溢流阀上有一遥控口（外控口）K，其作用是通过 K 口也可以达到控制主阀上腔油液压力的目的。若将与主阀上腔相通的遥控口 K 与另一个远离主阀的先导压力阀（远程调压阀）的入口连接，可实现遥控调压。必须注意的是，远程调压阀的调节压力应小于主阀中先导阀的调节压力；通过一个电磁换向阀使遥控口 K 分别与一个（或多个）远程调压阀的入口连通，即可实现二级（或多级）调压。若将 K 口通过二位二通阀接通油箱时，主阀上腔的压力接近于零，由于主阀弹簧很软，主阀芯在很低的压力作用下便可上移，主阀口开到最大，这时系统的油液在很低的压力下通过溢流阀流回油箱，实现卸荷作用。

必须指出：先导式高压溢流阀按照控制油的来源和泄油去向的不同，有内控内泄、内控外泄、外控内泄、外控外泄四种组合方式。控泄方式的四种组合方便了使用，并增加了灵活性。例如，由于泄油和主阀回油汇流，在某些情况下系统压力冲击、背压等因素直接影响先导阀的启闭，导致溢流阀稳压性能下降，并激起振动和噪声，若改用外泄就能减轻这种现象。

3. 溢流阀的应用

溢流阀在液压系统中能分别起到调压溢流、安全保护、远程与多级调压、使泵卸荷及使液压缸回油腔形成背压等多种作用。

4. 溢流阀的特性

溢流阀是液压系统中极为重要的控制元件，其工作性能的优劣对液压系统的工作性能影响很大。溢流阀的特性包括静态特性和动态特性。

静态特性是指溢流阀在稳定工作状态下(即系统压力没有突变时)的特性,包括压力—流量特性、启闭特性、压力稳定性及卸荷压力等。

1)压力—流量特性

又称溢流特性,它表示溢流阀在某一调定压力下工作时,其溢流量的变化与阀进口实际压力之间的关系。图4-17a)所示为直动式和先导式溢流阀的压力—流量特性曲线。图中,横坐标为溢流量 q,纵坐标为阀进油口压力 p。溢流量为额定值 q_n时所对应的压力 p_n称为溢流阀的调定压力。溢流阀刚开启(溢流量为额定溢流量的1%)时,阀进口的压力 p_0,称为开启压力。p_n与 p_0之差称为调压偏差,也即溢流量变化时溢流阀工作压力的变化范围,其值越小,表明其恒压性能越好。由图可见,先导式溢流阀的特性曲线比较平缓,调压偏差也小,故其恒压性能要优于直动式溢流阀。因此,先导式溢流阀宜用于系统溢流稳压,直动式溢流阀因其灵敏性高,宜用作安全阀。

2)启闭特性

溢流阀的启闭特性是指溢流阀从刚开启到通过额定流量(又称全流量),再由全流量到闭合(溢流量减小为额定值的1%以下)整个过程中的压力—流量特性。

溢流阀闭合时的压力 p_K称为闭合压力。由于阀开启时阀芯所受的摩擦力与进油压力方向相反,而闭合时阀芯所受的摩擦力与进油压力方向相同,因此在相同的溢流量下,开启压力 p_0大于闭合压力 p_K。图4-17b)所示为溢流阀的启闭特性。图中,横坐标为溢流阀进油口的控制压力,纵坐标为溢流阀的溢流量,实线为开启曲线,虚线为闭合曲线。由图可见这两条曲线不重合。在某溢流量下,两曲线压力坐标的差值称为不灵敏区。因压力在此范围内变化时,阀的开度无变化,它的存在相当于加大了调压偏差,且加剧了压力波动。因此该差值越小,阀的启闭特性越好。由图中的两组曲线可知,先导式溢流阀的不灵敏区比直动式溢流阀不灵敏区小一些。

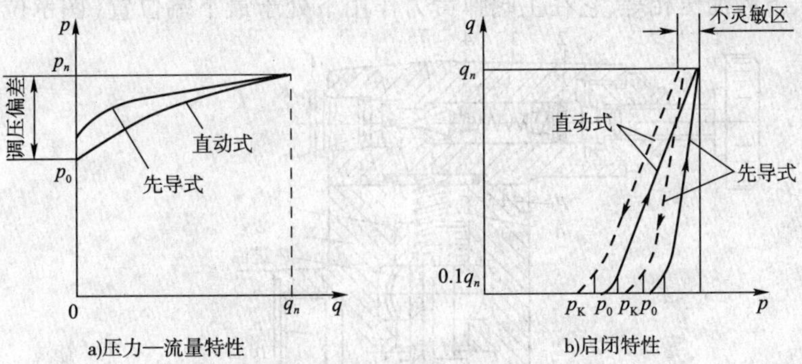

图4-17 溢流阀的静态特性

闭合压力 p_K与调定压力 p_n之比称为闭合比。开启压力 p_0与调定压力 p_n之比称为开启比。为保证溢流阀有良好的稳压性能,一般规定其开启比不应小于90%,闭合比不应小于85%。溢流阀的压力流量特性的优劣可用调压偏差或用开启比、闭合比来评价。调压偏差越小,开启比、闭合比越大,阀的性能越好。

3)压力稳定性

溢流阀工作压力的稳定性由两个指标来衡量:一是在额定流量 q_n和额定压力 p_n下,其进口压力在规定时间（一般为3min）内的偏移值；二是在整个调压范围内，通过额定流量 q_n 时进口压力的振摆值。一般溢流阀这两项指标均不允许超过±0.2MPa。如果溢流阀的压力稳定性不好，就会出现剧烈的振动和噪声。

4）卸荷压力

当将溢流阀的远控口K与油箱连通时，其主阀阀口开度最大，液压泵处于卸荷状态。此时溢流阀进出油口的压力差，称为卸荷压力。卸荷压力越小，油液通过阀口时的功率损失就越小，发热也越小，说明阀的性能越好。一般卸荷压力不大于0.2MPa。

4.3.2 减压阀

按调节要求不同，减压阀有三种：用于保持出口压力为定值的定值减压阀；用于保持进、出口压力差不变的定差减压阀；用于保持进、出口压力成比例的定比减压阀。其中定值减压阀应用最广，如不指明，通常所称的减压阀即指定值减压阀。定值减压阀也有直动式和先导式两种。直动式很少单独使用，先导式则应用较多。

1. 功用

在液压系统中，有时需要某一支油路获得比系统压力低而且压力恒定的压力油，此时可采用减压阀控制。减压阀是利用油液流过缝隙时产生压降的原理，使出口压力低于进口压力的压力控制阀。

2. 减压阀的结构和工作原理

1）先导式定值减压阀

（1）结构和工作原理。图4-18所示为先导式减压阀结构简图和图形符号，它由先导阀与主阀组成。油压为 p_1 的压力油，由主阀的进油口流入，经减压阀口h后由出油口流出，其压力为 p_2。出口油液经阀体7和下阀盖8上的孔道a、b及主阀芯6上的阻尼孔c流入主阀芯上腔d及先导阀右腔e。当出口压力 p_2 低于先导阀弹簧的调定压力时，先导阀呈关闭状态，主阀芯上、下腔油压相等，它在主阀弹簧力作用下处于最下端位置（图示位置）。这时减

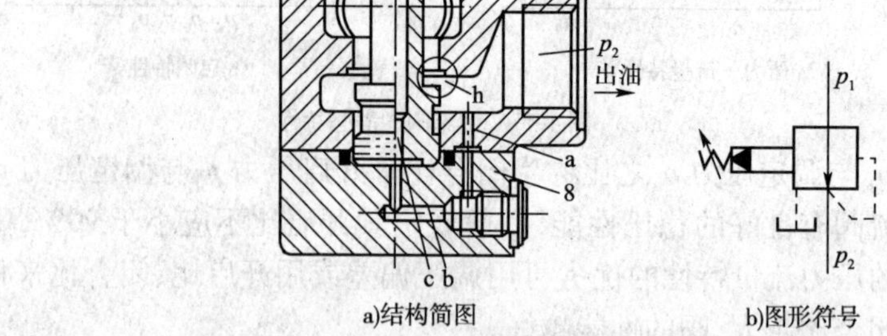

a)结构简图　　b)图形符号

图4-18　先导式减压阀

1-调压手轮；2-密封圈；3-弹簧；4-先导阀芯；5-阀座；6-主阀芯；7-主阀体；8-阀盖

压阀口 h 开度最大，不起减压作用，其进、出口油压基本相等。当 p_2 达到先导阀弹簧调定压力时，先导阀开启，主阀芯上腔油经先导阀流回油箱 T，下腔油经阻尼孔 c 向上流动，阻尼孔 c 上产生压力损失，使主阀芯两端产生压力差。阀芯在此压差作用下克服上端弹簧的阻力向上抬起，关小减压阀口 h，阀口压降 Δp 增加。阀起到了减压作用。这时若由于负载增大或进口压力向上波动而使 p_2 增大，在 p_2 大于弹簧调定值的瞬时，主阀芯立即上移，使开口 h 迅速减小，Δp 进一步增大，出口压力 p_2 便自动下降，仍恢复为原来的调定值。由此可见，减压阀能利用出油口压力的反馈作用，自动控制阀口开度，保证出口压力基本上为定值。

减压阀的阀口为常开型，其泄油口必须由单独设置的油管通往油箱，且泄油管不能插入油箱液面以下，以免造成背压，使泄油不畅，影响阀的正常工作。

当阀的外控口 K 接一远程调压阀，且远程调压阀的调定压力低于减压阀的调定压力时，可以实现二级减压。

(2)先导式减压阀与先导式溢流阀的主要区别。将先导式减压阀与先导式溢流阀进行比较，可以发现两者的差别，其不同点归纳为：

①主阀芯结构不同，溢流阀主阀芯有两个台肩，而减压阀主阀芯有三个台肩。

②控制阀口开启的油液：溢流阀来自进口油压，保持进口压力为定值；减压阀来自出口油压，保持出口压力恒定。

③在常态下，溢流阀阀口常闭，进、出油口不通；减压阀阀口常开，进、出油口互通。

④溢流阀的先导阀弹簧腔的油液可以在阀体内引至回油口(即采用内泄式)；减压阀其出口油液通执行元件，因此泄漏油必须单独引回油箱(即外泄式)。

⑤溢流阀一般并联于系统，而减压阀一般串联于系统。

与溢流阀相同的是：减压阀亦可以在先导阀的远程调压口接远程调压阀实现远控或多级调压。

2)定差减压阀

定差减压阀可使进出口压力差保持为定值。如图 4-19 所示，高压油 P_1 经节流口(减压口)x 减压后以低压 p_2 输出，同时低压油经阀芯中心孔将压力 p_2 引至阀芯上腔，其进出油压在阀芯上、下两端有效作用面积上产生的液压力之差与弹簧力相平衡。阀芯受力平衡方程式为

$$\frac{1}{4}p_1\pi(D^2-d^2)=\frac{1}{4}p_2\pi(D^2-d^2)+K(x_0+x) \quad (4\text{-}5)$$

式中：D、d——阀芯大端外径和小端外径；

K——弹簧刚度；

x_0、x——弹簧预压缩量和阀芯开口量。

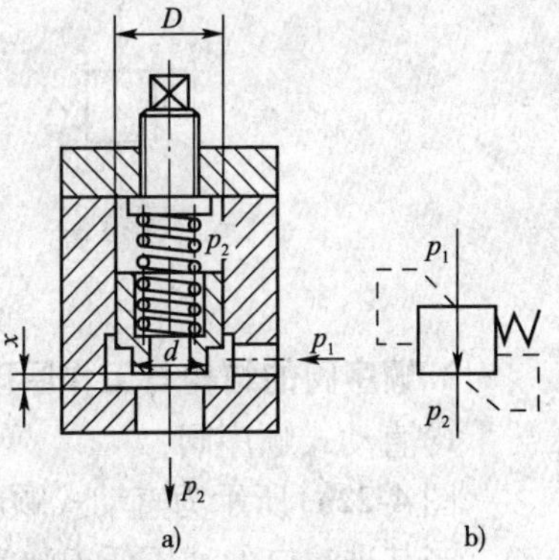

图 4-19 定差减压阀结构及图形符号

由式(4-5)可求出定差减压阀进、出口压差 Δp 为

$$\Delta p=p_1-p_2=\frac{K(x_0+x)}{\frac{1}{4}\pi(D^2-d^2)} \quad (4\text{-}6)$$

由式(4-6)可知，只要尽量减小弹簧刚度 K，并使 $x \ll x_0$，就可使压力差 Δp 近似保持为常

值。定差减压阀主要用来和其他阀一起构成组合阀,如定差减压阀和节流阀串联组成调速阀。

3)定比减压阀

定比减压阀可使进出口压力的比值保持恒定。如图4-20所示,在稳定状态时,忽略阀芯所受到的稳态液动力、阀芯自重和摩擦力可得到阀芯力平衡方程式为

$$p_1A_1 + K(x_0 + x) = p_2A_2 \tag{4-7}$$

式中:K——弹簧刚度;

x_0、x——弹簧预压缩量和阀口开度。

由于弹簧的刚度较小,弹簧力可忽略不计,则上式可写成:

$$\frac{p_2}{p_1} = \frac{A_1}{A_2} \tag{4-8}$$

由式(4-8)可见,只要适当选择阀芯的作用面积A_1和A_2,就可得到所要求的压力比,且比值近似恒定。

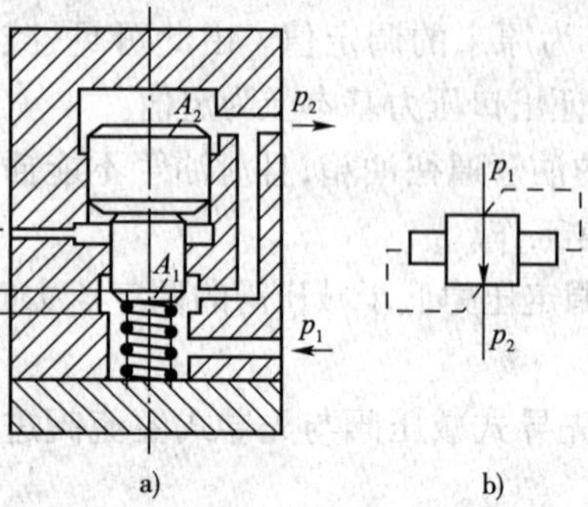

图4-20 定比减压阀结构及图形符号

4.3.3 顺序阀

1. 功用和分类

在液压系统中,除了需要进行压力的调控外,还常常需要根据油路压力的变化来控制执行元件之间的动作顺序,这时可以使用顺序阀。顺序阀是利用油路中压力的变化控制阀口启闭,以实现执行元件顺序动作的液压控制元件,它类似一个压力开关。

顺序阀按控制方式可分为内控式顺序阀(简称顺序阀)和外控式顺序阀(又称液控顺序阀);按结构形式分,有直动式和先导式两种,其中直动式用于低压系统,先导式用于中高压系统(图4-21)。

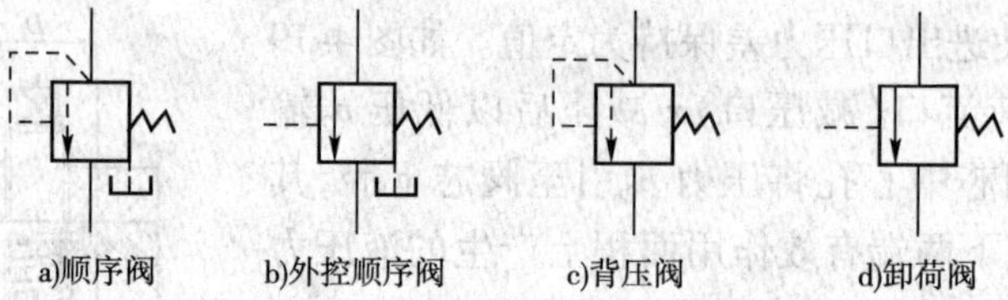

图4-21 顺序阀的四种形式的图形符号

2. 顺序阀的结构与工作原理

1)直动式顺序阀

图4-22a)所示为直动式顺序阀的结构简图。

当其进油口的油压低于弹簧6的调定压力时,控制活塞3下端油液向上的推力小,阀芯5处于最下端位置,阀口关闭,油液不能通过顺序阀流出。当进油口油压达到弹簧调定压力时,阀芯5抬起,阀口开启,压力油即可从顺序阀的出口流出,使阀后的油路工作。这种顺序阀利用其进油口压力控制,称为普通顺序阀(也称为内控式顺序阀),其图形符号如图4-22b)所示。由于阀出油口接压力油路,因此其上端弹簧腔的泄油口必须另接一油管通油箱,这种连接方式称为外泄。若将下端盖2相对于阀体转过90°或180°,将螺堵1拆下,在该处接控制油管并通入控制油,则阀的启闭便可由外供控制油控制。这时即成为液控顺序

阀，其图形符号如图 4-22c）所示。若再将上端盖 3 转过 180°，使泄油口处的小孔 a 与阀体上的小孔 b 连通，将泄油口用螺堵封住，并使顺序阀的出油口与油箱连通，则顺序阀就成为卸荷阀。其泄漏油可由阀的出油口流回油箱，这种连接方式称为内泄。卸荷阀的图形符号如图 4-22d）所示。内控内泄式顺序阀在系统中可用作背压阀或平衡阀；外控内泄式顺序阀可用作卸荷阀。

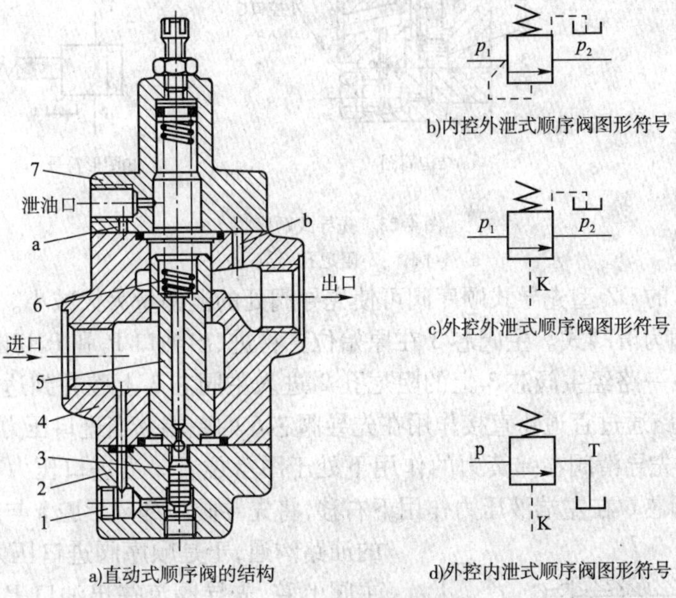

a)直动式顺序阀的结构　b)内控外泄式顺序阀图形符号　c)外控外泄式顺序阀图形符号　d)外控内泄式顺序阀图形符号

图 4-22　直动式顺序阀

1-螺堵；2-下阀盖；3-控制活塞；4-阀体；5-阀芯；6-弹簧；7-上阀盖

直动式顺序阀设置控制活塞的目的是缩小阀芯受油压作用的面积，以便采用较软的弹簧来提高阀的压力—流量特性。但直动式顺序阀即使采用较小的控制活塞，弹簧刚度仍然较大。这种顺序阀工作时的阀口开度大，阀芯的行程较大，它的启闭特性不够好。因此，直动式顺序阀只用在压力较低（8MPa 以下）的场合。

2）先导式顺序阀

先导式顺序阀如图 4-23 所示。

P_1为进油口，P_2为出油口，其主阀弹簧的刚度可以很小，故可省去阀芯下面的控制柱塞，不仅启闭特性好，且工作压力也可大大提高。其工作原理与先导式溢流阀相似，所不同的是顺序阀的出油口不接回油箱，而通向某一压力油路，因而其泄油口 L 必须单独接回油箱。

在装配时，分别将先导阀和端盖相对于主阀体转过一定位置，可得到内控内泄、外控外泄、外控内泄三种控制形式。外控式顺序阀阀口开启与否，与阀的进口压力的大小无关，仅取决于外控口处控制压力的大小。

图 4-23 所示的先导式顺序阀最大的缺点是外泄漏量过大。因先导阀是按顺序动作需要的压力调整的，当执行元件完成顺序动作后，压力将继续升高，使先导阀阀口开得很大，导致油液从先导阀处大量外泄，因此在小流量液压系统中不宜使用这种结构的顺序阀。

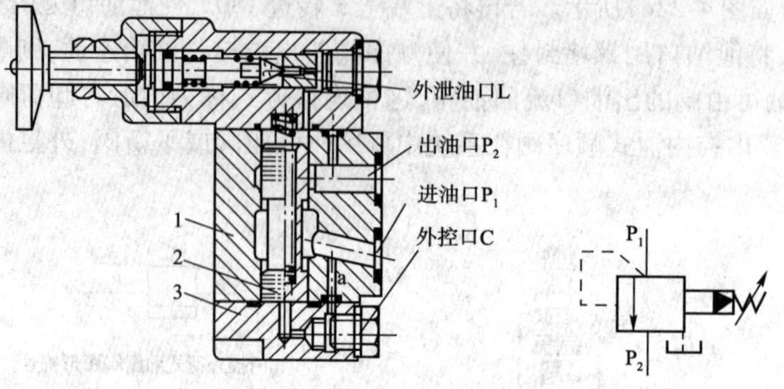

a)结构简图　　b)图形符号

图 4-23　先导式顺序阀

1-阀体;2-阻尼孔;3-下盖

图 4-24 所示的 DZ 型先导式顺序阀可使先导阀处的泄漏量大大减小。这种阀的主阀形似单向阀,先导阀为滑阀式。主阀芯 3 在原始位置将进、出油口 P_1 和 P_2 切断,进油口的压力油通过两条油路:一路经主阀芯 3 上的阻尼孔 2 进入主阀芯 3 上腔并到达先导阀阀芯 6 中部环形腔 a,另一路通过管道 4 直接作用在先导阀芯 6 的左端。当进口压力 p_1 低于导阀弹簧 7 的调定压力时,先导滑阀在弹簧力的作用下处于图示位置。当进口压力 p_1 大于导阀调定压力时,先导阀阀芯 6 在左端液压力作用下右移,将先导阀中部环形腔 a 与通顺序阀出口 P_2 的油路沟通,于是顺序阀进口压力 p_1 经阻尼孔 2、主阀上腔、先导阀流往出油口 P_2。由于阻尼孔 2 的作用,主阀上腔的压力低于下端(即进油口)压力 p_1,主阀芯开启,顺序阀进、出油口沟通(此时 $p_1 \approx p_2$)。由于流经主阀芯上阻尼孔 2 的控制油液不流向泄油口 L(该泄油口 L 要单独接回油箱),而是流向出油口 P_2,又因主阀上腔油压与先导滑阀所调压力无关,仅仅通过刚度很弱的主阀弹簧与主阀芯下端液压力保持主阀芯的受力平衡,故出口压力 p_2 近似等于进口压力 p_1,压力损失小,其泄漏量和功率损失与图 4-23 所示顺序阀相比大大减小。

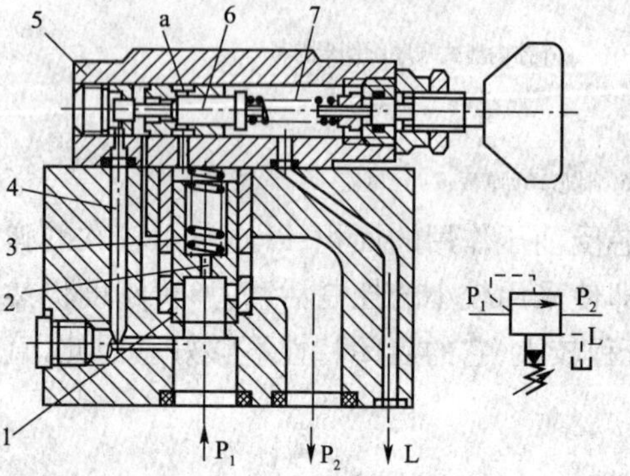

图 4-24　DZ 型先导式顺序阀

1-主阀体;2-阻尼孔;3-主阀芯;4-先导级测压孔;5-先导阀体;6-先导阀芯;7-调压弹簧;a-单向阀

3. 应用

直动式顺序阀由于启闭特性不如先导式顺序阀好,所以直动式顺序阀多应用于低压系统,先导型顺序阀多应用于中、高压系统。它们的作用:①用以实现多缸的顺序动作;②作背压阀用;③作平衡阀用;④作卸荷阀用。

4.3.4　压力继电器

1. 功用

压力继电器是一种将油液的压力信号转换成电信号的液—电转换元件。当油液压力达到压力继电器的调定压力时,能自动接通或断开电路,使电磁铁、继电器、电动机等电气元件通电运转或断电停止工作,以实现对液压系统工作程序的控制、安全保护或元件动作的连锁等。

2. 压力继电器的结构和工作原理

任何压力继电器都是由压力—位移转换装置和微动开关两部分组成的。按压力—位移转换装置的结构划分,有柱塞式、弹簧管式、膜片式和波纹管式四类,其中以柱塞式最常用。

图 4-25 所示为柱塞式压力继电器的结构简图和图形符号。主要零件包括柱塞 1、顶杆 2、调节螺钉 3 和微动开关 4。压力油从继电器下端油口通入后作用在柱塞 1 的底部,若其压力已达到弹簧的调定值,它便克服弹簧的阻力和柱塞表面的摩擦力推动柱塞上升,通过顶杆 2 使微动开关 4 的触点闭合,发出电信号。

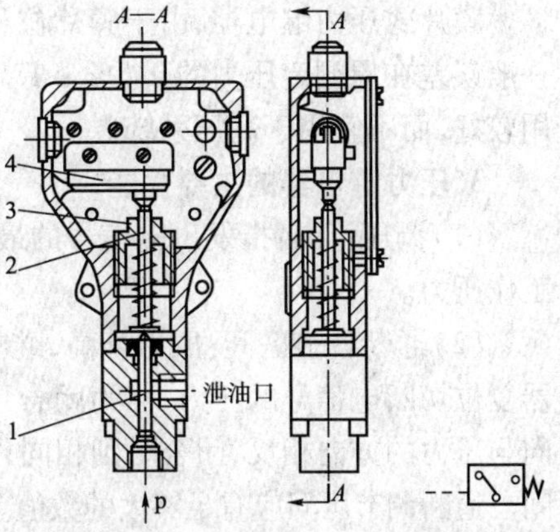

a)结构简图　　b)图形符号

图 4-25　柱塞式压力继电器

1-柱塞;2-顶杆;3-调节螺钉;4-微动开关

图 4-26 为膜片式压力继电器结构。这种压力继电器的控制油口 K 和液压系统相连。压力油从控制口 K 进入后,作用于橡胶膜片 1 上,当压力达到弹簧 2 的调定压力时,膜片 1 变形,推动柱塞 2 上升,此时,柱塞 2 的锥面推动两侧的钢球 5 和 6 沿水平孔道外移,钢球又推动杠杆 9 绕铰轴 10 逆时针转动,压下微动开关 11 的触头,发出电信号。调节螺钉 8 可以改变弹簧 7 的预压缩量,从而改变发出电信号的调定压力。

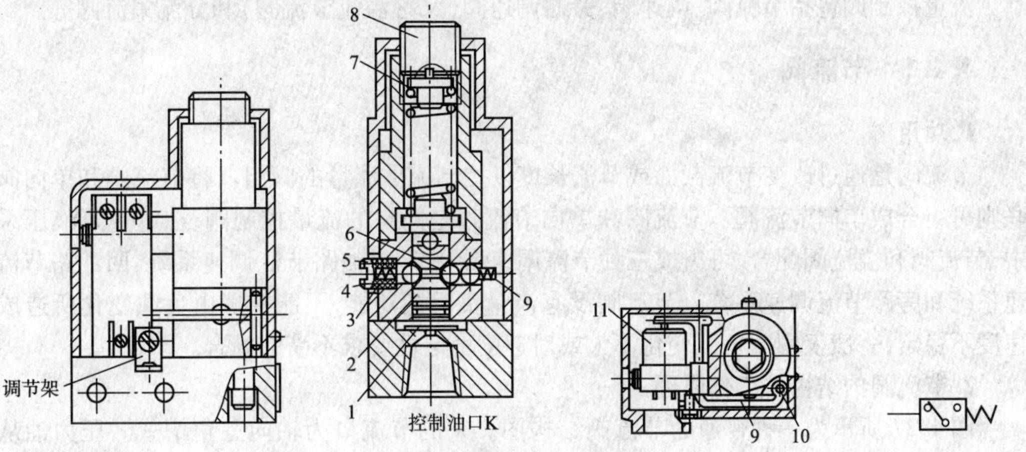

a)结构简图　　b)图形符号

图 4-26　膜片式压力继电器

1-膜片;2-柱塞;3、7-弹簧;4-调节螺钉;5、6-钢球;8-调节螺钉;9-杠杆;10-铰轴;11-微动开关

当压力降低到某一数值后,弹簧 3 和 7 使柱塞 2 下移,钢球 5 和 6 进入柱塞 2 的锥面槽内,松开微动开关,随即断开电路。钢球 5 在弹簧 3 的作用下,可以对柱塞 2 产生一定的摩擦力。该力在柱塞向上运动时与液压力方向相反,在柱塞向下移动时与液压力方向相同。由于摩擦力的影响,松开微动开关的压力比压下微动开关的压力低。调节螺钉 4 用来调节

弹簧 3 的作用力,从而调节微动开关压下和松开时的压力差值。

膜片式压力继电器,由于膜片位移很小,压力油容积变化小,所以反应快,重复精度高,一般误差在原调定压力的 0.5% ~1.5% 。缺点是易受压力波动的影响,在低压和真空时使用较好,而不宜用于高压系统。

3. 压力继电器的主要性能

(1)调压范围:指发出电信号的最低压力和最高压力的范围。拧动调节螺钉,即可调整工作压力。

(2)通断调节区间:压力升高,继电器接通电信号的压力,称为开启压力;压力下降,继电器复位切断电信号的压力,称为闭合压力。开启时,柱塞、顶杆移动时所受到的摩擦力的方向与压力的方向相反,闭合时则相同,故开启压力比闭合压力大。两者之差称为通断调节区间。通断调节区间应有足够大的数值。否则,系统压力脉动时,压力继电器发出的电信号会时断时续,产生误动作。中压系统中使用的压力继电器其通断调节区间一般为 0.35 ~0.8MPa。

4. 压力继电器的应用

压力继电器在液压系统中可用于系统的顺序控制、安全控制及卸荷控制等。

4.4 流量控制阀

流量控制阀是通过改变节流口通流面积来改变通过阀口的流量,从而控制执行元件的运动速度。流量控制阀是节流调速系统中的基本调节元件。在定量泵供油的节流调速系统中,必须将流量控制阀与溢流阀配合使用,以便将多余的油液排回油箱。

流量控制阀包括节流阀、调速阀、旁通调速阀(又称溢流节流阀)和分流集流阀等。

4.4.1 节流阀

1. 功用

节流阀是通过改变节流截面或节流长度以控制流体流量的阀门。将节流阀和单向阀并联则可组合成单向节流阀。节流阀和单向节流阀是简易的流量控制阀,在定量泵液压系统中,节流阀和溢流阀配合,可组成三种节流调速系统,即进油路节流调速系统、回油路节流调速系统和旁路节流调速系统。节流阀没有流量负反馈功能,不能补偿由负载变化所造成的速度不稳定,一般仅用于负载变化不大或对速度稳定性要求不高的场合。

2. 节流阀的结构与工作原理

图 4-27 所示为一种普通的节流阀结构图。它的节流口为轴向三角槽式。压力油从进油口 P_1 流入,经阀芯左端的节流口后从出油口 P_2 流出。节流阀芯 1 在弹簧 4 的推力作用下,始终紧靠在推杆 2 上。调节手轮 3,借助推杆 2 可推动阀芯 1 作轴向移动。通过阀芯的轴向移动,改变了节流口节流面积的大小,从而实现流量的调节。由于作用在阀芯 1 上的压力是平衡的,因而调节力较小,便于在高压下进行调节。

3. 流量特性

节流阀输出流量的平稳性与节流口的结构形式有关。节流口除轴向三角槽式之外,还有偏心式、针阀式、周向缝隙式、轴向缝隙式等,如图 4-28 所示。

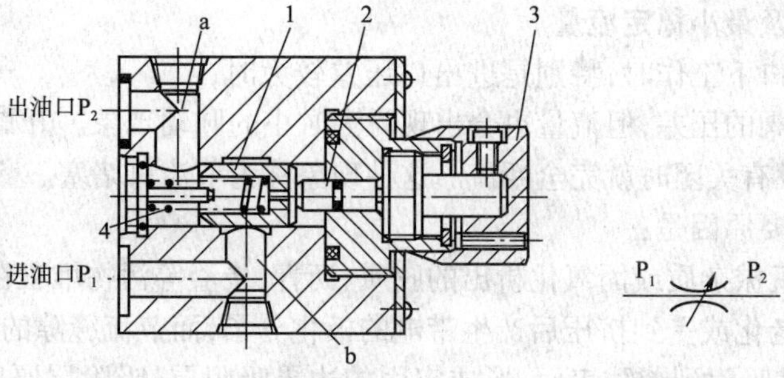

a)结构简图　　b)图形符号

图4-27　轴向三角槽式节流阀

1-阀芯;2-推杆;3-手轮;4-弹簧

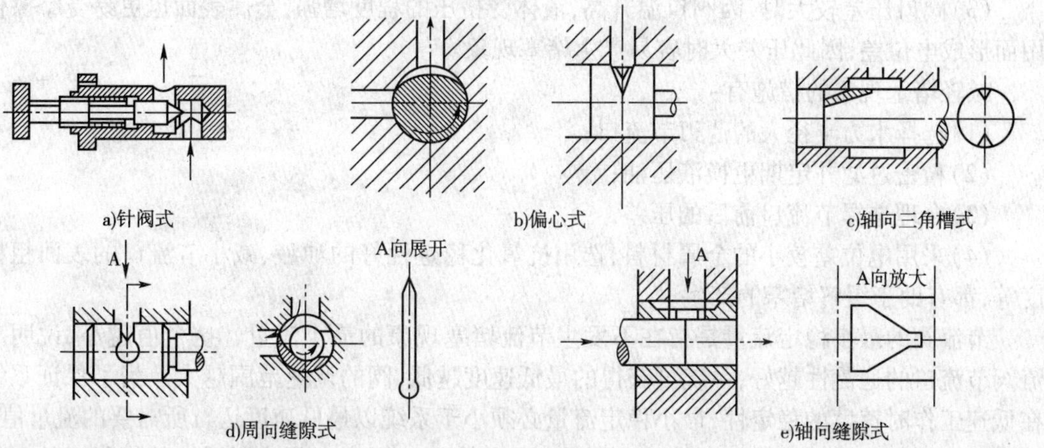

图4-28　常见的节流口形式

节流阀的流量特性可用小孔流量通用公式(4-9)来描述:

$$q = KA_{\mathrm{T}}\Delta p \tag{4-9}$$

式中:Δp——孔口或缝隙的前后压力差;

K——节流系数,由节流口形式、液体流态、油液性质等因素决定。对薄壁孔口,$K = C_{\mathrm{d}}\sqrt{\dfrac{2}{\rho}}$;对细长孔,$K = \dfrac{d^2}{32\mu L}$;其中,$C_{\mathrm{d}}$为流量系数,$\rho$为液体黏度,$\mu$为动力黏度,$d$和$L$为孔径和孔长;一般$K$的数值由实验得出;

A_{T}——节流阀的通流面积,随阀口形式而定。

式(4-9)为节流阀的流量特性方程。该式表明,节流阀的流量不仅受其通流面积A_{T}的影响,也受其前后压差Δp的影响。在一定压差Δp下,改变节流阀的通流面积A_{T},可改变通过阀的流量q;当节流阀通流面积A_{T}一定时,外界负载的变化将引起节流阀前后压差的变化,即负载压力将直接影响节流阀流量稳定性,从而影响液压系统中执行元件的运动速度稳定性。其特性曲线如图4-29所示,其流量随其压差而变化的关系见图中曲线1。

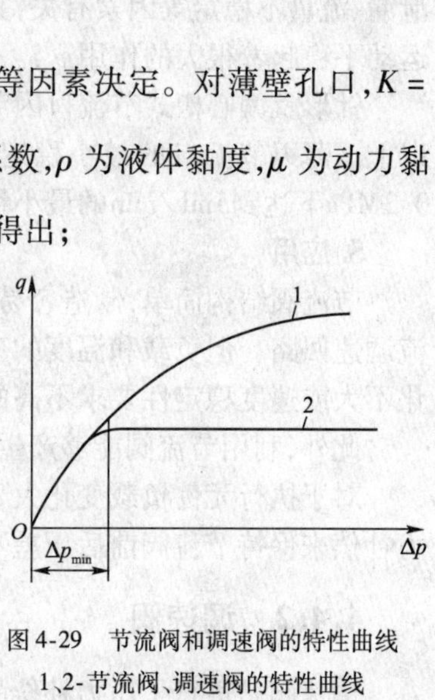

图4-29　节流阀和调速阀的特性曲线

1、2-节流阀、调速阀的特性曲线

4. 节流口堵塞及最小稳定流量

节流口在小开口下工作时,特别是进出口压差较大时,
虽然不改变油温和阀的压差,但流量也会出现时大时小的脉动现象。开口越小,脉动现象越严重,甚至在阀口没有关闭时就完全断流。这种现象称为节流口堵塞。

产生堵塞的主要原因是:

(1)油液中的机械杂质或因氧化析出的胶质、沥青、炭渣等污物堆积在节流缝隙处。

(2)由于油液老化或受到挤压后产生带电的极化分子,而节流缝隙的金属表面上存在电位差,故极化分子被吸附到缝隙表面,形成牢固的边界吸附层,吸附层厚度一般为 5 ~ 8μm,因而影响了节流缝隙的大小。以上堆积、吸附物增长到一定厚度时,会被液流冲刷掉,随后又重新附在阀口上,这样周而复始,就形成流量的脉动。

(3)阀口压差较大时,因阀口温升高,液体受挤压的程度增强,金属表面也更易受摩擦作用而形成电位差,因此压差大时容易产生堵塞现象。

减轻堵塞现象的措施有:

(1)选择水力半径大的薄刃节流口;

(2)精密过滤并定期更换液压油;

(3)合理选择节流口前后的压差;

(4)采用电位差较小的金属材料、选用抗氧化稳定性好的油液、减小节流口的表面粗糙度等,都有助于缓解堵塞的产生。

节流阀的最小稳定流量是指在不发生节流堵塞现象的最小流量。这个值越小,说明节流阀节流口的通流性越好,系统可获得的最低速度越低,阀的调速范围越大。为了保证系统在低速工作时速度的稳定性,最小稳定流量必须小于系统以最低速度运行所需要的流量值。

最小稳定流量是流量控制阀的一项重要性能指标。因为有些液压系统的执行元件在低速下运行时可能产生时停止时滑行的“爬行”现象,它的存在严重影响加工表面的质量。爬行的本质是一种张弛振动,与摩擦力不均匀、负载变化、环境温度变化、液压弹簧效应、系统泄漏、流量不稳定等因素有关,其中最小供油量的稳定性对执行元件是否产生“爬行”、保持运动平稳起着很大的作用。

针形及偏心槽式节流口因节流通道长,水力半径较小,故其最小稳定流量在 80mL/min 以上。薄刃节流口的最小稳定流量为 20 ~ 30mL/min。特殊设计的微量节流阀能在压差 0.3MPa下达到5mL/min的最小稳定流量。

5. 应用

节流阀结构简单,制造容易,体积小,使用方便,造价低,常与定量泵、溢流阀一起组成节流调速回路。但负载和温度的变化对流量稳定性的影响较大,因此只适用于负载和温度变化不大或速度稳定性要求不高的液压系统。

此外,利用节流阀能够产生较大压力损失的特点,可用作液压加载器。

对于执行元件负载变化大、对速度稳定性要求高的节流调速系统,必须对节流阀进行压力补偿来保持节流阀前后压差不变,从而保证流量稳定。

4.4.2 调速阀

调速阀是进行了压力补偿的节流阀,它由定差减压阀和节流阀串联而成,利用定差减压

阀保证节流阀的前后压差稳定，以保持流量稳定。

1. 结构和工作原理

图4-30所示为调速阀的工作原理图。图中定差减压阀1与节流阀2串联。若减压阀进口压力为p_1，出口压力为p_2，节流阀出口压力为p_3，则减压阀a腔、b腔油压为p_2，c腔油压为p_3。若减压阀a、b、c腔有效工作面积分别为A_1、A_2、A，则$A = A_1 + A_2$。

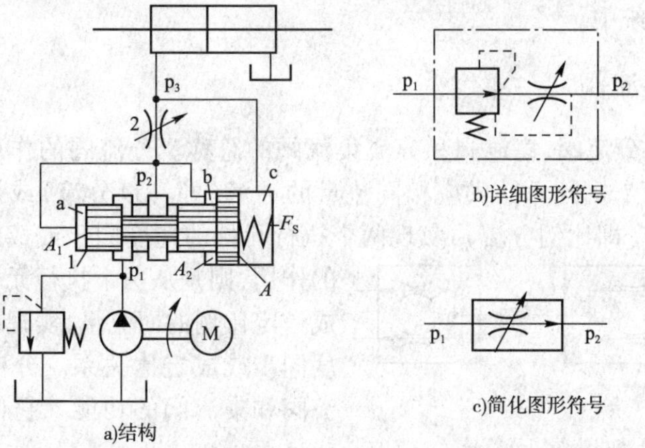

图4-30　调速阀的工作原理图及图形符号

1-减压阀;2-节流阀

节流阀出口的压力p_3由液压缸的负载决定。当负载使压力p_3增大，定差减压阀阀芯左移，减压阀阀口开大，压力损失减小，使压力p_2也就增大，反之亦然；也就是说，压力p_2会跟随负载压力p_3的变化而变化。当减压阀阀芯在其弹簧力F_s、油液压力p_2和p_3的作用下处于某一平衡位置时，则有

$$p_2(A_1 + A_2) = p_3 A + F_s \tag{4-10}$$

即

$$\Delta p = p_2 - p_3 = \frac{F_s}{A} \tag{4-11}$$

由于减压阀弹簧刚度较小，且工作过程中减压阀阀芯位移很小，故弹簧压缩量的变化所附加的弹簧作用力的变化也很小，即F_s近似为常数，故$\Delta p = p_2 - p_3$基本不变。因此，当节流阀通流面积A_T不变时，则通过节流阀的流量也不变，即通过调速阀的流量恒为定值。也就是说，无论负载如何变化，只要节流阀通流面积不变，液压缸的运动速度亦会保持恒定值。因此调速阀适用于负载变化较大、速度平稳性要求较高的液压系统，例如各类组合机床、车床、铣床等设备的液压系统。

上述调速阀是先减压后节流的结构，也可以设计成先节流后减压的结构，两者的工作原理基本相同。

2. 调速阀的静态特性及应用

图4-29中的曲线2所示为调速阀与节流阀的压差Δp与通过流量q的静特性曲线。由图可知，当其前后压差Δp大于最小值Δp_{min}时，其流量稳定不变（特性曲线为一水平直线）。当其压差小于Δp_{min}时，调速阀与节流阀的特性曲线重合，即两者性能相同。这是因为压差过小，即小于弹簧的预紧力时，在弹簧力作用下，减压阀阀芯处于最左端，阀口全部打开，减

压阀不起作用。所以，要保证调速阀正常工作，在设计液压系统时，分配给调速阀的压差应略大于 Δp_{min}。调速阀的最小压差约为 1MPa（中低压阀为 0.5MPa）。

3. 应用

调速阀的应用与前述节流阀相似之处是：可与定量泵、溢流阀配合，组成节流调速回路；与变量泵配合，组成容积节流调速回路等。与节流阀不同的是，调速阀应用于有较高速度稳定性要求的液压系统中。

4.4.3 分集流阀

分流集流阀是分流阀、集流阀和分流集流阀的总称。分流阀的作用是使液压系统中由同一个能源向两个执行元件供应相同流量的油液（即等量分流）或按一定比例向两个执行元件供应油液（即比例分流），实现两个执行元件的速度同步或成定比关系。集流阀的作用，则是从两个执行元件中收集等流量或成一定比例的回流量，实现两个执行元件的速度同步或成定比关系。分流集流阀则兼有分流阀和集流阀的功能。它们的图形符号如图 4-31 所示。

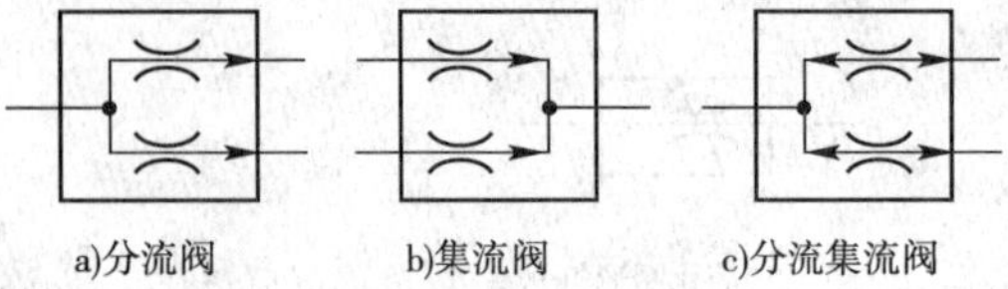

图 4-31　分流集流阀图形符号

1. 分流阀

图 4-32 所示为分流阀的结构原理图。这种分流阀由两个节流孔 1 和 2、阀体 5、阀芯 6 和两个对中弹簧 7 等零件组成。阀芯的中间台肩将阀分成完全对称的左、右两部分，位于阀左边的油腔 a 通过阀芯上的轴向小孔与阀芯右端弹簧腔相通，位于阀右边的油腔 b 通过阀芯上的另一轴向小孔与阀芯左端弹簧腔相通。装配时由弹簧 7 保证阀芯与阀体对中，阀芯左右台肩与阀体沉割槽形成的两个可变节流口 3、4 的初始通流面积相等。

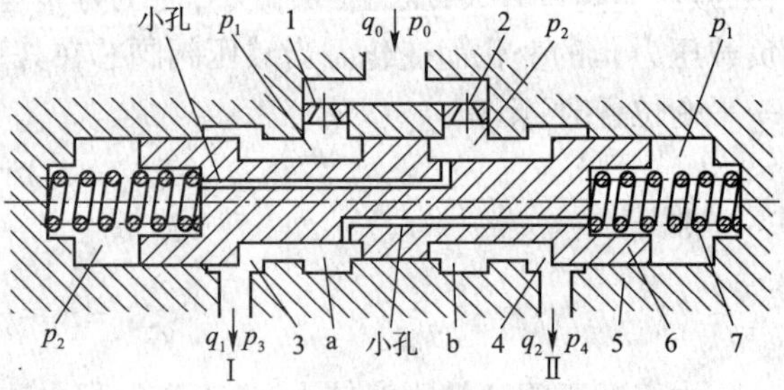

图 4-32　分流阀的结构原理图

1、2-固定节流孔；3、4-可变节流口；5-阀体；6-阀芯；7-对中弹簧；Ⅰ、Ⅱ-出油口

分流阀的等量分流原理是：设进口油液压力为 p_0，流量为 q_0，进入阀后分两路经过液阻相等的固定节流孔 1 和 2，分别进入油腔 a 和 b，其压力分别降低为 p_1 和 p_2，然后经可变节流口 3 和 4，压力分别降低为 p_3 和 p_4，再经出口Ⅰ和Ⅱ通往两个执行元件工作。在两个执行元件的负载相等时，则分流阀的两出口压力 $p_3 = p_4$，即两条支路的进出口压力差和总液阻（固定节流孔和可变节流口的液阻和）相等，因此，输出流量 $q_1 = q_2 = \frac{q_0}{2}$，且 $p_1 = p_2$ 当两个执行元件几何尺寸完全相同时，可实现运动速度同步。

分流阀的等量稳流原理是：当执行元件的负载发生变化而导致支路Ⅰ的出口压力 p_3 大于支路Ⅱ的出口压力 p_4 时，在阀芯来不及动作，两支路总液阻仍相等时，压力差 $(p_0 - p_3) < (p_0 - p_4)$ 势必导致输出流量 $q_1 < q_2$。输出流量的偏差即使执行元件的速度出现不同步，又

使固定节流孔 1 的压力损失小于固定节流孔 2 的压力损失，即 $p_1 > p_2$，因 p_1、p_2 被分别反馈到阀芯的右端和左端，其压力差将使阀芯向左移动，从而使可变节流口 3 的通流面积增大，液阻减小，可变节流口 4 的通流面积减小，液阻增大。于是支路Ⅰ的总液阻减小，支路Ⅱ的总液阻增大。支路总液阻的变化反过来使支路Ⅰ的流量 q_1 增加，支路Ⅱ的流量 q_2 减小，直至 $q_1 = q_2$，$p_1 = p_2$，阀芯受力重新平衡，稳定在一新的工作位置上，即两个执行元件的运动速度恢复到同步为止。

分流阀中固定节流孔 1、2 起到检验流量的作用，它将流量信号转换为压力信号 p_1 和 p_2；可变节流口 3、4 起到压力补偿作用，其流通面积（液阻）通过压力 p_1 和 p_2 的反馈作用进行控制。

2. 分流集流阀

图 4-33 所示为一螺纹插装、挂钩式分流集流阀的结构原理图。图中二位三通电磁阀通电后接入右位起分流作用；断电后接入左位起集流作用。

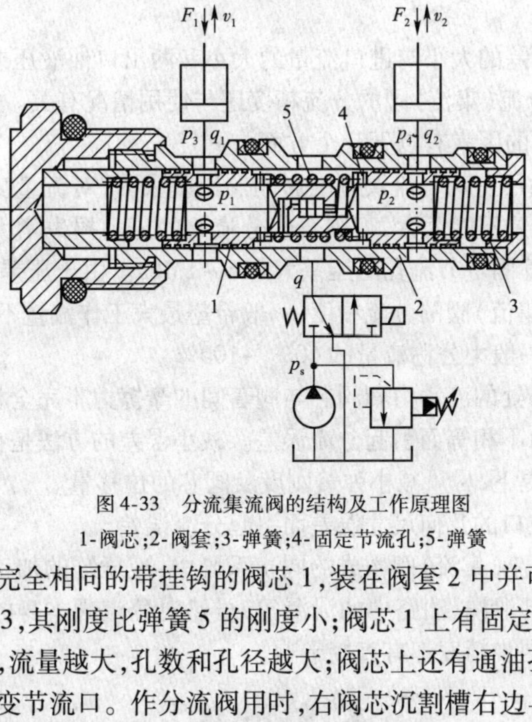

图 4-33 分流集流阀的结构及工作原理图

1-阀芯；2-阀套；3-弹簧；4-固定节流孔；5-弹簧

这种阀中有两个完全相同的带挂钩的阀芯 1，装在阀套 2 中并可相对阀套移动；阀芯两侧是两个相同的弹簧 3，其刚度比弹簧 5 的刚度小；阀芯 1 上有固定节流孔 4，此孔的直径和数量按流量规格而定，流量越大，孔数和孔径越大；阀芯上还有通油孔和沉割槽，其沉割槽与阀套上的圆孔组成可变节流口。作分流阀用时，右阀芯沉割槽右边与阀套孔的左侧，以及左阀芯沉割槽左边与阀套孔的右侧同时起可变节流阀的作用。作集流阀用时，左阀芯沉割槽左边与阀套孔的右侧，以及右阀芯沉割槽右边与阀套孔的左侧同时起可变节流阀的作用。两阀芯在各弹簧力作用下处于中间位置的平衡状态。

该阀起分流阀作用时的工作原理是：如果两缸完全相同，开始时负载力 F_1 和 F_2 以及负载压力 p_3 和 p_4 完全相等。供油压力为 p_s，流量 q 等分为 q_1 和 q_2，活塞速度 v_1 和 v_2 相等。由于流量 q_1 和 q_2 流经固定节流孔产生的压差作用，p_0 大于 p_1 和 p_2，所以两阀芯处于相离状态，阀间挂钩互相勾住。此时两个相同的弹簧 3 产生相同变形。此时，若 F_1 或 F_2 发生变化，即两负载力及负载压力不再相等。假设 F_1 增大，p_3 升高，则 p_1 也将升高。这时两阀芯将同时右移，使左边的可变节流口开大，右边的可变节流口减小，从而使 p_2 也升高，阀芯处于新的平衡状态。如果忽略阀芯位移引起的弹簧力变化等影响，p_1和p_2在阀芯位移后仍近似相等，则通过固定节流孔的流量即负载流量q_1和q_2也相等，此时左侧可变节流口两端压差p_1-p_3虽比原来减小，但阀口通流面积增大，而右侧可变节流口两端的压差p_2-p_4虽增大，但阀口通流面积减小。因此两侧负载流量q_1和q_2在$F_1>F_2$后仍基本相等。但F_1增大后，q_1和q_2比原来的要减小，即一侧负载加大后，两者流量和速度虽仍能保持相等，但比原来的要小。同样的分析可知，F_1减小后，两侧流量和速度也能相等，但比原来的要增加。

该阀起集流阀作用时，两缸中的油液经阀集流后回油箱。此时，由于压差作用两阀芯相抵。同理可知，两缸负载不等时，活塞速度和流量也能基本保持相等。

3. 分流精度及影响分流精度的因素

等量分流(集流)阀的分流精度用相对分流误差ξ表示，即

$$\xi=\frac{q_1-q_2}{\frac{1}{2}q}\times100\%=\frac{2(q_1-q_2)}{q_1+q_2}\times100\% \tag{4-12}$$

从上式可知，分流误差的大小与进口流量的大小和两出口油液压差的大小有关，其值一般为2%～5%。另外，分流(集流)阀的分流精度还与使用情况有关。

通常，影响分流精度的因素有以下几个方面：

(1)固定节流孔前后压差对分流误差的影响。压差大时，对流量变化反应灵敏，分流效果好，分流误差小。但压差不能太大，否则会使分流阀的压力损失增大；相反，若压差太小，则分流精度低。因此推荐固定节流孔的压差为0.5～1MPa。由于压差与工作流量的大小有关，所以为了保证分流(集流)阀的分流精度，一般希望最大工作流量不应超过最小工作流量的一倍。流量使用范围一般为公称流量的60%～100%。

(2)两个可变节流孔处的液动力和阀芯与阀套间的摩擦力不完全相等而产生分流误差。

(3)阀芯两端弹簧力不相等而引起分流误差。减小误差的方法是在能克服摩擦力，保证阀芯能够恢复中位的前提下，尽量减小弹簧刚度及阀芯的位移量。

(4)两个固定节流孔口的几何尺寸误差而引起分流误差。

必须指出：在采用分流(集流)阀构成的同步系统中，液压缸的加工误差及其泄漏、分流之后设置的其他阀的外部泄漏、油路中的泄漏等，虽然对分流阀本身的分流精度没有影响，但对系统中执行元件的同步精度却有直接影响。

本章小结

1. 液压控制阀(简称液压阀)是液压系统中控制油液流动方向、压力及流量的元件。

2. 液压阀按其用途不同可分为方向控制阀、压力控制阀和流量控制阀三类。

3. 单向阀和换向阀是液压系统中控制液流方向的元件。

4. 溢流阀、减压阀、顺序阀是液压系统中控制液流压力的元件，其结构形式主要有两种：直动式和先导式。

5. 节流阀、调速阀和溢流节流阀为流量阀控制元件，分集流阀为流量分配阀，其中节流阀不带压力补偿，对速度变化、负载变化适应性差；调速阀和溢流节流阀具备压力补偿，可适应速度及负载多变的调速精度要求，用于调节和稳定流量。

复习思考题

4.1　现有一个二位三通阀和一个二位四通阀，如图4-34所示，请通过堵塞阀口的办法将它们改为二位二通阀。问：

(1)改为常开型的如何堵？

(2)改为常闭型的如何堵？请画符号表示(应该指出：由于结构上的原因，一般二位四通阀的回油口O不可堵塞，改作二通阀后，原O口应作为泄油口单独接管引回油箱)。

4.2　图3-35中溢流阀的调定压力为5MPa，减压阀的调定压力为2.5MPa，设液压缸的无杆腔面积$A = 50\text{cm}^2$，液流通过单向阀和非工作状态下的减压阀时，其压力损失分别为0.2MPa和0.3MPa。求：当负载分别为0kN、7.5kN和30kN时，(1)液压缸能否移动？(2)A、B和C三点压力数值各为多少？

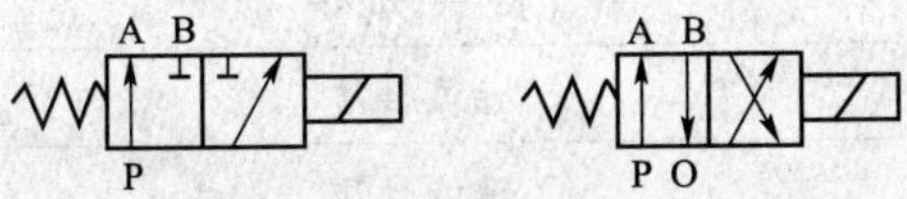

图4-34　题4.1图

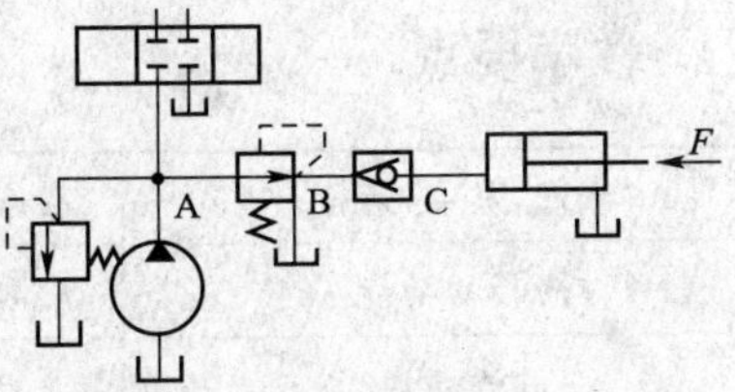

图4-35　题4.2图

4.3　用先导式溢流阀调节液压泵的压力，但不论如何调节手轮，压力表显示的泵压都很低。把阀拆下检查，看到各零件都完好无损，试分析液压泵压力低的原因；如果压力表显示的泵压都很高，试分析液压泵压力高的原因。

4.4　在系统有足够负载的情况下，先导式溢流阀、减压阀及调速阀的进、出油口可否对调工作？若对调后会出现什么现象？

第5章　液压辅助元件

教学目标

1. 熟悉常用的液压辅件的类型、工作原理、作用和符号。
2. 理解过滤精度的意义，熟悉过滤器安装位置的设置要求。
3. 掌握管道安装注意事项。

教学要点

知识要点	掌握程度	相关知识
油箱的功能	熟练	油液性质
过滤精度	熟练	油液性质
密封元件、接头、胶管的类型	熟练	管道连接
管道安装要点	熟练	流体力学

液压系统的辅助元件，包括密封元件、油箱、油管、过滤器、蓄能器、冷却器及加热器等。就液压传动的工作原理而言，这些元件是起辅助作用的，但从保证液压系统有效的工作以及提高系统其他工作指标来看，它们却是十分重要的。它们对液压系统和元件的正常工作、工作效率以及使用寿命等影响极大。因此，在设计、制造和使用液压设备时，必须对辅助元件予以足够的重视。

5.1　油　　箱

1. 功用

油箱的基本功能有：储存工作介质（通常为液压油）；散发系统工作中产生的热量；分离油液中混入的空气；沉淀污染物及杂质；油箱外表面还可用以安装其他系统元件等。

2. 结构组成

油箱的典型结构如图5-1所示。由图可见，油箱内部用隔板7、9将吸油管1与回油管4隔开。顶部、侧部和底部分别装有过滤网2、液位计6和排放污油的放油阀8。安装液压泵及其驱动电动机的安装板5则固定在油箱顶面上。

此外，近年来又出现了充气式的闭式油箱，它不同于开式油箱之处，在于油箱是整个封闭的，顶部有一充气管，可送入0.05～0.07MPa过滤纯净的压缩空气。空气或者直接与油液接触,或者被输入到蓄能器式的皮囊内不与油液接触。这种油箱的优点是改善了液压泵的吸油条件,但它要求系统中的回油管、泄油管承受背压。油箱本身还须配置安全阀、电接点压力表等元件以稳定充气压力,因此它只在特殊场合下使用。

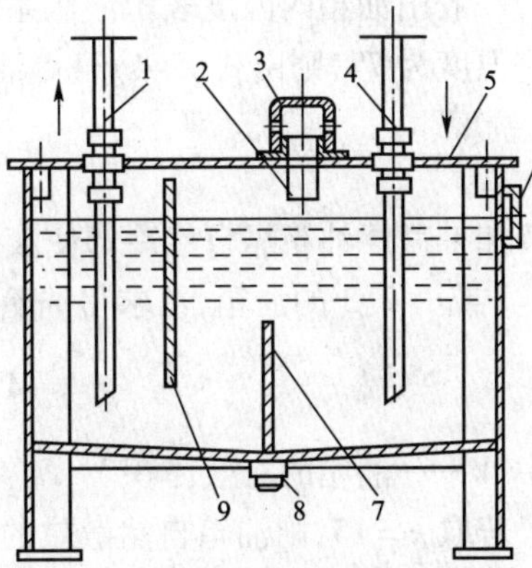

图5-1 油箱结构示意图

1-吸油管;2-过滤网;3-空气过滤器;4-回油管;5-安装板;6-液位计;7、9-隔板;8-放油阀

3. 液压系统的温升和油箱容积

1)液压系统的温升

液压系统的各种能量损失,包括容积损失和机械损失,都转变为热能。热能除一部分通过液压元件和管路的外壁向空气散发外,大部分将使油温升高。升至某一温度后,散热量和发热量相等,系统油温不再升高,达到热平衡,此时的温度称为热平衡温度。事实上,在开式液压系统中主要用来散热的是油箱的四壁,因此合理选择油箱的容积可以降低系统的热平衡温度,使油液在正常温度下工作。

液压系统的功率损失为

$$\Delta P = P(1-\eta) \tag{5-1}$$

式中:P——液压系统的总功率,W;

η——液压系统的总效率。

此功率损失全部转化为热能。因此可求得液压系统在单位时间内的发热量功率为

$$\phi = \Delta P = P(1-\eta) \tag{5-2}$$

式中:ϕ——发热量功率,W。

当只考虑油液温度上升所吸收的热量和油箱本身所散发的热量时,系统的温度 T 随运转时间 t 的变化如下:

$$T = T_0 + \frac{\phi}{kA}\left[1-\exp\left(\frac{-kA}{cm}t\right)\right] \tag{5-3}$$

式中:T_0——环境温度,℃;

T——油液温度℃;

A——油箱散热面积,m^2;

c——油液比热容,矿物油一般取 $c=1675\sim2093$J/(kg·K);

m——油箱中油液的质量,kg;

t——液压系统工作时间,s;

k——油液的散热系数,W/(m^2·K),通风差时 $k=8\sim9$,通风良好时 $k=15$,风扇冷却时 $k=23$,循环水强制冷却时 $k=110\sim170$。

因此,液压系统的温升 $\Delta T = T - T_0$

当 $t\to\infty$ 时,系统的热平衡温度为

$$T_{max} = T_0 + \frac{\phi}{kA} \tag{5-4}$$

2)油箱容积

一般用油箱的温度表示液压系统的温度，而不计系统的局部高温。如果令系统的最高允许温度为 T_P，则由式(5-4)可得油箱的最小散热面积为

$$A_{\min}=\frac{\phi}{k(T_p-T_0)} \tag{5-5}$$

如果考虑油箱靠自然冷却使液压系统油温保持在允许温度 T_P以下，对长、宽、高之比为1∶1∶1 或1∶2∶3 的油箱，可求得油箱应有的散热面积为

$$A=6.66\sqrt[3]{V^2}\frac{\phi}{k(T_p-T_0)} \tag{5-6}$$

式中：V——油箱的有效体积。

若取 $k=15$，则油箱自然散热的最小体积为

$$V_{\min}=10^{-3}\sqrt{\left(\frac{\phi}{T_p-T_0}\right)^3} \tag{5-7}$$

由于油箱的容积必须保证在设备停止运转时，液压系统的油液在自重作用下能全部返回油箱；为了很好的沉淀杂质和分离空气；油箱的有效容积(液面高度只占油箱高度80%时的油箱容积)一般取为液压泵每分钟排出的油液体积的2~7倍；当系统为低压系统时取2~4倍；当系统为高压系统时取5~7倍；对行走机械一般取2倍。

按照经验确定的油箱容积应大于或等于根据式(5-7)求出的 $V_{\min}$。

4. 油箱的设计

油箱设计的好坏直接影响液压系统的工作可靠性，尤其对液压泵的寿命有重要影响。因此，合理设计油箱是一个不可忽视的问题。

在初步设计时，油箱的有效容量可按下述经验公式确定：

$$V=mq_p \tag{5-8}$$

式中：V——油箱的有效容量；

q_p——液压泵的流量；

m——经验系数，低压系统：$m=2\sim4$，中压系统：$m=5\sim7$，中高压或高压系统：$m=6\sim12$。

对功率较大且连续工作的液压系统，必要时还要进行热平衡计算，以此确定油箱容量。

下面根据图5-1所示的油箱结构示意图分述设计要点如下：

(1)泵的吸油管与系统回油管之间的距离应尽可能远些，管口都应插于最低液面以下，但离油箱底要大于管径的2~3倍，以免吸空和飞溅起泡，吸油管端部所安装的滤油器，离箱壁要有3倍管径的距离，以便四面进油。回油管口应截成45°斜角，以增大回流截面，并使斜面对着箱壁，以利散热和沉淀杂质。

(2)在油箱中设置隔板，以便将吸、回油隔开，迫使油液循环流动，利于散热和沉淀。

(3)设置空气滤清器与液位计。空气滤清器的作用是使油箱与大气相通，保证泵的自吸能力，滤除空气中的灰尘杂物，有时兼作加油口，它一般布置在顶盖上靠近油箱边缘处。

(4)设置放油口与清洗窗口。将油箱底面制成斜面，在最低处设放油口，平时用螺塞或放油阀堵住，换油时将其打开放走油污。为了便于换油时清洗油箱，大容量的油箱一般均在侧壁设清洗窗口。

(5)最高油面只允许达到油箱高度的80%，油箱底脚高度应在150mm以上，以便散热、

搬移和放油,油箱四周要有吊耳,以便起吊装运。

(6)油箱正常工作温度应为15~65℃,必要时应安装温度控制系统,或设置加热器和冷却器。

5.2 密封装置

密封是解决液压系统泄漏问题最重要、最有效的手段。液压系统如果密封不良,可能出现不允许的外泄漏,外漏的油液将会污染环境,还可能使空气进入吸油腔,影响液压泵的工作性能和液压执行元件运动的平稳性(爬行);泄漏严重时,系统容积效率过低,甚至工作压力达不到要求值。若密封过度,虽可防止泄漏,但会造成密封部分的剧烈磨损,缩短密封件的使用寿命,增大液压元件内的运动摩擦阻力,降低系统的机械效率。因此,合理地选用和设计密封装置在液压系统的设计中十分重要。

1. 对密封装置的要求

(1)在工作压力和一定的温度范围内,应具有良好的密封性能,并随着压力的增加能自动提高密封性能。

(2)密封装置和运动件之间的摩擦力要小,摩擦系数要稳定。

(3)抗腐蚀能力强,不易老化,工作寿命长,耐磨性好,磨损后在一定程度上能自动补偿。

(4)结构简单,使用、维护方便,价格低廉。

2. 密封装置的分类及特点

密封按其工作原理来分可分为非接触式密封和接触式密封。前者主要指间隙密封,后者指密封件密封。

1)间隙密封

间隙密封(图5-2)是靠相对运动件配合面之间的微小间隙来进行密封的,常用于柱塞、活塞或阀的圆柱配合副中,一般在阀芯的外表面开有几条等距离的均压槽,它的主要作用是使径向压力分布均匀,减少液压卡紧力,同时使阀芯在孔中对中性好,以减小间隙的方法来减少泄漏。同时槽所形成的阻力,对减少泄漏也有一定的作用。均压槽一般宽度为0.3~0.5mm,深度为0.5~1.0mm。圆柱面配合间隙与直径大小有关,对于阀芯与阀孔一般取0.005~0.017mm。

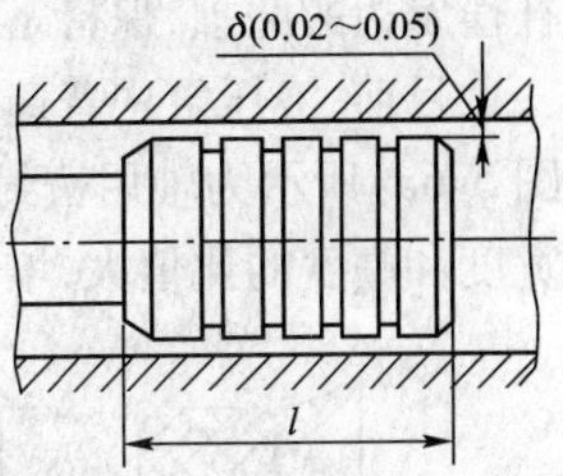

图5-2 间隙密封

这种密封的优点是摩擦力小,缺点是磨损后不能自动补偿,主要用于直径较小的圆柱面之间,如液压泵内的柱塞与缸体之间,滑阀的阀芯与阀孔之间的配合。

2)O形密封圈

O形密封圈一般用耐油橡胶制成,其横截面呈圆形,它具有良好的密封性能,内外侧和端面都能起密封作用,结构紧凑,运动件的摩擦阻力小,制造容易,装拆方便,成本低,且高低压均可以用,所以在液压系统中得到广泛的应用。

图5-3所示为O形密封圈的结构。图5-3a)为其外形圈;图5-3b)为装入密封沟槽的情况,δ_1、δ_2为O形密封圈装配后的预压缩量,通常用压缩率W表示,即$W=\left[\frac{(d_0-h)}{d_0}\right]\times$

100%，对于固定密封、往复运动密封和回转运动密封，应分别达到 15% ~20%、10% ~20% 和5% ~10%，才能取得满意的密封效果。当油液工作压力超过 10MPa 时，O 形密封圈在往复运动中容易被油液压力挤入间隙而提早损坏（图 5-4a），为此要在它的侧面安放 1.2 ~ 1.5mm厚的聚四氟乙烯挡圈，单向受力时在受力侧的对面安放一个挡圈（图 5-4b）；双向受力时则在两侧各放一个挡圈（图 5-4c）。

O 形密封圈的安装沟槽，除矩形外，也有 V 形、燕尾形、半圆形、三角形等，实际应用中可查阅有关手册及国家标准。

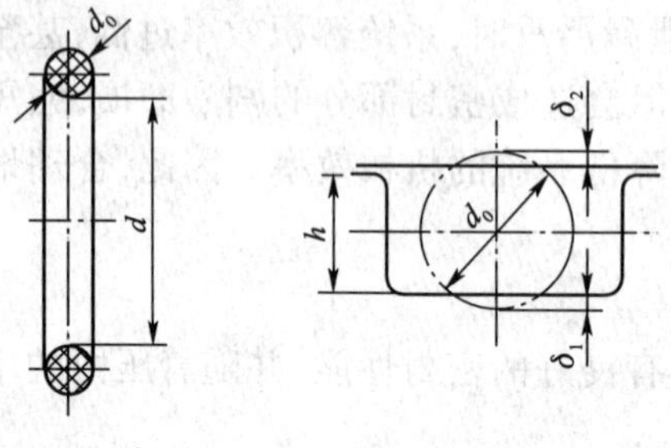

a)　　b)

图 5-3　O 形密封圈

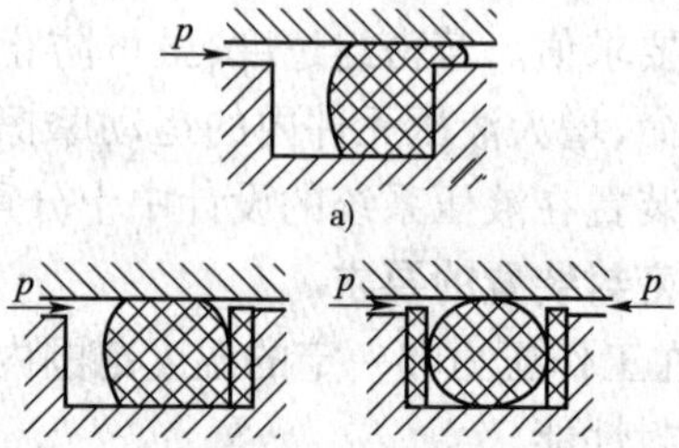

b)　　c)

图 5-4　O 形密封圈的工作情况

3）唇形密封圈

唇形密封圈根据截面的形状可分为 Y 形、V 形、U 形、L 形等。其工作原理如图 5-5 所示。液压力将密封圈的两唇边 h 压向形成间隙的两个零件的表面。这种密封作用的特点是能随着工作压力的变化自动调整密封性能，压力越高则唇边被压得越紧，密封性越好；当压力降低时唇边压紧程度也随之降低，从而减少了摩擦阻力和功率消耗，除此之外，还能自动补偿唇边的磨损，保持密封性能不降低。

目前，液压缸中普遍使用如图 5-6 所示的 Yx 形密封圈作为活塞和活塞杆的密封。其中图 5-6a）所示为轴用密封圈，图 5-6b）所示为孔用密封圈。这种 Yx 形密封圈的特点是断面宽度和高度的比值大，增加了底部支承宽度，可以避免摩擦力造成的密封圈的翻转和扭曲。

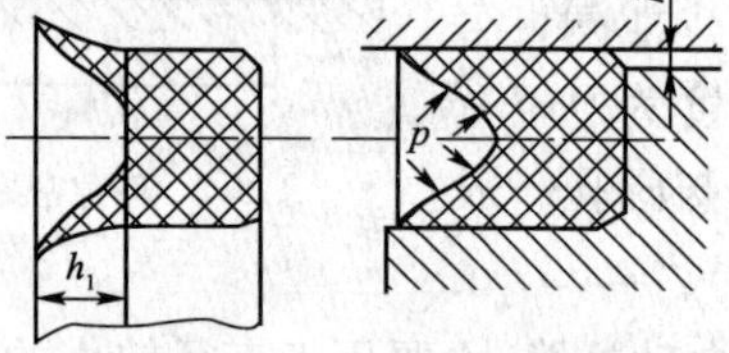

图 5-5　唇形密封圈的工作原理

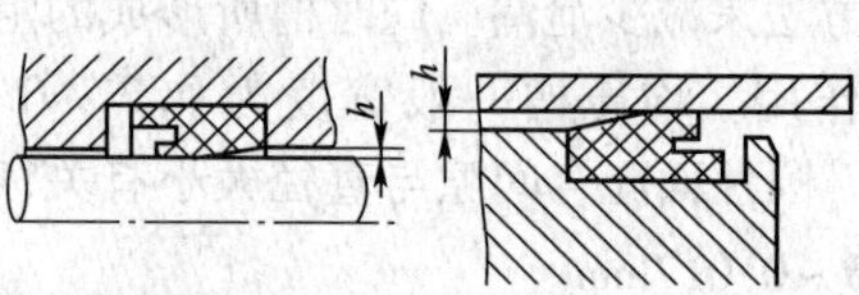

a)　　b)

图 5-6　Yx 形密封圈

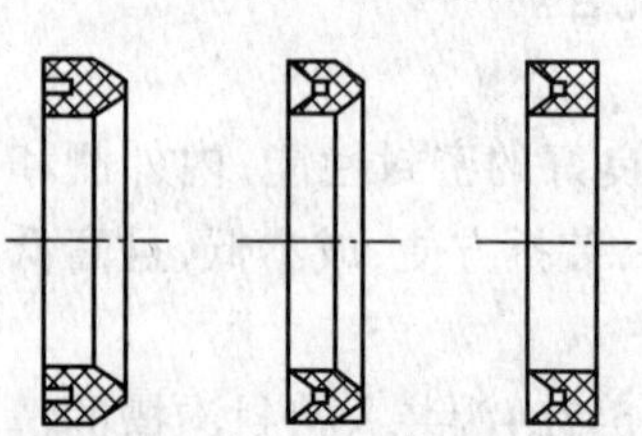
a)支承环　　b)密封环　　c)压环

图 5-7　V 形密封圈

在高压和超高压情况下（压力大于 25MPa），V 形密封圈也有应用，V 形密封圈的形状如图 5-7 所示，它由多层涂胶织物压制而成，通常由压环、密封环和支承环三个圈叠在一起使用，此时已能保证良好的密封性，当压力更高时，可以增加中间密封环的数量，这种密封圈在安装时要预压紧，所以摩擦阻力较大。

唇形密封圈安装时应使其唇边开口面对压力油，使两唇张开，分别贴紧在零件的表面上。

4）组合式密封装置

随着液压技术的应用日益广泛，系统对密封的要求越来越高，普通的密封圈单独使用已不能很好地满足密封性能，特别是使用寿命和可靠性方面的要求，因此，研究和开发了由包括密封圈在内的两个以上元件组成的组合式密封装置。

图5-8a）所示为O形密封圈与截面为矩形的聚四氟乙烯塑料滑环组成的组合密封装置。其中，滑环2紧贴密封面，O形密封圈1为滑环提供弹性预压力，在介质压力等于零时构成密封，由于密封间隙靠滑环，而不是O形密封圈，因此摩擦阻力小而且稳定，可以用于40MPa的高压；往复运动密封时，速度可达15m/s；往复摆动与螺旋运动密封时，速度可达5m/s。

矩形滑环组合密封的缺点是抗侧倾能力稍差，在高低压交变的场合下工作容易漏油。图5-8b）所示为由支持环3和O形密封圈1组成的轴用组合密封，由于支持环与被密封件之间为线密封，其工作原理类似唇边密封。支持环采用一种经特别处理的化合物，具有极佳的耐磨性、低摩擦和保形性，不存在橡胶密封低速时易产生的"爬行"现象。工作压力可达80MPa。

组合式密封装置由于充分发挥了橡胶密封圈和滑环（支持环）的长处，因此不仅工作可靠，摩擦力低而稳定，而且使用寿命比普通橡胶密封提高近百倍，在工程上的应用日益广泛。

5）回转轴的密封装置

回转轴的密封装置形式很多，图5-9所示是一种耐油橡胶制成的回转轴用密封圈，它的内部有直角形圆环铁骨架支撑着，密封圈的内边围着一条螺旋弹簧，把内边收紧在轴上来进行密封。这种密封圈主要用作液压泵、液压马达和回转式液压缸的伸出轴的密封，以防止油液漏到壳体外部，它的工作压力一般不超过0.1MPa，最大允许线速度为4～8m/s，须在有润滑情况下工作。

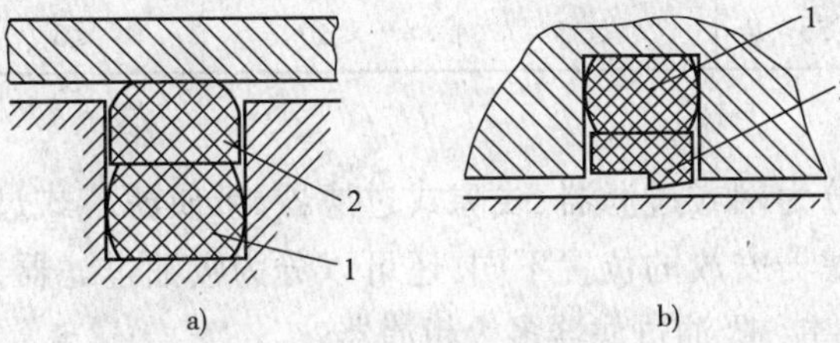

图5-8 组合式密封装置

1-O形密封圈；2-滑环；3-支持环

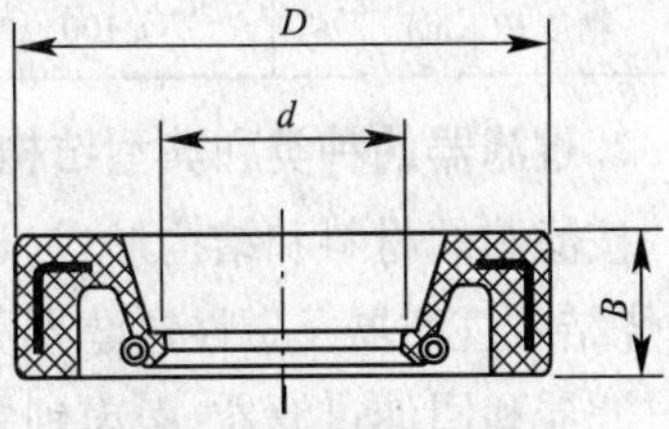

图5-9 回转轴用密封圈

3. 密封装置的选用

密封件在选用时必须考虑因素如下：

（1）密封的性质：是动密封，还是静密封；是平面密封，还是环行间隙密封。

（2）动密封是否要求静、动摩擦系数要小，运动是否平稳，同时考虑相对运动耦合面之间的运动速度、介质工作压力等因素。

（3）工作介质的种类和温度对密封件材质的要求，同时考虑制造和拆装是否方便。

5.3 过 滤 器

液压油中往往含有颗粒状杂质,会造成液压元件相对运动表面的磨损、滑阀卡滞、节流孔口堵塞,使系统工作可靠性大为降低。在系统中安装一定精度的过滤器,是保证液压系统正常工作的必要手段。

1. 油的污染度和过滤器的过滤精度

1)油液的污染度

液压油液的污染是液压系统发生故障的主要原因。关于液压油液的污染及其控制,已在前面章节中作了详细的叙述,这里不再重复,控制污染的最主要的措施是控制过滤精度、使用过滤器和过滤装置。

2)过滤器的过滤精度

过滤器的过滤精度是指滤芯能够滤除的最小杂质颗粒的大小,以直径 d 作为公称尺寸表示,按精度可分为粗过滤器($d<100\mu m$)、普通过滤器($10\mu m<d<100\mu m$)、精过滤器($5\mu m<d<10\mu m$)、特精过滤器($d<5\mu m$)。一般对过滤器的基本要求是:

(1)能满足液压系统对过滤精度要求,即能阻挡一定尺寸的杂质进入系统。

(2)滤芯应有足够强度,不会因压力而损坏。

(3)通流能力大,压力损失小。

(4)易于清洗或更换滤芯。

各种液压系统的过滤精度要求见表 5-1。

各种液压系统的过滤精度要求 表 5-1

系统类别	润滑系统	传动系统			伺服系统
工作压力(MPa)	0~2.5	<14	14~32	>32	≤21
精度 d(μm)	≤100	25~50	≤25	≤10	≤5

2. 过滤器的种类和典型结构

按滤芯的材料和结构形式,过滤器可分为网式过滤器、线隙式过滤器,纸质滤芯式过滤器、烧结式过滤器及磁性过滤器等。按过滤器安放的位置不同,还可以分为吸油过滤器,压油过滤器和回油过滤器,考虑到泵的自吸性能,吸油过滤器多为粗滤器。

1)网式滤油器

图 5-10 所示为网式过滤器,其滤芯以铜网为过滤材料,在周围开有很多孔的塑料或金属筒形骨架上,包着一层或两层铜丝网,其过滤精度取决于铜网层数和网孔的大小。这种过滤器结构简单,通流能力大,清洗方便,但过滤精度低,一般用于液压泵的吸油口。

2)线隙式滤油器

线隙式过滤器如图 5-11 所示,用钢线或铝线密绕在筒形骨架的外部来组成滤芯,依靠铜丝间的微小间隙滤除混入液体中的杂质。其结构简单,通流能力大,过滤精度比网式过滤器高,但不易清洗,多为回油过滤器。

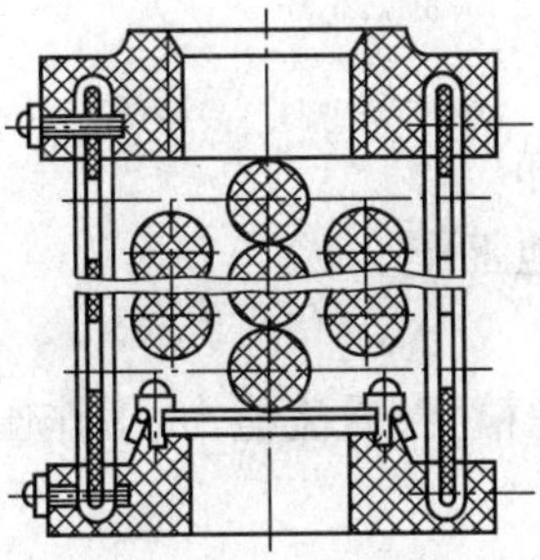

图 5-10 网式滤油器

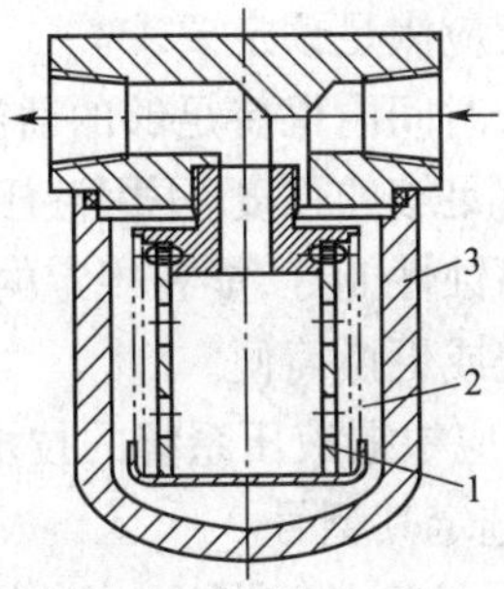

图 5-11 线隙式滤油器

1-筒形芯架;2-滤芯;3-壳体

3)纸质过滤器

纸质过滤器如图 5-12 所示,其滤芯为平纹或波纹的酚醛树脂或木浆微孔滤纸制成的纸芯,将纸芯围绕在带孔的镀锡铁制成的骨架上,以增大强度。为增加过滤面积,纸芯一般制成折叠形。其过滤精度较高,一般用于油液的精过滤,但堵塞后无法清洗,须经常更换滤芯。

4)烧结式滤油器

烧结式过滤器如图 5-13 所示,其滤芯用金属粉末烧结而成,利用颗粒间的微孔来挡住油液中的杂质通过。其滤芯能承受高压,抗腐蚀性好,过滤精度高,适用于要求精滤的高压、高温液压系统。

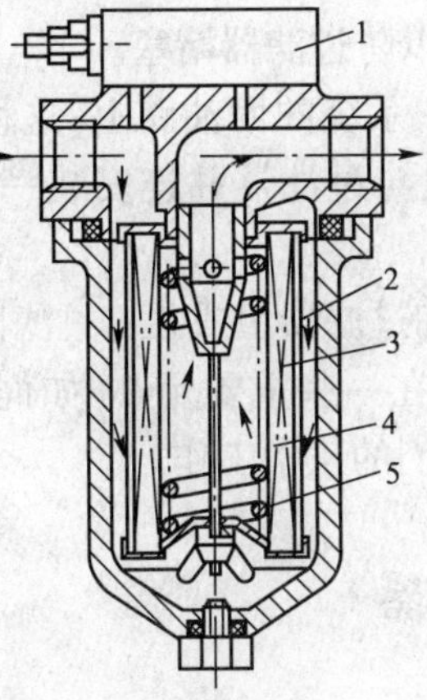

图 5-12 纸质滤油器

1-发讯装置;2-外层(粗眼钢板网);3-中层(滤纸);4-里层(金属丝网与滤纸折叠在一起);5-支撑弹簧

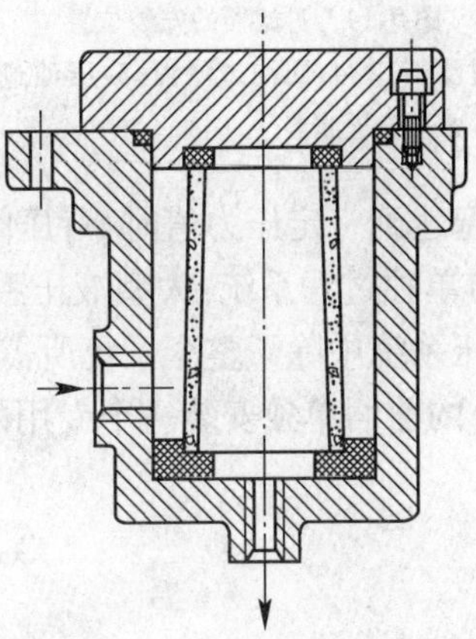

图 5-13 烧结式滤油器

3. 过滤器的选用原则、安装位置及注意的问题

1)过滤器的选用原则

滤油器按其过滤精度(滤去杂质的颗粒大小)的不同,有粗过滤器、普通过滤器、精密过滤器和特精过滤器四种,它们分别能滤去大于 100μm、10 ~ 100μm、5 ~ 10μm 和 1 ~ 5μm 的杂质。

选用过滤器时,要考虑下列几点:

(1)过滤精度应满足预定要求。

(2)能在较长时间内保持足够的通流能力。

(3)滤芯具有足够的强度,不因液压的作用而损坏。

(4)滤芯抗腐蚀性能好,能在规定的温度下持久地工作。

(5)滤芯清洗或更换简便。

因此,过滤器应根据液压系统的技术要求,按过滤精度、通流能力、工作压力、油液黏度、工作温度等条件选定其型号。

2)安装位置及注意的问题

过滤器在液压系统中的安装位置通常有以下几种(图5-14):

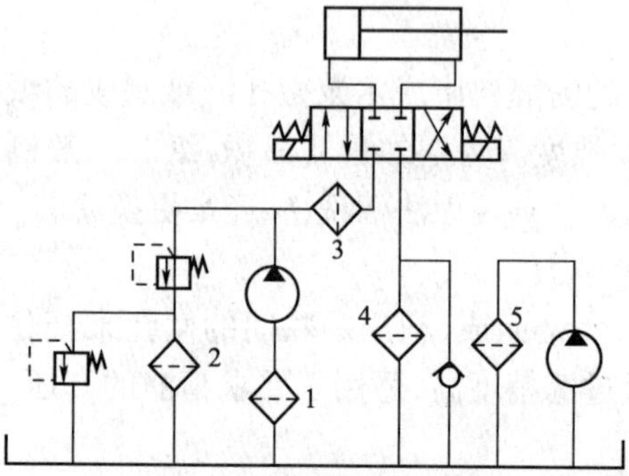

图5-14　过滤器的安装位置

1-进油过滤器;2、4-回油过滤器;3-压油过滤器;5-独立过滤系统过滤器

(1)要装在泵的吸油口处。泵的吸油路上一般都安装有表面型滤油器,目的是滤去较大的杂质微粒以保护液压泵,此外过滤器的过滤能力应为泵流量的2倍以上,压力损失小于0.02MPa。

(2)安装在系统分支油路上。

(3)安装在泵的出口油路上。此处安装过滤器的目的是用来滤除可能侵入阀类等元件的污染物。其过滤精度应为10～15μm,且能承受油路上的工作压力和冲击压力,压力降应小于0.35MPa,同时应安装安全阀以防过滤器堵塞。

(4)安装在系统的回油路上:这种安装起间接过滤作用,一般与过滤器并连安装一背压阀,当过滤器堵塞达到一定压力值时,背压阀打开。

(5)单独过滤系统:大型液压系统可专设一液压泵和过滤器组成独立过滤回路。

液压系统中除了整个系统所需的过滤器外,还常常在一些重要元件(如伺服阀、精密节流阀等)的前面单独安装一个专用的精过滤器来确保它们的正常工作。

5.4　热 交 换 器

液压系统的工作温度一般希望保持在30～50℃的范围之内,最高不超过65℃,最低不低于15℃,如果液压系统靠自然冷却仍不能使油温控制在上述范围内时,就需要安装冷却器;反之,如环境温度太低,无法使液压泵启动或正常运转时,就须安装加热器。

1. 冷却器

液压系统中用得较多的冷却器是强制对流式多管头冷却器,如图5-15所示,油液从进油口5流入,从出油口3流出,冷却水从进水口7流入,通过多根散热管6后由出水口1流出,油液在水管外部流动时,它的行进路线因冷却

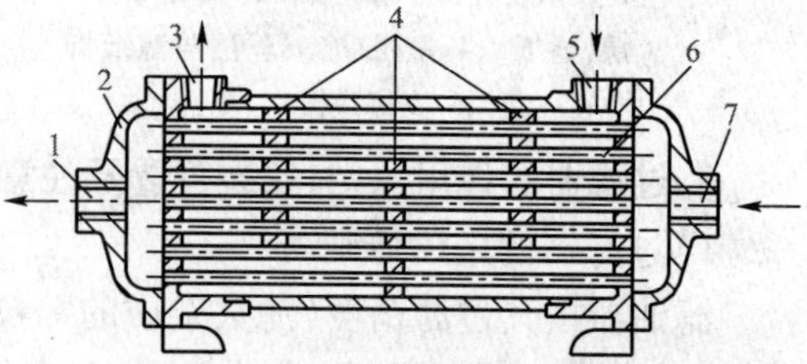

图5-15　对流式多管头冷却器

1-出水口;2-壳体;3-出油口;4-隔板;5-进油口;6-散热管;7-进水口

器内设置了隔板4而加长,因而增加了散热效果。

近来出现一种翅片管式冷却器,水管外面增加了许多横向或纵向散热翅片,大大扩大了散热面积和热交换效果,其散热面积可达光滑管的8~10倍。

当液压系统散热量较大时,可使用化工行业中的水冷式板式换热器,它可及时地将油液中的热量散发出去,其参数及使用方法见相应的产品样本。

一般冷却器的最高工作压力在1.6MPa以内,使用时应安装在回油管路或低压管路上,所造成的压力损失一般为0.01~0.1MPa。

2. 加热器

液压系统的加热一般采用结构简单、能按需要自动调节最高和最低温度的电加热器,这种加热器的安装方式如图5-16所示,它用凸缘水平安装在油箱侧壁上,发热部分全部浸在油液内,加热器应安装在油液流动处,以利于热量的交换。由于油液是热的不良导体,单个加热器的功率容量不能太大,以免其周围油液的温度过高而发生变质现象。

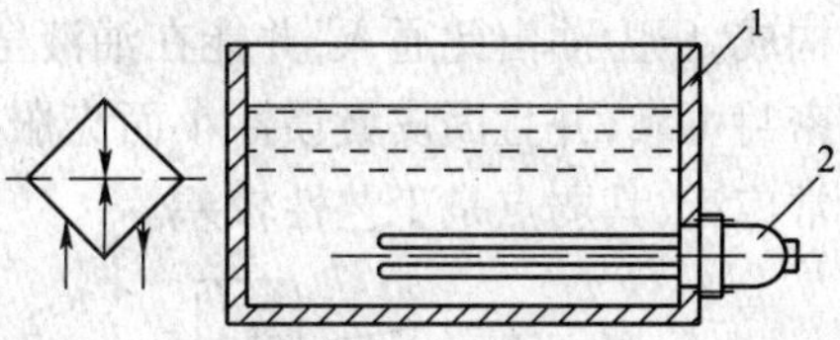

图5-16 加热器的安装

1-油箱;2-电加热器

5.5 蓄能器

蓄能器是液压系统中的储能元件,它能储存多余的压力油液,并在系统需要时释放。

1. 功用

蓄能器的作用是将液压系统中的压力油储存起来,以实现作为应急动力源或实现吸收脉动等作用。其主要作用表现在以下几个方面。

1)作辅助动力源

在间歇工作或实现周期性动作循环的液压系统中,蓄能器可以把液压泵输出的多余压力油储存起来。当系统需要时,由蓄能器释放出来。这样可以减少液压泵的额定流量,从而减小电动机功率消耗,降低液压系统温升。

2)系统保压或作紧急动力源

对于执行元件长时间不动作,而要保持恒定压力的系统,可用蓄能器来补偿泄漏,从而使压力恒定。对某些系统要求当泵发生故障或停电时,执行元件应继续完成必要的动作,这时需要有适当容量的蓄能器作紧急动力源。

3)吸收系统脉动,缓和液压冲击

蓄能器能吸收系统压力突变时的冲击,如液压泵突然启动或停止;液压阀突然关闭或开启;液压缸突然运动或停止;也能吸收液压泵工作时的流量脉动所引起的压力脉动,相当于油路中的平滑滤波,这时需在泵的出口处并联一个反应灵敏而惯性小的蓄能器。

2. 蓄能器的结构形式

蓄能器的结构形式,通常有重力式、弹簧式和充气式等几种。目前常用的是利用气体压缩和膨胀来储存、释放液压能的充气式蓄能器。

1)活塞式蓄能器

活塞式蓄能器中的气体和油液由活塞隔开，其结构如图 5-17 所示。活塞 3 的上部为压缩空气，气体由充气阀 1 充入，其下部经油孔 a 通向液压系统，活塞 3 随下部压力油的储存和释放而在缸筒 2 内来回滑动。这种蓄能器结构简单、寿命长，它主要用于大体积和大流量。但因活塞有一定的惯性和 O 形密封圈存在较大的摩擦力，所以反应不够灵敏。

2）皮囊式蓄能器

皮囊式蓄能器中气体和油液用皮囊隔开，其结构如图 5-18 所示。皮囊用耐油橡胶制成，固定在耐高压的壳体的上部，皮囊内充入惰性气体，壳体下端的提升阀由弹簧加碟形阀构成，压力油由此通入，并能在油液全部排出时，防止皮囊膨胀挤出油口。这种结构使气、液密封可靠，并且因皮囊惯性小而克服了活塞式蓄能器响应慢的弱点，因此，它的应用范围非常广泛，其弱点是工艺性较差。

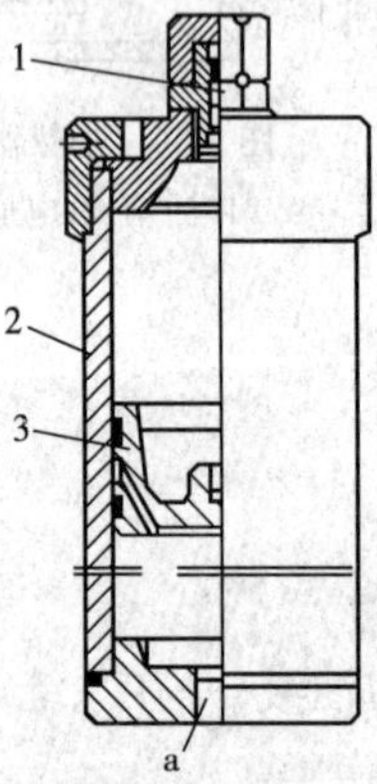

图 5-17 活塞式蓄能器

1-充气阀；2-缸筒；3-活塞

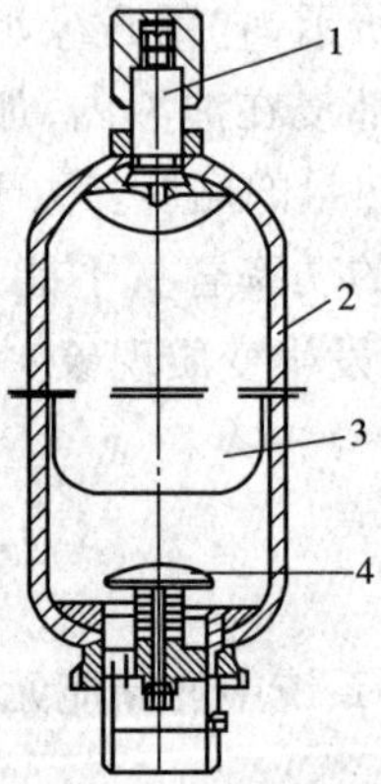

图 5-18 皮囊式蓄能器

1-充气阀；2-壳体；3-气囊；4-提升阀

3）薄膜式蓄能器

薄膜式蓄能器利用薄膜的弹性来储存、释放压力能，主要用于体积和流量较小的情况，如用作减振器、缓冲器等。

4）弹簧式蓄能器

弹簧式蓄能器利用弹簧的压缩和伸长来储存、释放压力能，它的结构简单，反应灵敏，但容量小，可用于小容量、低压回路起缓冲作用，不适用于高压或高频的工作场合。

5）重力式蓄能器

重力式蓄能器主要用冶金等大型液压系统的恒压供油，其缺点是反应慢，结构庞大，现在已很少使用。

3. 蓄能器的参数计算

容量是选用蓄能器的依据，其大小视用途而异，现以皮囊式蓄能器为例加以说明。

1）作辅助动力源时的容量计算

当蓄能器作动力源时，蓄能器储存和释放的压力油容量和皮囊中气体体积的变化量相等，而气体状态的变化遵守玻义耳定律，即

$$p_0 V_0^n = p_1 V_1^n = p_2 V_2^n \tag{5-9}$$

式中：p_0——皮囊的充气压力；

V_0——皮囊充气的体积,由于此时皮囊充满壳体内腔,故 V_0亦即蓄能器容量;

p_1——系统最高工作压力,即泵对蓄能器充油结束时的压力;

V_1——皮囊被压缩后相应于 p_1时的气体体积;

p_2——系统最低工作压力,即蓄能器向系统供油结束时的压力;

V_2——气体膨胀后相应于 p_2时的气体体积。

体积差 $\Delta V = V_2 - V_1$为供给系统油液的有效体积,将它代入式(5-9),使可求得蓄能器容量 V_0,即

$$V_0 = \left(\frac{p_2}{p_0}\right)^{1/n} V_2 = \left(\frac{p_2}{p_0}\right)^{1/n} (V_1 + \Delta V) = \left(\frac{p_2}{p_0}\right)^{1/n} \left[\left(\frac{p_2}{p_0}\right)^{1/n} V_0 + \Delta V\right] \tag{5-10}$$

由式(5-10)得

$$V_0 = \frac{\Delta V \left(\frac{p_2}{p_0}\right)^{1/n}}{1 - \left(\frac{p_2}{p_0}\right)^{1/n}} \tag{5-11}$$

充气压力 p_0在理论上可与 p_2相等,但是为保证在 p_2时蓄能器仍有能力补偿系统泄漏,则应使 $p_0 < p_2$,一般取 $p_0 = (0.8 \sim 0.85)p_2$,如已知 V_0,也可反过来求出储能时的供油体积,即

$$\Delta V = V_0 p_0{}^{1/n} \left[\left(\frac{1}{p_2}\right)^{1/n} - \left(\frac{1}{p_1}\right)^{1/n}\right] \tag{5-12}$$

在以上各式中,n 是与气体变化过程有关的指数。当蓄能器用于保压和补充泄漏时,气体压缩过程缓慢,与外界热交换得以充分进行,可认为是等温变化过程,这时取 $n = 1$;而当蓄能器作辅助或应急动力源时,释放液体的时间短,气体快速膨胀,热交换不充分,这时可视为绝热过程,取 $n = 1.4$。在实际工作中,气体状态的变化在绝热过程和等温过程之间,因此,$n = 1 \sim 1.4$。

2)用来吸收冲击用时的容量计算

当蓄能器用于吸收冲击时,其容量的计算与管路布置、液体流态、阻尼及泄漏大小等因素有关,准确计算比较困难。一般按经验公式计算缓冲最大冲击力时所需要的蓄能器最小容量,即

$$V_0 = \frac{0.004 q p_1 (0.0164L - t)}{p_1 - p_2} \tag{5-13}$$

式中:p_1——允许的最大冲击,10^5Pa;

p_2——阀口关闭前管内压力,10^5Pa;

V_0——用于冲击的蓄能器的最小容量,L;

L——发生冲击的管长,即压力油源到阀口的管道长度,m;

t——阀口关闭的时间 ,s,突然关闭时取 $t = 0$。

4. 蓄能器的安装、使用与维护

蓄能器的安装、使用与维护应注意的事项如下:

(1)蓄能器作为一种压力容器,选用时必须采用有完善质量体系保证并取得有关部门认可的产品。

(2)选择蓄能器时必须考虑与液压系统工作介质的相容性。

(3)气囊式蓄能器应垂直安装,油口向下,否则会影响气囊的正常收缩。

(4)蓄能器用于吸收液压冲击和压力脉动时,应尽可能安装在振动源附近;用于补充泄漏,使执行元件保压时,应尽量靠近该执行元件。

(5)安装在管路中的蓄能器必须用支架或支承板加以固定。

(6)蓄能器与管路之间应安装截止阀,以便于充气检修;蓄能器与液压泵之间应安装单向阀,以防止液压泵停车或卸载时,蓄能器内的液压油倒流回液压泵。

5.6 管　件

液压系统中将油管、管接头和凸缘等通称为管件,其作用是保证油路的连通,并便于拆卸、安装;根据工作压力、安装位置确定管件的连接结构;与泵、阀等连接的管件应由其接口尺寸决定管径。

1. 油管

1)油管的分类及应用

液压系统中油管的分类特点和应用场合见表5-2。

油管的分类特点和应用场合　　表5-2

种　类	特点和应用范围
钢管	价廉、耐油、抗腐、刚性好,但装配不易弯曲成形,常在拆装方便处用作压力管道,中压以上用无缝钢管,低压用焊接钢管
紫铜管	价格高,抗振能力差,易使油液氧化,但易弯曲成形,用于仪表和装配不便处
尼龙管	半透明材料,可观察流动情况,加热后可任意弯曲成形和扩口,冷却后即定形,承压能力较低,一般为2.8~8MPa
塑料管	耐油、价廉、装配方便,长期使用会老化,只用于压力低于0.5MPa的回油或泄油管路
橡胶管	用耐油橡胶和钢丝编织层制成,价格高,多用于高压管路;还有一种用耐油橡胶和帆布制成,用于回油管路

2)油管的尺寸计算

油管的内径d和壁厚可采用下列两式计算,并需圆整为标准数值,即

$$d=2\sqrt{\frac{q}{\pi[v]}} \tag{5-14}$$

$$\delta=\frac{pdn}{2[\sigma_b]} \tag{5-15}$$

式中:$[v]$——允许流速,推荐值为:吸油管为0.5~1.5m/s,回油管为1.5~2m/s,压力油管为2.5~6m/s,控制油管取2~3m/s,橡胶软管应小于4m/s;

n——安全系数,对于钢管,$p\leqslant 7$MPa时,$n=8$,7MPa$<p\leqslant 17.5$MPa时,$n=6$,$p>17.5$MPa时,$n=4$;

$[\sigma_b]$——管道材料的抗拉强度,Pa,可由《材料手册》查出。

3)油管的安装要求

(1)油管应尽量短,最好横平竖直,拐弯少,为避免管道皱折,减少压力损失,管道装配的

弯曲半径要足够大,油管悬伸较长时要适当设置管夹及支架。

(2)油管尽量避免交叉,平行管距要大于10mm,以防止干扰和振动,并便于安装管接头。

(3)软管直线安装时要有一定的余量,以适应油温变化、受拉和振动产生的 -2% ~ +4% 的长度变化的需要。弯曲半径要大于10倍软管外径,弯曲处到管接头的距离至少等于6倍外径。

2. 管接头

管接头用于管道和管道、管道和其他液压元件之间的连接。对管接头的主要要求是安装、拆卸方便,抗振动、密封性能好。

目前用于硬管连接的管接头形式主要有扩口式管接头、卡套式管接头和焊接式管接头三种。用于软管连接主要有扣压式。

1)硬管接头

硬管接头结构形式如图5-19所示,具体特点如下:

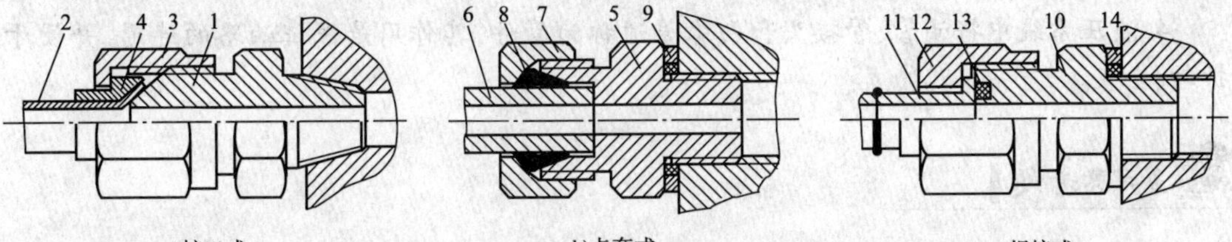

图5-19 硬管接头的连接形式

1-接头体;2-接管;3-螺母;4-卡套;5-接头体;6-接管;7-螺母;8-卡套;9-组合密封圈;10-接头体;11-接管;12-螺母;13-O形密封圈;14-组合密封圈

(1)扩口式管接头,适用于紫铜管、薄钢管、尼龙管和塑料管等低压管道的连接,拧紧接头螺母,通过管套使管子压紧密封。

(2)卡套式管接头,拧紧接头螺母后,卡套发生弹性变形便将管子夹紧,它对轴向尺寸要求不严,装拆方便,但对连接用管道的尺寸精度要求较高。

(3)焊接式管接头,接管与接头体之间的密封方式有球面、锥面接触密封和平面加O形密封圈密封两种。前者有自定位性,安装要求低,耐高温,但密封可靠性稍差,适用于工作压力不高的液压系统;后者密封性好,可用于高压系统。

此外尚有二通、三通、四通、铰接等数种形式的管接头,供不同情况下选用,具体可查阅有关手册。

2)软管接头

胶管接头随管径和所用胶管钢丝层数的不同,工作压力为6~40MPa,图5-20所示为扣压式胶管接头的具体结构。

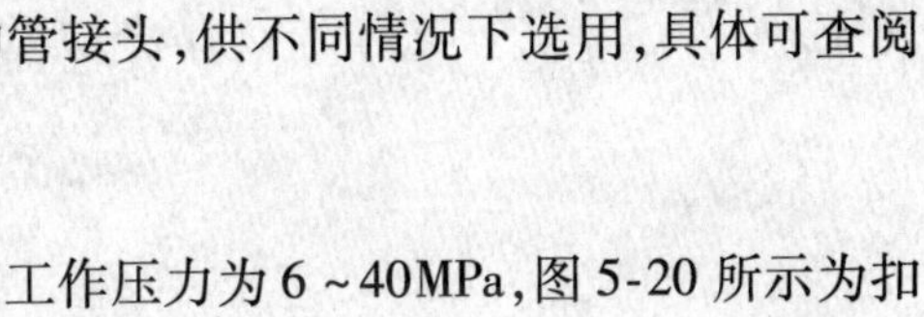

图5-20 扣压式胶管接头

液压系统中的泄漏问题大部分都出现在管系中的接头上,为此对管材的选用,接头形式的确定(包括接头设计、垫圈、密封、箍套、防漏涂料的选用等),管系的设计(包括弯管设计、管道支承点和支承形式的选取等)以及管道的安装(包括正确的运输、储存、清洗、组装等)都要慎审从事,以免影响整个液压系统的使用质量。

国外对管子材质、接头形式和连接方法上的研究工作从未间断。最近出现一种用特殊的镍钛合金制造的管接头，它能使低温下受力后发生的变形在升温时消除，即把管接头放入液氮中用心棒扩大其内径，然后取出来迅速套装在管端上，便可使它在常温下得到牢固、紧密的结合。这种"热缩"式的连接已在航空和其他一些加工行业中得到了应用，它能保证在40～55MPa 的工作压力下不出现泄漏。这是一个十分值得注意的动向。

本章小结

1. 密封是解决液压系统泄漏问题最重要、最有效的手段。

2. 过滤器按滤芯的材料和结构形式，过滤器可分为网式过滤器、线隙式过滤器，纸质滤芯式过滤器、烧结式过滤器及磁性过滤器等。

3. 蓄能器是液压系统中的储能元件，它能储存多余的压力油液，并在系统需要时释放，起应急能源、吸收脉动等作用。

4. 液压系统中将油管、管接头和凸缘等通称为管件，其作用是保证油路的连通，并便于拆卸、安装。

复习思考题

5.1　某气囊式蓄能器用作动力源，容量为3L，充气压力 $p_0 = 3.2\text{MPa}$。系统最高和最低工作压力分别为7MPa 和4MPa。试求蓄能器能够输出的油液体积。

5.2　液压系统最高和最低工作压力各是7MPa 和5.6MPa。其执行元件每隔30s 需要供油一次，每次输油1L，时间为0.5s。若用液压泵供油，该泵应有多大流量？若改用气囊式蓄能器(充气压力为5MPa)完成此工作，则蓄能器应有多大容量？向蓄能器充液的泵应有多大流量？

5.3　一单杆缸，活塞直径 $D = 10\text{cm}$，活塞杆直径 $d = 5.6\text{cm}$，行程 $L = 50\text{cm}$。现从有杆腔进油，无杆腔回油。问由于活塞的移动使有效底面积为 2000cm^2 的油箱液面高度发生多大变化？

5.4　有一液压泵向系统供油，工作压力为6.3MPa，流量为40L/min，试选定供油管尺寸。

第 6 章　液压基本回路

教学目标

1. 掌握压力控制回路、速度控制回路、方向控制回路的分类、特点及工作原理。
2. 学会分析多执行元件控制回路。

教学要点

知识要点	掌握程度	相关知识
压力调节方法	熟练	压力阀
速度换接控制方法	熟练	流量阀
换向阀中位机能	熟练	方向阀
锁紧回路	熟练	液控单向阀

随着工业现代化技术的发展，机械设备的液压传动系统为完成各种不同的控制功能有不同的组成形式，但无论何种机械设备的液压传动系统，都是由一些液压基本回路组成的。所谓基本回路就是能够完成某种特定控制功能的液压元件和管道的组成。例如用来调节液压泵供油压力的调压回路，改变执行元件工作速度的调速回路等都是常见的液压基本回路。熟悉和掌握液压基本回路的功能，有助于更好地分析、使用和设计各种液压传动系统。

6.1　压力控制回路

压力控制回路主要是借助于各种压力控制元件来控制液压系统中各条油路的压力，以达到满足各个执行机构所需的力或力矩，合理使用功率和保证系统工作安全的目的。

在选用液压基本回路时，要根据机械设备工艺要求、特点、适用场合认真考虑后选择。在一个工作循环中的某一段时间内各支路不需要新提供的液压能时，则考虑用卸荷回路；当某支路需要稳定的低于动力源的压力时，应考虑减压回路；当载荷变化较大时，应考虑多级压力控制回路；当有惯性较大的运动部件、容易产生冲击时，应考虑缓冲或制动回路；在有升降运动部件的液压系统中，应考虑平衡回路。

6.1.1　调压回路

当液压系统工作时，液压泵应向系统提供所需压力的液压油。同时，为了节省能源，减少油液发热,提高执行元件运动的平稳性,应设置调压或限压回路;当液压泵一直工作在系统的调定压力时,就要通过溢流阀调节并稳定液压泵的工作压力;在变量泵系统中或旁路节流调速系统中用溢流阀(当安全阀用)限制系统的最高安全压力;当系统在不同的工作时间内需要有不同的工作压力,可采用二级或多级调压回路。

1. 单级调压回路

如图 6-1 所示,通过液压泵 1 和溢流阀 2 的并联连接,即可组成单级调压回路。通过调节溢流阀的压力,可以改变液压泵的输出压力。当溢流阀的调定压力确定后,液压泵就在溢流阀的调定压力下工作,从而实现了对液压系统进行调压和稳压控制。如果将液压泵 1 改换为变量泵,这时溢流阀将作为安全阀来使用,液压泵的工作压力低于溢流阀的调定压力,这时溢流阀不工作,当系统出现故障,液压泵的工作压力上升时,一旦压力达到溢流阀的调定压力,溢流阀将开启,并将液压泵的工作压力限制在溢流阀的调定压力下,使液压系统不至因压力过载而受到破坏,从而保护了液压系统。

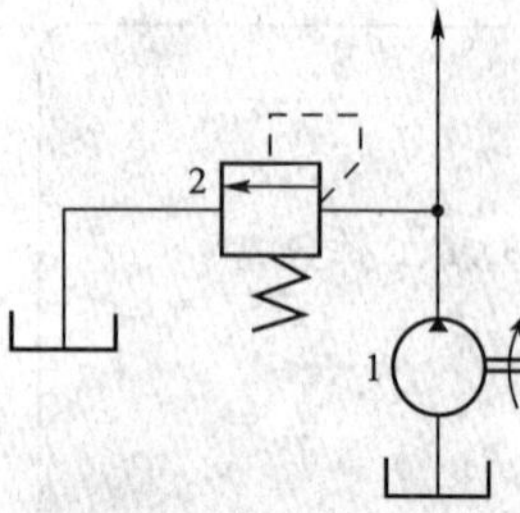

图 6-1　单级调压回路

1-液压泵;2-溢流阀

2. 二级调压回路

图 6-2 所示为二级调压回路,该回路可实现两种不同的系统压力控制。由先导型溢流阀 2 和直动型溢流阀 4 各调一级,当二位二通电磁阀 3 处于图示位置时系统压力由阀 2 调定,当阀 3 得电后处于右位时,系统压力由阀 4 调定,但要注意:阀 4 的调定压力一定要小于阀 2 的调定压力,否则不能实现;当系统压力由阀 4 调定时,先导型溢流阀 2 的先导阀口关闭,但主阀开启,液压泵的溢流流量经主阀回油箱,这时阀 4 亦处于工作状态,并有油液通过。应当指出:若将阀 3 与阀 4 对换位置,则仍可进行二级调压,并且在二级压力转换点上获得比图 6-2 所示回路更为稳定的压力转换。

3. 多级调压回路

图 6-3 所示为三级调压回路,三级压力分别由溢流阀 1、2、3 调定,当电磁铁 1YA、2YA 失电时,系统压力由主溢流阀调定。当 1YA 得电时,系统压力由阀 2 调定。当 2YA 得电时,系统压力由阀 3 调定。在这种调压回路中,阀 2 和阀 3 的调定压力要低于主溢流阀的调定压力,而阀 2 和阀 3 的调定压力之间没有什么一定的关系。当阀 2 或阀 3 工作时,阀 2 或阀 3 相当于阀 1 上的另一个先导阀。

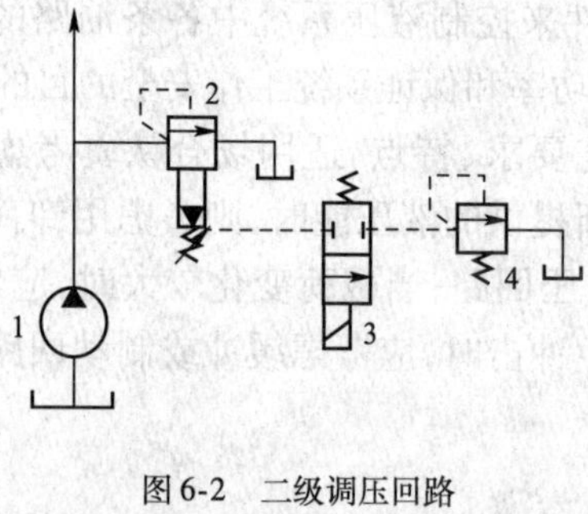

图 6-2　二级调压回路

1-定量泵;2-先导型溢流阀;3-二位二通电磁阀;4-直动型溢流阀

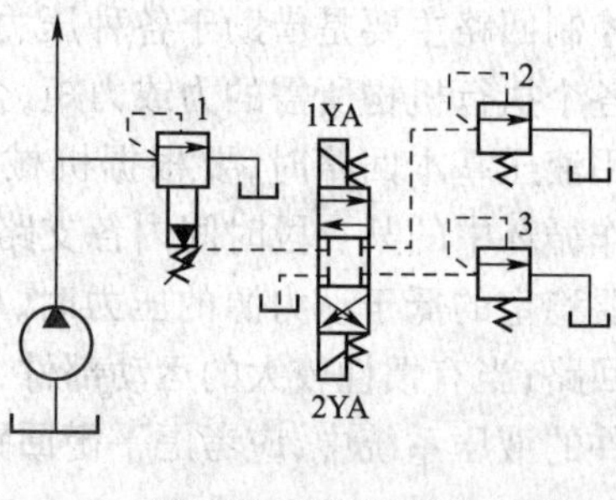

图 6-3　三级调压回路

1、2、3-溢流阀

6.1.2 增压回路

增压回路用来使系统中某一支路获得较系统压力高且流量不大的油液供应。利用增压回路,液压系统可以采用压力较低的液压泵,甚至压缩空气动力源来获得较高压力的压力油。增压回路中实现油液压力放大的主要元件是增压器,其增压比为增压器大小活塞的面积之比。

1. 单作用增压器的增压回路

图6-4所示的为单作用增压器的增压回路,它适用于单向作用力大、行程小、作业时间短的场合,如制动器、离合器等。当压力为p_1的油液进入增压器的大活塞腔时,在小活塞腔即可得到压力为p_2的高压油液,增压的倍数等于增压器大小活塞的工作面积之比。当二位四通电磁换向阀右位接入系统时,增压器的活塞返回,补油箱中的油液经单向阀补入小活塞腔。这种回路只能间断增压,一般只适用于液压缸单方向需要很大力和行程较短的场合,如铆接机的液压系统。

2. 双作用增压器的增压回路

图6-5所示为采用双作用增压器的增压回路,它能连续输出高压油,适用于增压行程要求较长的场合。泵输出的压力油经电磁换向阀左位和单向阀1进入增压器左端大、小活塞腔,右端大活塞腔的回油通油箱,右端小活塞腔增压后的高压油经单向阀4输出,此时单向阀2、3被关闭;当活塞移到右端时,电磁换向阀得电换向,活塞向左移动,左端小活塞腔输出的高压液体经单向阀3输出。这样增压缸的活塞不断往复运动,两端便交替输出高压液体,实现了连续增压。适用于双向增压,如挤压机等双向载荷相同、要求压力相同的增压回路以及水射流机床增压系统。

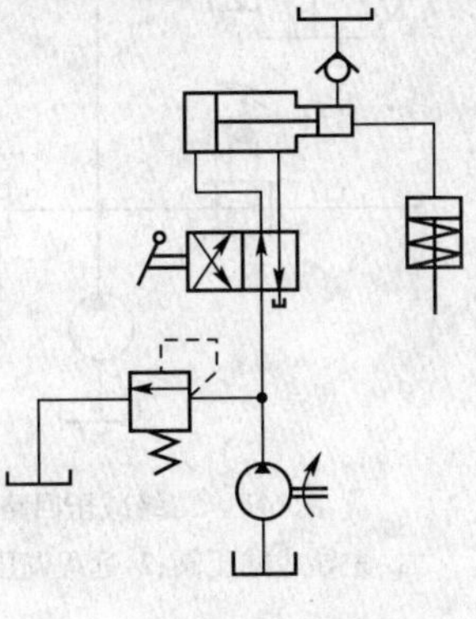

图6-4 单作用增压器增压回路

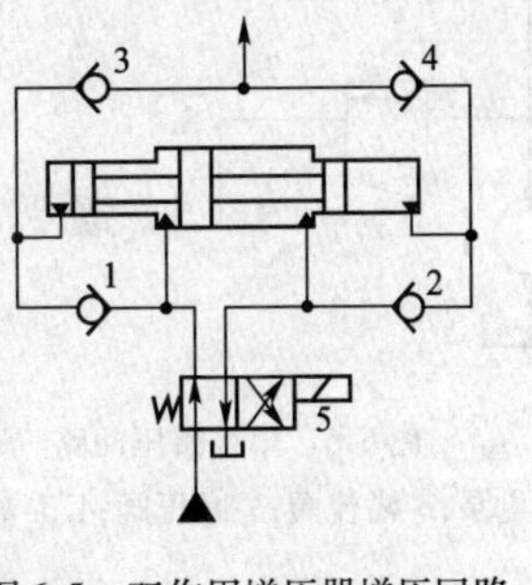

图6-5 双作用增压器增压回路
1、2、3、4-单向阀;5-电磁换向阀

6.1.3 减压回路

当泵的输出压力是高压而局部回路或支路要求低压时,可以采用减压回路,如机床液压系统中的定位、夹紧、回路分度以及液压元件的控制油路等,它们往往要求比主油路较低的压力。减压回路较为简单,一般是在所需低压的支路上串接减压阀。采用减压回路虽能方便获得某支路稳定的低压,但压力油经减压阀口时要产生压力损失,这是它的缺点。

1. 单级减压回路

最常见的单级减压回路是在所需低压的支路上串接定值减压阀,如图 6-6 所示。回路中的单向阀用于当主油路压力低于减压阀 3 的调定值时,防止液压缸 4 的压力受其干扰,起短时保压作用。

液压泵的最大工作压力由溢流阀 2 调定,液压缸 4 的工作压力由减压阀 3 调定。可以得到比油源供油压力低的稳定压力,应用在某支路需要得到低于油源设定压力情况时,如机床的夹头。减压阀 3 调定压力要在 0.5MPa 以上,但要比溢流阀 2 的调定压力至少低 0.5MPa。这样可使减压阀出口压力保持在一个稳定的范围之内。

2. 二级减压回路

图 6-7 是二级减压回路。在先导式减压阀 1 的遥控口上接入远程调压阀 2,当二位二通换向阀处于图示位置时,液压缸的压力由减压阀 1 的调定压力决定;当二位二通换向阀处于右位时,缸的压力由远程调压阀 2 的调定压力决定,阀 2 的调定压力必须低于阀 1。液压泵的最大工作压力由溢流阀调定。减压回路也可以采用比例减压阀来实现无级减压。

为了保证减压回路的工作可靠性,减压阀的最低调整压力不应小于 0.5MPa,最高调整压力至少比系统调整压力小 0.5MPa。由于减压阀工作时存在阀口的压力损失和泄漏口泄漏造成的容积损失,故这种回路不宜用在压力降或流量较大的场合。

必须指出的是,负载在减压阀出口处所产生的压力应不低于减压阀的调定压力,否则减压阀不可能起到减压、稳压作用。

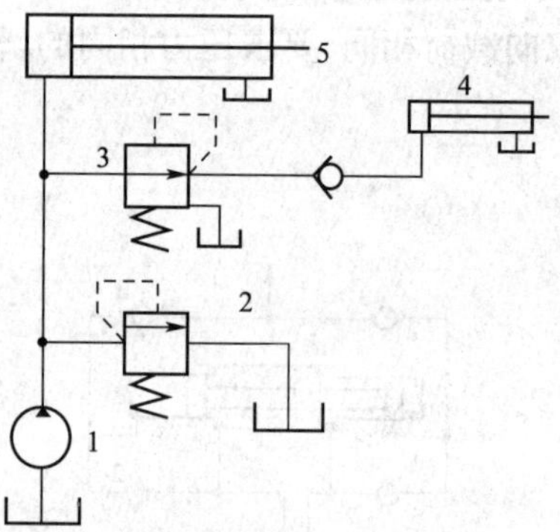

图 6-6 单级减压回路

1-定量泵;2-溢流阀;3-减压阀;4、5-液压缸

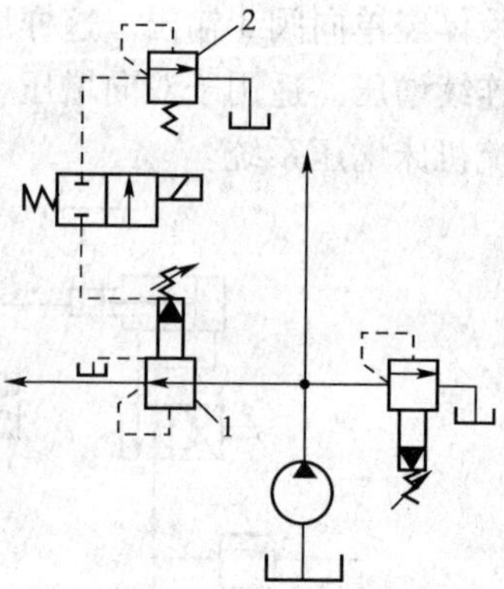

图 6-7 二级减压回路

1-先导式减压阀;2-远程调压阀

6.1.4 平衡回路

平衡回路的功能在于使执行元件的回油路上保持一定的背压值,以平衡重力负载,使之不会因自重而自行下落。

1. 采用单向顺序阀的平衡回路

图 6-8a)所示为采用单向顺序阀的平衡回路,当 1YA 得电后活塞下行时,回油路上就存在着一定的背压;只要将这个背压调得能支承住活塞和与之相连的工作部件自重,活塞就可以平稳地下落。当换向阀处于中位时,活塞就停止运动,不再继续下移。这种回路当活塞向

下快速运动时功率损失大,锁住时活塞和与之相连的工作部件会因单向顺序阀和换向阀的泄漏而缓慢下落,因此它只适用于工作部件质量不大、活塞锁住时定位要求不高的场合。

2. 采用液控顺序阀的平衡回路

图6-8b)所示为采用液控顺序阀的平衡回路。当活塞下行时,控制压力油打开液控顺序阀,背压消失,因而回路效率较高;当停止工作时,液控顺序阀关闭以防止活塞和工作部件因自重而下降。这种平衡回路的优点是只有上腔进油时活塞才下行,比较安全可靠;缺点是,活塞下行时平稳性较差。这是因为活塞下行时,液压缸上腔油压降低,将使液控顺序阀关闭。当顺序阀关闭时,因活塞停止下行,使液压缸上腔油压升高,又打开液控顺序阀。因此液控顺序阀始终工作于启闭的过渡状态,因而影响工作的平稳性。这种回路适用于运动部件质量不很大、停留时间较短的液压系统中。

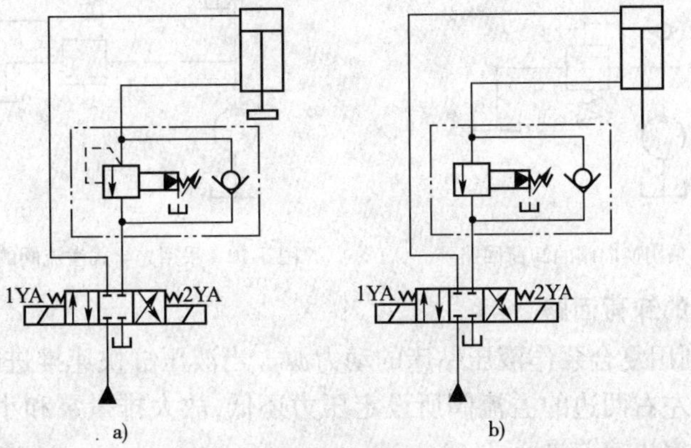

图6-8 平衡回路

6.1.5 卸荷回路

卸荷回路是在系统执行元件短时间不工作时,不频繁启停驱动泵的原动机,而使泵在很小的输出功率下运转的回路。所谓卸荷就是使液压泵在输出压力接近为零的状态下工作。因为泵的输出功率等于压力和流量的乘积,因此卸荷的方法有两种,一种是将泵的出口直接接回油箱,泵在零压或接近零压下工作;一种是使泵在零流量或接近零流量下工作。前者称为压力卸荷,后者称为流量卸荷。流量卸荷仅适用于变量泵。

1. 利用换向阀中位机能的卸荷回路

定量泵利用三位换向阀的M型、H型、K型等中位机能,可构成卸荷回路。图6-9所示为采用M型中位机能电磁换向阀的卸荷回路。当执行元件停止工作时,使换向阀处于中位,液压泵与油箱连通实现卸荷。这种卸荷回路的卸荷效果较好,回路切换时压力冲击小,但回路中必须设置单向阀,以使系统能保持1.5MPa左右的压力,供操纵控制油路之用。

2. 用先导式溢流阀的卸荷回路

图6-10所示为最常用的采用先导式溢流阀的卸荷回路。图中,先导式溢流阀的外控口处接一个二位二通常闭型电磁换向阀。当电磁阀通电时,溢流阀的外控口与油箱相通,即先导式溢流阀主阀上腔直通油箱,液压泵输出的液压油将以很低的压力开启溢流阀的溢流口

而流回油箱,实现卸荷,此时溢流阀处于全开状态(也可以采用二位二通常通阀实现失电卸荷)。卸荷压力的高低取决于溢流阀主阀弹簧刚度的大小。通过换向阀的流量只是溢流阀控制油路中的流量,只需采用小流量阀来进行控制。因此当停止卸荷,使系统重新开始工作时,不会产生压力冲击现象。这种卸荷方式适用于高压大流量系统。但电磁阀连接溢流阀的外控口后,溢流阀上腔的控制容积增大,使溢流阀的动态性能下降,易出现不稳定现象。为此,需要在两阀间的连接油路上设置阻尼装置,以改善溢流阀的动态性能。选用这种卸荷回路时,可以直接选用电磁溢流阀。

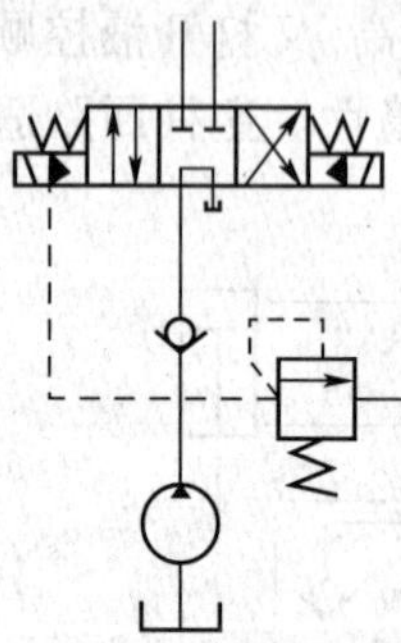

图 6-9　采用换向阀的卸荷回路

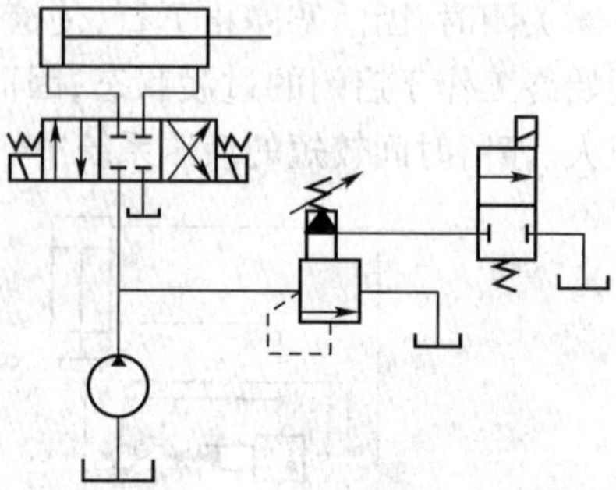

图 6-10　采用先导式溢流阀的卸荷回路

3. 采用复合泵的卸荷回路

图 6-11 所示利用复合泵作液压钻床的动力源。当液压缸快速推进时,推动液压缸活塞前进所需的压力较左右两边的溢流阀所设定压力还低,故大排量泵和小排量泵的压力油全部送到液压缸使活塞快速前进。

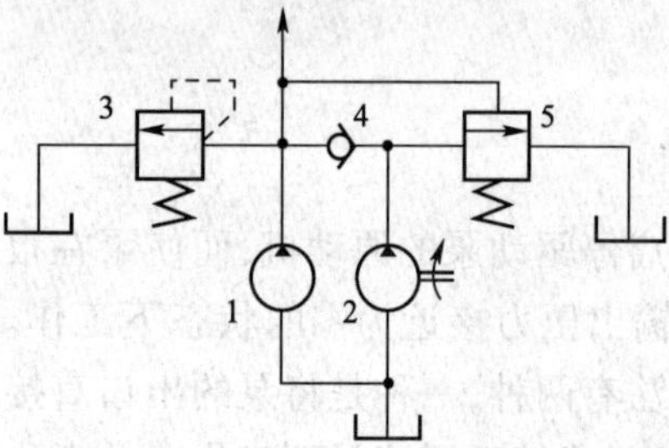

图 6-11　采用复合泵的卸荷回路

1-小排量泵;2-大排量泵;3-高压溢 流阀;4-单向阀;5-卸荷阀

当钻头和工件接触时,液压缸活塞移动速度要变慢且在活塞上的工作压力变大,此时往液压缸管路的油压力上升到比右边的卸荷阀设定的工作压力大时,卸荷阀被打开,低压大排量泵所排除的液压油经卸荷阀送回油箱。单向阀受高压油作用的关系,故低压泵所排出的油根本就不会经单向阀流到液压缸,可知在钻削进给的阶段,液压缸的油液就由高压小排量泵来供给。因为这种回路的动力几乎完全是由高压泵在消耗而已,故可达到节约能源的目的。卸荷阀的调定压力通常按照工作过程最低需要供油压力设置。

6.1.6　保压回路

保压回路的功用是,在执行元件工作循环中的某一阶段,保持系统中规定的压力。有些机械,如压力成型液压机,工作过程要求液压缸在行程终点时,保持压力一段时间,以提高制品的质量。高压系统保压时,由于液压缸和管路的弹性变形和油液压缩,储存一部分弹性能,回程如释放过快,将引起液压系统剧烈的冲击、振动和噪声,甚至导致管路和阀门的破裂,故保压后必须缓慢泄压。保压和泄压是同时考虑的问题。

1. 利用蓄能器的保压回路

图 6-12 所示为用蓄能器保压的回路。系统工作时，电磁换向阀 6 的左位通电，主换向阀左位接入系统，液压泵向蓄能器和液压缸左腔供油，并推动活塞右移，压紧工件后，进油路压力升高，升至压力继电器调定值时，压力继电器发信号使二位二通电磁阀 3 通电，通过先导型溢流阀使泵卸荷，单向阀自动关闭，液压缸则由蓄能器保压。蓄能器的压力不足时，压力继电器复位使泵重新工作。保压时间的长短取决于蓄能器的容量，调节压力继电器的通断区间即可调节缸中压力的最大值和最小值。这种回路既能满足保压工作需要，又能节省功率、减少系统发热。

图 6-13 所示为多缸系统一缸保压回路。进给缸快进时，泵压下降，但单向阀 3 关闭，把夹紧油路和进给油路隔开。蓄能器 5 用来给夹紧缸保压并补充泄漏，压力继电器 4 的作用是夹紧缸压力达到预定值时发出信号，使进给缸动作。

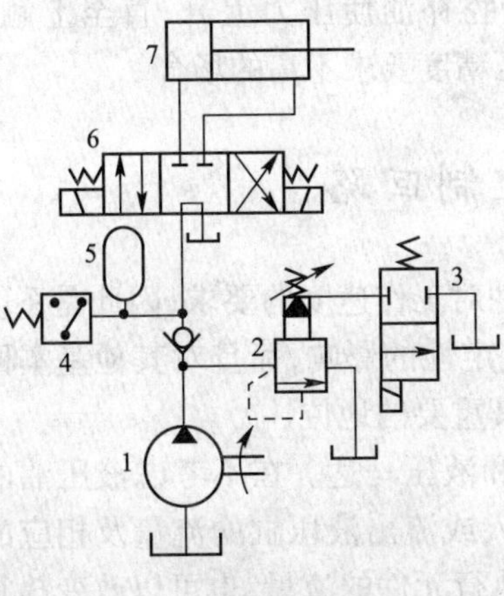

图 6-12　蓄能器保压的回路

1-液压泵；2-先导式溢流阀；3-二位二通电磁阀；4-压力继电器；5-蓄能器；6-电磁换向阀；7-液压缸

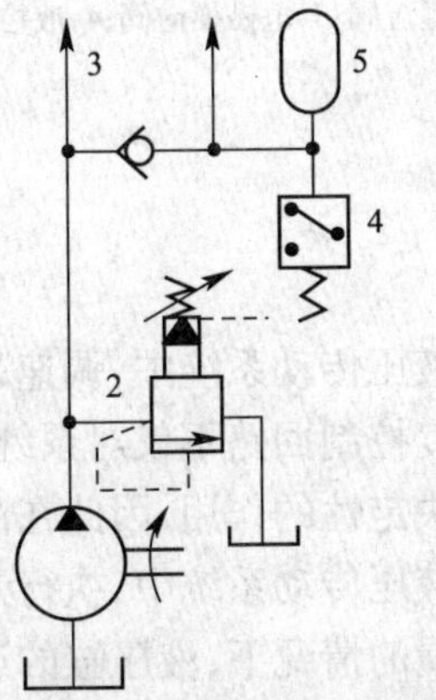

图 6-13　多缸系统一缸保压回路

1-定量泵；2-先导式溢流阀；3-单向阀；4-压力继电器；5-蓄能器

2. 利用液压泵的保压回路

如图 6-14 所示，在回路中增设一台小流量高压补油泵 8，组成双泵供油系统。

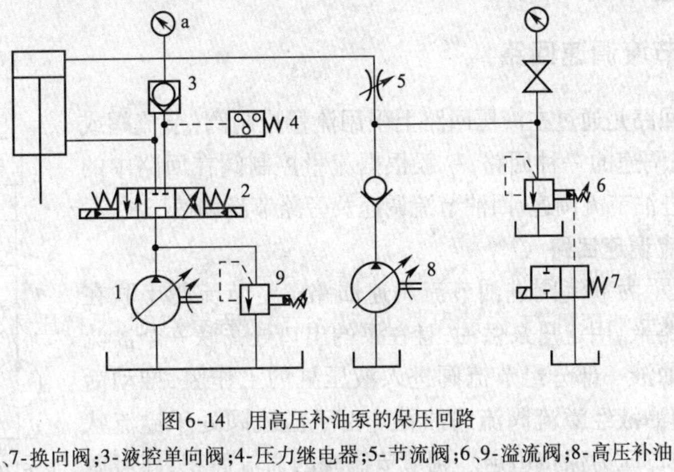

图 6-14　用高压补油泵的保压回路

1-主泵；2、7-换向阀；3-液控单向阀；4-压力继电器；5-节流阀；6、9-溢流阀；8-高压补油泵当液压缸加压完毕要求保压时，由压力继电器4发讯，换向阀2处于中位，主泵1卸载，同时二位二通换向阀7处于左位，由高压补油泵8向封闭的保压系统a点供油，维持系统压力稳定。由于高压补油泵只需补偿系统的泄漏量，可选用小流量泵，功率损失小。压力稳定性取决于溢流阀6的稳压精度。

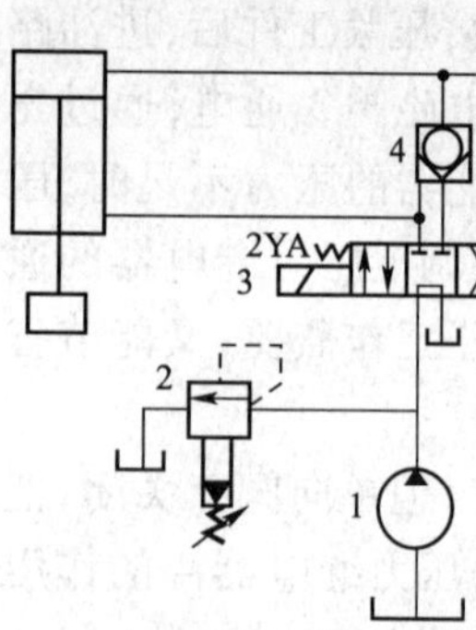

图6-15　采用液控单向阀的保压回路
1-泵；2-溢流阀；3-电磁换向阀；4-液控单向阀

3. 利用液控单向阀的保压回路

图6-15所示为采用液控单向阀和电接触式压力表的自动补油式保压回路，当1YA通电时，换向阀右位接入回路，液压缸上腔压力升至电接触式压力表上触点调定的压力值时，上触点接通，1YA断电，换向阀切换成中位，泵卸荷，液压缸由液控单向阀保压。当缸上腔压力下降至下触头调定的压力值时，压力表又发出信号，使1YA通电，换向阀右位接入回路，泵向液压缸上腔补油使压力上升，直至上触点调定值。这种回路用于保压精度要求不高的场合。

6.2　速度控制回路

在液压传动系统中，调速是为了满足执行元件对工作速度的要求，因此是系统的核心问题。速度控制回路不仅对系统的工作性能起着决定性的影响，而且对其他基本回路的选择也起着决定性的作用，因此在液压系统中占有极其重要的地位。

在液压传动系统中，执行元件主要是液压缸和液压马达。在不考虑液压油的压缩性和元件泄漏的情况下，液压缸的运动速度取决于流入或流出液压缸的流量及相应的有效工作面积。要调节液压缸的工作速度，可以改变输入执行元件的流量，也可以改变执行元件的有效工作面积。对于确定的液压缸来说，改变其有效工作面积是比较困难的，因此，通常用改变液压缸的输入流量的方法来调节速度。

为了改变进入执行元件的流量，可采用定量泵和溢流阀构成的恒压源与流量控制阀的方法，也可以采用变量泵供油的方法。目前，调速回路主要有节流调速回路、容积调速回路和容积节流调速回路。

6.2.1　节流调速回路

节流调速回路是通过在液压回路上采用流量控制阀（节流阀或调速阀）来实现调速的一种回路，一般根据流量控制阀在回路中的位置不同分为进油节流调速、回油节流调速及旁路节流调速三种。

1. 进油节流调速回路

图6-16所示为节流阀进油节流调速回路。将节流阀串联在液压缸的进油路上，用定量泵供油，且在泵的出口处并联一个溢流阀。泵输出的油液一部分经节流阀进入液压缸的工作腔，推动活塞运动，多余的油液经溢流阀流回油箱。由于溢流阀处于溢流状态，因此泵的出口压力保持恒定。调节节流阀的通流面积，即可调

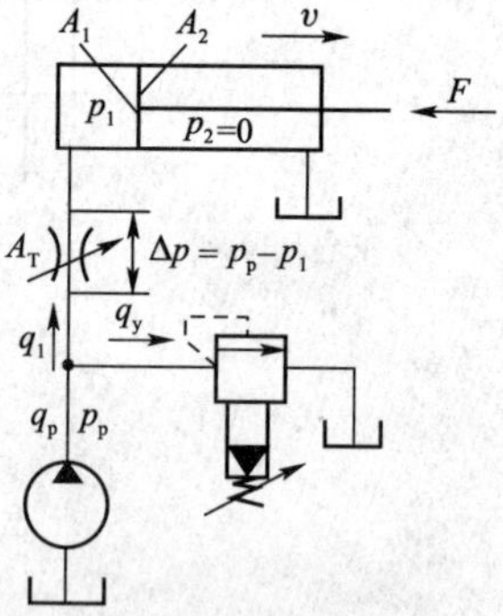

图6-16　进油节流调速回路

节通过节流阀的流量,从而调节液压缸的工作速度。

1)速度负载特性

进油节流调速回路的工作原理如下:

(1)液压缸要克服负载 F 而运动,其工作腔的油液必须具有一定的工作压力,即稳定工作时活塞的受力平衡方程为

$$p_1A_1 = p_2A_2 + F \tag{6-1}$$

式中:F——液压缸的负载;

A_1、A_2——液压缸无杆腔和有杆腔的有效面积;

p_1、p_2——液压缸进油腔、回油腔的压力。

当回油腔直接通油箱时,可设$p_2 \approx 0$,故液压缸无杆腔压力为

$$p_1 = \frac{F}{A_1} \tag{6-2}$$

这说明液压缸工作压力p_1取决于负载,随负载变化。

(2)为了保证油液通过节流阀进入执行元件,节流阀上必须存在一个压力差 Δp,即泵的出口压力 p_p 必须大于液压缸工作压力p_1,即

$$p_p = p_1 + \Delta p$$

(3)调节通过节流阀的流量q_1,才能调节液压缸的工作速度。因此定量泵多余的油液 q_y 必须经溢流阀流回油箱。必须指出,溢流阀溢流是该回路能调速的必要条件。注意,如果溢流阀不能溢流,定量泵的流量 q_y 只能全部进入液压缸,而不能实现调速功能。根据连续性方程,有

$$q_p = q_1 + q_y = 常数$$

进入液压缸的流量q_1越小,液压缸的工作速度就越低,溢流量 q_y 也就越大。

(4)溢流阀工作在溢流状态,因此泵的出口压力 p_p 保持恒定。

(5)经节流阀进入液压缸的流量 q_1 为

$$q_1 = KA_T\,\Delta p^m = KA_T\left(p_p - \frac{F}{A_1}\right)^m \tag{6-3}$$

式中:A_T——节流阀的通流面积;

Δp——节流阀两端的压力差;

K——节流阀的流量系数,对薄壁孔,对细长孔 $K = C_d\sqrt{\frac{2}{\rho}}$,其中,$C_d$为流量系数,$\rho$、$\mu$ 分别为液体密度和动力黏度;d、L 为细长孔直径和长度;

m——节流指数,$0.5 < m < 1$,对薄壁孔 $m = 0.5$,对细长孔 $m = 1$。

调节节流阀通流面积 A_T,即可改变通过节流阀的流量q_1,从而调节液压缸的工作速度。

根据上述讨论,液压缸的运动速度为

$$v = \frac{q_1}{A_1} = \frac{KA_T}{A_1}\left(p_p - \frac{F}{A_1}\right)^m \tag{6-4}$$

式(6-4)称为进油节流调速回路的速度—负载特性方程。由此式可知,液压缸的工作速度是节流阀通流面积 A_T和液压缸负载 F 的函数,当 A_T不变时,活塞的运动速度 v 受负载 F

变化影响；液压缸的运动速度 v 与节流阀的通流面积 A_{T} 成正比，调节 A_{T} 就可调节液压缸的速度。这种回路调速范围比较大，最高速度比可达 100 左右。

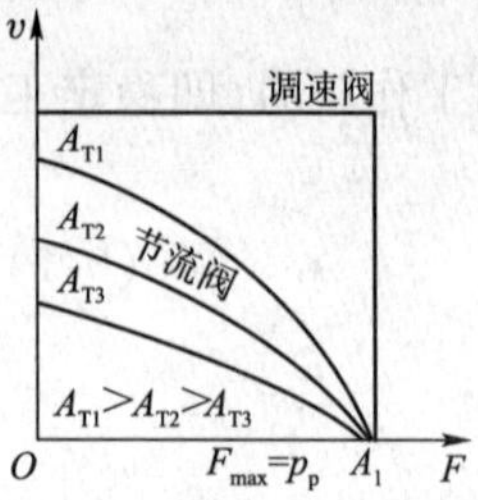

图 6-17　进油节流调速回路速度 - 负载特性

图 6-17 所示为进油节流调速回路的速度负载特性曲线，它是根据进油节流调速回路在节流阀的不同开口情况绘制出来的。这组曲线表示液压缸运动速度随负载变化的规律，曲线越陡，说明负载变化对速度的影响越大，即速度刚度越差。从图中可以看出：当节流阀通流面积 A_{T} 一定时，负载 F 大的区域，曲线陡，速度刚度差，而负载 F 越小，曲线越平缓，速度刚度越好；在相同负载下工作时，A_{T} 越大，速度刚度越小，即速度高时速度刚度差；特性曲线交汇于横坐标轴上的一点，该点对应的 F 值为最大负载，这说明速度调节不会改变回路的最大承载能力 $F_{\max}$。因最大负载时缸停止运动（$\Delta p=0, v=0$），由式（6-4）可知，该回路的最大承载能力为 $F_{\max}=p_{\mathrm{p}}A_1$。

进油节流调速回路的速度刚性为

$$k_v=-\frac{\partial F}{\partial v}=\frac{A_1^{1+m}}{mKA_{\mathrm{T}}\,(p_{\mathrm{p}}A_1-F)^{m-1}}=\frac{p_{\mathrm{p}}A_1-F}{mv} \tag{6-5}$$

由式（6-5）可知，提高系统压力、增大液压缸工作面积均可提高速度刚度。由式（6-5）还可知，小负载、低速时，速度刚性大，速度稳定性好。

2）功率特性

进油节流调速回路中，泵的供油压力 p_{p} 由溢流阀确定，所以液压泵的输出功率，即回路输入功率为一常值，即

$$P_{\mathrm{p}}=p_{\mathrm{p}}q_{\mathrm{p}} \tag{6-6}$$

回路输出功率，即液压缸输出的有效功率为

$$P_1=Fv=\frac{Fq_1}{A_1}=p_1q_1 \tag{6-7}$$

回路的功率损失 ΔP 为

$$\Delta p=P_{\mathrm{p}}-P_1=p_{\mathrm{p}}q_{\mathrm{p}}-p_1q_1=p_{\mathrm{p}}(q_1+q_{\mathrm{y}})-(p_{\mathrm{p}}-\Delta p)q_1=p_{\mathrm{p}}q_{\mathrm{y}}+\Delta pq_1 \tag{6-8}$$

这种调速回路的功率损失由溢流损失 $p_{\mathrm{p}}q_{\mathrm{y}}$ 和节流损失 Δpq_1 两部分组成。溢流损失是在液压泵的输出压力 p_{p} 下，流量 q_{y} 流经溢流阀产生的功率损失，而节流损失是流量 q_1 在压差 Δp 下流经节流阀产生的功率损失。

回路效率为

$$\eta_{\mathrm{c}}=\frac{P_1}{P_{\mathrm{P}}}=\frac{Fv}{P_{\mathrm{P}}q_{\mathrm{P}}}=\frac{p_1q_1}{P_{\mathrm{P}}q_{\mathrm{P}}} \tag{6-9}$$

由于回路中存在溢流损失和节流损失这样两种功率损失，所以回路效率比较低，特别是在低速、轻载场合，效率更低。为了提高效率，实际工作中应尽量使液压泵的流量 q_{p} 接近液压缸的流量 q_1。特别是当液压缸需要快速和慢速两种运动时，应采用双泵供油。

进油节流调速回路适用于轻载、低速、负载变化不大和对速度稳定性要求不高的小功率场合。

2. 回油节流调速回路

图 6-18 所示为回油节流调速回路，这种调速回路是将节流阀串接在液压缸的回油路

上，定量液压泵的供油压力由溢流阀调定并基本上保持恒定不变。该回路的调节原理是：借助节流阀控制液压缸的回油量 q_2，实现速度的调节。

$$\frac{q_1}{A_1}=v=\frac{q_2}{A_2}$$

或

$$q_1=\frac{A_1}{A_2}q_2 \tag{6-10}$$

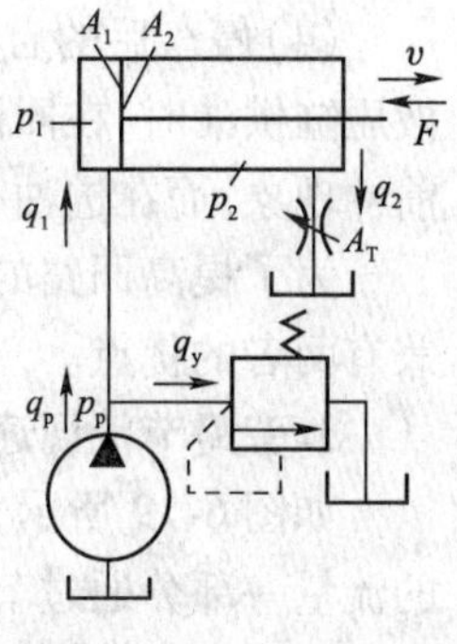

图 6-18 回油节流调速回路

由上式可知，用节流阀调节流出液压缸的流量 q_2，也就调节了流入液压缸的流量 q_1。定量液压泵多余的油液经溢流阀流回油箱。溢流阀处于溢流状态，液压泵的出口压力 p_p 保持恒定，且 $p_1=p_p$。

稳定工作时，活塞的受力平衡方程为

$$p_pA_1=p_2A_2+F \tag{6-11}$$

由于节流阀两端存在压差，因此在液压缸有杆腔中形成背压 p_2，由式(6-11)可知，负载 F 越小，背压 p_2 越大，当负载 $F=0$ 时，则

$$p_2=\frac{A_1}{A_2}p_p \tag{6-12}$$

液压缸的运动速度，亦即速度—负载特性方程为

$$v=\frac{q_2}{A_2}=\frac{KA_T}{A_2}\left(\frac{A_1}{A_2}p_p-\frac{F}{A_2}\right)^m \tag{6-13}$$

式中：A_2——液压缸有杆腔的有效面积；

q_2——通过节流阀的流量。

其他符号意义与式(6-3)相同。

比较式(6-4)和式(6-13)可以发现，回油节流阀调速与进油节流阀调速的速度—负载特性基本相同，若液压缸两腔有效面积相同，则两种节流阀调速回路的速度—负载特性就完全一样了。因此，前面对进油节流阀调速回路的分析和结论都适用于本回路。

进油节流调速回路与回油节流调速回路虽然流量特性与功率特性基本相同，但也在某些方面有不同之处，主要有以下几点：

(1)承受负负载的能力不同。回油节流调速回路的节流阀使液压缸的回油腔形成一定的背压($p_2\neq0$)，因而能承受负负载(负负载是与活塞运动方向相同的负载)，并提高了液压缸的速度平稳性。而进油节流调速回路则要在回油路上设置背压阀后，才能承受负负载，但是需要提高调定压力，功率损失大。

(2)实现压力控制的难易程度不同。进油节流调速回路容易实现压力控制。当工作部件在行程终点碰到死挡铁后，液压缸的进油腔压力会上升到等于液压泵的供油压力，利用这个压力变化，可使并联于此处的压力继电器发出信号，实现对系统的动作控制。回油节流调速时，液压缸进油腔压力没有变化，难以实现压力控制。虽然工作部件碰到死挡铁后，液压缸的回油腔压力下降为零，可利用这个变化值使压力继电器失压复位，对系统的下一步动作实现控制，但可靠性差，一般不采用。

(3)调速性能不同。若回路使用单杆液压缸，无杆腔进油流量大于有杆腔回油流量。故

在缸径、缸速相同的情况下，进油节流调速回路的节流阀开口较大，低速时不易堵塞。因此，进油节流调速回路能获得更低的稳定速度。

(4)停车后的启动性能不同。长期停车后液压缸内的油液会流回油箱，当液压泵重新向液压缸供油时，在回油节流阀调速回路中，由于进油路上没有节流阀控制流量，活塞会出现前冲现象；而在进油节流阀调速回路中，活塞前冲很小，甚至没有前冲。

为了提高回路的综合性能，一般常采用进油节流阀调速，并在回油路上加背压阀；使其兼有两者的优点。

3. 旁路节流调速回路

如图6-19所示，这种回路把节流阀接在与执行元件并联的旁油路上。定量液压泵输出的流量一部分通过节流阀溢回油箱，一部分进入液压缸，使活塞获得一定的运动速度。通过调节节流阀的通流面积 A_T，就可调节进入液压缸的流量，即可实现调速。溢流阀作安全阀用，正常工作时关闭，过载时才打开，其调定压力为最大工作压力的1.1~1.2倍。

在工作过程中，定量液压泵的压力随负载而变化。设液压泵的理论流量为 q_t，液压泵的泄漏系数为 k_1，其他符号意义同前，则液压缸的运动速度为

$$v = \frac{q_1}{A_1} = \frac{q_t - k_1 \dfrac{F}{A_1} - KA_T\left(\dfrac{F}{A_1}\right)^m}{A_1} \tag{6-14}$$

按式(6-14)选取不同的 A_T 值可作出一组速度—负载特性曲线，如图6-20所示。由曲线可知，当节流阀通流面积一定而负载增加时，速度下降较前两种回路更为严重，即特性很软，速度稳定性很差；在重载高速时，速度刚度较好，这与前两种回路恰好相反。其最大承载能力随节流口 A_T 的增加而减小，即旁路节流调速回路的低速承载能力很差，调速范围也小。

这种回路只有节流损失而无溢流损失；泵压随负载的变化而变化，节流损失和输入功率也随负载变化而变化。因此，本回路比前两种回路效率高。

由于本回路的速度—负载特性很软，低速承载能力差，故其应用比前两种回路少，只用于高速、重载、对速度平稳性要求不高的较大功率的系统，如牛头刨床主运动系统、输送机械液压系统等。

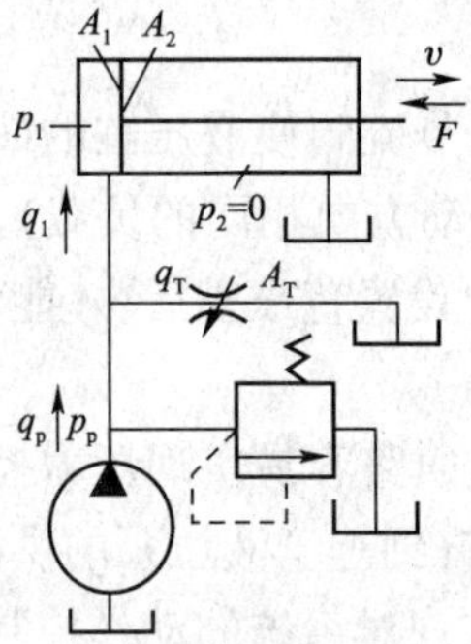

图6-19 旁路节流调速回路

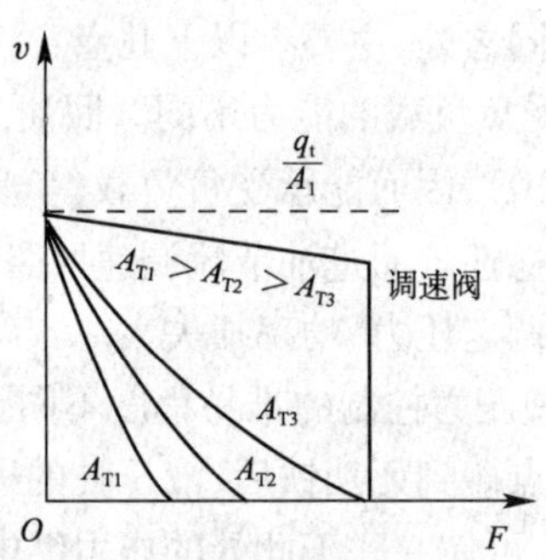

图6-20 速度—负载特性

6.2.2 容积调速回路

节流调速回路由于有节流损失和溢流损失，所以只适用于小功率系统。容积调速回路

主要是利用改变变量液压泵的排量或改变变量液压马达的排量来实现调速的，其主要优点是没有节流损失和溢流损失，因而效率高，系统温升小，适用于大功率系统。

容积调速回路根据油液的循环方式有开式回路和闭式回路两种。在开式回路中，液压泵从油箱吸油，执行元件的回油直接回油箱，油液能得到较好的冷却，便于沉淀杂质和析出气体，但油箱体积大，空气和污染物侵入油液的机会增加，侵入后影响系统正常工作。在闭式回路中，执行元件的回油直接与液压泵的吸油腔相连，结构紧凑，只需较小的补油箱，空气和脏物不易混入回路，但油液的散热条件差，为了补偿回路中的泄漏，并进行换油冷却，需附设补油泵。

容积调速回路按照动力元件与执行元件的不同组合可以分为变量液压泵和定量执行元件的容积调速回路，定量液压泵和变量液压马达的容积调速回路以及变量液压泵和变量液压马达的容积调速回路三种基本形式。

1. 变量液压泵和定量执行元件组成的容积调速回路

图6-21所示是变量液压泵和定量执行元件组成的容积调速回路。图6-21a）所示为变量液压泵和液压缸组成的开式回路。图6-21b）所示为变量液压泵和定量液压马达组成的闭式回路。显然，改变变量液压泵的排量即可调节液压缸的运动速度和液压马达的转速。两图中的溢流阀2均起安全阀作用，用于防止系统过载；单向阀3用来防止停机时油液倒流入油箱和空气进入系统。

这里重点讨论变量液压泵和定量液压马达容积调速回路。在图6-21b）中，为了补偿泵1和定量液压马达7的泄漏，增加了补油液压泵8。补油液压泵8将冷油送入回路，而从溢流阀9溢出回路中多余的热油，进入油箱冷却。补油液压泵的工作压力由溢流阀9来调节。补油液压泵的流量为主液压泵的10%～15%，工作压力为0.5～1.4MPa。

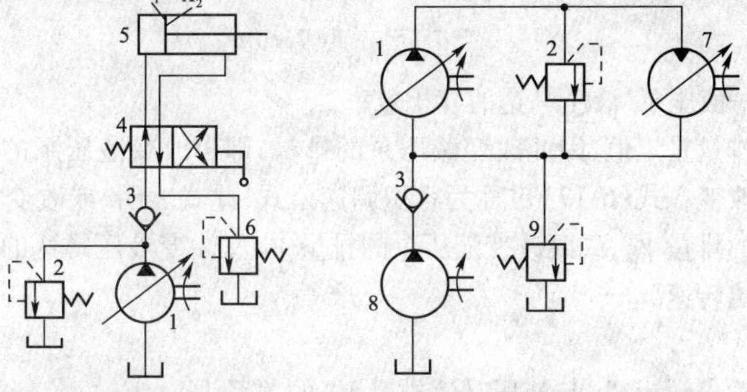

a)变量液压泵—缸回路　　b)变量液压泵—定量液压马达回路

图6-21　变量液压泵和定量执行元件的容积调速回路

1-变量液压泵；2、9-溢流阀；3-单向阀；4-换向阀；5-液压缸；6-背压阀；7-定量液压马达；8-补油液压泵

1）速度—负载特性

在图6-21b）回路中，引入液压泵和液压马达的泄漏系数，不考虑管道的泄漏和压力损失时，可得此回路的速度—负载特性方程为

$$n_M = \frac{q_P}{V_M} = \frac{V_P n_P - k_1 p_P}{V_M} = \frac{V_P n_P - k_1 2\pi T_M \cdot \dfrac{1}{V_M}}{V_M} \tag{6-15}$$

相应的速度刚度为

$$k_v = -\frac{\partial T_M}{\partial n_M} = \frac{V_M^2}{2\pi k_1} \tag{6-16}$$

式中:k_1——液压泵和液压马达的泄漏系数之和;

n_p——变量液压泵的转速;

p_P——液压泵的工作压力,亦即液压马达的工作压力;

V_P、V_M——变量液压泵、液压马达的排量;

n_M、T_M——液压马达的输出转速、输出转矩。

此回路的速度—负载特性曲线如图6-22a)所示。由图可见,由于变量液压泵、液压马达有泄漏,液压马达的输出转速 n_M 会随负载 T_M 的加大而减小,即速度刚性要受负载变化的影响。负载增大到某值时,液压马达停止运动(图6-22a)中的 T'_M),表明这种回路在低速下的承载能力很差。所以在确定回路的最低速度时,应将这一速度排除在调速范围之外。

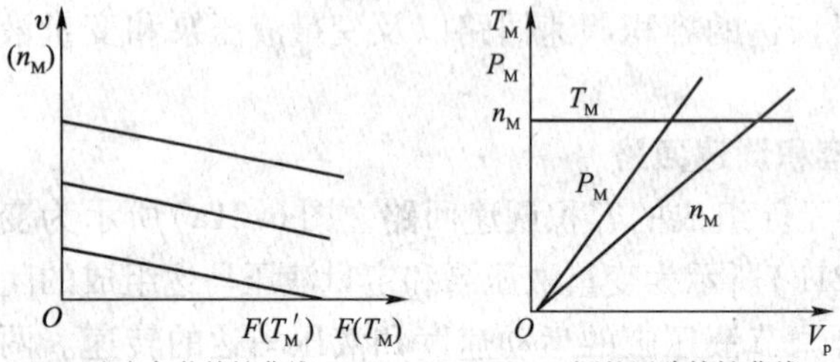

a)速度负载特性曲线　b)调整回路特性曲线

图6-22　变量液压泵—定量液压马达调速回路特性

液压马达的排量是定值,因此改变液压泵的排量,即可改变液压泵的输出流量,液压马达的转速也随之改变。

2)转速特性

在图6-22b)中,若采用容积效率、机械效率表示液压泵和液压马达的损失和泄漏,则液压马达的输出转速 n_M 与变量液压泵排量 V_p 的关系为

$$n_M = \frac{q_p}{V_M} = \frac{V_P}{V_M} n_P \eta_{PV} \eta_{MV} \tag{6-17}$$

式中:η_{PV}、η_{MV}——液压泵、液压马达的容积效率。

液压马达的排量是定值,因此改变液压泵的排量,即可改变液压泵的输出流量,液压马达的转速也随之改变。式(6-17)也称为容积调速公式,此式表明,或改变液压泵的排量 V_P,或改变液压马达的排量 V_M,或既改变液压泵的排量 V_P 又改变液压马达的排量 V_M 都可以调节液压马达的输出转速 n_M。

3)转矩特性

液压马达的输出转矩 T_M 与液压马达排量 V_M 的关系为

$$T_M = \frac{\Delta p_M V_M}{2\pi} \eta_{Mm} \tag{6-18}$$

式中:Δp_M——液压马达进出口的压差;

η_{Mm}——液压马达的机械效率。

上式表明,液压马达的输出转矩 T_M 与液压泵的排量 V_p 无关,不会因调速而发生变化。若系统的负载转矩恒定,则回路的工作压力 p 恒定不变(即 Δp_M 不变),此时液压马达的输出转矩 T_M 恒定,故此回路又称为“等转矩调速回路”。

4)功率特性

液压马达的输出功率 P_M 与变量液压泵排量 V_p 的关系为

$$P_M = T_M 2\pi n_M = \Delta p_M V_M n_M \tag{6-19}$$

或

$$P_M = T_M 2\pi n_M = \Delta p_M V_p n_p \eta_{PV} \eta_{Mm} \eta_{MV} \tag{6-20}$$

上式表明，液压马达的输出功率 P_M 与液压马达的转速成正比，亦即与液压泵的排量 V_p 成正比。

上述的三个特性曲线如图 6-22b）所示。必须指出，由于液压泵和液压马达存在泄漏，所以当 V_p 还未调到零值时，n_M、T_M 和 P_M 已都为零值。这种回路调速范围大，可持续实现无级调速，一般用于如机床上作直线运动的主运动（刨床、拉床等）。

2. 定量液压泵和变量液压马达组成的容积调速回路

图 6-23a）所示为定量液压泵和变量液压马达组成的容积调速回路，在这种容积调速回路中，液压泵的排量 V_p 和转速 n_p 均为常数，输出流量不变，辅助液压泵 4，溢流阀 3、5 的作用同变量液压泵—定量液压马达调速回路中的一样。该回路通过改变变量液压马达的排量 V_M 来改变液压马达的输出转速 n_M。当负载恒定时，回路的工作压力 p 和液压马达输出功率 P_M 都恒定不变，而液压马达的输出转矩 T_M 与液压马达的排量 V_M 成正比变化，液压马达的转速 n_M 与其排量 V_M 成反比（按双曲线规律）变化，其调速特性如图 6-23b）所示。

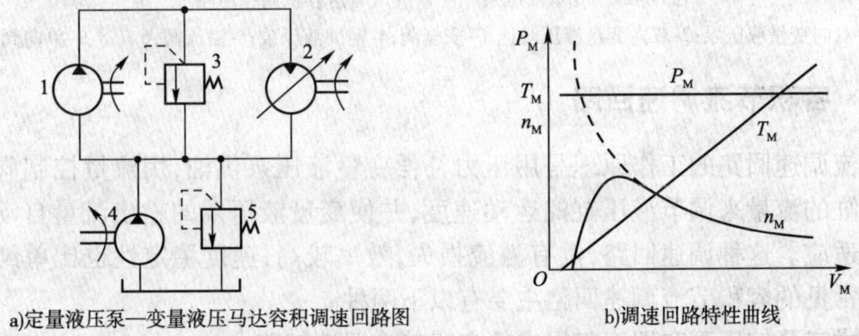

图 6-23 定量液压泵—变量液压马达调速回路

1-定量液压泵；2-变量液压马达；3-溢流阀；4-辅助液压泵；5-溢流阀

从图中可知，输出功率 P_M 不变，故此回路又称“恒功率调速回路”。

当液压马达排量 V_M 减小到一定程度，输出转矩 T_M 不足以克服负载时，液压马达便停止转动，这样不仅不能在运转过程中使液压马达通过 $V_M=0$ 点的方法来实现平稳的反向，而且其调速范围也很小，这种回路很少单独使用。

3. 变量液压泵和变量液压马达组成的容积调速回路

图 6-24 所示为采用双向变量液压泵和双向变量液压马达的容积调速回路。改变双向变量液压泵 1 的供油方向，可使双向变量液压马达 2 正转或反转。在图 6-24a）中，回路左侧的两个单向阀 6 和 8 用于使辅助液压泵 4 能双向补油，补油压力由溢流阀 5 调定。右侧两个单向阀 7 和 9 使安全阀 3 在双向变量液压马达 2 的正反两个方向都能起过载保护作用。

这种调速回路实际上是上述两种容积调速回路的组合。由于液压泵和液压马达的排量均可改变，故增大了调速范围，其调速特性曲线如图 6-24b）所示。在工程中，一般都要求执行元件在启动时有低转速和大的输出转矩，而在正常工作时都希望有较高的转速和较小的输出转矩。因此，这种回路在使用时，在低速段，将双向变量液压马达的排量调到最大，使双向变量液压马达能够获得最大的输出转矩，然后通过调节双向变量液压泵的输出流量来调节双向变量液压马达的转速。随着转速升高，双向变量液压马达的输出功率也随之增加。在此过程中，双向变量液压马达的转矩不变，这一段是变量液压泵和定量液压马达容积调速方式。在高速段，使双向变量液压泵处于最大排量状态，然后调节双向变量液压马达的排量来调节双向变量液压马达转速，随着双向变量液压马达转速的升高，输出转矩随之降低，双向变量液压马达的输出功率保持不变，这一段是定量液压泵和变量液压马达容积调速方式。

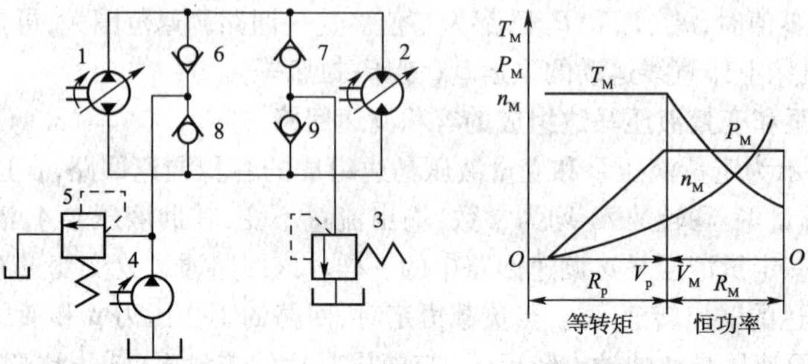

a)变量液压泵—变量液压马达容积调速回路　　b)调速回路特性曲线

图 6-24　变量液压泵—变量液压马达容积调速回路

1-双向变量液压泵；2-双向变量液压马达；3-安全阀；4-辅助液压泵；5-溢流阀；6、7、8、9-单向阀

6.2.3　容积节流调速回路

容积节流调速回路的工作原理是用压力补偿变量液压泵供油，用流量控制阀调定进入或流出液压缸的流量来调节液压缸的运动速度，并使变量液压泵的输出流量自动与液压缸所需流量相适应。这种调速回路，没有溢流损失，效率较高，速度稳定性也比单纯的容积调速回路好。常见的容积节流调速回路主要有以下两种。

1. 限压式变量液压泵和调速阀组成的容积节流调速回路

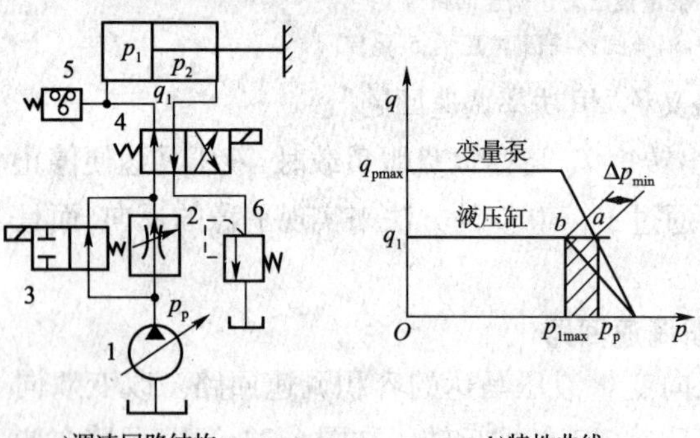

a)调速回路结构　　b)特性曲线

图 6-25　限压式变量泵与调速阀联合调速回路

1-限压式变量液压泵；2-调速阀；3-二位二通电磁换向阀；4-二位四通电磁换向阀；5-压力继电器；6-背压阀

图 6-25a) 所示为限压式变量液压泵和调速阀组成的容积调速回路。在这种回路中，由限压式变量液压泵 1 供油，为获得更低的稳定速度，一般将调速阀 2 安装在进油路中，回油路中装有背压阀 6。空载时液压泵以最大流量进入液压缸使其快进，进入工作进给（简称工进）时，电磁阀 3 通电使其所在油路断开，压力油经调速阀 2 流入液压缸内。工进结束后，压力继电器 5 发出信号，使阀 3 和阀 4 换向，调速阀被短接，液压缸快退，油液经背压阀 6 返回油箱，调速阀 2 也可放在回油路上，但对单杆液压缸，为获得更低的稳定速度，应放在进油路上。

当回路处于工进阶段时，液压缸的运动速度由调速阀中节流阀的通流面积 A_T 来控制。

变量液压泵的输出流量 q_p 和供油压力 p_p 自动保持相应的恒定值。由于这种回路中液压泵的供油压力基本恒定,因此也称之为定压式容积节流调速回路。

图6-25b)所示为回路的调速特性曲线。由图可见,限压式变量液压泵压力—流量特性曲线上的点 a 是液压泵的工作点,液压泵的供油压力为 p_p,流量为 q_1。调速阀在某一开度下的压力—流量特性曲线上的点 b 是调速阀(液压缸)的工作点,压力为 p_1,流量为 q_1。当改变调速阀的开口量,使调速阀压力—流量特性曲线上下移动时,回路的工作状态便相应改变。限压式变量液压泵的供油压力应调节为

$$p_p \geqslant p_1 + \Delta p_{T\min} \tag{6-21}$$

其中,$p_P \geqslant p_1 + \Delta p_{T\min}$是保证调速阀正常工作的最小压差,一般应在0.5MPa左右。系统最大工作压力应为

$$p_{1\max} \leqslant p_p - \Delta p_{T\min} \tag{6-22}$$

一般地,限压式变量液压泵的压力—流量曲线在调定后是不会改变的,因此,当负载 F 变化,使 p_1发生变化时,调速阀的自动调节作用使调速阀内节流阀上的压差 Δp 保持不变,流过此节流阀的流量 q_1也不变,从而使泵的输出压力 p_p和流量 q_p也不变,回路就能保持在原工作状态下工作,速度稳定性好。

如果不考虑液压泵、液压缸和管路的损失,回路效率为

$$\eta = \frac{\left(p_1 - \dfrac{p_2 A_2}{A_1}\right) q_1}{p_P q_1} = \frac{p_1 - \dfrac{p_2 A_2}{A_1}}{p_P} \tag{6-23}$$

如果背压 $p_2 = 0$,则

$$\eta = \frac{p_1}{p_P} = \frac{p_P - \Delta p_T}{p_P} = 1 - \frac{\Delta p_T}{p_P} \tag{6-24}$$

从式(6-24)可知,如果负载较小时,p_1减小,使调速阀的压差 Δp_T增大,造成节流损失增大。低速时,泵的供油流量较小,而对应的供油压力很大,泄漏增加,回路效率严重下降。因此,这种回路不宜用在低速、变载且轻载的场合,适用于负载变化不大的中、小功率场合,如组合机床的进给系统等。

2. 差压式变量液压泵和节流阀组成的调速回路

这种调速回路采用差压式变量液压泵供油,用节流阀控制进入液压缸或从液压缸流出的流量。图6-26所示是节流阀安装在进油路上调速回路,其中阀7为背压阀,阀9为安全阀。液压泵的配油盘上的吸排油窗口对称于垂直轴,变量机构由定子两侧的控制缸2、控制柱塞1组成,节流阀前的压力 p_P反馈作用在控制缸2的有杆腔和控制柱塞1上,节流阀后的压力 p_1反馈作用在控制缸2的无杆腔,柱塞1的直径与控制缸2的活塞杆直径相等,亦即节流阀两端压差作用在定子两侧的作用面积相等。定子的移动(即偏心量的调节)靠控制缸两腔的液压作用力之差与弹簧力 F_s的平衡来实现。压力差增大时,偏心量减小,供油量减小。压力差一定时,供油量也一定。调节节流阀的开口量,即改变其两端压力差,也改变了液压泵的偏心量,使其输油量与通过节流阀进入液压缸的流量相适应。阻尼孔8用以增加变量液压泵定子移动阻尼,改善动态特性,避免定子发生振荡。

系统在图示位置时,液压泵排出的油液经阀4进入液压缸6,故 $p_p = p_1$,液压泵的定子两

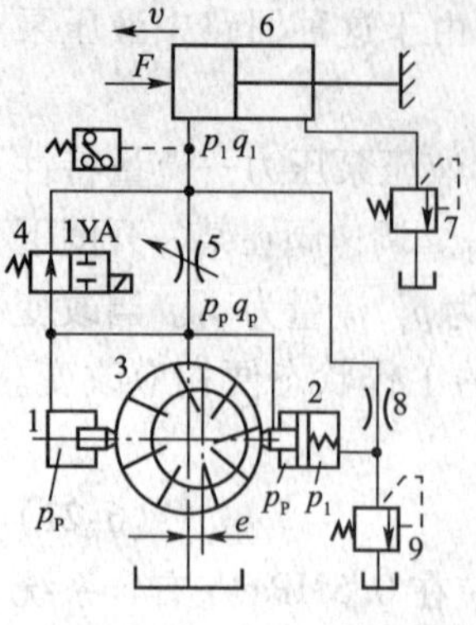

图6-26　差压式变量液压泵和节流阀组成的容积节流回路

1-控制柱塞；2-控制缸；3-差压式变量液压泵；4-二位二通换向阀；5-节流阀；6-液压缸；7-背压阀；8-阻尼孔；9-溢流阀

侧的液压作用力相等，定子仅受 F_s 的作用，从而使定子与转子间的偏心距 e 为最大，液压泵的流量最大，液压缸 6 实现快进。快进结束，lYA 通电，阀 4 关闭，液压泵的油液经节流阀 5 进入液压缸 6，故 $p_P > p_1$，定子右移，使 e 减小，液压泵的流量就自动减小至与节流阀 5 调定的开度相适应为止，液压缸 6 实现慢速工进。

设 A 为控制缸 2 活塞右端面积，A_1 为控制柱塞 1 和控制缸 2 活塞杆的面积，则作用在液压泵定子上的力平衡方程式为

$$p_P A_1 + p_P (A - A_1) = p_1 A + F_s \tag{6-25}$$

故得节流阀前后压差为

$$\Delta p_T = p_P - p_1 = \frac{F_s}{A} \tag{6-26}$$

由式(6-26)可知，节流阀的工作压差由作用在变量液压泵机构控制柱塞上的弹簧的推力 F_s 决定。由于弹簧刚度小，工作中伸缩量也很小（$\leqslant e$），F_s 基本恒定，则节流阀前后压差 Δp 基本上不随外负载而变化，所以通过节流阀进入液压缸的流量也近似等于常数。

当外负载 F 增大（或减小）时，液压缸 6 工作压力 p_1 就增大（或减小），则液压泵的工作压力 p_p 也相应增大（或减小），故又称此回路为变压式容积节流调速回路。由于液压泵的供油压力随负载而变化，回路中又只有节流损失，没有溢流损失，因而其效率比限压式变量液压泵和调速阀组成的调速回路要高。这种回路适用于负载变化大，速度较低的中、小功率场合，如某些组合机床进给系统。

3. 三种调速回路的比较与选用

三种调速回路的主要性能比较见表 6-1。

调速回路主要性能比较　　表 6-1

回路类型主要性能		节流调速回路				容积调速回路	容积节流调速回路	
		用节流阀调节		用调速阀调节			限压式	差压式
		进、回路	旁路	进、回路	旁路			
机械特性	速度稳定性	较差	差	好		较好	好	
	承载能力	较好	较差	好		较好	好	
调速特性（调速范围）		较大	小	较大		大	较大	
功率特性	效率	低	较高	低	较高	最高	较高	高
	发热	大	较小	大	较小	最小	较小	小
适用范围		小功率，轻载或低速的中、低压系统				大功率，重载高速的中、高压系统	中、小功率的中压系统	

调速回路的选用主要考虑以下问题：

（1）执行机构的负载性质、运动速度、速度稳定性等要求：负载小，且工作中负载变化也小的系统可采用节流阀节流调速；在工作中负载变化较大且要求低速稳定性好的系统，宜采用调速阀的节流调速或容积节流调速；负载大、运动速度高、油的温升要求小的系统，宜采用容积调速回路。一般来说，功率在 7kW 以下的液压系统宜采用节流调速；功率在 7～16kW

范围宜采用容积节流调速;功率在16kW以上的宜采用容积调速回路。

(2)工作环境要求:处于温度较高的环境下工作,且要求整个液压装置体积小、质量轻的情况,宜采用闭式回路的容积调速。

(3)经济性要求:节流调速回路的成本低,功率损失大,效率也低;容积调速回路因变量液压泵、变量液压马达的结构较复杂,所以价钱高,但其效率高、功率损失小;而容积节流调速则介于两者之间,所以需综合分析选用哪种回路。

6.2.4 其他调速回路

1. 快速运动回路

为了提高生产效率,机床工作部件常常要求实现空行程(或空载)的快速运动。这时要求液压系统流量大而压力低。这和工作运动时一般需要的流量较小和压力较高的情况正好相反。对快速运动回路的要求主要是在快速运动时,尽量减小需要液压泵输出的流量,或者在加大液压泵的输出流量后,但在工作运动时又不致于引起过多的能量消耗。以下介绍几种机床上常用的快速运动回路。

1)液压缸差动连接的快速运动回路

差动连接回路是在不增加液压泵输出流量的情况下,来提高工作部件运动速度的一种快速回路,其实质是改变了液压缸的有效作用面积。图6-27是用于快、慢速转换的,其中快速运动采用差动连接的回路。当换向阀3左端的电磁铁通电时,阀3左位进入系统,液压泵1输出的压力油同缸右腔的油经换向阀3左位、换向阀5下位(此时外控顺序阀7关闭)进入液压缸4的左腔,实现了差动连接,使活塞快速向右运动。当快速运动结束,工作部件上的挡铁压下机动换向阀5时,泵的压力升高,阀7打开,液压缸4右腔的回油只能经调速阀6流回油箱,这时是工作进给。当换向阀3右端的电磁铁通电时,活塞向左快速退回(非差动连接)。采用差动连接的快速回路方法简单,较经济,但快、慢速度的换接不够平稳。必须注意,差动油路的换向阀和油管通道应按差动时的流量选择,不然流动液阻过大,会使液压泵的部分油从溢流阀流回油箱,速度减慢,甚至不起差动作用。

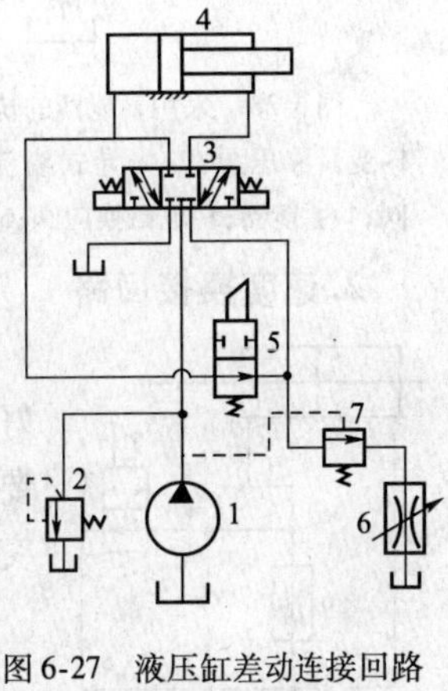

图6-27 液压缸差动连接回路
1-定量液压泵;2-溢流阀;3-电磁换向阀;4-液压缸;5-机动换向阀;6-调速阀;7-外控顺序阀

2)采用蓄能器的快速运动回路

图6-28所示为采用蓄能器的快速运动回路。对某些间歇工作且停留时间较长的液压设备,如冶金机械;对某些工作速度存在快、慢两种速度的液压设备,如组合机床,常采用蓄能器和定量液压泵共同组成的油源。其中定量液压泵可选较小的流量规格,在系统不需要流量或工作速度很低时,液压泵的全部流量或大部分流量进入蓄能器储存待用,在系统工作或要求快速运动时,由液压泵和蓄能器同时向系统供油。

3)采用双泵供油系统的快速运动回路

图6-29所示为采用双泵供油系统的快速运动回路。低压大流量液压泵1和高压小流量液压泵2组成的双联泵向系统供油,外控顺序阀3(卸荷阀)和溢流阀5分别设定双泵供

油和小流量液压泵2供油时系统的工作压力。系统压力低于卸荷阀3的调定压力时,两个液压泵同时向系统供油,活塞快速向右运动;当系统压力达到或超过卸荷阀3的调定压力,大流量液压泵1通过卸荷阀3卸荷,单向阀4自动关闭,只有小流量液压泵2向系统供油,活塞慢速向右运动。卸荷阀3的调定压力应高于快速运动时的系统压力,而低于慢速运动时的系统压力,至少比溢流阀5的调定压力低10%~20%,大流量液压泵1卸荷减少了功率损耗,回路效率较高,常用于执行元件快进和工进速度相差较大的场合。

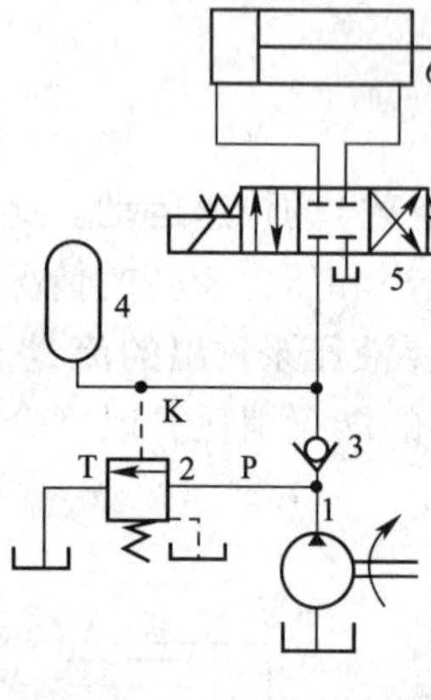

图6-28　采用蓄能器的快速回路

1-变量液压泵;2-先导式溢流阀;3-单向阀;4-蓄能器;5-电磁换向阀;6-液压缸

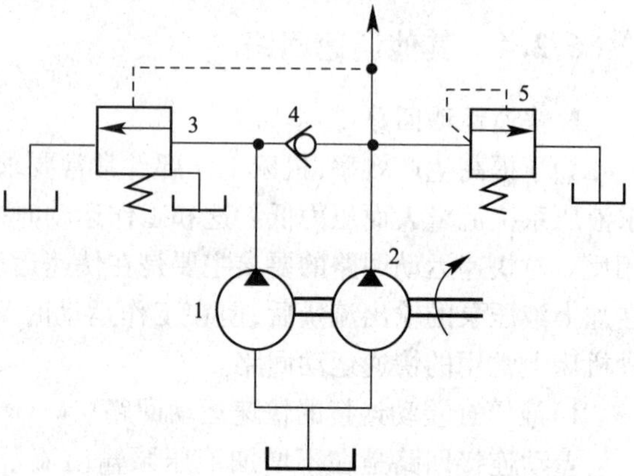

图6-29　采用双泵供油的快速回路

1、2-双联液压泵;3-卸荷阀;4-单向阀;5-溢流阀

2.速度换接回路

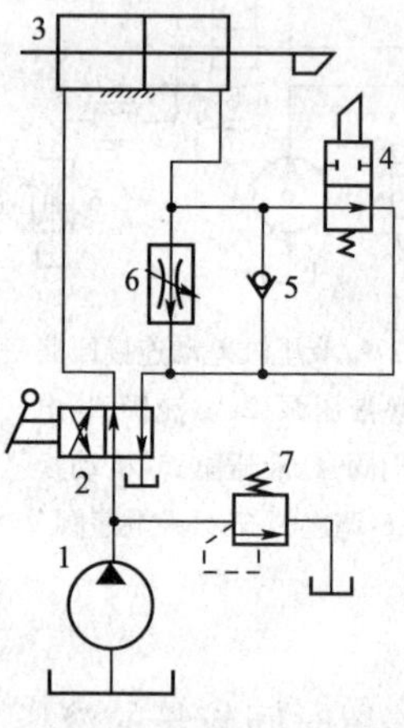

图6-30　采用行程阀实现的速度换接回路

1-定量液压泵;2-电磁换向阀;3-液压缸;4-行程阀;5-单向阀;6-节流阀;7-溢流阀

速度换接回路用来实现运动速度的变换,即在原来设计或调节好的几种运动速度中,从一种速度换成另一种速度。对这种回路的要求是速度换接要平稳,即不允许在速度变换的过程中有前冲(速度突然增加)现象。下面介绍几种回路的换接方法及特点。

1)快、慢速换接回路

图6-30所示是用单向行程节流阀换接快速运动(简称快进)和工作进给运动(简称工进)的速度换接回路。在图示位置液压缸3右腔的回油可经行程阀4和换向阀2流回油箱,使活塞快速向右运动。当快速运动到达所需位置时,活塞上挡块压下行程阀4,将其通路关闭,这时液压缸3右腔的回油就必须经过节流阀6流回油箱,活塞的运动转换为工作进给运动(简称工进)。当操纵换向阀2使活塞换向后,压力油可经换向阀2和单向阀5进入液压缸3右腔,使活塞快速向左退回。

在这种速度换接回路中,因为行程阀的通油路是由液压缸活塞的行程控制阀芯移动而逐渐关闭的,所以换接时的位置精度高,冲出量小,运动速度的变换也比较平稳。这种回路在机床液压系统中应用较多,它的缺点是行程阀的安装位置受一定限制(要由挡铁压下),所以有时管路连接稍复杂。行程阀也可以用电磁换向阀来代替,这时电磁阀的安装位置不受限制(挡铁只需要压下行程开关),但其换接精度及速度变换的平稳性较差。

2)两种慢速的换接回路

某些机床要求工作行程有两种进给速度,一般第一进给速度大于第二进给速度,为实现两次工作进给速度,常用两个调速阀串联或并联在油路中,用换向阀进行切换。

(1)两个调速阀并联式速度换接回路。图6-31所示是两个调速阀并联以实现两种工作进给速度换接的回路。在图6-31a)中,液压泵输出的压力油经调速阀3和电磁阀5进入液压缸。当需要第二种工作进给速度时,电磁阀5通电,其右位接入回路,液压泵输出的压力油经调速阀4和电磁阀5进入液压缸。这种回路中两个调速阀的节流口可以独立调节,互不影响,即第一种工作进给速度和第二种工作进给速度互相间没有什么限制。但一个调速阀工作时,另一个调速阀中没有油液通过,它的减压阀则处于完全打开的位置,在速度换接开始的瞬间不能起减压作用,容易出现部件突然前冲的现象。图6-31b)所示为另一种调速阀并联的速度换接回路。在这个回路中,两个调速阀始终处于工作状态,在由一种工作进给速度转换为另一种工作进给速度时,不会出现工作部件突然前冲现象,因而工作可靠。但是液压系统在工作中总有一定量的油液通过不起调速作用的那个调速阀流回油箱,造成能量损失,使系统发热。

(2)两个调速阀串联式速度换接回路。图6-32所示为两个调速阀串联的速度换接回路。在图示位置,压力油经调速阀3和电磁换向阀5进入液压缸,执行元件的运动速度由调速阀3控制。当电磁换向阀5通电切换时,调速阀4接入回路,由于调速阀4的开口量调得比调速阀3小,压力油经调速阀3和调速阀4进入液压缸,执行元件的运动速度由调速阀4控制。这种回路在调速阀4没起作用之前,调速阀3一直处于工作状态,在速度换接的瞬间,它可限制进入调速阀4的流量突然增加,所以速度换接比较平稳。但由于油液经过两个调速阀,因此能量损失比两调速阀并联时大。

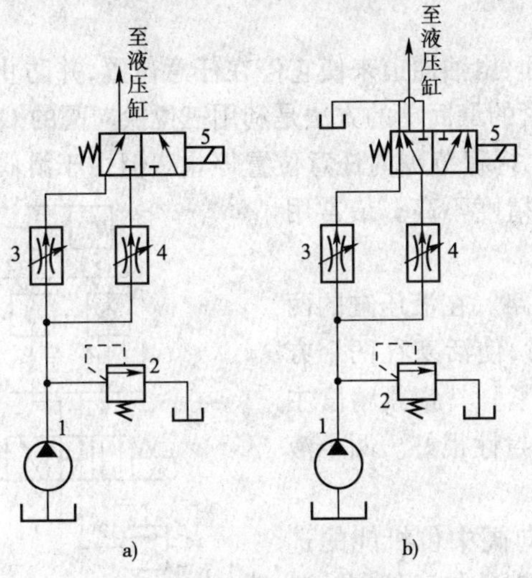

图6-31 调速阀并联的速度换接回路

1-定量液压泵;2-溢流阀;3、4-调速阀;5-电磁阀

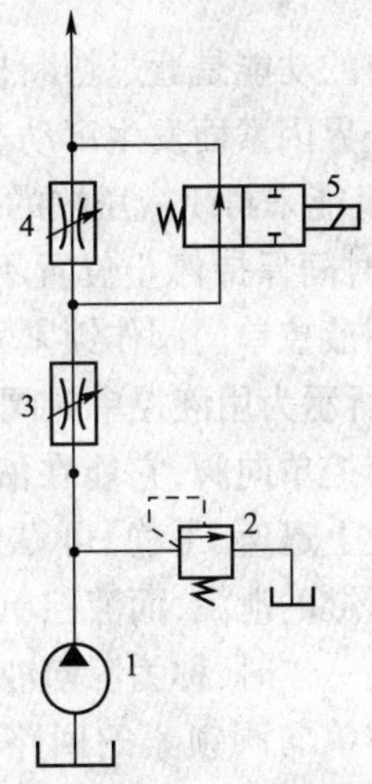

图6-32 调速阀串联的速度换接回路

1-定量液压泵;2-溢流阀;3、4-调速阀;5-电磁阀

6.3 方向控制回路

方向控制回路的作用是利用各种方向控制阀来控制液压系统中各油路油液的通、断及

变向，实现执行元件的启动、停止或改变运动方向。常用的方向控制回路有换向回路、锁紧回路和制动回路等。

6.3.1 换向回路

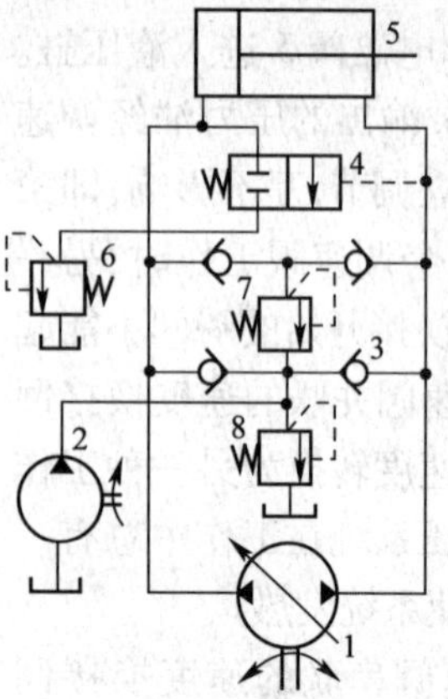

图6-33 采用双向变量泵的方向控制回路

1-双向变量液压泵；2-辅助液压泵；3-单向阀；4-二位四通阀；5-液压缸；6-背压阀；7-安全阀；8-溢流阀

采用普通二位或三位换向阀均可使执行元件换向，如图6-28、图6-30所示。三位换向阀除了能使执行元件正反两个方向运动外，还有不同的中位滑阀机能，可使系统得到不同的性能。一般液压缸在换向过程中的制动和启动，由液压缸的缓冲装置来调节；液压马达在换向过程中的制动则需要设置制动阀等。换向过程中的停留时间的长短，取决于换向阀的切换时间，也可以通过电路来控制。

在闭式系统中，可采用双向变量液压泵控制液流的方向来实现执行元件的换向，如图6-33所示。液压缸5的活塞向右运动时，其进油流量大于排油流量，双向变量液压泵1的吸油侧流量不足，辅助液压泵2通过单向阀3来补充；改变双向变量液压泵1的供油方向，活塞向左运动，排油流量大于进油流量，液压泵1吸油侧多余的油液通过由液压缸5进油侧压力控制的二位四通阀4和背压阀6排回油箱。溢流阀8限定补油压力，使液压泵吸油侧有一定的吸入压力。溢流阀7是防止系统过载的安全阀。这种回路适用压力较高、流量较大的场合。

6.3.2 锁紧回路

锁紧回路的功能是通过切断执行元件的进油、出油通道来使它停在任意位置，并防止停止运动后因外界因素而发生窜动。使液压缸锁紧的最简单的方法是利用三位换向阀的O形或M形中位机能来封闭液压缸的两腔，使活塞在行程范围内任意位置停止。但由于滑阀的泄漏，不能长时间保持停止位置不动，所以锁紧精度不高。最常用的方法是采用液控单向阀作锁紧元件。

图6-34所示为用液控单向阀构成的锁紧回路。在液压缸的两油路上串接液控单向阀，它能在液压缸不工作时，使活塞在两个方向的任意位置上迅速、平稳、可靠且长时间地锁紧。其锁紧精度主要取决于液压缸的泄漏，而液控单向阀本身的密封性很好。两个液控单向阀做成一体时，称为双向液压锁。

采用液控单向阀锁紧的回路，必须注意换向阀中位机能的选择。如图6-34所示，采用H形机能，换向阀中位时能使两控制油口K直接通油箱，液控单向阀立即关闭，活塞停止运动。如采用O形或M形中位机能，活塞运动途中换向阀中位时，由于液控单向阀控制腔的压力油被封住，液控单向阀不能立即关闭，直到控制腔的压力油卸压后，才能关闭，因而影响其锁紧的位置精度。

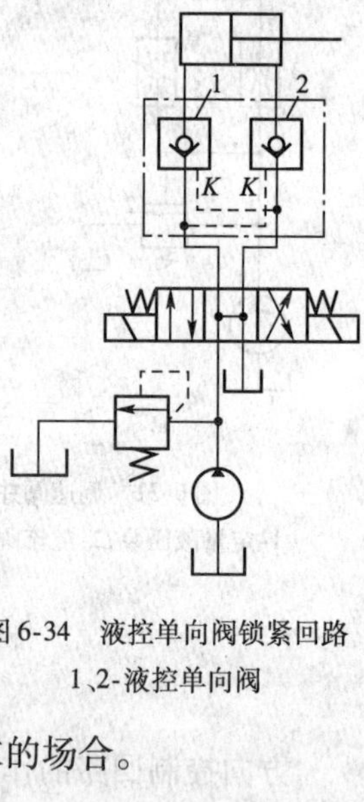

图6-34 液控单向阀锁紧回路

1、2-液控单向阀

这种回路广泛应用于工程机械、起重运输机械等有较高锁紧要求的场合。

6.4 多执行元件控制回路

在液压系统中,用一个油源向多个液压缸提供液压油,并能按各液压缸之间的运动关系要求进行控制,完成规定动作顺序的回路,称为多缸动作控制回路。

6.4.1 同步运动回路

同步回路的功用是使系统中多个执行元件,克服负载、摩擦阻力、泄漏、制造质量和结构变形上的差异,而保证在运动上的同步。同步运动分为速度同步和位置同步两类,速度同步是指各执行元件的运动速度相等,而位置同步是指各执行元件在运动中或停止时都保持相同的位移量。严格做到每瞬间速度同步,也就能保持位置同步。实际上,同步回路多数采用速度同步。

1. 用流量阀控制阀的同步回路

1)用调速阀的同步回路

图6-35所示为采用并联调速阀的同步回路。液压缸5、4并联,调速阀6、3分别串联在两液压缸的回油路上(也可安装在进油路上)。两个调速阀分别调节两液压缸活塞的运动速度。由于调速阀具有当外负载变化时仍然能够保持流量稳定这一特点,所以只要仔细调整两个调速阀开口的大小,就能使两个液压缸保持同步。换向阀7处于右位时,压力油可通过单向阀使两液压缸的活塞快速退回。这种同步回路的优点是结构简单,易于实现多缸同步,同步速度可以调整,而且调整好的速度不会因负载变化而变化,但是这种同步回路只是单方向的速度同步,同步精度也不理想,效率低,且调整比较麻烦。

2)用分流集流阀控制的同步回路

图6-36所示是采用分流集流阀控制的速度同步回路。这种同步回路较好地解决了同步效果不能调整或不易调整的问题。

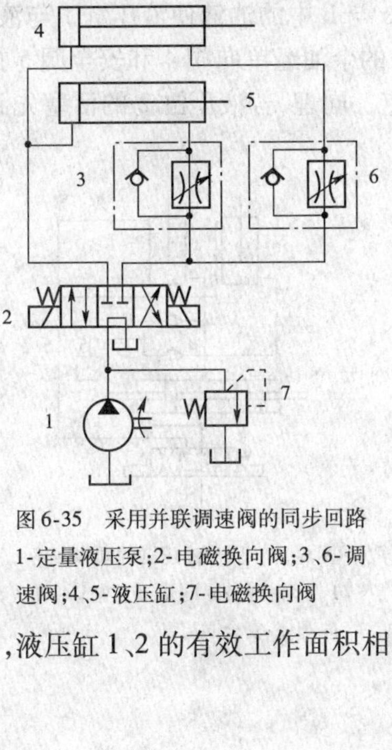

图6-35 采用并联调速阀的同步回路

1-定量液压泵;2-电磁换向阀;3、6-调速阀;4、5-液压缸;7-电磁换向阀

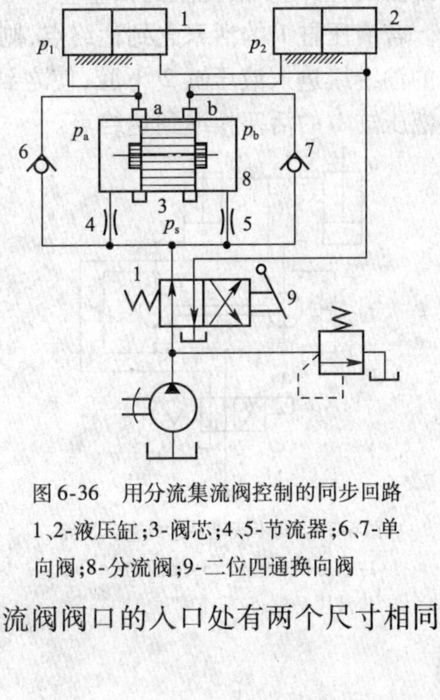

图6-36 用分流集流阀控制的同步回路

1、2-液压缸;3-阀芯;4、5-节流器;6、7-单向阀;8-分流阀;9-二位四通换向阀

图中,液压缸1、2的有效工作面积相同。分流阀阀口的入口处有两个尺寸相同的固定

节流器4和5,分流阀的出口a和b分别接在两个液压缸的入口处,固定节流器与油源连接,分流阀阀体内并联了单向阀6和7,阀口a和b是调节压力的可变节流口。

当二位四通换向阀9处于左位时,压力为p_s的压力油经过固定节流器,再经过分流阀上的a和b两个可变节流口,进入液压缸1和2的无杆腔,两液压缸的活塞向右运动。当作用在两液压缸的负载相等时,分流阀8的平衡阀芯3处于某一平衡位置不动,阀芯两端压力相等,即$p_a = p_b$,固定节流器上的压力降保持相等,进入液压缸1和2的流量相等,所以液压缸1、2以相同的速度向右运动。如果液压缸1上的负载增大,分流阀左端的压力p_a上升,阀芯3右移,a口加大,b口减小,使压力p_a下降,p_b上升,直到达到一个新的平衡位置时,再次达到$p_a = p_b$,阀芯不再运动,此时固定节流器4、5上的压力降保持相等,液压缸速度仍然相等,保持速度同步。当换向阀9复位时,液压缸1和2活塞反向运动,回油经单向阀6和7排回油箱。

分流集流阀只能实现速度同步。若某液压缸先到达行程终点,则可经阀内节流孔窜油,使各液压缸都能到达终点,从而消除积累误差。分流集流阀的同步回路简单、经济,纠偏能力大,同步精度可达1%~5%。但分流集流阀的压力损失大,效率低,不适用于低压系统,而且其流量范围较窄。当流量低于阀的公称流量过多时,分流精度显著降低。

2. 用同步液压缸和同步液压马达的容积式同步回路

容积式同步回路是将两相等容积的油液分配到尺寸相同的两执行元件,实现两执行元件的同步。这种回路允许较大偏载,由偏载造成的压差不影响流量的改变,而只有因油液压缩和泄漏造成的微量偏差,因而同步精度高,系统效率高。

图6-37所示为采用同步液压马达(分流器)的同步回路。两个等排量的双向液压马达同轴刚性连接作配流装置(分流器),它们输出相同流量的油液分别送入两个有效工作面积相同的液压缸中,实现两液压缸同步运动。图中,与液压马达并联的节流阀5用于修正同步误差。本回路常用于重载、大功率同步系统。

图6-38所示为采用同步液压缸的同步回路。同步液压缸3由两个尺寸相同的双杆液压缸连接而成,当同步液压缸的活塞左移时,油腔a与b中的油液使液压缸1与液压缸2同步上升。若液压缸1的活塞先到达终点,则油腔a的余油经单向阀4和安全阀5排回油箱,油腔b的油继续进入液压缸2下腔,使之到达终点。同理,若液压缸2的活塞先到达终点,也可使液压缸1的活塞相继到达终点。

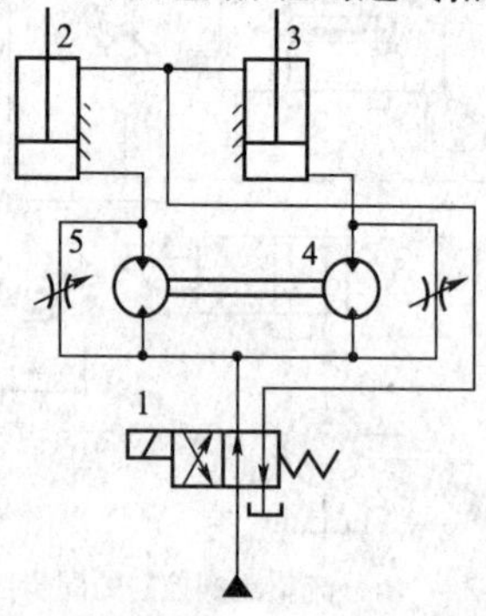

图6-37 同步液压马达的同步回路
1-电磁换向阀;2、3-液压缸;4-同步液压马达;5-节流阀

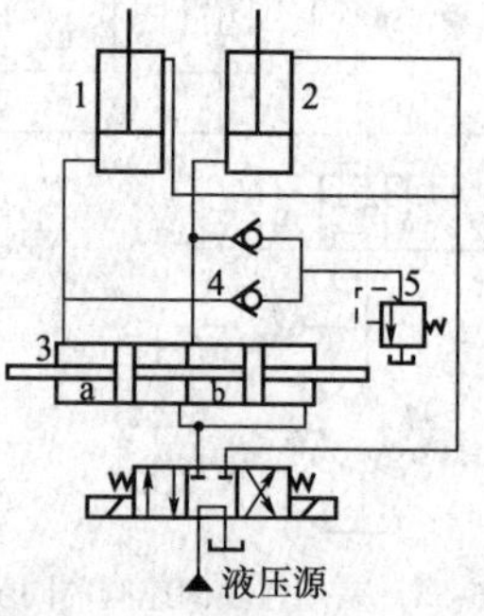

图6-38 同步液压缸的同步回路
1、2-液压缸;3-同步液压缸;4-单向阀;5-安全阀

这种同步回路的同步精度取决于液压缸的加工精度和密封性，一般可达到1% ~2%。由于同步液压缸一般不宜做得过大，所以这种回路仅适用于小容量的场合。

3.用串联液压缸的同步回路

如图6-39所示，液压缸1的有杆腔A的有效面积与液压缸2的无杆腔B的面积相等，因此从A腔排出的油液进入B腔后，两液压缸便同步下降。由于执行元件的制造误差、内泄漏以及气体混入等因素的影响，在多次行程后，将使同步失调累积为显著的位置上的差异。为此，回路中设有补偿措施，使同步误差在每一次下行运动中都得到消除。其补偿原理是：当三位四通换向阀6右位工作时，两液压缸活塞同时下行，若液压缸1活塞先下行到终点，将触动行程开关a，使液压阀5的电磁铁3YA通电，液压阀5处于右位，压力油经液压阀5和液控单向阀3向液压缸2的B腔补油，推动液压缸2活塞继续下行到终点。反之，若液压缸2活塞先运动到终点，则触动行程开关b，使液压阀4的电磁铁4YA通电，液压阀4处于上位，控制压力油经液压阀4，打开液控单向阀3，液压缸1下腔油液经液控单向阀3及换向阀5回油箱，使液压缸1活塞继续下行至终点。这样两液压缸活塞位置上的误差即被消除。这种同步回路结构简单、效率高，但需要提高液压泵的供油压力，一般只适用于负载较小的液压系统中。

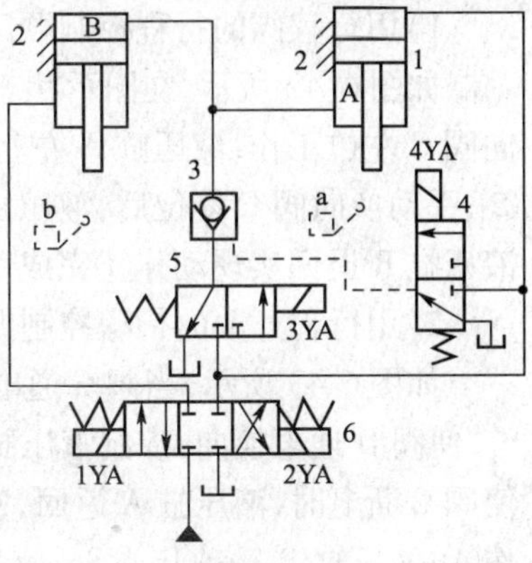

图6-39 带补偿装置的串联缸同步回路

1、2-液压缸；3-液控单向阀；4、5-二位三通换向阀；6-三位四通换向阀

4.用电液比例调速阀或电液伺服阀的同步回路

如图6-40所示，回路中使用一个普通调速阀和一个电液比例调速阀（它们各自装在由单向阀组成的桥式节流油路中），分别控制着液压缸3和液压缸4的运动，当两活塞出现位置误差时，检测装置就会发出信号，调节比例调速阀的开度，实现同步。

如图6-41所示，伺服阀6根据两个位移传感器3和4的反馈信号持续不断地控制其阀口的开度，使通过的流量与通过换向阀2阀口的流量相同，使两液压缸同步运动。此回路可使两液压缸活塞任何时候的位置误差都不超过0.05 ~0.2mm，但因伺服阀必须通过与换向阀同样大的流量，因此规格尺寸大，价格贵。此回路适用于两液压缸相距较远而同步精度要求很高的场合。

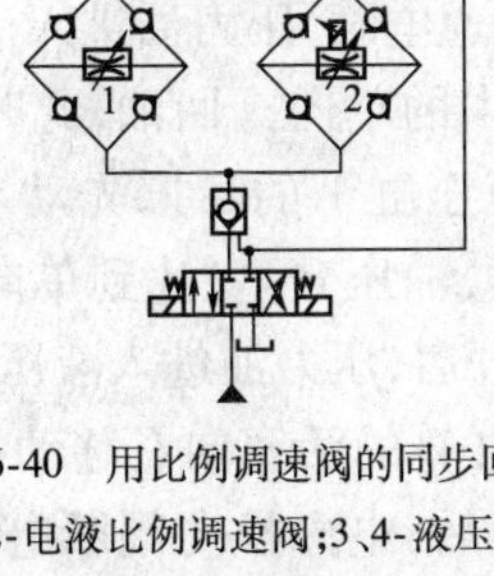

图6-40 用比例调速阀的同步回路

1、2-电液比例调速阀；3、4-液压缸

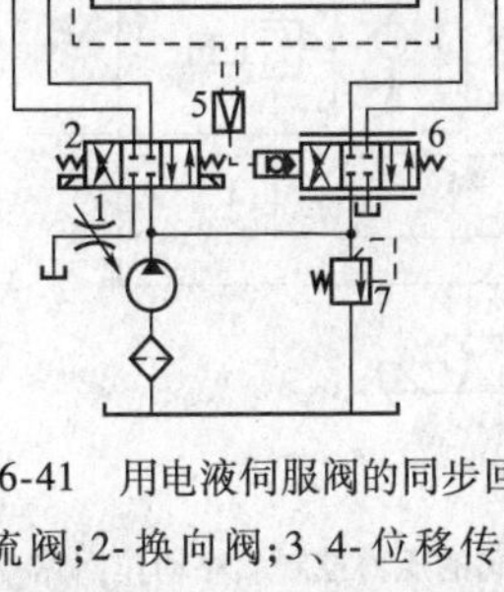

图6-41 用电液伺服阀的同步回路

1-节流阀；2-换向阀；3、4-位移传感器；5-伺服控制器；6-电液伺服阀；7-溢流阀

6.4.2 顺序运动回路

顺序动作回路的功用是保证各执行元件严格的按照给定的动作顺序运动，按控制方式可分为行程控制式、压力控制式和时间控制式三种。

1. 行程控制式顺序动作回路

1）用行程阀的行程控制顺序动作回路

如图 6-42 所示，在图示状态下，A、B 两液压缸的活塞均在右端。当推动手柄，使手动换向阀 C 左位工作，液压缸 A 左行，完成动作①；挡块压下行程阀 D 后，缸 B 左行，完成动作②；手动换向阀 C 复位后，液压缸 A 先复位，完成动作③；随着挡块后移，行程阀 D 复位后，液压缸 B 退回实现动作④完成一个工作循环。

2）用行程开关的行程控制顺序动作回路

如图 6-43 所示，当阀 C 通电换向时，液压缸 A 左行完成动作①；液压缸 A 触动行程开关 S_1，使阀 D 通电换向，控制液压缸 B 左行完成动作②；当液压缸 B 左行至触动行程开关 S_2，使阀 C 断电时，液压缸 A 返回，实现动作③；液压缸 A 触动 S_3，使阀 D 断电，液压缸 B 完成动作④；液压缸 B 触动开关 S_4，使泵卸荷或引起其他动作，完成一个工作循环。

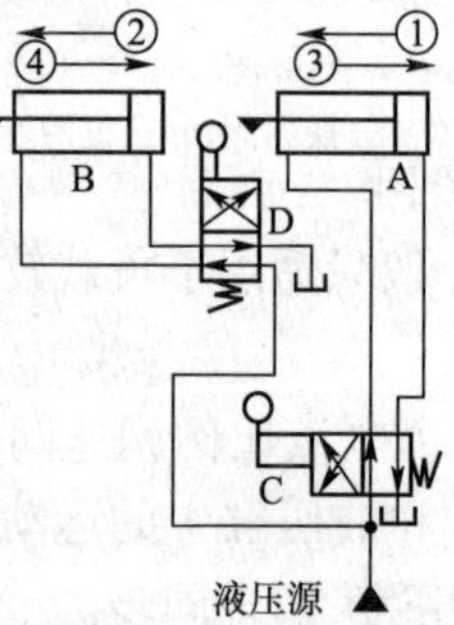

图 6-42　用行程阀的行程控制顺序动作回路

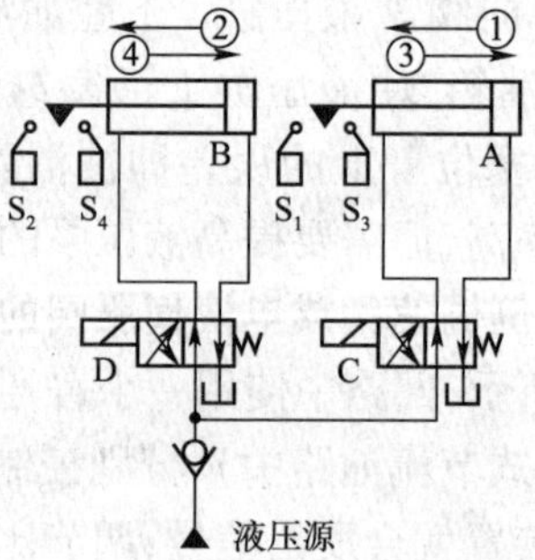

图 6-43　用行程开关的行程控制顺序动作回路

2. 压力控制式顺序动作回路

1）采用顺序阀的压力控制顺序动作回路

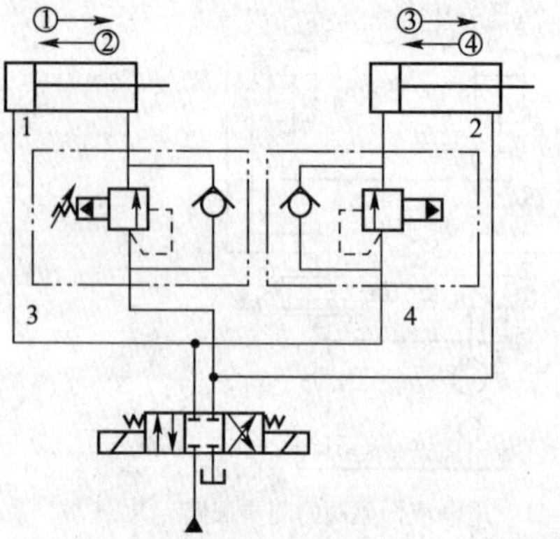

图 6-44　用顺序阀的压力控制顺序动作回路

1、2-液压缸；3、4-顺序阀

图 6-44 所示是采用两个单向顺序阀的压力控制顺序动作回路。其中单向顺序阀 4 控制两液压缸前进时的先后顺序，单向顺序阀 3 控制两液压缸后退时的先后顺序。当电磁换向阀通电时，压力油进入液压缸 1 的左腔，右腔经顺序阀 3 中的单向阀回油，此时由于压力较低，顺序阀 4 关闭，液压缸 1 的活塞先动。当液压缸 1 的活塞运动至终点时，油压升高，达到单向顺序阀 4 的调定压力时，顺序阀开启，压力油进入液压缸 2 的左腔，右腔直接回油，液压缸 2 的活塞向右移动。当液压缸 2 的活塞右移达到终点后，电磁换向阀断电复位，此时压力油进入液压缸 2 的右腔，左腔经顺序阀 4 中的单向阀

回油,使液压缸 2 的活塞向左返回,到达终点时,压力油升高打开顺序阀 3 再使液压缸 1 的活塞返回。这种顺序动作回路的可靠性,在很大程度上取决于顺序阀的性能及其压力调整值。顺序阀的调整压力应比先动作的液压缸的工作压力高 0.8 ~ 1MPa,以免在系统压力波动时,发生误动作。

2)采用压力继电器的压力控制顺序动作回路

图 6-45 所示为使用压力继电器的压力控制顺序动作回路。当电磁铁 1YA 通电时,压力油进入液压缸 A 左腔,实现运动①。液压缸 A 的活塞运动到预定位置,碰上死挡铁后,回路压力升高。压力继电器 1DP 发出信号,控制电磁铁 3YA 通电。此时压力油进入液压缸 B 左腔,实现运动②。液压缸 B 的活塞运动到预定位置时,控制电磁铁 3YA 断电,4YA 通电,压力油进入液压缸 B 的右腔,使液压缸 B 活塞向左退回,实现运动③。当它到达终点后,回路压力又升高,压力继电器 2DP 发出信号,使电磁铁 1YA 断电,2YA 通电,压力油进入液压缸 A 的右腔,推动活塞向左退回,实现运动④。如此,完成①→②→③→④的动作循环。当运动④到终点时,压下行程开关,使 2YA、4YA 断电,所有运动停止。在这种顺序动作回路中,为了防止压力继电器误发信号,压力继电器的调整压力也应比先动作的液压缸的最高动作压力高 0.3 ~ 0.5MPa。为了避免压力继电器失灵造成动作失误,往往采用压力继电器配合行程开关构成“与门”控制电路,要求压力达到调定值,同时行程也到达终点才进入下一个顺序动作。表 6-2 列出图 6-45 回路中各电磁铁顺序动作结果,其中“+”表示电磁铁通电;“-”表示电磁铁断电。

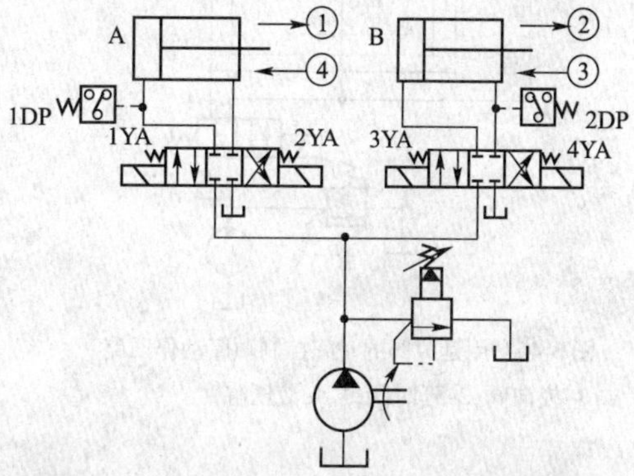

图 6-45 采用压力继电器的压力控制顺序动作回路

电磁铁动作顺序表

表 6-2

元件动作	1YA	2YA	3YA	4YA	1DP	2DP
①	+	-	-	-	-	-
②	+	-	+	-	+	-
③	+	-	-	+	-	-
④	-	+	-	+	-	+
复位	-	-	-	-	-	-

3. 时间控制式顺序动作回路

这种回路是利用延时元件(如延时阀、时间继电器等)使多个液压缸按时间完成先后动作的回路。

图 6-46 所示为用延时阀来实现液压缸 3 和液压缸 4 工作行程的顺序动作回路。当换向阀 1 电磁铁通电,左位接入回路后,液压缸 3 实现动作①;同时压力油进入延时阀 2 中的节流阀 B,推动液动阀 A 缓慢左移,延续一定时间后,接通油路 a、b,油液才进入液压缸 4,实现动作②。通过调节节流阀开度,可以调节换向缸 3 和液压缸 4 先后动作的时间差。当换向阀 1 电磁铁断电时,压力油同时进入液压缸 3 和液压缸 4 右腔,使两液压缸返向,实现动作

③。由于通过节流阀的流量受负载和温度的影响，所以延时不易准确，一般要与行程控制方式配合使用。

6.4.3 互不干扰回路

这种回路的功能是使系统中几个液压执行元件，在完成各自工作循环时，彼此互不影响。图6-47所示回路中，液压缸11、12分别要完成快速前进、工作进给和快速退回的自动工作循环。

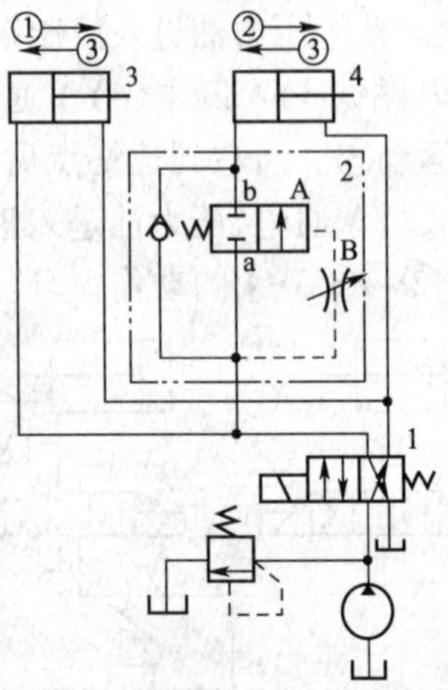

图6-46 用延时阀的时间控制顺序动作回路

1-换向阀；2-延时阀；3、4-液压缸

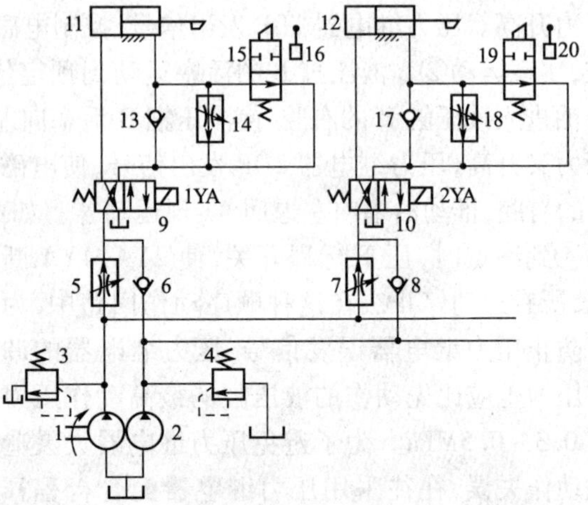

图6-47 双泵供油的多缸快慢速互不干扰回路

1、2-液压泵；3、4-溢流阀；5、7、14、18-调速阀；6、8、13、17-单向阀；9、10-电磁换向阀；11、12-液压缸；15、19-行程阀；16、20-行程开关

液压泵1为高压小流量泵，液压泵2为低压大流量泵，它们的压力分别由溢流阀3和4调节（调定压力$p_{y3} > p_{y4}$）。开始工作时，电磁换向阀9、10的电磁铁1YA、2YA同时通电，液压泵2输出的压力油经单向阀6、8进入液压缸11、12的左腔，使两液压缸活塞快速向右运动。这时如果某一液压缸（例如液压缸11）的活塞先到达要求位置，其挡铁压下行程阀15，液压缸11右腔的工作压力上升，单向阀6关闭，液压泵1提供的油液经调速阀5进入液压缸11，液压缸的运动速度下降，转换为工作进给，液压缸12仍可以继续快速前进。当两液压缸都转换为工作进给后，可使液压泵2卸荷（图中未表示卸荷方式），仅液压泵1向两液压缸供油。如果某一液压缸（例如液压缸11）先完成工作进给，其挡铁压下行程开关16，使电磁线圈1YA断电，此时液压泵2输出的油液可经单向阀6、电磁阀9和单向阀13进入液压缸11右腔，使活塞快速向左退回（双泵供油），液压缸12仍单独由液压泵1供油继续进行工作进给，不受液压缸11运动的影响。

在这个回路中，调速阀5、7调节的流量大于调速阀14、18调节的流量，这样两液压缸工作进给的速度分别由调速阀14、18决定。实际上，这种回路由于快速运动和慢速运动各由一个液压泵分别供油，所以能够达到两液压缸的快、慢运动互不干扰。

本章小结

1. 液压基本回路包括压力控制回路、速度控制回路、方向控制回路以及多执行元件控制回路。

2. 压力控制回路主要是借助于各种压力控制元件来控制液压系统中各条油路的压力，以达到满足各个执行机构所需的力或力矩，合理使用功率和保证系统工作安全的目的。

3. 速度控制回路不仅对系统的工作性能起着决定性的影响，而且对其他基本回路的选择也起着决定性的作用。

4. 方向控制回路的作用是利用各种方向控制阀来控制液压系统中各油路油液的通、断及变向，实现执行元件的启动、停止或改变运动方向。

5. 在液压系统中，用一个油源向多个液压缸提供液压油，并能按各液压缸之间的运动关系要求进行控制，完成规定动作顺序的回路，称为多缸动作控制回路。

复习思考题

6.1　图 6-48 所示的回路中，若溢流阀的调整压力分别为 $p_{Y1}=6\text{MPa}$，$p_{Y2}=4.5\text{MPa}$，液压泵出口处的负载阻力为无限大，试问，在不计管道损失和调压偏差：

(1) 换向阀下位接入回路时，液压泵的工作压力为多少？B 点和 C 点的压力各为多少？

(2) 换向阀上位接入回路时，液压泵的工作压力为多少？B 点和 C 点的压力又是多少？

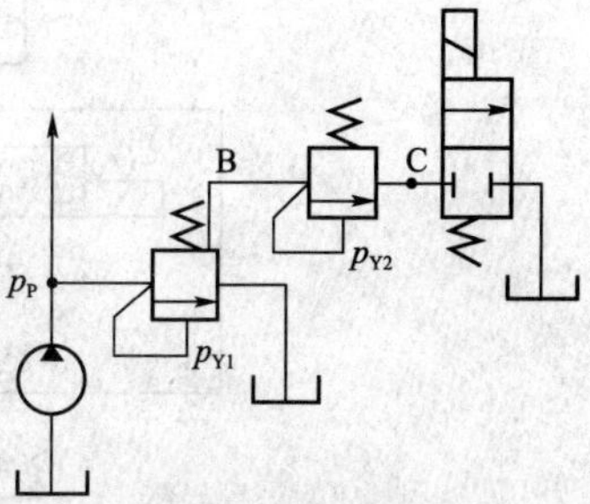

图 6-48　题 6.1 图

6.2　如图 6-49 所示，已知两液压缸的活塞面积相同，液压缸无杆腔面积 $A_1=20\times10^{-4}\text{m}^2$，但负载分别为 $F_1=8000\text{N}$，$F_2=4000\text{N}$，如溢流阀的调整压力为 4.5MPa，试分析当减压阀压力调整值分别为 1MPa、2MPa、4MPa 时，两液压缸的动作情况。

6.3　如图 6-50 所示，活塞快速前进时负荷 $F=0$，慢速前进时负荷 $F=20000\text{N}$，活塞有效面积为 $40\times10^{-4}\text{m}^2$，左边溢流阀及右边卸荷阀调定压力分别是 7MPa 与 3MPa。大排量泵流量 $Q_{大}=20\text{L/min}$，小排量泵流量为 $Q_{小}=5\text{L/min}$，摩擦阻力、管路损失、惯性力忽略不计，求：

(1) 活塞快速前进时，复合泵的出口压力是多少？进入液压缸的流量是多少？活塞的前进速度是多少？

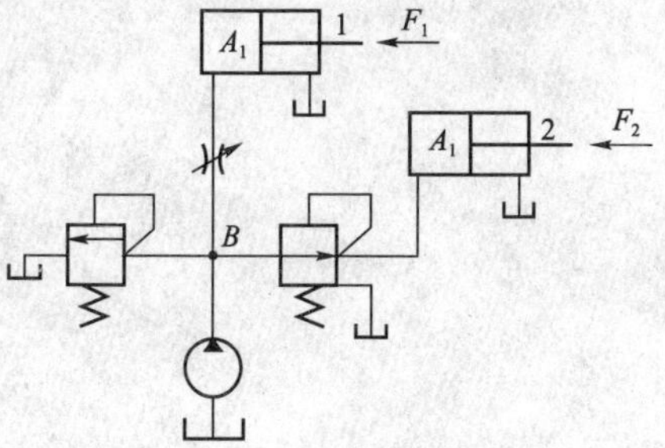

图 6-49　题 6.2 图

1、2-液压缸

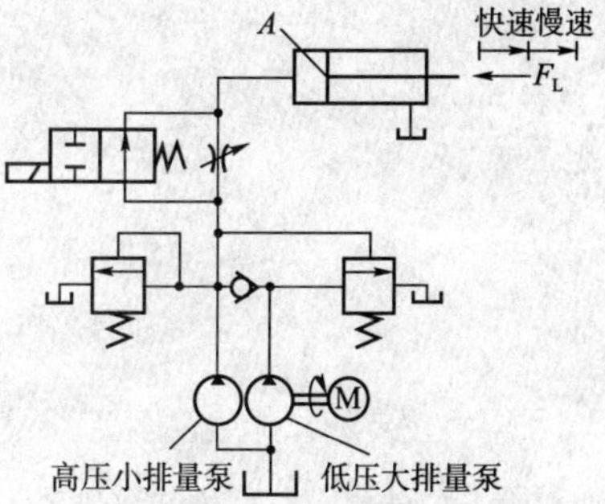

图 6-50　题 6.3 图

(2)活塞慢速前进时，大排量泵的出口压力是多少？复合泵出口压力是多少？要改变活塞前进速度，需由哪个元件调整？

6.4　在图6-51所示的回路中，已知活塞运动时的负载 $F=1.2\text{kN}$，活塞面积为 $15\times10^{-4}\text{m}^2$，溢流阀调整值为4.5MPa，两个减压阀的调整值分别为 $p_{J1}=3.5\text{MPa}$ 和 $p_{J2}=2\text{MPa}$，如油液流过减压阀及管路时的损失可忽略不计，试确定活塞在运动时和停在终端位置处时，A、B、C三点的压力值。

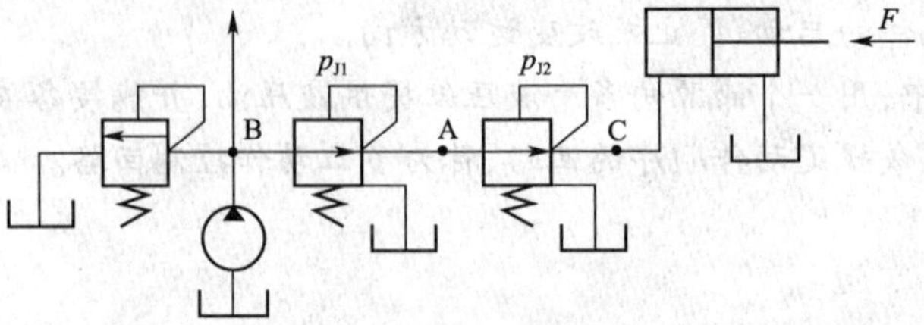

图6-51　题6.4图

6.5　根据图6-52所示，填写当实行下列工作循环时的电磁铁动态表。

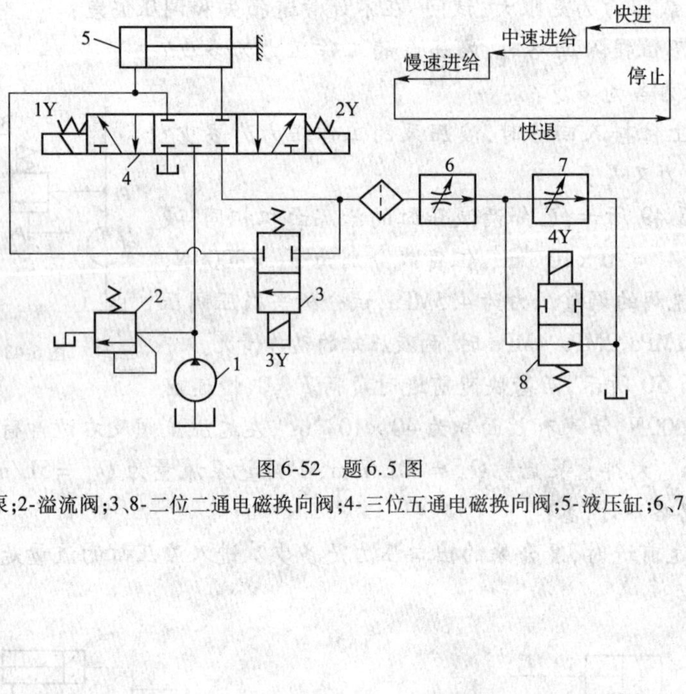

图6-52　题6.5图

1-液压泵；2-溢流阀；3、8-二位二通电磁换向阀；4-三位五通电磁换向阀；5-液压缸；6、7-调速阀

第7章 液压伺服和比例控制系统

教学目标

1. 掌握液压伺服阀的分类、工作原理及特点。
2. 掌握液压伺服控制系统的分类、工作原理及特点。
3. 掌握电液比例控制阀的分类、工作原理及特点。
4. 掌握电液比例控制系统的分类、工作原理及特点。

教学要点

知识要点	掌握程度	相关知识
伺服阀的工作原理	理解	偏差控制理论
比例阀工作原理	理解	模拟量及数字量控制方法
电液伺服控制原理	理解	电液伺服闭环控制原理
电液比例控制	理解	电液比例开环或闭环控制原理

7.1 液压伺服控制

7.1.1 液压伺服阀

液压伺服阀是液压伺服系统中最重要、最基本的组成部分,它起着信号转换、功率放大及反馈等控制作用。电液伺服阀是应用最广泛的一种,它在接受电气模拟信号后,相应输出调制的流量和压力控制信号,控制系统压力、流量、方向的变化。它既是电液转换元件,也是功率放大元件,它能够将小功率的微弱电气输入信号转换为大功率的液压能(流量和压力)输出。在电液伺服系统中,它将电气部分与液压部分连接起来,实现电液信号的转换与液压放大。电液伺服阀是电液伺服系统控制的核心。

1. 伺服阀分类

伺服阀可从不同的角度加以分类。

按控制信号分类可分为机液阀、电液伺服阀、气液伺服阀。

按结构分类可分为滑阀、喷嘴挡板阀和射流管阀等。

按阀口开口形式分为零开口、正开口、负开口。

2. 组成及工作原理

1)滑阀式伺服阀

如图 7-1 所示,由永磁动圈式力马达、一对固定节流孔、预开口双边滑阀式前置液压放大器和三通滑阀式功率级组成。前置控制滑阀的两个预开口节流控制孔 5、7 与两个固定节流孔 1、8 组成一个液压桥路。滑阀副的控制阀芯 9 直接与力马达的动圈 11 骨架相连,在阀套内滑动。前置级的阀套又是功率级滑阀放大器的阀芯。输入控制电流使力马达动圈产生的电磁力与对中弹簧 12 的弹簧力相平衡,使动圈和前置级阀芯 9 移动,其位移量与动圈电流成正比。前置级阀芯 9 若向右移动,则滑阀右腔控制口面积增大,右腔控制压力降低;左腔控制口面积减小,左腔控制压力升高,该压力差作用在功率级滑阀阀芯(即前置级的阀套)的两端上,使功率级滑阀阀芯(主滑阀)向右移动,也就是前置级滑阀的阀套(主滑阀 6)向右移动,逐渐减小右侧控制孔的面积,直至停留在某一位置。在此位置上,前置级滑阀副的两个可变节流控制孔 5、7 的面积相等,功率级滑阀阀芯(主滑阀 6)两端的压力相等。这种直接反馈的作用,使功率级滑阀 6 的阀芯跟随前置级滑阀的阀芯 9 运动,功率级滑阀 6 阀芯的位移与动圈输入电流大小成正比。

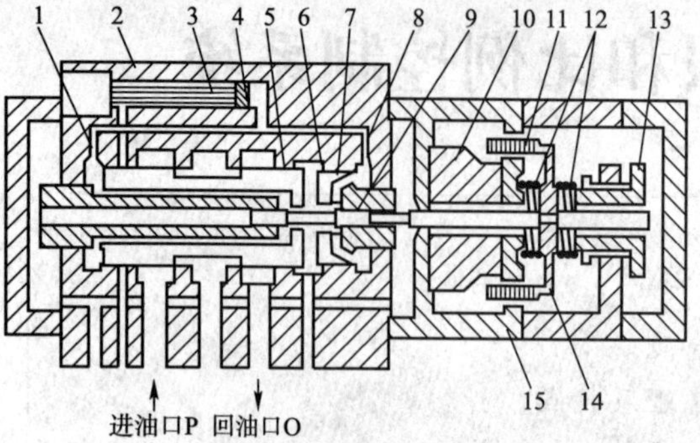

图 7-1 滑阀式伺服阀

1-左节流口;2-壳体;3-滤油器;4-减压孔板;5-控制节流孔;6-主滑阀;7-控制节流孔;8-右节流孔;9-控制阀芯;10-磁钢;11-动圈;12-对中弹簧;13-调节螺钉;14-内导磁体;15-外导磁体

2)喷嘴挡板式伺服阀

如图 7-2 所示,中上半部为衔铁式力矩马达,中部为喷嘴挡板阀,下半部为主滑阀。衔铁 4 与挡板 8 和反馈杆 9 连接在一起,由固定在阀体上的弹簧管 7 支承。反馈杆下端为一球头,嵌放在滑阀的凹槽内,永久磁铁和导磁体形成一个固定磁场。当线圈中没有电流通过时,衔铁和导磁体间的四个气隙中的磁通相等,且方向相同,衔铁与挡板都处于中间位置,因此滑阀没有油输出。当有控制电流流入线圈时,一组对角方向的气隙中的磁通增加,另一组对角方向的气隙中的磁通减小,于是衔铁 4 在磁力作用下克服弹簧管 7 的弹性反作用力而以弹簧管中的某一点为支点偏转 θ 角,并偏转到磁力所产生的转矩与弹簧管的弹性反作用力产生的反转矩平衡时为止。这时滑阀尚未移动,而挡板 8 因随衔铁 4 偏转而发生挠曲,改变了它与两个喷嘴 3 之间的间隙,一个间隙减小,另一个间隙增大。通入伺服阀的压力油经滤油器 1,固定节流孔 10 和左右喷嘴流出,通向回油。当挡板挠曲,喷嘴挡板的两个间隙不相等时,两喷嘴后侧的压力就不相等,它们作用在滑阀阀芯的左右端面上,使滑阀阀芯向相应方向移动一段距离,压力油就通过滑阀上

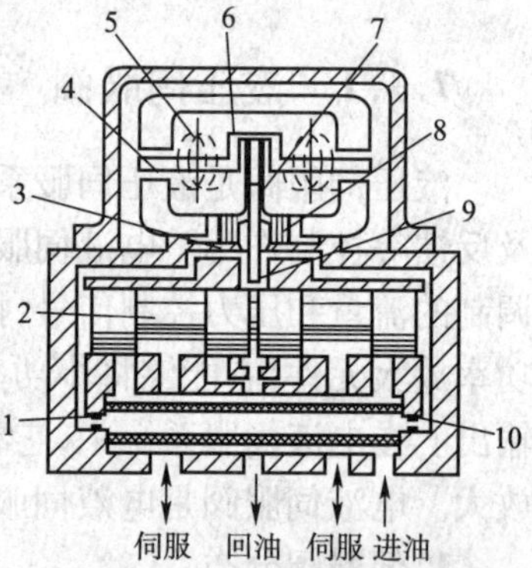

图 7-2 喷嘴挡板式伺服阀

1-滤油器;2-阀芯;3-喷嘴;4-衔铁;5-线圈;6-磁铁;7-弹簧管;8-挡板;9-反馈杆;10-节流孔

的一个阀口输向执行元件,由执行元件回来的油经滑阀上另一个阀口通向回油。滑阀阀芯移动时,反馈杆9下端球头跟着移动,在衔铁挡板组件上产生转矩,使衔铁4向相应方向偏转,并使挡板在两喷嘴间的偏移量减少,这就是所谓力反馈。反馈作用的结果,是使滑阀阀芯两端的压差减小。当滑阀通过反馈杆作用于挡板的力矩,喷嘴作用于挡板的力矩以及弹簧管反力矩之和等于力矩马达产生的电磁力矩时,滑阀阀芯不再移动,并一直使其阀口保持在这一开度上。通入线圈的控制电流越大,使衔铁偏转的转矩、反馈杆的挠曲变形、滑阀两端的压差以及滑阀的偏移量就越大,伺服阀输出的流量也就越大。由于滑阀的位移,喷嘴与挡板之间的间隙、衔铁转角都依次和输入电流成正比,因此这种阀的输出流量也和输入电流成正比。输入电流反向时,输出流量也反向。

3)射流管式伺服阀

如图7-3所示,采用衔铁式力矩马达8带动射流管及其接收口2,两个接收口直接和滑阀阀芯5两端面连接,控制滑阀阀芯运动。滑阀阀芯5靠一个板簧定位,其位移与滑阀阀芯两端压力差成比例。射流管偏转一个角度,其中一个接收口接收的流量大,另一个接收口接收流量小,使得滑阀阀芯两端阀腔的压力出现压力差,克服板簧作用使滑阀阀芯移动,滑阀阀芯移动到两接收口接收到的流量相等时,滑阀阀芯两端压力相等,滑阀阀芯按照控制信号驱动获得的阀芯位移控制的阀口开度确定的流量稳定供油,控制信号消失,射流管回复中位,不再偏转,则滑阀回位不再供油。这种阀的最小通流尺寸(射流管口尺寸)比喷嘴挡板的工作间隙大4~10倍,故对油液的清洁度要求较低。

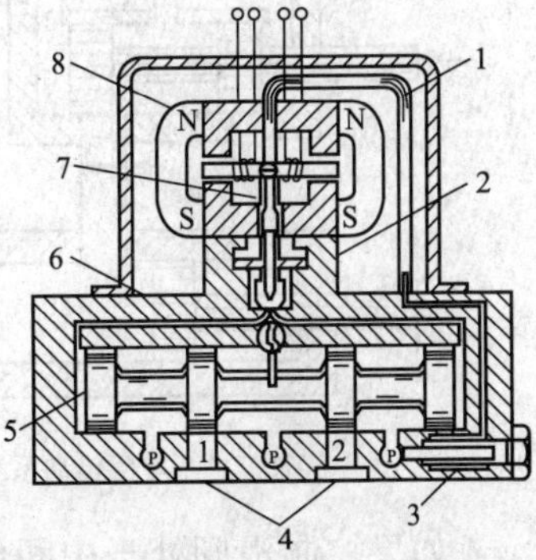

图7-3 双级射流管力反馈电液伺服阀
1-射流管供油口;2-射流管及其接收口;3-油滤;4-负载口;5-滑阀阀芯;6-悬臂反馈弹簧;7-弹簧管;8-力矩马达

3. 特点

滑阀式伺服阀:采用动圈式力马达,结构简单,功率放大系数较大,滞环小和工作行程大;固定节流口尺寸大,不易被污物堵塞;主滑阀两端控制油压作用面积大,从而加大了驱动力,使滑阀不易卡死,工作可靠。

喷嘴挡板式伺服阀:由于力反馈的存在,使得力矩马达在其零点附近工作,即衔铁偏转角θ很小,故线性度好。该伺服阀结构紧凑简单,加工方便,挡板运动阻力小,惯性小,响应快,灵敏度高。但喷嘴挡板的工作间隙较小,对油液的清洁度要求较高;中位正开口,零位泄漏量大,功率损耗大,多用于小功率系统,或多级放大液压控制阀中的第一级中。

射流管式伺服阀:小孔通流,抗污染能力强,对油液的清洁度要求较低;结构简单,要求加工精度低;缺点是零位泄漏量大;受油液黏度变化影响显著,低温特性差;力矩马达带动射流管,负载惯量大,响应速度低于喷嘴挡板阀;中位正开口,零位泄漏量大,功耗大,用于小功率和低压场合。

7.1.2 液压伺服控制系统

1. 液压伺服控制原理

在液压伺服系统中,液压执行元件的运动能自动、快速而准确地随着控制机构的信号而改变,因而液压伺服系统又称为液压随动系统。与此同时,液压伺服机构还起到信号的功率放大作用,因此它也是功率放大装置。

图7-4所示为一简单液压传动系统,由一个滑阀控制的液压缸推动负载运动。当给阀芯输入量 x_i(例如向右),则滑阀移动某一个开口量 x_v,此时,压力油进入液压缸右腔,液压缸左腔回油,推动缸体向右运动,即有一输出位移 x_0,它与输入位移 x_i 大小无直接关系,而与液压缸结构尺寸有关。

若将上述滑阀和液压缸组合成一个整体,构成反馈通路,上述系统就变成一简单液压伺服系统,如图7-5所示。

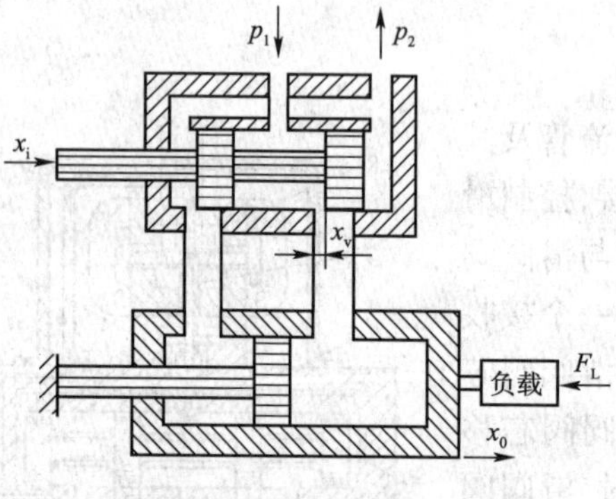

图7-4 液压传动系统

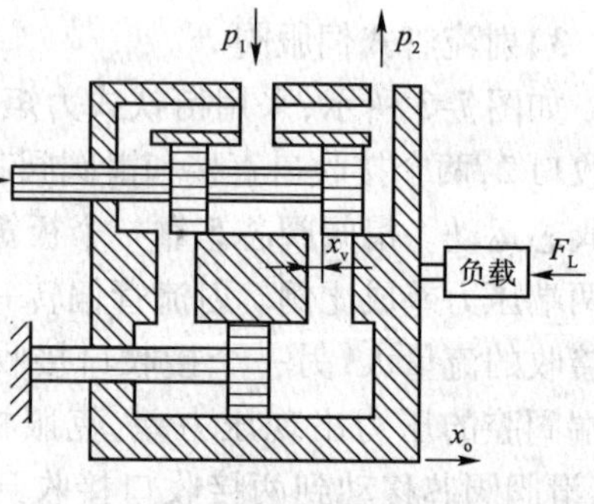

图7-5 液压伺服系统

如果控制滑阀处于中间位置(零位),即没有信号输入($x_i=0$)。这时,阀芯凸肩恰好堵住液压缸两个油口,缸体不动,系统的输出量 $x_0=0$,负载停止不动,系统处于静止平衡状态。

若给控制滑阀输入一个正位移 $x_i>0$,(例如向右为正)的输入信号,阀芯偏离其中间位置,液压缸进出油路同时打开,阀相应开口量 $x_v=x_i$,高压油通过节流口进入液压缸右腔,而液压缸左腔的油通过另一个节流口回油,液压缸产生位移 x_0,此时,系统处于不平衡状态。

由于控制滑阀阀体和液压缸缸体连在一起,成为一个整体,随着输出量 x_0 增加,而滑阀开口量 x_v 逐渐减少。当 x_0 增加到 $x_0=x_i$ 时,则开口量 $x_v=0$,油路关闭,液压缸不动,负载停止在一个新的位置上,达到一个新的平衡状态。

如果继续给控制滑阀向右的输入信号 x_i,液压缸就会跟随这个信号继续向右运动。

反之,若给控制滑阀输入一个负位移 $x_i<0$(向左为负)的输入信号,则液压缸就会跟随这个信号向左运动。

由此看出,在此系统中,滑阀不动,液压缸也不动;滑阀移动多少距离,液压缸也移动多少距离;滑阀移动速度快,液压缸移动速度也快;滑阀向哪个方向移动,液压缸也向哪个方向移动。只要给控制滑阀以某一规律的输入信号,则执行元件(系统输出)就会自动地、准确地跟随控制滑阀,并按照这个规律运动,这就是液压伺服系统的工作原理,该原理由图7-6所示的框图表示。

2. 系统组成

液压伺服控制系统如图7-7所示,主要由以下几个部分组成:

(1)输入元件:也称指令元件,给出输入信号(指令信号)加于系统的输入端。如靠模、指令电位器或计算机等。

(2)反馈测量元件:测量系统的输出并转换为反馈信号,如各种传感器。

(3)比较元件:将反馈信号与输入信号进行比较,给出偏差信号,多为减法器。

(4)放大转换元件:将偏差信号放大、转换成液压信号,如机液伺服阀、电液伺服阀等。

(5)执行元件:产生调节动作加于控制对象上,实现调节任务,如液压缸和液压马达等。

(6)控制对象 :被控制的机器设备或物体,即负载。

此外,还可能有各种校正装置,以及不包含在控制回路内的液压能源装置。

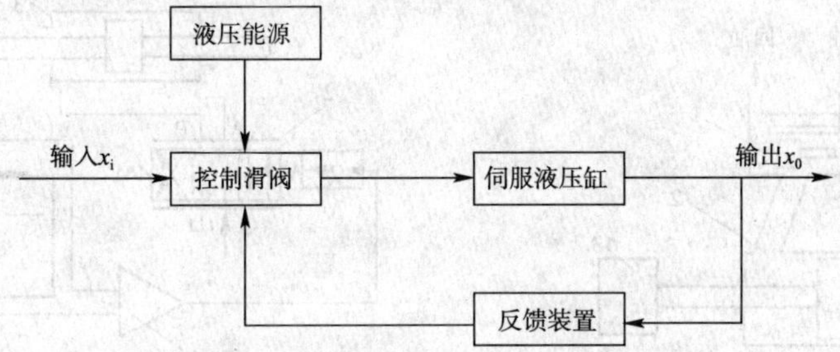

图7-6 液压伺服系统工作原理图

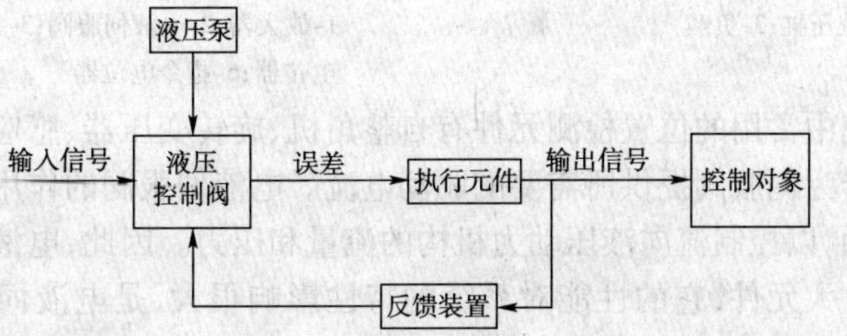

图7-7 液压伺服系统组成

3. 液压伺服控制系统的分类

按动力元件的形式可以分为机液伺服系统、电液伺服系统以及气液伺服系统。

1)机液伺服系统

它是一种由液压动力机构和机械反馈机构组成的闭环控制系统。图7-8所示是一个典型的机械液压伺服系统。输入信号x操作伺服阀,把油液引入液压缸推动活塞,活塞的运动y反馈回来与输入x相减,直到使阀回到零位为止。输出y与输入x之间的传递特性可以近似为一常数。整个系统相当于一个比例控制器。为提高系统稳定性,常采用阻尼器来增加系统的阻尼特性,此外也可采用动压反馈校正装置。

2)电液伺服系统

随着电液伺服阀的出现,电液伺服系统在自动化领域占有重要位置,很多大功率快速响应的位置控制和力控制都应用电液伺服系统,如飞机、导弹的舵机控制系统,船舶的舵机系统,雷达、大炮的随动系统,轧钢机械的液压压下系统,机械手控制和各种科学试验装置(飞行模拟转台、振动试验台)等。

电液伺服系统是一种由电信号处理装置和液压动力机构组成的反馈控制系统。最常见的有电液位置控制系统、电液速度控制系统和电液力(或力矩)控制系统。

图 7-9 所示是一个典型的电液位置伺服控制系统。图中反馈电位器与指令电位器接成桥式电路。反馈电位器滑臂与控制对象相连,其作用是把控制对象位置的变化转换成电压的变化。反馈电位器与指令电位器滑臂间的电位差(反映控制对象位置与指令位置的偏差)经放大器放大后,加于电液伺服阀转换为液压信号(图中 A、B),以推动液压缸活塞,驱动控制对象向消除偏差方向运动。当偏差为零时,停止驱动,因而使控制对象的位置总是按指令电位器给定的规律变化。

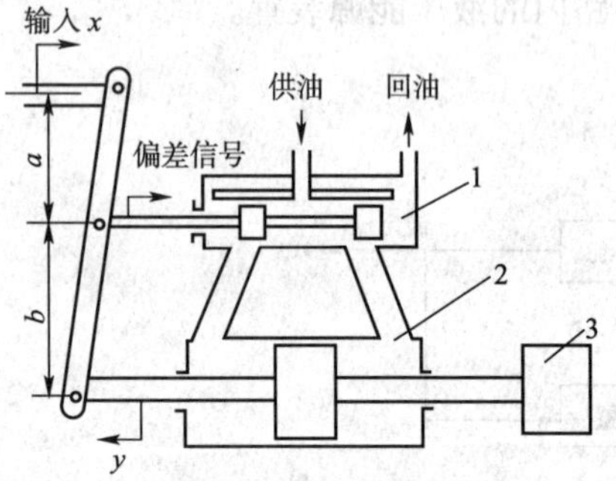

图 7-8 机液伺服系统

1-伺服阀;2-液压缸;3-负载

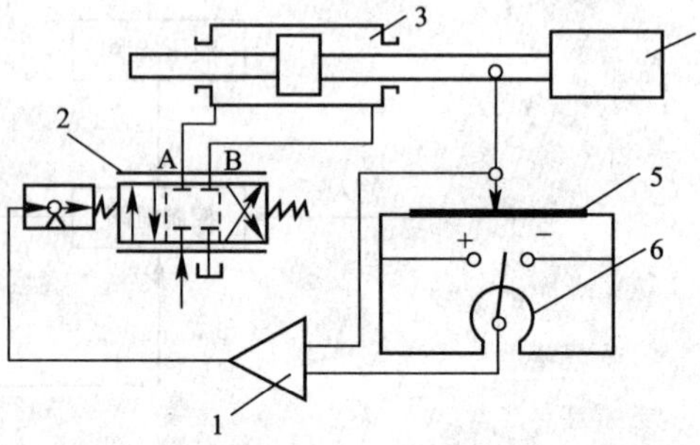

图 7-9 电液伺服系统

1-放大器;2-电液伺服阀;3-液压缸;4-负载;5-反馈电位器;6-指令电位器

电液伺服系统中常用的位置检测元件有自整角机、旋转变压器、感应同步器和差动变压器等。伺服放大器为伺服阀提供所需要的驱动电流。电液伺服阀的作用是将小功率的电信号转换为阀的运动,以控制流向液压动力机构的流量和压力。因此,电液伺服阀既是电液转换元件又是功率放大元件,它的性能对系统的特性影响很大,是电液伺服系统中的关键元件。液压动力机构由液压控制元件、执行元件和控制对象组成。液压控制元件常采用液压控制阀或伺服变量泵。常用的液压执行元件有液压缸和液压马达。液压动力机构的动态特性在很大程度上决定了电液伺服系统的性能。

为改善系统性能,电液伺服系统常采用串联滞后校正来提高低频增益,降低系统的稳态误差。此外,采用加速度或压力负反馈校正则是提高阻尼性能而又不降低效率的有效办法。

3)气液伺服系统

该系统中,气缸采用空气为工作介质,其特点是动作快,但气体可压缩性大、黏度小、刚度低,导致运动速度不易控制、定位精度不高和定位不平稳,容易产生“爬行”和“自走”现象,为了提高其定位精度及运动平稳性,又充分发挥气动的优点,故考虑引入不可压缩性(在低压下可视之)的油液作为介质,采用气液联动控制技术,提高系统的性能。

在该系统中,液体部分不需要液压源,仅提供连续可调的阻尼力,其动力来自于气压部分,是一个封闭的自循环系统。气液联控构成了一个全新的复合介质控制系统,不但克服了气体介质本质的弱点,而且充分利用了液体介质的优点。这种系统与常规气压伺服系统相比,系统构成不太复杂,成本不会增加很多,便于在实际应用中推广。

4. 液压伺服系统的基本特点

1)液压伺服控制的优点

(1)液压元件的功率质量比与力矩惯量比大,可以组成结构紧凑、体积小、质量轻、加速性好的伺服系统。

(2)液压动力元件快速性好,系统响应快。

(3)液压伺服系统抗负载的刚度大,即输出位移受负载变化的影响小,定位准确,控制精度高。

2)液压伺服控制的缺点

(1)液压元件,特别是精密的液压控制元件(如电液伺服阀)抗污染能力差,对工作油液的清洁度要求高。

(2)油温变化时对系统的性能有很大的影响。

(3)当液压元件的密封设计、制造和使用维护不当时,容易引起外漏,造成环境污染。

(4)液压元件制造精度要求高,成本高。

(5)液压能源的获得与远距离传输都不如电气系统方便。

7.2 电液比例控制

7.2.1 电液比例控制阀

1. 分类

电液比例阀简称比例阀,它是一种把输入的电信号按比例地转换成力或位移,从而对压力、流量等参数进行连续控制的一种液压阀。

比例阀由直流比例电磁铁与液压阀两部分组成。其液压阀部分与一般液压阀差别不大,而直流比例电磁铁和一般电磁阀所用的电磁铁不同,比例电磁铁要求吸力(或位移)与输入电流成比例。比例阀按用途和结构不同可分为比例压力阀、比例流量阀、比例方向阀三大类。

2. 结构与工作原理

1)直动式比例溢流阀

直动式比例溢流阀的工作原理及结构如图 7-10 所示。这是一种带位置电反馈的双弹簧结构的直动式溢流阀,它与手调式直动溢流阀的功能完全一样,其主要区别是用比例电磁铁取代了手动弹簧力调节组件。

如图 7-10a)所示,它主要包括阀体 10、位置传感器 1、比例电磁铁 4、阀座 11、阀芯 9 及调压弹簧 7 等主要零件。当电信号输入时,电磁铁产生相应的电磁力,通过弹簧座 6 加在调压弹簧 7 和阀芯上,并对弹簧预压缩,此预压缩量决定了溢流压力。而压缩量正比输入电信号,所以溢流压力也正比于输入电信号,实现对压力的比例控制。

弹簧座的实际位置由差动变压器式位移传感器 1 检测,实际值被反馈到输入端与输入值进行比较,当出现误差就由电控制器产生信号加以纠正。由图 7-10b)所示的结构框图可见,利用这种原理,可排除电磁铁摩擦的影响,从而减少迟滞和提高重复精度等,但会影响调压精度。显然这是一种属于间接检测的反馈方式。

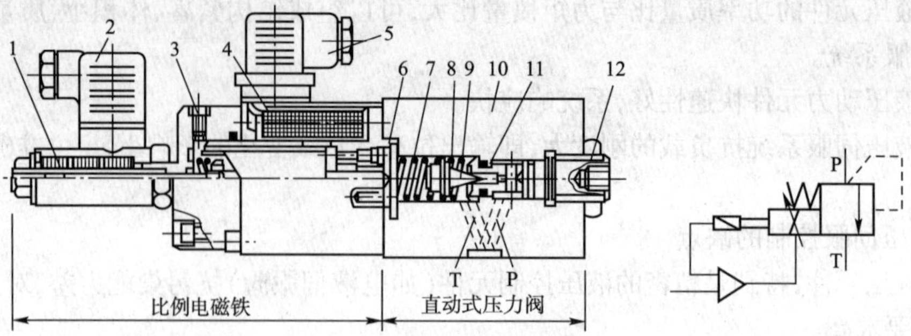

a)工作原理及结构

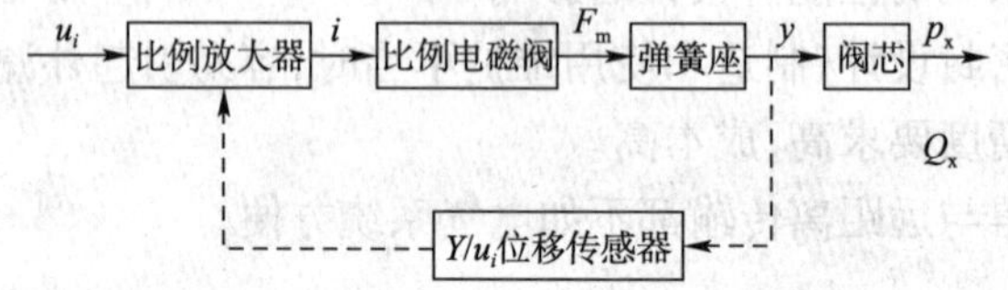

b)结构框图

图 7-10　带位置电反馈的直动式溢流阀

1-位置传感器;2-传感器插头;3-放气螺钉;4-比例电磁铁;5-线圈插头;6-弹簧座;7-调压弹簧;8-防振弹簧;9-锥阀芯;10-阀体;11-阀座;12-调节螺钉

普通溢流阀可以靠不同刚度的调压弹簧来改变压力等级,而比例溢流阀却不能。由于比例电磁铁的推力是一定的,所以不同的等级要靠改变阀座的孔径来获得。这就使得不同压力等级时,其允许的最大溢流量也不相同。根据压力等级不同,最大过流量为 2~10L/min。阀的最大设定压力就是阀的额定工作压力,而设定最低压力与溢流量有关。直动式的溢流阀除在小流量场合下作为调节元件单独作用外,更多的是作为先导式溢流阀或减压阀的先导阀用。另外,位于阀底部的调节螺钉 12,可在一定范围内,调节溢流阀的工作零位。

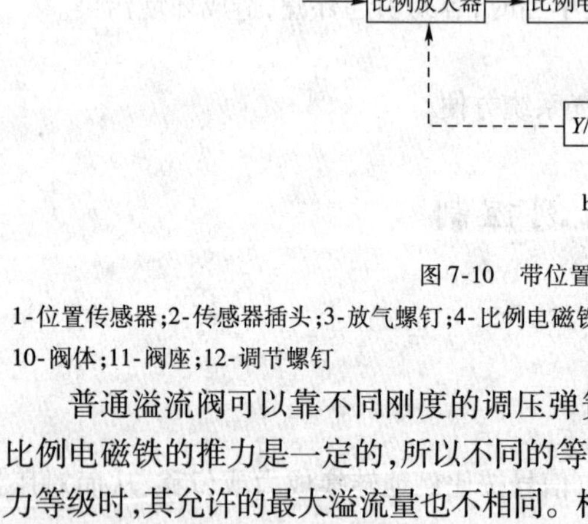

图 7-11　先导式比例溢流阀

1-阀座;2-先导锥阀;3-轭铁;4-衔铁;5-弹簧;6-推杆;7-线圈;8-弹簧;9-限压阀

2)先导式比例溢流阀

(1)结构及工作原理。图 7-11 所示为一种先导式比例溢流阀的结构图。它的上部为先导级,是一个直动式比例溢流阀。下部为主阀级,中部带有一个手调限压阀 9,用于防止系统过载。

当比例电磁铁通有输入信号电流时,它施加一个直接作用在先导阀芯 2 上。先导压力油从内部先导油口(取下螺堵 13)或从外部先导油口 K 处进入,经流道口和节流口后分成两股,一股经节流孔作用在先导阀芯 2 上,另一股经节流孔作用在主阀芯的上部。只要 A 油口的压力不足以使先导阀打开,主阀芯的上下腔的压力就保持相等,从而主阀芯保持关闭状态。这是因为主阀芯上下有效面积相等,而上面有一个软弹簧向下施加一个力,使阀芯关闭。当 A 油口的压力大于使先导阀设定调节压力，先导阀打开，主阀上腔油压降低，主阀在上下腔压差作用下打开溢流，A 口与 B 口相通，比例溢流阀按照调定压力工作。

由于主阀芯是锥阀，它既小又轻，要求的行程也很小，所以这种阀的响应很快。阀套上有三个径向分布的油孔，当阀开启时使油流分散流走，大大减少噪声。节流孔起动态压力反馈作用，提高阀芯的稳定性。

与传统的先导式溢流阀不同，比例溢流阀的压力等级的获得是靠改变先导阀的阀座孔径来实现的，这点与比例直动式溢流阀完全相同。较大的阀座孔径对应着较低的压力等级，小阀座孔径可获得较高的额定值。阀座的孔径通常由制造厂根据阀座的压力等级在制造时已经确定。

从图 7-12 所示的原理框架图可以看出。阀座孔的面积 A 用来检测主阀芯上腔的压力 p_x，当 p_x 的作用力大于电磁力 F_m 时，导阀开启，进而主阀开启，间接控制主阀压力 p_A，显然 p_x 属于中间变量，这种溢流阀的检测方式属于间接检测方式。从图中可见，主阀在小闭环之外，主阀中的各种干扰量，例如摩擦、液动力等的影响都得不到抑制，比例电磁铁也在闭环之外。所以其压力偏差和超调量都较大，常达 15% 以上，改进办法可以采用直接检测方式。

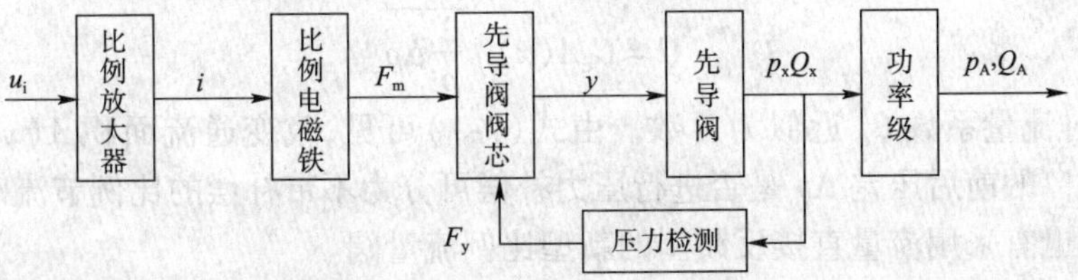

图 7-12　先导式比例溢流阀原理框架图

(2) 比例溢流阀的主要性能特性。

①静态特性。比例溢流阀的静态特性主要由三条特性曲线来表示，如图 7-13 所示，一条为设定压力 p_A 与输入电流 I 之间的关系曲线，称为控制特性曲线，一条是设定压力 p_A 与流量 Q 的关系曲线，称 $p-Q$ 曲线，还有一条是溢流阀的前后压差 p_A-p_B 与流量 Q 的关系曲线。从此图中可以确定溢流阀的主要性能参数：最高、最低设定压力，滞环，线性度以及稳态调压偏差等压力特性，这些性能数据是设计的重要依据。

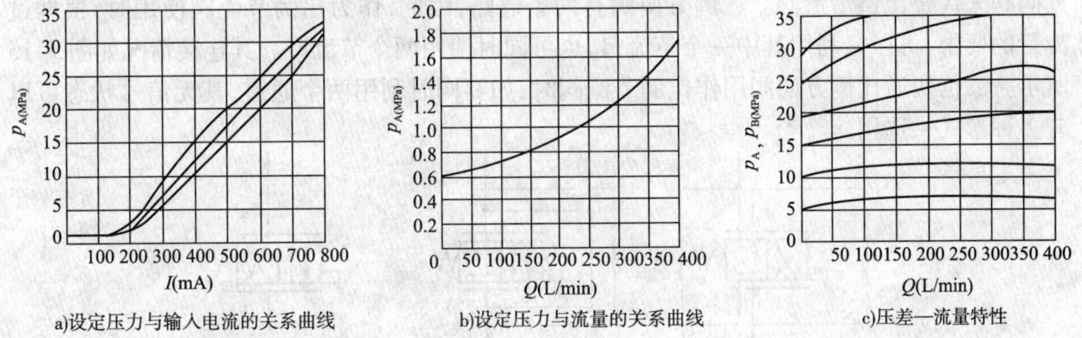

图 7-13　比例溢流阀的静态特性曲线

②动态特性如图 7-14 所示。

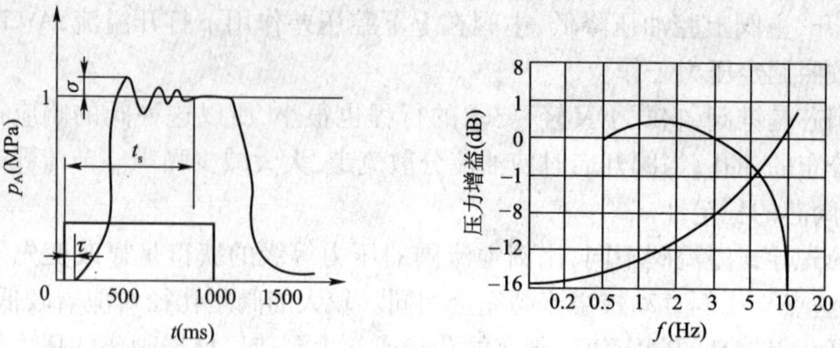

a)单位阶跃响应曲线　　b)频率响应曲线

图 7-14　比例溢流阀的动态特性曲线

3)电液比例流量控制阀

比例流量控制阀的流量调节作用都在于改变节流口的开度。它与普通流量阀的主要区别是用某种电—机械转换器取代原来的手调机构,用来调节节流口的通流面积,并使输出流量与输入信号成正比。

按阀口的流量公式有

$$Q = C_d A(x)\sqrt{\frac{2}{\rho}\Delta p} \tag{7-1}$$

当紊流时流量系数 C_d 近似为常数。由式(7-1)可见,改变通流面积 $A(x)$ 可以改变流量,按照节流口的前后压差 Δp 是否进行压力补偿可分为不带补偿的比例节流阀和带补偿的比例调速阀,也有采用流量直接反馈型的新型比例流量阀。

比例节流阀也分为直动式和先导式。直动式的只有一级液压放大。它的阀芯形式有转阀、滑阀或插装式。旋转节流式由伺服电动机经减速后带动。移动节流式用比例电磁铁驱动。前者习惯上称为电动式,后者称为电磁式。先导式多为二级液压放大,也有三级的特大流量阀,其通径可达 63mm 以上。

直动式比例节流阀的构成是在传统节流阀的基础上,用电—机械转换装置代替手动节流机构而构成,为了提高调解精度还可加上位置检测装置。

单纯的直动式比例节流阀产品较少见。早起产品中可见到采用伺服电动机,经减速后驱动转阀型的比例节流阀。由于比例方向阀具有节流功能,实际使用中,常用二位四通比例方向阀来代替比例节流阀。比例方向阀有两条通路,因此,作为比例节流阀使用时,根据过流量的要求,可以只利用其中一个节流口,也可同时使用两个节流口。其连接情况如图 7-15 所示。二位四通比例方向阀用作比例节流阀时,如要同时利用两个通道,其无信号状态可以有多种形式供选用。

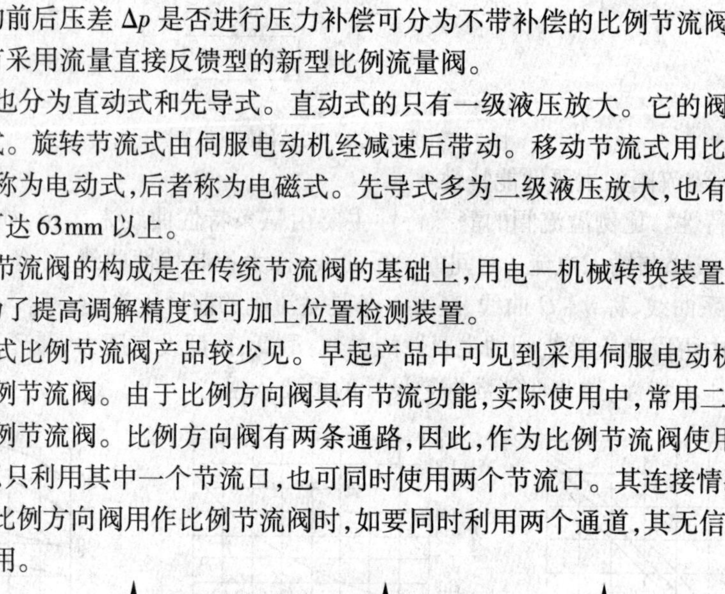

a)利用两个通道　　b)利用一个通道

图 7-15　作比例节流阀时的四通比例阀的连接

4)电液比例方向阀

电液比例方向阀是一种具有液流方向控制功能和流量控制功能的负荷阀。在压差恒定的条件下,通过它的流量与输入电信号成比例,而流动的方向取决于比例电磁铁是否受到激励。常见的有二位四通和三位四通滑阀式。利用插装式元件组成比例方向阀需要较多的元件,制造和控制都较为复杂。

(1)比例方向阀的结构特点。由于电液比例方向阀是在开关型换向阀和电液伺服阀的基础上发展起来的,它们之间有很多异同点。

比例阀阀芯与阀套的径向间隙为3~4μm,与普通换向阀相当,而伺服阀的配合间隙为0.5μm左右,因此抗污染能力比伺服阀强得多。

为了减小中位泄漏,比例阀的阀芯通常具有一定的搭接量。搭接量一般为额定控制电流的10%~15%,这使比例阀有较大的死区,虽然死区达10%以上,但可在电子放大器中进行补偿,使死区最大限度的减小。

比例方向阀的阀芯形状是经特别加工和修整的,以适应同时对进、出口实行准确节流。一般方向阀阀芯台肩是直角形的,阀芯上开有多至8个节流槽,节流槽口的几何形状为三角形、矩形、圆形或它们的组合。这些节流口有时称为控制槽,在圆周上均匀分布,且左右对称或成某一比例。通常比例系数为1/2,用来适应控制对称执行器或非对称执行器的需要。

(2)比例方向阀的阀芯运动控制特点。一般的方向阀开启过程总是先通过死区,然后全开,直至本质上消除节流作用为止。而比例方向阀通过死区后进入节流阶段,而且节流槽的轴向长度永远大于阀芯行程。这样做可以使控制口总具有节流功能。而伺服阀阀芯与阀套的配合通常无死区,零位附近是伺服系统(特别是位置伺服系统)的主要工作点,因此,伺服阀的工作行程较小。从上面阀芯运动控制分析中可知:比例方向阀的阀口压降比伺服阀约低一个数量级,为250~800kPa,但比电液换向阀的较高。比例电磁铁的控制功率约为伺服阀的10倍以上,比电液换向阀的略高或相当。

现代电液比例方向阀中引入了各种内部反馈控制和采用零搭接,因此在滞环、重复精度、分辨率及线性等方面的性能与电液伺服阀几乎相当,但在动态响应方面还是比性能高的伺服阀稍差。

(3)比例方向阀的中位机能及应用场合。三位四通比例方向阀也像电液换向阀那样,具有不同的中位机能,以适应控制系统的特别要求。各种中位机能的获得,是通过保持阀套的沉割槽和阀芯的台肩长度不变,只改变节流口的轴向长度来实现。表7-1给出了对称阀芯及不对称阀芯的中位机能、流通状态及应用场合,可供设计时选择使用。

从本质上说,由于电液比例方向阀的阀芯可以定位在任何一位置上,即位置是无级可调的,它就再不局限于三位阀了,可以作成四位或五位四通的形式。例如一个四位置的阀中有四个功能位置,如图7-16所示。设两电磁铁电流为零时中位是位置2,电磁铁a的指令信号从零增加至控制电流的40%时定位在位置3上,100%控制电流时定位在位置4上。

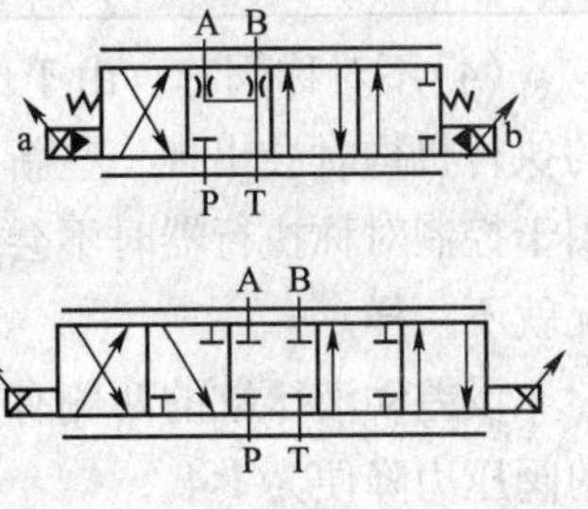

图7-16 四位及五位电液比例方向阀

而当电磁铁 b 的指令信号从 0 至 100% 增长时，阀芯主检定位在阀位 1 的位置上。可见，合理的利用比例阀的多工作位置特点，并与适当的点控制器配合使用，仅用一个比例方向阀就可以实现加速、减速、平衡、差动、快速及慢速等多种功能，可大大简化液压控制系统。

中位机能、流通状态及应用场合　　表 7-1

图形符号	机能代号	流通状态	应用
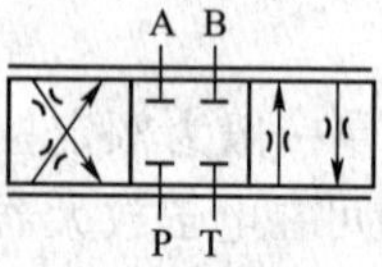	O	$P \to B = Q; A \to T = Q$ $P \to A = Q; B \to T = Q$	对称执行器/面积比接近1:1的单出杆液压缸
	O_1	$P \to B = \frac{Q}{2}; A \to T = Q$ $P \to A = Q; B \to T = \frac{Q}{2}$	面积比接近 2:1 的单出杆液压缸
	O_2	$P \to B = Q; A \to T = \frac{Q}{2}$ $P \to A = \frac{Q}{2}; B \to T = Q$	
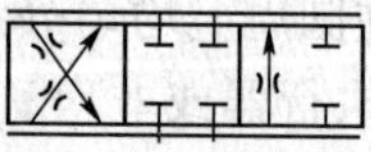	O_3	$P \to B = Q; A \to T = Q$ $P \to A = Q; B \to T = 0$	差动连接的单出杆液压缸
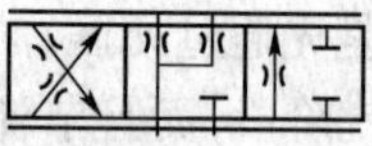	PX	$P \to B = Q; A \to T = Q$ $P \to A = Q; B \to T = Q$	对称执行器
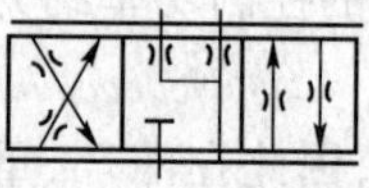	YX	$P \to B = Q; A \to T = Q$ $P \to A = Q; B \to T = Q$	对称执行器/面积比接近1:1的单出杆液压缸
	YX_1	$P \to B = \frac{Q}{2}; A \to T = Q$ $P \to A = Q; B \to T = \frac{Q}{2}$	面积比接近2:1的单出杆液压缸
	YX_2	$P \to B = Q; A \to T = \frac{Q}{2}$ $P \to A = \frac{Q}{2}; B \to T = Q$	
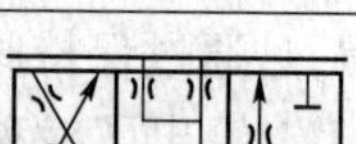	YX_3	$P \to B = Q; A \to T = Q$ $P \to A = Q; B \to T = 0$	差动连接的单出杆液压缸

（4）不对称阀芯。由于比例方向阀能对进口和出口同时进行节流控制，当用于控制不同的执行机构时会出现一些新问题。例如，对称的阀芯，即左右两边节流面积相同的阀芯，应用于控制对称执行器时不会产生大的问题，但当应用于单出杆液压缸等非对称执行器时情况就不一样。

设差动液压缸的两侧有效面积比为 2:1。如果进口和出口两侧的节流面积相等时，所得的阀压力降便为 1:4。

参看图 7-17。因为

$$\frac{Q_1}{Q_2}=\frac{A_1v}{A_2v}=\frac{2}{1}=\frac{\sqrt{\Delta p_1}}{\sqrt{\Delta p_2}} \tag{7-2}$$

由上式得

$$\Delta p_1=4\Delta p_2 \tag{7-3}$$

式中各符号的意义如图7-17所示。

由上式可见,当有杆腔的工作背压大于供油压力的1/4时,就会因为系统无法对进油腔提供足够的压力油而出现抽空现象,因此产生气穴使系统控制性能大大破坏,甚至不能工作。

适当的设计不对称开口的阀芯,可以满足不同流量的要求。各种现有产品中多有不对称阀芯供选择,来适应不同面积比的液压缸的控制要求。

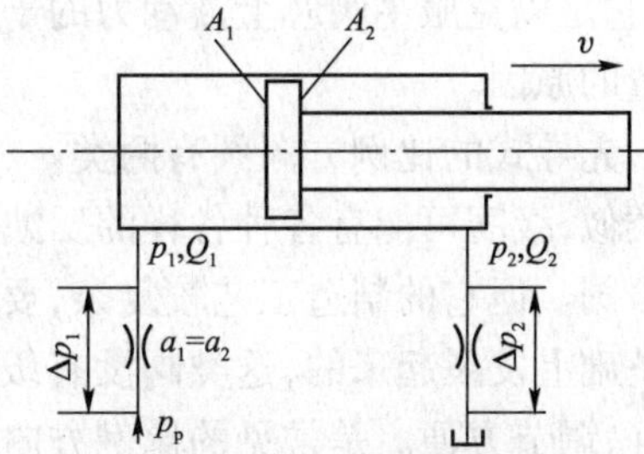

图7-17 对称阀芯控制非对称执行器

(5)直动式比例方向阀。直动式比例方向阀由比例电磁铁直接推动阀芯左右移动来工作。其中二位四通和三位四通两种最常见。前者只有一只比例电磁铁,由复位弹簧定位。后者有两只比例电磁铁,由两个对中弹簧定位。复位弹簧或对中弹簧同时也是电磁力—位移转换元件。由于电磁力的限制,直动式的比例方向阀只能用在流量较低的场合,比例方向阀也可分为带阀芯位置反馈和不带位置反馈两种。

①不带位置反馈型。不带阀芯位置反馈的直动式比例方向阀的基本结构与前面介绍的三通比例减压阀十分相似,仅阀芯内部结构不同。三通减压阀是采用三件组合式阀芯,而比例方向阀采用的是开有节流槽的整体式阀芯。当任一只电磁铁得电后,电磁力直接作用在阀芯上,并与对中弹簧力平衡而定位在与信号成正比的位置上,对于三位阀,两个电磁铁同时得电是禁止状态。而两个电磁铁同时失电时,在对中弹簧的作用下处于中位,当左面的电磁铁收到信号时,信号使阀芯右移,其位移量比例于输入信号。这时允许油液从P孔流向B孔和A孔流向T孔。如果节流口前后压差保持不变,则通过的流量仅与输入信号有关,如果另一侧的比例电磁铁得电,油孔导通的情况正好交换。

②带阀芯位置反馈型。带阀芯位置反馈的直动式比例方向阀与不带阀芯位置反馈的差别仅在于使用的比例电磁铁不完全相同。不带位置反馈的比例方向阀使用的是力控制型比例电磁铁,而带位置反馈的其中有一只使用的是行程控制比例电磁铁。在带位置反馈的比例方向阀中,位移传感器是一个直线型的差动变压器,它的动铁芯与电磁铁的衔铁机械固连,能在阀芯的两个移动方向上移动约±3mm。其工作过程如下:当电磁铁受激励,阀芯移动相应的距离,同时也带动了位移传感器的铁芯离开平衡位置。于是,传感器感应出一个位置信号,并反馈到比例放大器。输入信号与实际值比较,并产生一个差值控制信号,纠正任何实际输出值对给定值的偏差,最后得到准确的位置。由于有阀芯位置反馈,它的控制精度较无位置反馈的要高。为了确保安全,用于这种阀的比例放大器应有内置的安全措施,使一旦断开反馈时,阀芯将自动返回中位。

由于该阀也是一种直动式控制阀。因此,只能用于中等流量及以下的场合,在超过此流量的场合,由于过大的液动力将使阀无法开启或不能完全开启。虽然,位置传感器给出反馈信号,力图使阀开得更大,但因电磁铁已耗尽所有的电磁力,所以阀芯将无法开启到给定的位置上。

(6)先导式比例方向阀。先导式比例方向阀主要用于大流量的场合。较常用的是二级阀,也有三级的,三级式的阀主要用于特大流量的场合。先导级通常是一个小型的直动式三通比例减压阀,或其他类型的压力控制阀,例如喷嘴挡板阀。它的工作原理是电信号经先导级转换放大后,变成液压功率驱动主阀级工作。液压推力等于控制压力与阀芯端面积的乘积,它足以克服主阀芯上液动力的干扰,这就是为什么先导控制的比例方向阀能处理较大的流量的原因。

先导式的比例方向阀有两类。一类是从伺服阀的简化基础上发展起来的。它与伺服阀相类似,级间可能有各种各样的反馈联系,动态和静态性能都较优。这类阀有时又称为廉价伺服阀。但它的制造工艺较复杂,要求高,通用性差,比较不常见。另一类是从电液换向阀的基础上发展起来的,这类阀没有级间的反馈联系,优点是装配精度和制造要求较低,通用性好,调节方便。是常见的比例方向阀。下面只对这一类阀加以介绍。

前面讨论过的双向比例三通减压阀,它的主要用途是作为比例方向阀的先导阀。它与一个液动式比例方向阀叠加在一起就构成一个先导式电液比例方向阀(图 7-18)。无信号状态时,主阀芯 10 由一偏置的推拉弹簧 9 保持在中位上,也有些阀是用两个对称布置在阀芯两端的压力弹簧对中的。显然用一个偏置弹簧对中的优点是避免了两个弹簧对中时,由于弹簧参数不尽相同或发生变化而引起阀芯偏离中位的可能性。主阀控制腔 8 有压力时,阀芯在左移压缩弹簧,相反,弹簧腔 12 有压力时,阀芯右移把弹簧拉紧在阀体上。

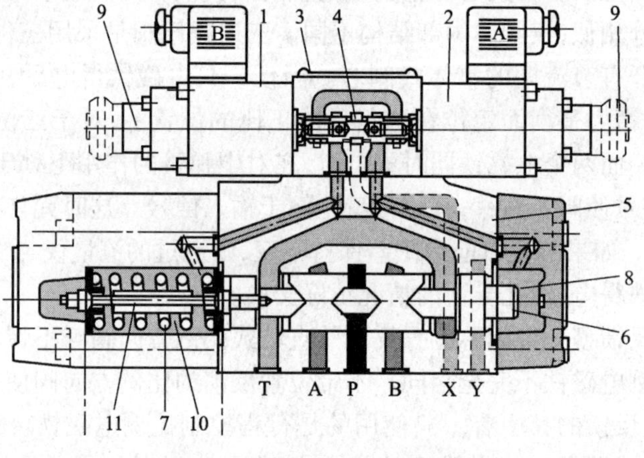

图 7-18 先导式电液比例方向阀

1、2-比例电磁铁;3-先导阀;4-控制阀芯;5-主阀;6-主阀控制腔;7-弹簧;8-主阀芯;9-腔;10-主阀弹簧腔;11-连杆

只有当阀两端的主阀控制腔中的压力升高到足以推动阀芯移动到节流位置时,方向阀才开启。移动方向决定于哪一只电磁铁受到激励,移动距离则决定于激励信号,即输入电流的大小。设电磁铁 B 接受到控制信号,于是先导阀阀芯右移,使腔 9 压力升高。同时,主阀向左移动,直到移动到设定位置为止。在开启过程中,节流槽逐渐增大,使控制流量从 P 到 A 和从 B 到 T 是渐增的。

调整输入信号的水平,可使主阀芯定位在不同的预定位置上。阀芯上的三角形节流槽会形成不同的节流面积。因此,预调阀的输入信号水平,就可以按需要设定执行器的速度。

借助于放大器的帮助,可以使阀芯的运动受时间控制,实现机构的平滑启动和停止。例如,设信号从零增加到100%或相反,阀芯的响应时间可以通过放大器从0至5s内可调。

由以上讨论,综述比例方向阀的控制特点如下:

(1)比例方向阀提供两个方向上同时节流。

(2)阀芯的最终设定位置由输入信号的水平确定。

(3)阀芯移动的响应速度直接与执行机器的加速度或减速度成比例。它可以借助比例放大器中的斜坡信号发生电路来调整。

5)电液比例复合阀

从广义上说,把两种以上不同的液压功能复合在一个上所构成的液压元件可称为复合阀。若其中至少有一种功能可以实现电液比例控制,这样的阀称作电液比例复合阀。因此比例复合阀具有多种控制功能。

从上面的定义看,最简单的比例复合阀是比例方向阀。它复合了方向与流量控制两种功能。如果进一步把比例方向阀与定差溢流阀或定差减压阀组合就构成了传统的比例复合阀。且参与复合的比例方向阀的联数可以不止一联。

电液比例压力/流量复合阀有时被称为比例功率调节阀。它是由先导式比例溢流阀与比例节流阀组成的一个复合阀。比例溢流阀的主阀同时再复合阀中兼作三通压力补偿器,为比例节流阀进行压力补偿,从而获得较稳定的流量。阀的详细图形符号图7-19a)所示。由图可见,比例节流阀1的前后压差由三通压力补偿器2保持恒定。因而,通过节流阀的流量仅取决于节流阀的开口面积,亦即通入比例电磁铁的信号电流。三通压力补偿器同时又是先导式比例溢流阀的主阀芯级。当负载压力达到溢流阀3的调定压力时,阀芯开启,保持进口压力不变。有些带有限压阀以确保系统安全,带有限压阀的图形符号如图7-19b)所示。阀的工作特性曲线如图7-19c)所示,可见无论是流量调节偏差还是压力调节偏差都较小。这种阀被广泛用于注塑机液压系统,作为主要的调速、调压元件。

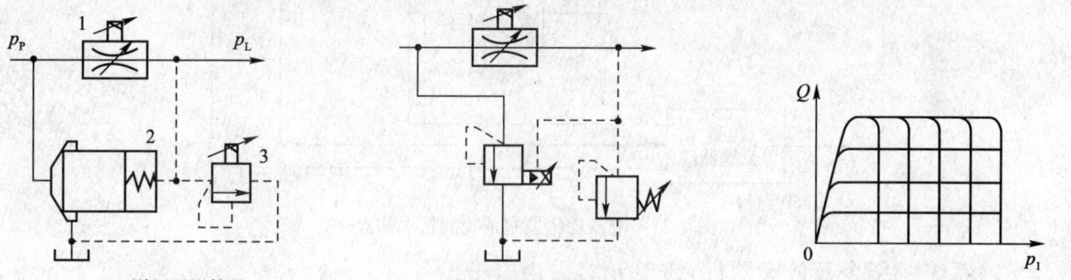

图7-19 $p-Q$ 阀的原理及特性图

1-比例节流阀;2-三通压力补偿器;3-溢流阀

由直动式比例溢流阀、压力补偿器、三位四通比例方向阀以及油路块组成的复合阀,它们的共同特点是均可进行压力与流量的调节控制,差异点是前者还可以对一路以上的执行器进行方向控制。都是利用压力补偿原理对节流阀或方向阀节流口进行压力补偿,使它们变为精度更高的流量调节器。图7-20所示为 $p-Q$ 阀结构图。由于比例节流阀带位置传感器,使节流口的面积可以得到更准确的控制。

3. 特点

与普通液压阀相比,比例阀的优点是:

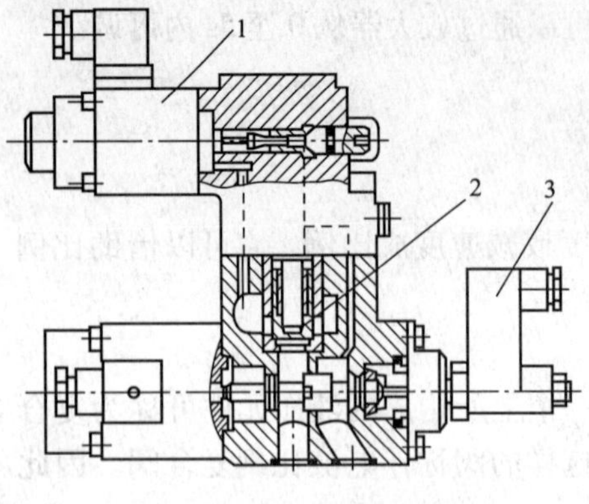

图 7-20　$p-Q$ 阀结构图

1-直动式比例溢流阀;2-三通压力补偿器;3-比例节流阀(带位置传感器)

(1)油路简化,元件数量少。

(2)能简单地实现远距离控制,自动化程度高。

(3)能连续地、按比例地对油液的压力、流量或方向进行控制,从而实现对执行机构的位置、速度和力的连续控制,并能防止或减小压力、速度变换时的冲击。

比例阀广泛应用于要求对液压参数连续控制或程序控制,但不需要高控制精度的液压系统中。

7.2.2　电液比例控制系统

1. 比例控制系统的组成与分类

1)组成

比例控制系统由电子放大及校正单元,电液比例控制单元(含电—机械转换器在内的比例阀、电液比例变量泵和变量马达),动力执行单元及动力源,工作负载及信号检测反馈处理单元所组成,如图 7-21 所示。

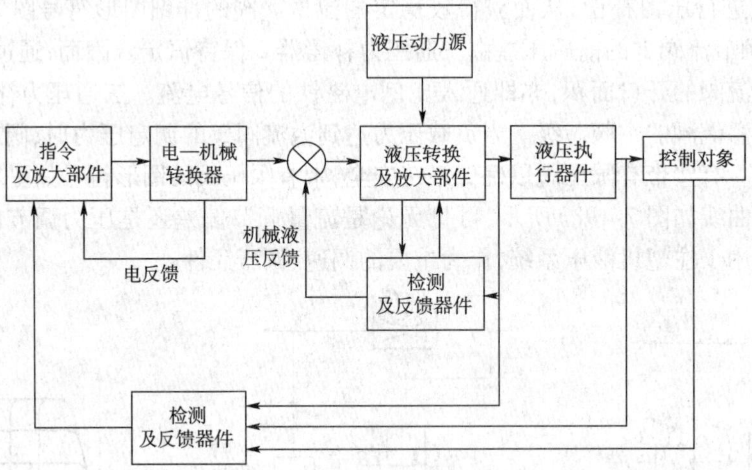

图 7-21　电液比例控制系统的技术构成

(1)系统的指令及放大器件:该单元多采用电子设备。

(2)电—机械转换器:往往采用比例电磁铁。其功能是将放大器输出的控制电流或电压信号,转换为机械量的控制信号(力、力矩、位移、转角)。

(3)液压转换及放大器件:就是比例阀、比例泵及马达,实际上是一功率放大单元。

(4)液压执行元件:是液压缸或液压马达,其输出参数只能是位移、速度、加速度和力,或者转角、角速度、角加速度和转矩。

(5)动力执行单元:系统可通过设置液压(压力和流量)和机械参数中间变量检测反馈闭环,或动力执行单元输出参数检测反馈闭环,来改善其稳态控制精度和动态品质。

(6)信号处理单元:可采用模拟电子电路、数字式微处理芯片或微型计算机来实现。(数字式集成电路在精度、可靠性、稳定性等项均占优势,其成本也越来越低廉,故应用日益广泛)。

2)分类

(1)根据检测反馈闭环的不同,可将比例控制系统分为闭环控制系统和开环控制系统。

闭环控制系统:系统设置动力执行单元输出参数(压力、力、力矩、位移、速度和加速度)检测反馈闭环。

开环控制系统:是控制元件内部,对整个控制系统而言只是中间参量的小闭环。

(2)按功率调节元件的不同,可将比例控制系统分为节流控制系统和容积控制系统。而容积控制系统又可分为液压泵调节和液压马达调节。

节流控制系统的特点:动态响应快,利用公共恒压油源可控制不同执行元件(三通调速阀构成的负载适应系统除外),功率损失较大。

容积控制系统的特点:节能。事实上,现代容积控制多是通过电液节流控制元件,对液压泵或液压马达的排量参数(倾角或偏心量)进行控制而实现的。

(3)按被控参数的不同分类。按照被控参数的不同可以分为:位置(或转角)控制系统;速度(或转速)控制系统;加速度(或角加速度)控制系统;压力(或压差)控制系统;力(或力矩)控制系统;其他参数控制系统。

2. 原理

图 7-22 所示为采用传统开关型液压控制阀的多级速度控制系统。当电磁铁 1DT 通电时,液压油经换向阀左位进入液压缸无杆腔,其速度决定于被选中的调速阀的开口面积。调速阀被选中与否由 3DT 至 nDT 中对应的电磁铁是否通电来决定。若在工作循环中需要变换多级速度,则需要的调速阀与二位二通电磁阀的个数与变速级数相同。多级速度的高低则是通过预调各级调速阀来实现。

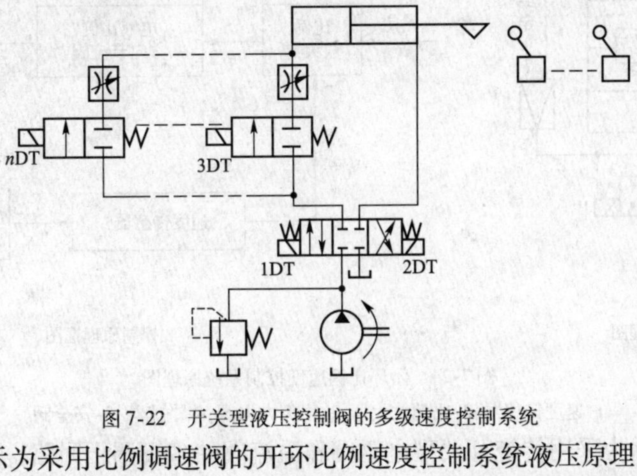

图 7-22 开关型液压控制阀的多级速度控制系统

图 7-23a)所示为采用比例调速阀的开环比例速度控制系统液压原理图。液压缸的运动方向取决于电磁阀的两个电磁铁中是 1DT 通电还是 2DT 通电,运动速度则由电液比例调速阀 1 控制。电液比例调速阀能根据输入电流的大小自动控制输出流量,并与输入电流成比例。因此,改变给定信号电流的大小不仅可以方便地实现多级和无级调速,还可以大大改善速度换接中的平稳性。这种系统的控制原理可以用图 7-23b)表示。这是一种开环控制系统,具有结构简单、调节方便的优点,但被控速度易受系统泄漏等各种干扰因素的影响。

图 7-24a)所示为一闭环电液比例速度控制系统液压原理图。它是在开环比例阀控液压

马达的基础上增加了速度反馈元件而构成的。其中的比例控制元件是电液比例方向阀3，它是既可控制液流方向，又可控制流量大小的复合比例控制元件。液压马达的转速经机械传动装置比例增速，由速度传感器1检测后，反馈到比例放大器2的输入端，与给定控制信号相比较，得出的偏差信号由比例放大器放大后输出给比例电磁铁A或B，从而控制比例方向阀的开口量，对液流的方向和流量进行控制，达到控制液压马达的旋转方向和转速的目的。其闭环控制原理框图如图7-24b)所示。这种闭环控制系统与闭环电液伺服系统一样，除了能使被控速度随输入信号的变化而变化，且在受到干扰时仍能消除误差，或将误差控制在所要求的精度范围内。

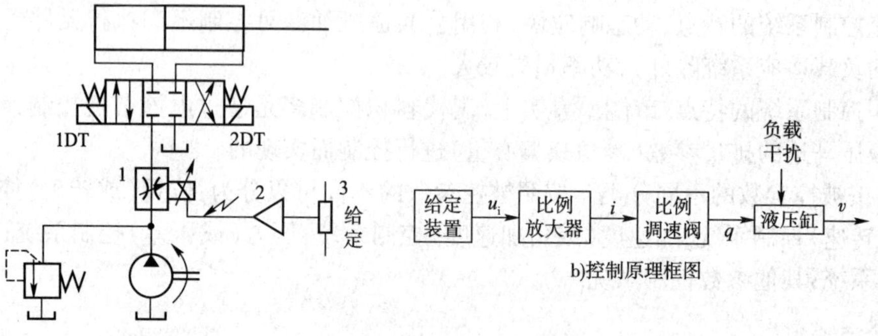

a)液压原理图　　b)控制原理框图

图7-23　开环比例速度控制系统

1-比例调速阀；2-比例放大器；3-给定电位器

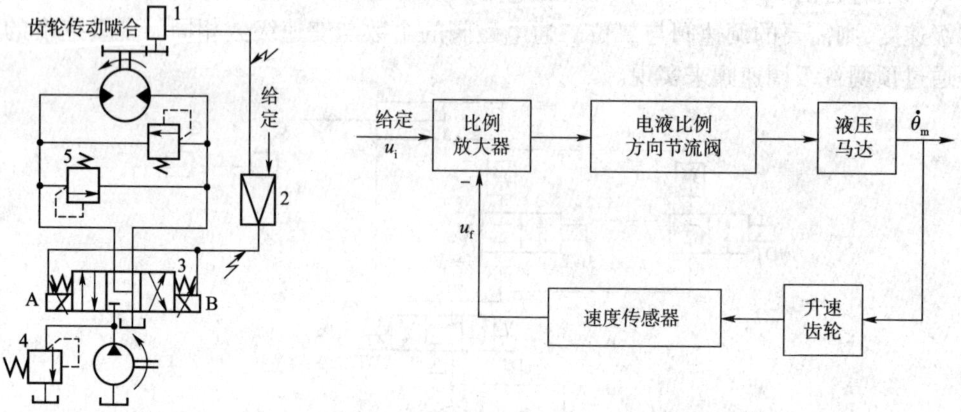

a)液压原理图　　b)控制原理框图

图7-24　闭环比例速度控制系统原理图

1-速度传感器；2-比例放大器；3-比例方向阀；4-溢流阀；5-安全阀

图7-25a)所示为采用传统开关型电磁阀和溢流阀的多级调压回路。该回路可以实现三级调压及液压卸荷功能。当电磁铁3DT、4DT不通电时，系统卸荷，当3DT通电，1DT、2DT分别通电或断电时，系统压力p可由远程调压阀1、2、3控制，分别为p_1、p_2和p_3（p_1、$p_2 < p_3$）。由于是开关型控制，因此在压力换接过程中，系统有压力超调（图7-25b)，而且系统采用的元件也较多。图7-25c)所示的系统是采用了比例溢流阀的比例压力控制回路，它可以通过输入不同的控制电流实现相同的多级压力控制回路，不仅可以简化回路，同时可以通过合理的输入信号，使各级压力转换变得平滑而无冲击，如图7-25d)所示。

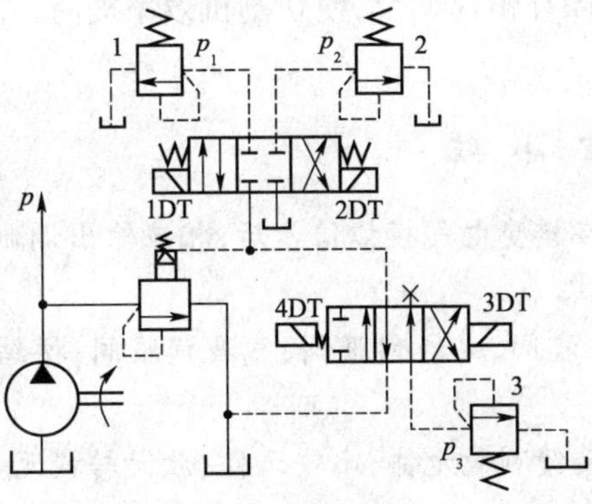

a)采用开关型阀的多级调压回路

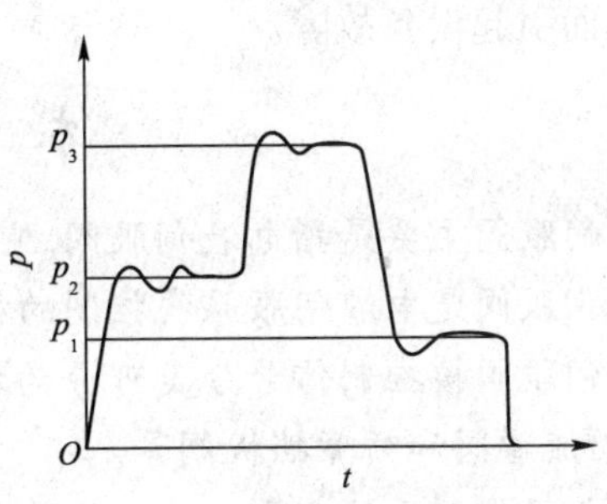

b)采用开关型阀的多级调压回路的调压特性曲线

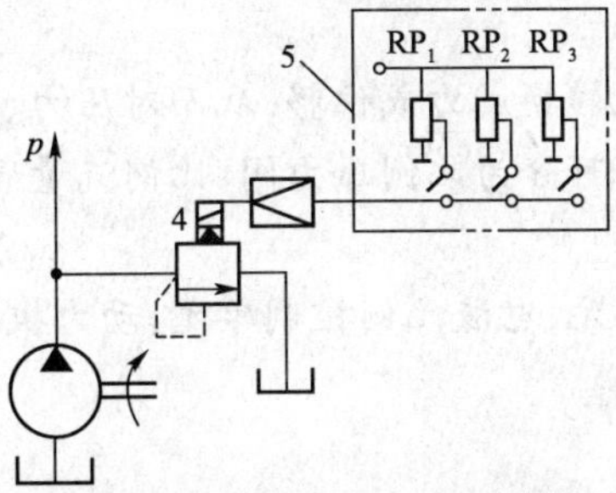

c)采用电液比例溢流阀的多级调压回路

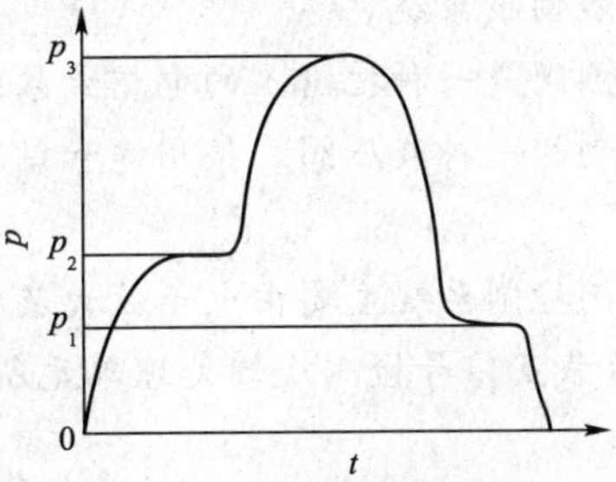

d)采用电液比例溢流阀的多级调压回路调压特性曲线

图 7-25　多级调压回路

1、2、3-远程调压阀；4-比例溢流阀；5-电气输入装置

3. 特点

1）可明显地简化液压系统，实现复杂程序控制

通过输入信号按预定规律的变化，连续成比例地调节受控工作机械作用力或力矩，往返速度或转速，位移或转角等，是比例控制技术的基本功能，这一基本功能，不仅改善了系统控制性能，而且大大简化了液压系统，降低了费用，提高了可靠性。

2）利用电信号便于实现远距离控制或遥控

采用电液比例控制系统不但可实现远距离有线或无线控制，也可改善主机的设计柔性，并且可以实现多通道并行控制。

3）利用反馈提高控制精度或实现特定的控制目标

如图 7-26 所示：锯片旋转由感应电动机 M 驱动，切割进给由比例调速阀控制液压缸的运动速度来实现。当切割负荷增大或减小时，感应电动机的相电流也随之变化，该误差信号经电流互感器和比例阀控制放大器实现反馈控制，以调整进给速度和改变切削负荷，从而达到锯片恒速运行的目标。该系统由于采用了

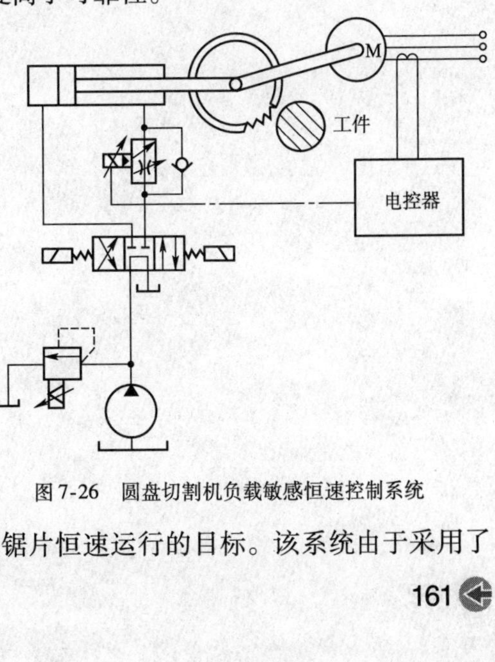

图 7-26　圆盘切割机负载敏感恒速控制系统

电液比例流量控制阀,实现了负载功率敏感闭环恒速调节,使切割机效率提高,并可避免由于负载变化而引起设备故障。

本章小结

1. 液控伺服阀主要是指电液伺服阀,它在接受电气模拟信号后,相应输出调制的流量和压力。电液伺服阀是电液伺服系统控制的核心。

2. 液控伺服阀按控制信号分类可分为机液阀、电液伺服阀、气液伺服阀;按结构分类可分为滑阀、射流管阀和喷嘴挡板阀等。

3. 液压伺服控制系统主要由输入元件、反馈测量元件、比较元件、放大转换元件、执行元件、控制对象等组成。按动力元件的形式,液压伺服控制系统可以分为机液伺服系统、电液伺服系以及气液伺服系统。

4. 电液比例阀是一种把输入的电信号按比例地转换成力或位移,从而对压力、流量等参数进行连续控制的一种液压阀。按用途和结构不同可分为比例压力阀、比例流量阀、比例方向阀三大类。

5. 电液比例控制系统主要由电子放大及校正单元,电液比例控制单元,动力执行单元及动力源,工作负载及信号检测反馈处理单元所组成。

复习思考题

7.1 液控伺服阀可以分为哪几类? 各自的工作原理是什么?

7.2 液压伺服控制系统的组成和原理是什么?

7.3 电液比例阀阀可以分为哪几类? 各自的工作原理是什么

7.4 电液比例控制系统的组成和原理是什么?

第 8 章　液压系统的设计计算

教学目标

1. 学会分析系统工况，拟定液压系统原理图。
2. 学会确定液压系统的主要参数。
3. 掌握液压元件的计算和选择。
4. 掌握液压系统性能的验算。

教学要点

知识要点	掌握程度	相关知识
系统工况分析	理解	运动学与动力学原理
液压系统参数确定	熟练	液压流体力学
液压元件的选择	熟练	液压元件功用与原理
液压系统分析	熟练	液压系统拟合与功率匹配

液压系统是机械设备的动力传动系统。因此，它的设计是主机设计的一部分，必须与主机的总体设计同时进行。一般在分析主机的工作循环、性能要求等基础上，经过认真分析比较，在确定全部或局部采用液压传动方案之后，才会提出液压传动系统的设计任务。

液压系统设计必须采用现代设计思想，从实际出发，注重调查研究，吸收国内外先进设计经验，在满足工作性能要求、工作可靠的前提下，力求使系统结构简单、成本低、效率高、操作维护方便、使用寿命长。

液压系统的设计步骤并没有严格的顺序，各步骤之间往往要相互穿插进行。一般地，液压系统的设计步骤如下：

(1)明确设计要求、进行工况分析。

(2)系统液压原理图的拟定。

(3)确定液压系统主要参数。

(4)液压元件的计算和选择。

(5)液压系统性能的验算。

8.1　明确设计要求、进行工况分析

1. 明确设计要求

设计要求是进行工程设计的主要依据。设计前，必须把主机对液压系统的设计要求和

与设计相关的情况了解清楚，一般要明确下列主要问题：

(1)主机用途，总体布局与结构，主要技术参数与性能要求，工艺流程或工作循环，作业环境与条件等。

(2)液压系统应完成哪些动作，各个动作的工作循环及循环时间；负载大小及性质、运动形式及速度快慢；各动作的顺序要求及互锁关系，各动作的同步要求及同步精度；液压系统的工作性能要求，如运动平稳性、调速范围、定位精度、转换精度，自动化程度、效率与温升、振动与噪声、安全性与可靠性等。

(3)液压系统的工作温度及其变化范围，湿度大小，风沙与粉尘情况，防火与防爆要求，安装空间的大小、外廓尺寸与质量限制等。

(4)经济性与成本等方面的要求。

只有明确了设计要求及工作环境，才能使设计的系统不仅满足性能要求，且具有较高的可靠性、良好的空间布局及造型。

2. 液压系统的工况分析

工况分析的目的是明确在工作循环中执行元件的负载和运动的变化规律，它包括运动分析和负载分析。

1)运动分析

运动分析，就是研究工作机构根据工艺要求应以什么样的运动规律完成工作循环，运动速度的大小、加速度是恒定的还是变化的、行程大小及循环时间长短等。为此必须确定执行元件的类型，并绘制位移—时间循环图或速度—时间循环图。

液压执行元件的类型可按表8-1 进行选择。

液压执行元件的类型　　表8-1

名　称	特　点	应用场合
双杆活塞缸	同杆径时双向输出力、输出速度一样，杆受力状态一样 不同杆径时双向输出力、输出速度不同，杆受力状态也不同	双向工作的往复运动
单杆活塞缸	双向输出力、输出速度不一样，杆受力状态不同。差动连接时可实现快速运动	往复不对称直线运动
柱塞缸	结构简单	长行程、单向工作
摆动缸	单叶片缸转角小于300°，双叶片缸转角小于150°	往复摆动运动
齿轮、叶片马达	结构简单、体积小、惯性小	高速小转矩回转运动
轴向柱塞马达	运动平稳、转矩大、转速范围宽	大转矩回转运动
径向柱塞马达	结构复杂、转矩大、转速低	低速大转矩回转运动

2)负载分析

负载分析，就是通过计算，确定各液压执行元件的负载大小和方向，并分析各执行元件运动过程中的振动、冲击及过载能力等情况。

作用在执行元件上的负载有约束性负载和动力性负载两类。

约束性负载的特征是其方向与执行元件运动方向永远相反，对执行元件的运动起阻止作用,而不会起驱动作用。例如库仑固体摩擦阻力、黏性摩擦阻力等都是约束性负载。

动力性负载的特征是其方向与执行元件的运动方向无关,其数值由外界规律所决定。执行元件承受动力性负载时可能会出现两种情况:一种情况是动力性负载方向与执行元件运动方向相反,起着阻止执行元件运动的作用,称为阻力负载(正负载);另一种情况是动力性负载方向与执行元件运动方向一致,称为超越负载(负负载)。超越负载变成驱动执行元件的驱动力,执行元件要维持匀速运动,其中的流体要产生阻力功,形成足够的阻力来平衡超越负载产生的驱动力,这就要求系统应具有平衡和制动功能。重力是一种动力性负载,重力与执行元件运动方向相反时是阻力负载;与执行元件运动方向一致时是超越负载。对于负载变化规律复杂的系统必须画出负载循环图。不同工作目的的系统,负载分析的着重点不同。例如,对于工程机械的作业机构,着重点为重力在各个位置上的情况,负载图以位置为变量;机床工作台着重点为负载与各工序的时间关系。

3)液压缸的负载计算

一般说来,液压缸承受的动力性负载有工作负载 F_w、惯性负载 F_m、重力负载 F_g,约束性负载有摩擦阻力 F_f、背压负载 F_b、液压缸自身的密封阻力 F_{sf}。即作用在液压缸上的外负载为

$$F = \pm F_w \pm F_m \pm F_f \pm F_g \pm F_b \pm F_{sf} \tag{8-1}$$

(1)工作负载 F_w。工作负载与主机的工作性质有关,它可能是定值,也可能是变值。一般工作负载是时间的函数,即 $F_w = f(t)$,需根据具体情况分析决定。

(2)惯性负载 F_m。惯性负载是运动部件在启动加速或减速制动过程中产生的惯性力,其值可按牛顿第二定律求出

$$F_m = ma = \frac{m\Delta v}{\Delta t} \tag{8-2}$$

式中:m——运动部件总质量;

a——加速度;

Δv——Δt 时间内速度的变化量;

Δt——启动或制动时间。一般机械系统取0.1~0.5s;行走机械系统取0.5~1.5s;机床运动系统取0.25~0.5s;机床进给系统取0.05~0.2s。工作部件较轻或运动速度较低时取小值。

(3)导向摩擦阻力 F_f。摩擦阻力是指液压缸驱动工作机构所需克服的导轨摩擦阻力,其值与导轨形状、安放位置和工作部件的运动状态有关。

对于平导轨

$$F_f = \mu(mg + F_N) \tag{8-3}$$

对于V形导轨

$$F_f = \frac{\mu(mg + F_N)}{\sin\left(\frac{\alpha}{2}\right)} \tag{8-4}$$

式中:F_N——作用在导轨上的垂直载荷;

α——V形导轨夹角,通常取 $\alpha = 90°$;

μ——导轨摩擦系数,其值可参阅相关设计手册。

(4)重力负载 F_g。当工作部件垂直或倾斜放置时,自重也是一种负载,当工作部件水平放置时,$F_g=0$。

(5)背压负载 F_b。液压缸运动时还必须克服回油路压力形成的背压阻力 F_b,其值为

$$F_b=p_bA_2 \tag{8-5}$$

式中:A_2——液压缸回油腔有效工作面积;

p_b——液压缸背压。

在液压缸结构参数尚未确定之前,液压缸背压一般按经验数据估计一个数值。系统背压的一般经验数据为:中低压系统或轻载节流调速系统取0.2~0.5MPa;回油路有调速阀或背压阀的系统取0.5~1.5MPa;采用补油泵补油的闭式系统取1.0~1.5MPa;采用多路阀的复杂的中高压工程机械系统取1.2~3.0MPa。

(6)液压缸自身的密封阻力 F_{sf}。液压缸工作时还必须克服其内部密封装置产生的摩擦阻力 F_{sf},其值与密封装置的类型、油液工作压力、特别是液压缸的制造质量有关,计算比较烦琐;一般将它计入液压缸的机械效率 η_m 中考虑,通常取 $\eta_m=0.90\sim0.97$。

4)液压缸运动循环各阶段的负载

液压缸的运动分为启动、加速、恒速、减速制动等阶段,不同阶段的负载计算是不同的。

启动时

$$F=\frac{(F_f\pm F_g)}{\eta_m} \tag{8-6}$$

加速时

$$F=\frac{(F_m+F_f\pm F_g+F_b)}{\eta_m} \tag{8-7}$$

恒速运动时

$$F=\frac{(\pm F_w+F_f\pm F_g+F_b)}{\eta_m} \tag{8-8}$$

减速制动时

$$F=\frac{(\pm F_w-F_m+F_f\pm F_g+F_b)}{\eta_m} \tag{8-9}$$

3. 工作负载图

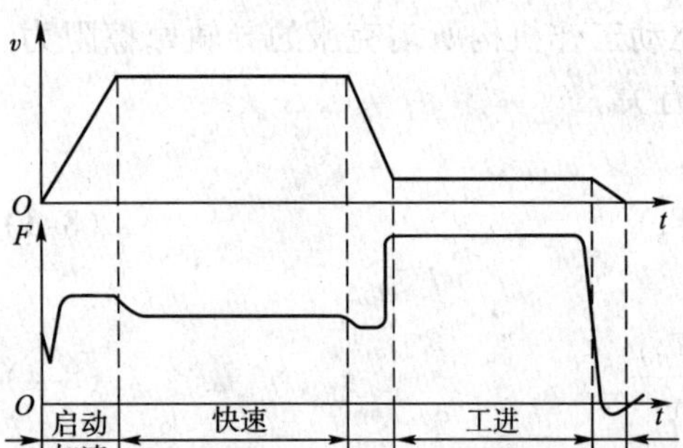

图 8-1 某液压缸的速度图和负载图

对复杂的液压系统,如有若干个执行元件同时或分别完成不同的工作循环,则有必要按上述各阶段计算总负载力,并根据上述各阶段的总负载力和它所经历的工作时间 t(或位移 s),按相同的坐标绘制液压缸的负载时间($F-t$)图或负载位移($F-s$)图。图 8-1 所示为某机床主液压缸的速度图和负载图。

最大负载值是初步确定执行元件工作压力和结构尺寸的依据。

液压马达的负载力矩分析与液压缸的负载分析相同,只需将上述负载力的计算变换为负载力矩即可。

8.2 液压系统原理图的拟定

拟定液压系统原理图是从作用原理和结构组成上具体体现设计任务中提出的各项要求。它包含三项内容:确定系统类型、选择液压回路和集成液压系统。

液压系统在类型上究竟采用开式还是闭式,主要取决于它的调速方式和散热要求。一般来说,凡备有较大空间可以存放油箱且不另设置散热装置的系统、要求结构尽可能简单的系统,或采用节流调速或容积—节流调速的系统,都宜采用开式;凡允许采用辅助泵进行补油并通过换油来达到冷却目的的系统、对工作稳定性和效率有较高要求的系统,或采用容积调速的系统,都宜采用闭式。

选择液压回路是根据系统的设计要求和工况图从众多的成熟方案中评比挑选出来的。挑选时既要保证满足各项主机要求,也要考虑符合节省能源、减少发热、减少冲击等原则。挑选工作首先从对主机主要性能起决定性作用的调速回路开始,然后再根据需要考虑其他辅助回路:例如,对有垂直运动部件的系统要考虑平衡回路,有快速运动部件的系统要考虑缓冲和制动回路,有多个执行元件的系统要考虑顺序动作、同步或互不干扰回路,有空运转要求的系统要考虑卸荷回路等。挑选回路出现多种可能方案时,宜平行展开,反复进行对比,不用轻易作出取舍决定。

集成液压系统时把挑选出来的各种液压回路综合在一起,进行归并整理,增添必要的元件或辅助油路,使之成为完整的系统,并在最后检查一下:这个系统能否完满地实现所要求的各项功能?要否再进行补充或修正?有无作用相同或相近的元件或油路可以合并?等等,这样才能使拟定出来的液压系统结构简单、紧凑,工作安全可靠,动作平稳、效率高,使用和维护方便。综合得好的系统方案应全由标准元件组成,至少亦应使自行设计的专用件减少到最低限度。

对可靠性要求特别高的系统,拟定液压系统原理图时,要应用可靠性设计理论,对液压系统进行可靠性设计,以确保整个系统安全可靠地运行,因为液压系统往往是主机可靠性的薄弱环节。

8.3 确定液压系统主要参数

1. 系统工作压力的确定

根据液压执行元件的负载循环图,可以确定系统的最大载荷点,在充分考虑系统所需流量、系统效率和性能要求等因素后,可参照表 8-2 或表 8-3 选择系统工作压力。

按负载选择系统工作压力 表 8-2

负载(kN)	<5	5~10	10~20	20~30	30~50	>50
系统压力(MPa)	<0.8~1	1.6~2	2.5~3	3~4	4~5	>5~7

工作压力是确定执行元件结构参数的主要依据。它的大小影响执行元件的尺寸和成本,乃至整个系统的性能。在系统功率一定时,一般选用较高的工作压力,使执行元件和系统的结构紧凑、质量轻、经济性好。但是,若工作压力选得过高,会提高对元件的强度、刚度及密封要求和制造精度要求,不但达不到预期的经济效果,反而会降低元件的容积效率、增

加系统发热、降低元件寿命和系统可靠性；反之，若工作压力选得过低，就会增大执行元件及整个系统的尺寸，使结构变得庞大。所以应根据实际情况选取适当的工作压力。

按主机类型选择系统工作压力　　表 8-3

设备类型	机床					农业机械 汽车工业 小型工程 机械及辅 助机械	工程机械 重型机械 锻压设备 液压支架	船用系统
	磨床	组合机床 牛头刨床 插床 齿轮加工 机床	车床 铣床 镗床	珩磨 机床	拉床 龙门 刨床			
压力(MPa)	<2.5	<6.3	2.5~6.3		<10	10—16	16—32	14—25

2. 执行元件参数的确定

前面初步选定的工作压力可以认为就是执行元件的输入压力 p_1，然后再初步选定执行元件的回油压力 p_2（背压），这样就可以确定执行元件的参数。液压缸的主要结构参数缸径 D、活塞杆径 d 和液压马达的排量 V_M 的计算详见前面相关章节计算公式。注意计算所得的数值，应圆整为标准值。

3. 执行元件流量的确定

液压缸（液压马达）所需最大流量 q_{max} 按其实际有效工作面积 A（或液压马达的排量 V_M）及所要求的最高速度 v_{max}（或液压马达最高转速 n_{max}）来计算，即

$$q_{max}=\frac{Av_{max}}{\eta_V}\quad\left(或\ q_{max}=\frac{V_M n_{max}}{\eta_V}\right)\tag{8-10}$$

式中：η_V——执行元件的容积效率。

当单杆液压缸作差动连接时，实际有效工作面积 $A=A_1-A_2$。

液压缸所需最小流量 q_{min} 按其实际有效工作面积 A 和所要求的最小速度 v_{min} 来计算，即

$$q_{min}=\frac{Av_{min}}{\eta_V}\tag{8-11}$$

式(8-11)所求得的液压缸最小流量应该等于或大于流量控制阀或变量泵的最小稳定流量。同样地，液压马达最小流量按其排量和所要求的最小转速来计算。

4. 执行元件的工况图

工况图包括压力图、流量图和功率图。压力图、流量图是执行元件在运动循环中各阶段的压力与时间或压力与位移，流量与时间或流量与位移的关系图；功率图则是根据压力 p 与流量 q 计算出各循环阶段所需功率，画出功率与时间或功率与位移的关系图。当系统中有多个同时工作的执行元件时，必须把这些执行元件的流量图按系统总的动作循环组合成总流量图。图 8-2 所示为某液压缸的工况图。

工况图是选择液压泵、液压控制阀和计算电动机功率等的依据。利用工况图，可验算各工作阶段所确定的参数的合理性。例如，当多个执行元件按各工作阶段的流量或功率叠加，其最大流量或功率重合而使流量或功率分布很不均衡时，可在整机设计要求允许的条件下，适当调整有关执行元件的动作时间或速度，尽量避开或减小流量、功率的最大值，以提高整个系统的效率。

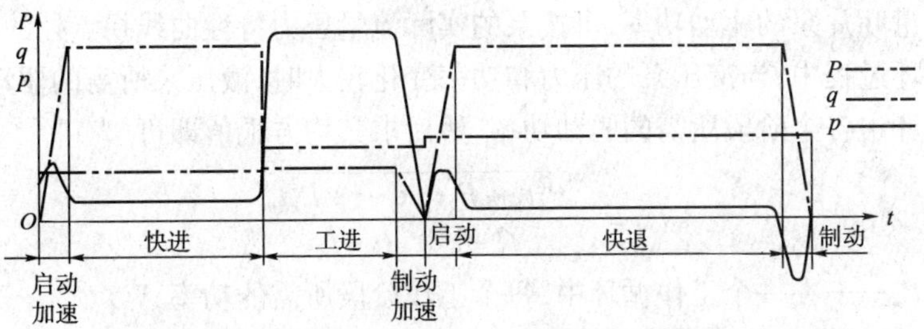

图 8-2 液压缸的压力图、流量图和功率图示例

8.4 液压元件的计算与选择

1. 液压泵的确定与驱动功率的计算

确定液压泵时要根据系统的工作压力和流量以及系统对液压泵的性能要求来进行。液压泵选定后，就可计算液压泵所需电动机功率，并根据此功率和液压泵所需转速选择相应的电动机。

1）确定液压泵的最大工作压力和流量

液压泵的最大工作压力 p_p 按下式计算：

$$p_p \geqslant p_{1\max} + \sum \Delta p \tag{8-12}$$

式中：$p_{1\max}$——液压执行元件最大工作压力，由压力图（$p-t$）选取最大值；

$\sum \Delta p$——从液压泵出口到执行元件入口之间所有沿程压力损失和局部压力损失之和。初算时按经验数据选取：管路简单，管中流速不大时，取 $\sum \Delta p = 0.2 \sim 0.5$MPa；管路复杂，管中流速较大或有调速元件时，取 $\sum \Delta p = 0.5 \sim 1.5$MPa。

液压泵的流量 q_p 按下式计算：

$$q_p = K(\sum q)_{\max} \tag{8-13}$$

式中：K——考虑系统泄漏和溢流阀保持最小溢流量的系数，一般取 $K = 1.1 \sim 1.3$，大流量取小值，小流量取大值；

$(\sum q)_{\max}$——同时工作的执行元件的最大总流量，由流量图（$q-t$）选取最大值。

选择液压泵时，可以参考液压元件手册，根据液压泵最大工作压力 p_p 选择液压泵的类型，根据液压泵的流量 q_p 选择液压泵的规格。选择液压泵的额定压力时应考虑到动态过程和制造质量等因素，要使液压泵有一定的压力储备。一般泵的额定工作压力应比上述最大工作压力高 20% ~60%，泵的额定流量则应与系统所需的最大流量相适应。

2）确定原动机的功率

液压泵在额定压力和额定流量下工作时，其驱动电动机的功率可从元件手册中查到。此外，也可根据具体工况计算。电动机的转速应与液压泵的转速匹配。

在工作循环中，当液压泵的压力和功率变化较小时，液压泵所需的驱动功率为

$$P_P = \frac{p_P q_P}{\eta_P} \tag{8-14}$$

式中：η_p——液压泵的总效率，齿轮泵 $\eta_p = 0.6 \sim 0.8$，叶片泵 $\eta_p = 0.7 \sim 0.8$，柱塞泵 $\eta_p = 0.8 \sim 0.85$，具体数值可参阅产品样本。

限压式变量叶片泵的驱动功率,可按泵的实际流量压力特性曲线拐点处的功率来计算。

在工作循环过程中,当液压泵的压力和功率变化较大时,液压泵所需的驱动功率应分别计算出工作循环中各个阶段所需的驱动功率,然后求其均方根值即可

$$P_{\mathrm{P}}=\sqrt{\frac{P_1^2t_1+P_2^2t_2+\cdots+P_n^2t_n}{t_1+t_2+\cdots+t_n}} \tag{8-15}$$

式中:P_1、$P_2\cdots P_n$——在一个工作循环中,每个工作阶段所需的功率,W;

t_1、$t_2\cdots t_n$——在一个工作循环中,每个工作阶段所需的工作的时间,s。

在选择电动机时,应将求得的平均功率值与各工作阶段的最大功率值比较,若电动机的超载量在允许范围之内(一般允许短时超载25%),则按平均功率选择电动机;否则应按最大功率选择电动机。

2. 液压控制阀的选择

阀类元件的规格应按阀所在回路的最大工作压力和通过该阀的最大流量,从产品样本中选定。选用阀类元件时应考虑其结构形式、特性、压力等级、连接方式、集成方式及操纵方式等。

选择压力控制阀时,应考虑压力阀的压力调节范围、流量变化范围、所要求的压力灵敏度和平稳性等,特别是溢流阀的额定流量必须满足液压泵最大流量的要求。

选择流量控制阀时,应考虑流量阀的流量调节范围、流量—压力特性、最小稳定流量、压力补偿要求或温度补偿要求,对油液过滤精度的要求,阀进、出口压差大小及阀内泄漏量的大小等。

选择方向控制阀时,应考虑方向阀的换向频率、响应时间、操纵方式、滑阀机能、阀口压力损失及阀内泄漏量的大小等。对于单杆液压缸系统,若无杆腔有效作用面积为有杆腔有效作用面积的几倍,当有杆腔进油时,则回油流量为进油流量的几倍,此时,应以几倍的流量来选择方向控制阀。

通过各类阀件的实际流量最多不应超过其额定值的20%。

3. 液压辅件的计算与选择

1)确定管道尺寸

管道的尺寸取决于需要通过的最大流量和管中允许流速。

(1)管内油液的推荐流速。对于液压泵吸油管道一般常取1m/s以下;系统压力管道一般取2.5~6m/s,压力高、管道短、黏度小时取大值;系统回油管道一般取1.5~2.5m/s。

(2)管道内径的计算:

$$d\geqslant\sqrt{\frac{4q}{\pi v}} \tag{8-16}$$

式中:d——管道内径;

q——通过管道油液的流量;

v——管内油液的流速,按推荐流速选取。

(3)管道壁厚的计算:

$$\delta\geqslant\frac{pd}{2[\sigma]} \tag{8-17}$$

式中：δ——金属管壁厚；

d——管道内径；

p——工作压力；

$[\sigma]$——许用应力。

对于钢管，$\sigma_n = \sigma_b / n$，σ_b 为抗拉强度，n 为安全系数，当 p 在 7 ~ 17.5MPa 时，取 $n = 6$；当 $p > 17.5$MPa 时，取 $n = 4$；对于铜管，取 $[\sigma] \leqslant 25$MPa。

计算出管道内径和壁厚之后，应按标准选取相应规格的油管。

在实际设计中，管道通常按选定液压元件油口的大小及管接头尺寸来确定其尺寸。

2）确定油箱容量

液压系统的散热主要依靠油箱，油箱大，散热快，但占地面积大；油箱小，则油温较高。初始设计时，油箱容量可按下列经验公式确定：

$$V = \alpha q_V \tag{8-18}$$

式中：q_V——液压泵每分钟排出的液体体积，m^3；

α——经验系数，低压系统取 2 ~ 4，中压系统取 5 ~ 7，高压系统取 6 ~ 12，行走机械取 1 ~ 2。

系统设计完成后，应按散热或温升要求验算油箱容积。

滤油器、蓄能器和冷却器的选择可参阅液压设计手册。

8.5 液压系统性能的验算

液压系统设计完成后，需要对它的技术性能进行验算，以便判断设计质量。

液压系统性能的验算主要是计算系统压力损失、调整压力、泄漏量、系统效率、系统温升、运动平稳性等。这里只介绍系统压力损失和温升的验算，其他验算可参阅液压设计手册。

1. 液压系统压力损失验算

选定了液压元件的规格及管道、滤油器等辅件，确定了安装方式，绘制出管路安装图之后，就可以对管路系统的总压力损失进行验算。总压力损失包括管道的沿程压力损失、局部压力损失和各种液压控制阀的局部压力损失。

验算压力损失的目的之一是为了正确确定系统的调整压力，即系统溢流阀的调整压力，以便指导系统的调试。当系统执行元件的工作压力已确定时，系统的调整压力可根据管路中的压力损失进行计算。各种阀类元件的局部压力损失可从产品样本中查出。

液压泵应有一定的压力储备量，如果计算出的系统调整压力大于液压泵额定压力的75%，则应该重新选择元件规格和管道尺寸，减小压力损失，或者另选额定压力较高的液压泵。

2. 液压系统发热和温升验算

液压系统中各种能量损失都转化为热量，使油温升高。系统连续工作一段时间后，系统所产生的热量和散发到空气中的热量平衡时，系统油温不再升高，此时的油温应不超过允许值。油温超过允许值时，必须采取适当的冷却措施或修改液压系统的设计。

1）液压系统的发热功率

液压系统发热的原因,主要是液压泵和执行元件的功率损失、管道的压力损失及溢流阀的溢流损失、节流阀的节流损失等。管道的发热较少,与它自身的散热基本平衡,可以忽略不计。

(1)液压泵的损失功率。其计算公式为

$$\Delta P_{\mathrm{P}} = \frac{1}{T}\sum_{i=1}^{n} P_{\mathrm{Pi}}(1-\eta_{\mathrm{Pi}})t_{\mathrm{i}} \tag{8-19}$$

式中:P_{pi}——各液压泵的输入功率;

η_{pi}——各液压泵的总效率;

t_{i}——各液压泵的运行时间;

T——工作周期;

n——液压泵数量。

(2)液压执行元件的损失功率。其计算公式为

$$\Delta P_2 = \frac{1}{T}\sum_{j=1}^{m} P_{2\mathrm{j}}(1-\eta_{2\mathrm{j}})t_{\mathrm{j}} \tag{8-20}$$

式中:$P_{2\mathrm{j}}$——各执行元件的输入功率;

$\eta_{2\mathrm{j}}$——各执行元件的总效率;

t_{j}——各执行元件的运行时间;

m——执行元件数量。

(3)溢流阀的损失功率。其计算公式为

$$\Delta P_{\mathrm{y}} = \sum_{i=1}^{k} p_{\mathrm{Yi}} q_{\mathrm{Yi}} \tag{8-21}$$

式中:p_{Yi}——各溢流阀的调整压力;

q_{Yi}——各溢流阀的溢流量;

k——溢流阀数量。

(4)节流功率损失。其计算公式为

$$\Delta P_{\mathrm{j}} = \sum_{i=1}^{k} \Delta p_{\mathrm{ji}} q_{\mathrm{ji}} \tag{8-22}$$

式中:Δp_{ji}——各流量阀进出口压差;

q_{ji}——通过各流量阀的流量;

k——流量阀数量。

(5)液压系统的发热功率。其计算公式为

$$\Delta P = \Delta P_{\mathrm{P}} + \Delta P_2 + \Delta P_{\mathrm{y}} + \Delta P_{\mathrm{j}} \tag{8-23}$$

液压系统的发热功率也可以用下面的公式进行估算:

$$\Delta P = P_{\mathrm{i}} - P_{\mathrm{o}} \quad 或 \quad \Delta P = P_{\mathrm{i}}(1-\eta) \tag{8-24}$$

式中:P_{i}——各液压泵输入的总功率;

P_{o}——各执行元件输出的总功率;

η——系统效率,包括泵效率、回路效率和执行元件效率。

2)液压系统的散热功率

液压系统中产生的热量由系统中的各散热面散发到空气中去,其中油箱是最主要的散

热面。当只考虑油箱的散热时,则液压系统的散热功率为

$$P_c = KA\Delta T \tag{8-25}$$

式中:ΔT——油温与环境温度之差,℃;

A——油箱散热面积,m^2;

K——油箱散热系数,W/(m^2·℃),其值按表8-4选择。

油箱散热系数 *K* 值 表8-4

散热条件	通风条件较差	通风条件良好	用风扇冷却	循环水强制冷却
散热系数	8~9	15~17	23	110~175

3)系统温升计算

当液压系统的发热功率 ΔP 与油箱的散热功率 P_C 相等时,系统处于热平衡状态。此时,系统温升为

$$\Delta T = \frac{\Delta P}{KA} \tag{8-26}$$

按上式计算出的温升,不应超过允许的温升值。一般机床液压系统取 $\Delta T \leqslant 25 \sim 30$℃。一般低、中压系统正常工作油温为30~55℃,最高不允许超过70℃;高压系统正常工作油温为50~80℃,最高不允许超过90℃,可取 $\Delta T \leqslant 35 \sim 40$℃。

3. 液压系统装配

常规液压系统有板式安装和集成块式安装。板式安装是将液压阀安装在一块连接底板上,阀口之间应用管道连接,与传统管式连接方式相同;集成块式安装也是一种板式安装,只是管道设置在集成块内,集成块为孔口间连接的通道,特殊时,阀块本身作为集成块连接,为叠加式连接模式,一般在小流量系统使用;对于大流量高压系统,则采用插装阀形式,即将集成块做成除了作为通道外,还是各类液压阀的主阀体,而主阀芯则作为插件安装在集成块上,并通过外接先导控制阀或先导控制阀组模块实现控制调节功能。如图8-3、图8-4所示。

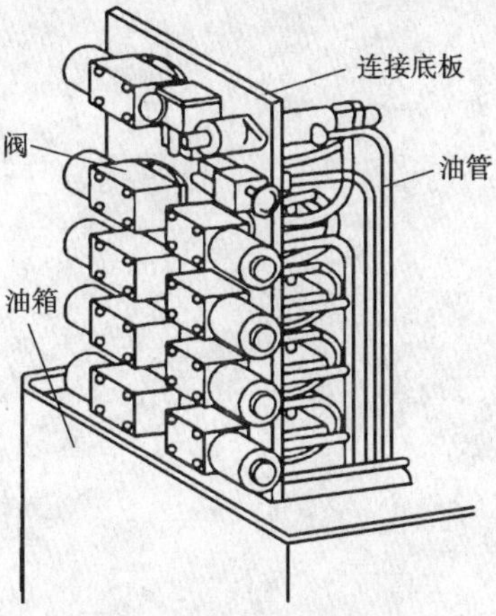

图8-3 液压元件的板式配置

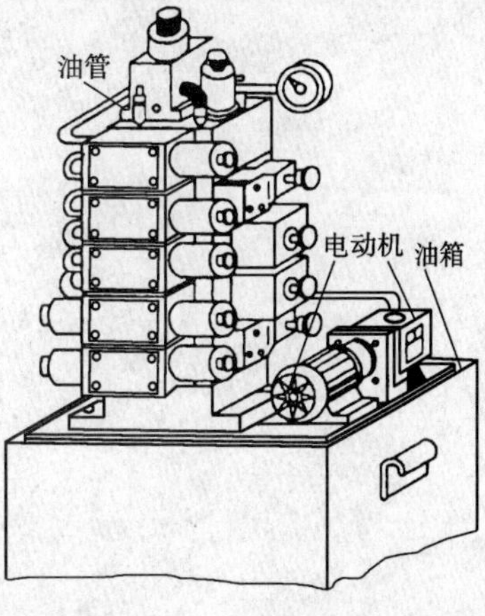

图8-4 液压元件的集成块式配置

4. 编制技术文件

液压系统的技术文件主要包括:设计任务书,设计计算说明书,液压设备操作使用说明书(其中应有液压系统原理图),零部件目录表,标准件、通用件和外购件总表等。

本章小结

1. 设计要求是进行工程设计的主要依据。设计前,必须把主机对液压系统的设计要求和与设计相关的情况了解清楚。

2. 工况分析的目的是明确在工作循环中执行元件的负载和运动的变化规律,它包括运动分析和负载分析。

3. 拟定液压系统原理图是从作用原理和结构组成上具体体现设计任务中提出的各项要求。它包含三项内容:确定系统类型、选择液压回路和集成液压系统。

4. 液压系统设计完成后,需要对它的技术性能进行验算,以便判断设计质量。

复习思考题

8.1　设计液压系统一般经过哪些步骤?要进行哪些计算?

8.2　如何拟定液压系统原理图?

8.3　设计一台板料折弯机液压系统。要求完成的动作循环为:快进→工进→快退→停止,且动作平稳。根据实测,最大推力为15kN,快进、快退速度为3m/min,工作进给速度为1.5m/min,快进行程为0.1m,工进行程为0.15m。

8.4　一台专用铣床,铣头驱动电动机功率为7.5kW,铣刀直径为120mm,转速为350r/min。工作行程为400mm,快进、快退速度为6m/min,工进速度为60~1000m/min,加、减速时间为0.05s。工作台水平放置,导轨摩擦系数为0.1,运动部件总重力为4000N。试设计该机床的液压系统。

第9章　汽车液压系统

教学目标

1. 掌握汽车液压转向、制动、悬架系统的工作原理。
2. 理解汽车自动变速器液压控制系统的工作原理。
3. 理解汽车发动机液压调速系统的工作原理。

教学要点

知识要点	掌握程度	相关知识
汽车液压转向、制动、悬架系统的工作原理	理解	汽车转向、制动、悬架工作原理
汽车自动变速器液压控制系统的工作原理	理解	汽车自动变速控制原理
汽车发动机液压调速系统的工作原理	理解	汽车发动机调速原理

9.1　汽车动力转向液压系统

汽车在行驶过程中，需按驾驶员的意志经常改变其行驶方向，即所谓汽车转向。就轮式汽车而言，实现汽车转向的方法是：驾驶员通过一套专设的机构，使汽车转向桥（一般是前桥）上的车轮（转向轮）相对于汽车纵轴线偏转一定角度。在汽车直线行驶时，往往转向轮也会受到路面侧向干扰力的作用，自动偏转而改变行驶方向。此时，驾驶员也可以利用这套机构使转向轮向相反的方向偏转，从而使汽车恢复到原来的行驶方向。这一套用来改变或恢复汽车行驶方向的专设机构，即称为汽车转向系统。

9.1.1　汽车动力转向液压系统的组成

液压式动力转向机构由机械转向器、转向动力缸和转向动力阀等组成。按液压动力转向系统压力状态可分为常压式和常流式。常压式液压动力转向系统总是保持高压；而常流式液压动力转向系统只有在转向时，系统才有压力。

1. 常压式液压动力转向系统（图9-1）

优点：系统一直有油压，响应快。用储能器积蓄能量，可用小油泵。

缺点：容易引起压力漏油；油泵总要保持压力，会降低油泵寿命；储能器占用空间，燃油消耗率高。

2. 常流式液压动力转向系统(图 9-2)

优点：结构简单，油泵寿命长，泄漏少，消耗功率低。

缺点：转向后才建立压力，响应慢；为提高速度需使用较大油泵。

目前汽车上使用较多的是常流式液压动力转向系统。

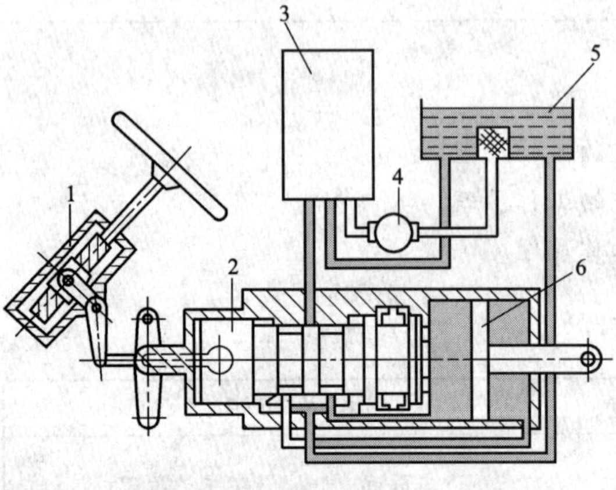

图 9-1　常压式液压动力转向系统

1-机械转向盘；2-转向控制阀；3-储能器；4-转向液压泵；5-转向油罐；6-转向动力缸

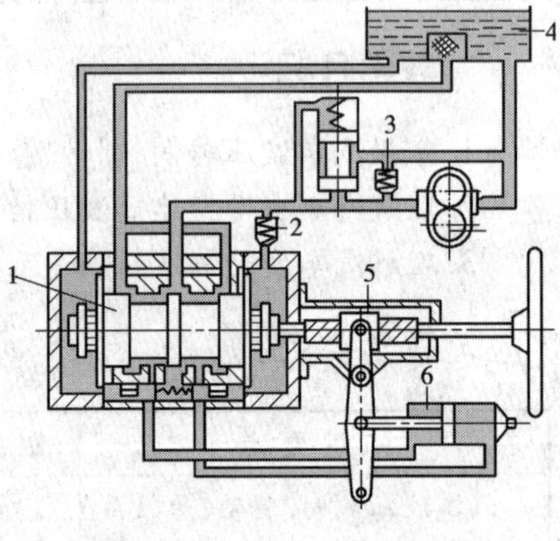

图 9-2　常流式液压动力转向系统

1-转向控制阀；2-单向阀；3-安全阀；4-转向油罐；5-转向液压泵；6-转向动力缸

根据分配阀、转向器和动力缸三者相互位置的不同，常流式液压动力机构可分为整体式、半整体式和转向加力器。机械转向器和转向动力缸设计成一体，并与转向控制阀组装在一起，这种三合一的部件称为整体式动力转向器，如图 9-3a）所示。只将转向控制阀同机械转向器组合成一个部件，该部件称为半整体式动力转向器。将机械转向器作为独立部件，而将转向控制阀和转向动力缸组合成一个部件，称为转向加力器。

半整体式和转向加力器根据分配阀所在位置不同又分为：分配阀装在动力缸上的称为联阀式，如图 9-3b）所示；分配阀装在转向器和动力缸之间的拉杆上称为连杆式，如图 9-3c）所示；分配阀装在转向器上的称为半分置式，如图 9-3d）所示。

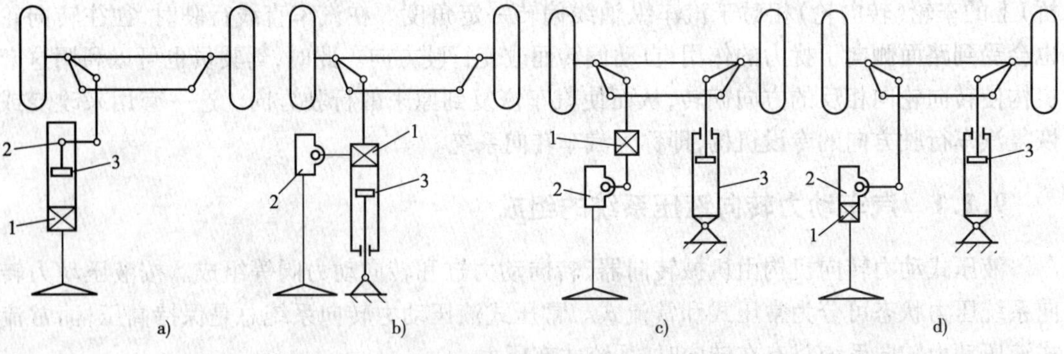

图 9-3　动力转向机构布置方案图

1-分配阀；2-转向器；3-动力缸

在分析比较上述几种不同动力转向机构布置方案时,常从结构上是否紧凑;转向器主要零件是否承受由动力缸建立起来的载荷;拆装转向器是否容易;管路,特别是软管的管路长短;转向轮在侧向力作用下是否容易引起转向轮摆振;能不能采用典型转向器等方面来做比较。例如整体式动力转向器,由于分配阀、转向器、动力缸三者装在一起,因而结构紧凑,管路也短。在转向轮受到侧向力作用时或者发动机的振动不会影响分配阀的振动,因而不能引起转向轮摆振。它的缺点是转向摇臂轴、摇臂等转向器主要零件,都要承受由动力缸所建立起来的载荷。因此,必须加大它们的尺寸和质量,这对布置它们带来不利的影响。同时,还不能采用典型转向器,拆装转向器时要比分置式困难。除此之外,由于对转向器的密封性能要求高,这对转向器的设计,特别是重型汽车的转向器设计带来困难。整体式动力转向器多用于轿车和中型货车。

9.1.2 汽车动力转向液压系统的工作原理

动力转向系统组成如图9-4所示。其工作原理为:直线行驶时,转向控制阀将转向油泵泵出来的工作液与油罐相通,转向油泵处于卸荷状态,动力转向器不起助力作用。右转向时,向右转动转向盘,转向控制阀将转向油泵泵出的工作液与R腔接通,将L腔与油罐接通,在油压作用下,活塞向下移动,通过传动结构使左右轮向右偏转,从而实现右转向。左转向时,情况与右转向相反。

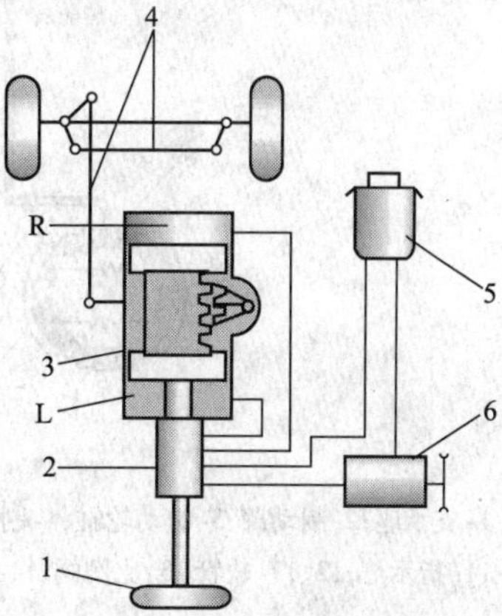

图9-4 汽车液压动力转向系统

1-转向操纵机构;2-转向控制阀;3-机械转向器与转向动力缸总成;4-转向传动结构;5-转向油罐;6-转向油泵;R-转向动力缸右腔;L-转向动力缸左腔

9.2 汽车制动液压系统

9.2.1 汽车制动液压控制系统组成

液压制动传动装置是利用特制油液作为传力介质,将制动踏板力转换为油液压力,并通过管路传至车轮制动器,再将油液压力转变为制动蹄张开的推力,即产生制动作用。

液压制动传动装置组成如图9-5所示。其特点是:制动柔和灵敏,结构简单,维护方便,不消耗发动机功率。但操纵较费力,制动力不太大,制动液受温度变化而降低其制动效能,液压制动传动装置已广泛应用在轿车和重型汽车上。

1. 单管路液压传动装置

单管路是利用一个制动主缸,通过一套相互连通的管路,控制全车制动器。若传动装置中一处漏油,则会使整个制动系统失效。目前,一般汽车上已很少采用。

2. 双管路液压传动装置

双管路液压传动装置是利用两个彼此独立的液压系统,当一个液压系统发生故障时,另一个液压系统仍然照常工作,从而提高了汽车制动的可靠性和安全性,现代汽车都采用了双管路液压传动装置。布置形式如下。

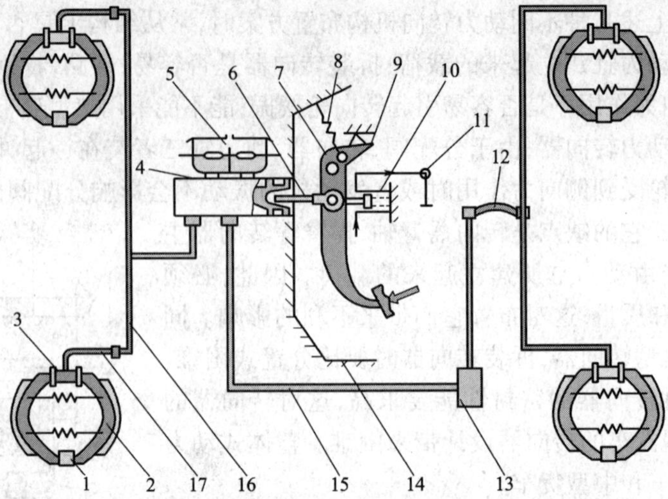

图 9-5 液压制动传动装置的组成

1-支承座;2-制动蹄;3-制动轮缸;4-制动主缸;5-储油罐;6-推杆;7-支撑销; 8-复位弹簧;9-制动踏板;10-制动灯开关;11-指示灯;12、17-软管 13-比例阀;14-底板;15-后桥油管;16-前桥油管

1)前后独立式(Ⅱ形)

由双腔主缸通过两套(一轴对一轴)独立管路分别控制车轮制动器,如图 9-6 所示。它主要用于对后轮制动依赖性较大的发动机后置后轮驱动的汽车。

制动时,踩下制动踏板,推杆推动双腔制动主缸的主缸前、后活塞前移,使主缸前、后腔油压升高,制动液分别同时流至前、后车轮制动轮缸;轮缸的活塞在制动液压力的作用下,向外移动,进而推动制动蹄张开压向制动鼓产生制动效能。

当松开制动踏板时,制动蹄和轮缸活塞在复位弹簧作用下,各自复位,并将制动液压回制动主缸,从而解除制动。

2)交叉式(X形)

该装置由双腔制动主缸、两套独立(交叉)管路分别控制车轮制动器,如图 9-7 所示,它主要用于对前轮制动力依赖性较大的发动机前置前轮驱动的汽车。

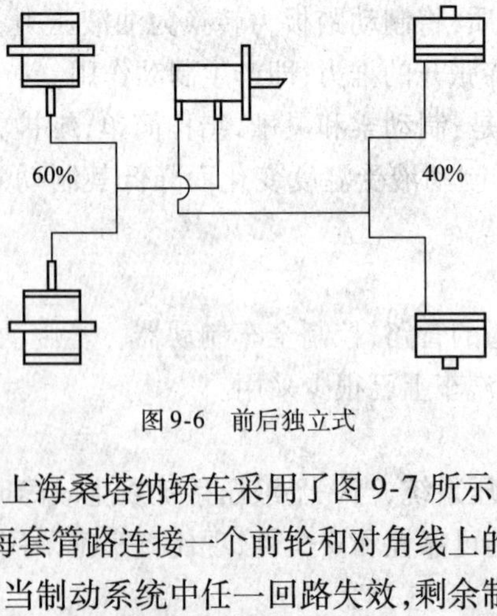

图 9-6 前后独立式

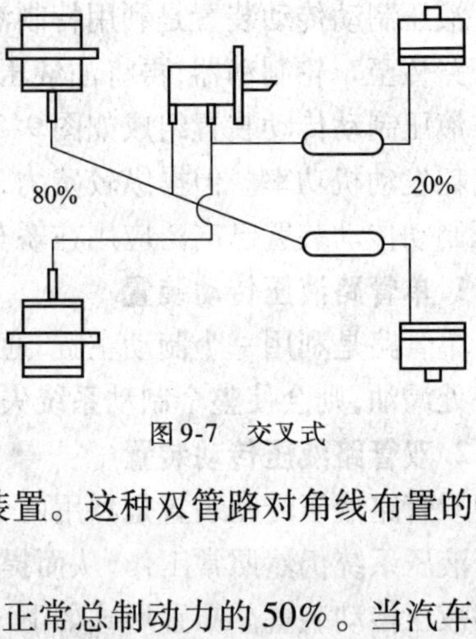

图 9-7 交叉式

上海桑塔纳轿车采用了图 9-7 所示的交叉式传动装置。这种双管路对角线布置的特点是:每套管路连接一个前轮和对角线上的一个后轮。

当制动系统中任一回路失效,剩余制动力仍能保持正常总制动力的 50%。当汽车在高速状态不被制动时，均能保证后轮不抱死或者前轮比后轮先抱死，避免制动时后轮失去侧向附着力，造成汽车失控，确保行车安全。

9.2.2 汽车制动液压控制系统的工作原理

双管路液压制动传动装置主要部件包括制动主缸、制动轮缸和液压制动增压装置。

1. 制动主缸

制动主缸作用是将制动踏板机械能转换成液压能。双管路液压制动传动装置中的制动主缸一般采用串联双腔或并联双腔制动主缸。制动主缸内有两个活塞。后活塞右端连接推杆；前活塞位于缸筒中间把制动主缸内腔分成两个腔，两腔分别与前后两条液压管路相通，储液罐分别向各自管路供给制动液。每个腔室具有各种回位件、密封件、复合阀等。

制动时，制动主缸中的推杆向前移动，使皮碗盖住储液罐进油口，此时后腔室液压升高，迫使油液向后轮制动器流动，推动后轮制动器工作。与此同时，在后腔液压和后活塞弹簧弹力作用下，推动前活塞向前移动，前腔压力也随之提高，迫使油液流向前轮制动器，推动前轮制动器工作。放松制动踏板，制动主缸中活塞和推杆在前后活塞弹簧的作用下回到原始位置，制动解除。

当前腔控制的回路发生故障时，前活塞不产生液压力，前轮制动失效。但在后活塞液压力作用下，前活塞被推到最前端，后腔产生的液压力仍使后轮产生制动。若后腔控制的回路发生故障时，前腔仍能产生液压力使前轮产生制动，确保行车安全。

2. 制动轮缸

制动轮缸的作用是把来自制动主缸的油液压力转换为制动轮缸活塞的机械推力，使制动蹄压靠在制动鼓上产生制动作用，制动轮缸有单活塞式或双活塞式，如图9-8所示。

单活塞制动轮缸多用于单向助力平衡式车轮制动器，如BJ2020S型汽车前轮制动器。当汽车制动时，制动轮缸受到制动液压力的作用，活塞在液压力作用下顶出活塞推动顶块，使制动蹄张开，压向制动鼓产生制动作用。当松开制动踏板时，制动液压力消失，在复位弹簧作用下活塞恢复原来形状，同时制动蹄与制动鼓脱离，即解除制动。

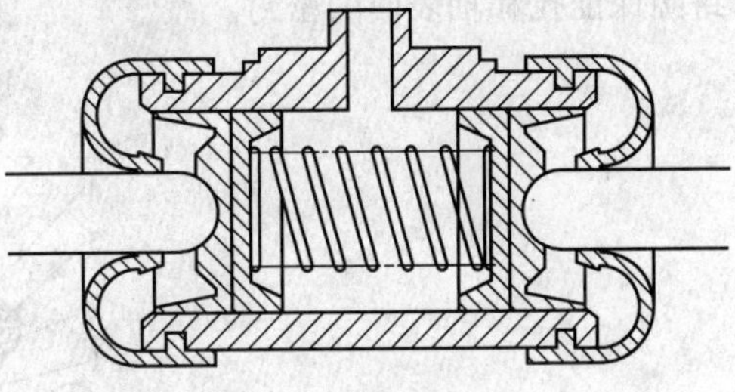

图9-8 制动轮缸结构

3. 液压制动增压装置

液压制动传动装置中增加了增压装置，包括辅助缸、控制阀、进气滤清器、真空增压器，并增加了真空止回阀，真空罐和真空管道等装置，如图9-9所示。汽油机上的真空力源是发动机的进气歧管，柴油机则是一个真空泵或是在进气歧管中的引射器。

当发动机工作时，在进气歧管（或真空泵）中的真空度作用下，真空罐中的空气经真空止回阀被吸入发动机，因而真空罐中产生并积累一定的真空度。

当踩下制动踏板时，制动主缸输出液压首先传入辅助缸，并一面传入各制动轮缸，一面又作用于控制阀，控制阀使真空增压器起作用。此时，真空增压器输出力与由制动主缸传来的液压力一同作用于辅助缸活塞。因此，使辅助缸的压力远远高于制动主缸压力。

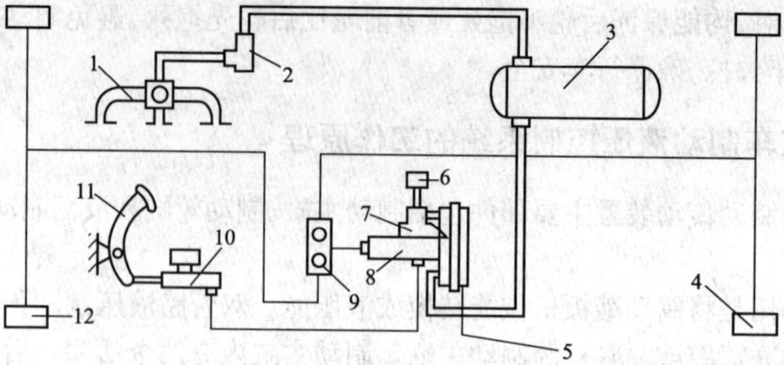

图 9-9　跃进 NJ1061A 型汽车的真空增压伺服双回路制动系统

1-发动机进气管;2-真空止回阀;3-真空罐;4-后制动轮缸;5-真空增压器;6-进气滤清器;7-控制阀;8-辅助缸;9-安全缸;10-制动主缸;11-制动踏板;12-前制动轮缸

由于在真空增压器之后又加装了一个双腔安全缸,使得在安全缸之后的前、后轮任一条制动促动管路损坏漏油时,该管路上的安全缸即自动将该管路封堵,确保另一制动促动管路仍能保持其中油液压力,产生制动效能。

真空增压器的作用、组成及工作原理如下。

1)作用与组成

(1)作用。真空增压器是把发动机进气产生的真空度与大气压力差转变为机械推力,将制动主缸输出的油液进行增压后输入各制动轮缸,从而增大了制动力,减轻了操纵力。

(2)组成。真空增压器由辅助缸、控制阀、加力气室三部分组成,如图 9-10 所示。辅助缸体的内腔被活塞分隔为两部分,右腔经进油接头与制动主缸的出油口相连,左腔经出油接头接安全缸。推杆的前端通过尼龙密封圈座支承于辅助缸体的孔中,并以两个橡胶双口密封圈保证孔和轴表面的密封。

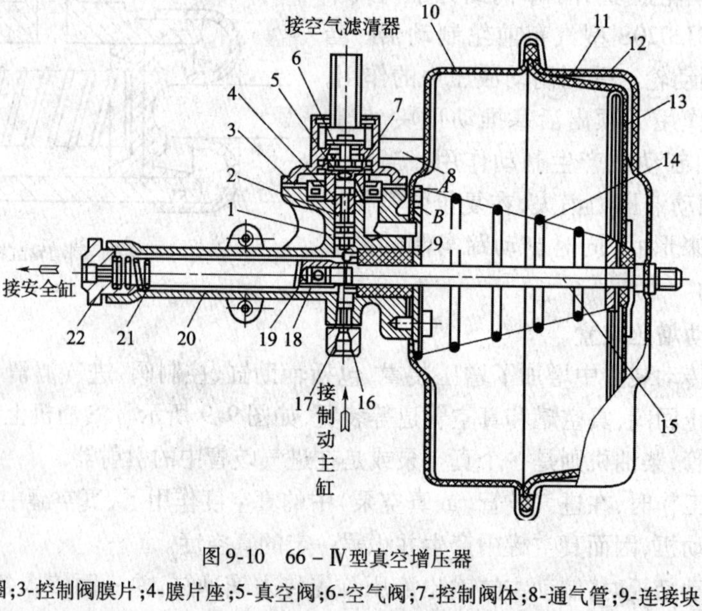

图 9-10　66 – Ⅳ型真空增压器

1-控制阀活塞;2-皮圈;3-控制阀膜片;4-膜片座;5-真空阀;6-空气阀;7-控制阀体;8-通气管;9-连接块;10-加力气室前壳体;11-加力气室膜片;12-加力气室后壳体;13-膜片轮盘;14-加力气室膜片复位弹簧;15-推杆;16 进油接头;17-活塞限位座;18-球阀;19-辅助缸活塞;20-辅助缸体;21-辅助缸活塞复位弹簧;22-出油接头

推杆后端与加力气室膜片连接，前端嵌装有球阀，其阀座在活塞上，不制动时，活塞和推杆在各自复位弹簧作用下处于右极限位置，推杆端部的球阀与阀座之间保持一定距离，从而保持辅助缸两腔相通。

控制阀部分由真空阀和空气阀组成双重阀门，如图9-11所示。空气阀座在控制阀体上，真空阀座在膜片座上，膜片座下端与控制阀活塞连接。不制动时，膜片和控制阀活塞在膜片复位弹簧作用下处于图9-11所示位置，空气阀关闭，真空阀开启，使真空增压器与大气隔绝，控制阀的上腔A与下腔B相通。

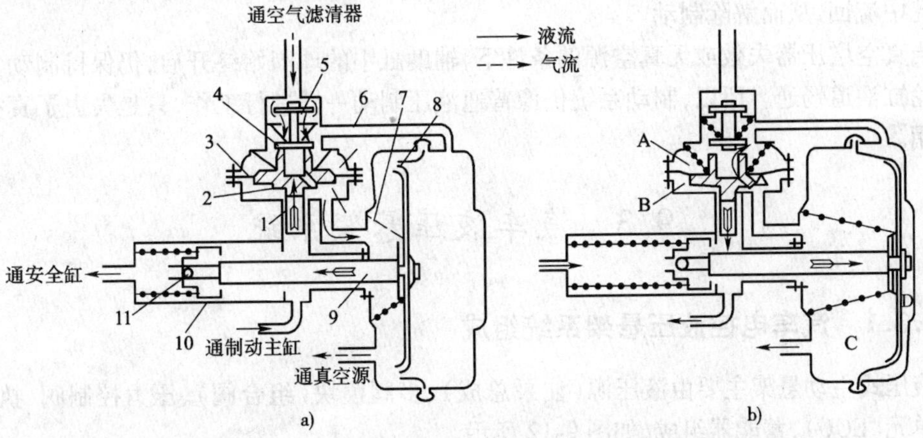

图9-11 真空增压器工作原理

1-控制阀活塞；2-膜片室；3-控制阀膜片；4-真空阀；5-空气阀；6-通气管；7-复位弹簧；8-加力气室膜片；9-推杆；10-辅助缸活塞；11-球阀

真空加力气室也被其中的膜片分隔成左、右两腔，左腔C经前壳体端面上的真空管接头(图中已剖去)通向真空罐，且经由辅助缸体中的孔道与控制阀下气室B相通。其右腔D则经焊接在后壳体圆柱面上的管道通到控制阀上腔A。

不制动时，真空罐中的真空度可经真空管接头依次传入加力气室左腔C和右腔D、控制阀的下腔B和上腔A，使四腔中具有同样的真空度，此时加力气室的弹簧使膜片和推杆处于图9-11所示的右边极限位置，辅助缸活塞的球阀离开阀座，辅助缸中无液压。

踩下制动踏板，制动主缸的制动液压力传入辅助缸。一部分制动液经活塞中间的小孔流进各制动轮缸中，补偿管路真空。同时，流进的制动液作用在控制阀活塞上。当制动液压力升到一定值时(制动液压力大于450kPa)，活塞连同膜片座上移，首先关闭真空阀，同时关闭C、D腔通道，A、B两腔隔绝。

随后膜片座继续上移，通过真空阀把空气阀打开。于是，空气经空气滤清器，空气阀进入A腔并到D腔。D、C两腔产生压力差，推动膜片使推杆左移，在球阀关闭辅助缸活塞中孔后，辅助缸左腔密闭。当推杆继续推活塞向左移动时，辅助缸的制动液通过安全缸被压入各制动轮缸中。作用于轮缸的制动液压力便进一步升高，且远高于制动主缸制动液压力，致使制动力增大。

2)平衡过程

当制动踏板踩到某一位置不动时，作用在活塞上的力为一定值，制动主缸不再向辅助缸输送制动液，此时，由于加力气室作用，推杆推动辅助缸活塞左移，使辅助缸右腔制动液油压下降,控制阀活塞下移,带动空气阀和真空阀都关闭,因而加力气室压力差不变,推杆推力不变,维持着一定强度的制动。若继续踩下制动踏板控制阀活塞上移打开空气阀,使D、C两腔的压力差增大,从而推杆推动辅助缸活塞进一步左移,制动力又进一步增大。

3)解除过程

当松开制动踏板后,制动主缸制动液压力降低,控制阀活塞下移关闭空气阀,打开真空阀,此时、A、B、C、D四腔均通真空源,且具有相同的真空度。推杆、膜片及辅助缸活塞在各自复位弹簧和制动轮缸制动液回液压力作用下,分别复位。制动轮缸制动液从辅助缸活塞的小孔中流回,从而解除制动。

当真空增压器失效或无真空源的条件下,辅助缸中的球阀始终开启,仍保持制动主缸与制动轮缸油道畅通。所以,制动系统仍像普通液压制动一样进行工作,只是失去了真空助力的作用。

9.3 汽车液压悬架系统

9.3.1 汽车电控液压悬架系统组成

液压式主动悬架主要由液压源(油泵总成)、多阀模块(组合阀)、压力控制阀、执行器、控制单元(ECU)、蓄能器组成,如图9-12所示。

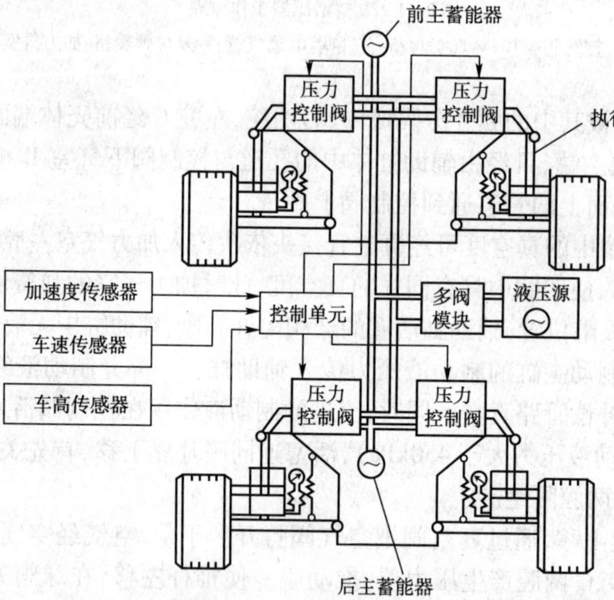

图9-12 液压式主动悬架组成

液压源(油泵总成):油泵总成为两个油泵串联而成,由一根轴共同驱动。前端为柱塞泵,供悬架系统使用;后端为叶片式油泵,供动力转向系统使用。

多阀模块:包括主溢流阀、止回阀、流量控制阀、故障安全阀。其中止回阀包括主止回阀和液控止回阀。液控止回阀用来在发动机熄火时保持系统油压。高压油经多阀模块送至压力控制阀,压力调节阀根据ECU的控制来调节输出到执行器的油压,如图9-13所示。

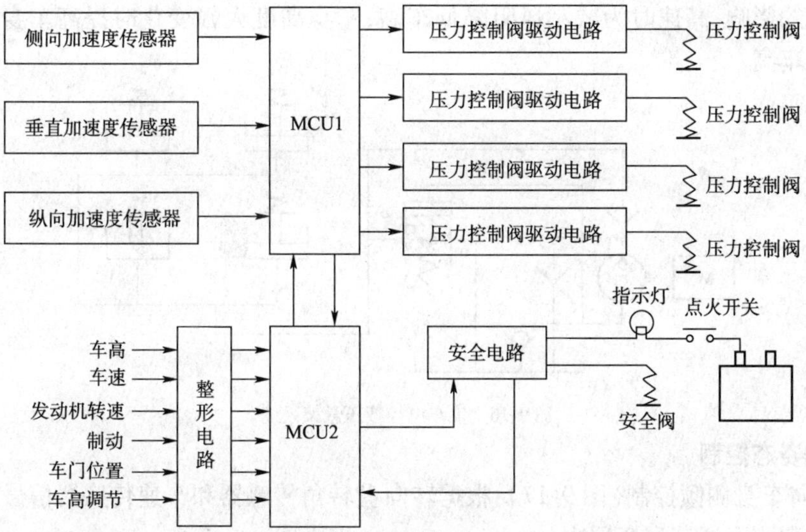

图 9-13 电控单元(ECU)

压力控制阀:压力控制阀其实就是一个先导式的电磁比例压力阀,如图 9-14 所示,ECU 控制电磁铁电流来控制溢流阀调定压力,从而控制执行器油压。用比例电磁铁取代先导阀的调定手轮,随电信号强弱的变化,可改变溢流阀的调定压力。

执行机构:经压力控制阀所调定压力后的液压油,送至执行机构。执行机构由液压缸、蓄能器和阻尼阀组成,通常还配备辅助螺旋弹簧,以降低所需的系统油压。

9.3.2 汽车电控液压悬架系统工作原理

汽车电控液压悬架系统利用传感器检测路面和车身状态,通过电控 ECU 来控制悬架系统的执行机构,调整刚度、减振器的阻尼及车身高度等参数,从而使汽车具有良好的舒适性和操纵稳定性(图 9-15)。

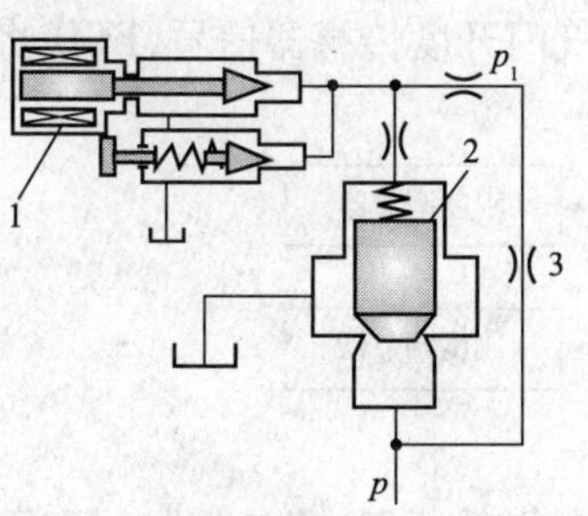

图 9-14 压力控制阀

1-比例电磁阀;2-主阀;3-阻尼孔

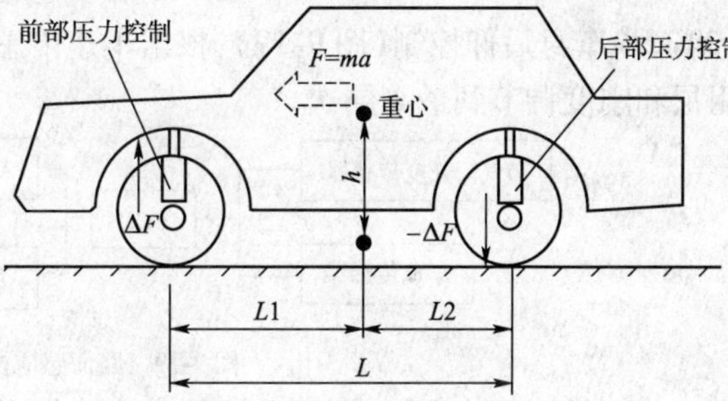

图 9-15 液压式主动悬架执行机构

1. 车身高度控制

悬架 ECU 根据传感器信息,通过电动机控制液压泵,切换油路实现各轮举升油缸的升降,从而控制车高上升或车高下降(图 9-16)。ECU 通常是根据速度传感器、高度传感器和点火开关信号来判断并控制车高变化。

通常车身高度控制所实现的功能具体包括以下 4 部分:控制车身的高度不受乘员和装

载质量变化的影响；高速时为减小风阻降低车高；车身高度大幅变化时提高车身；切断点火开关后降低车高。

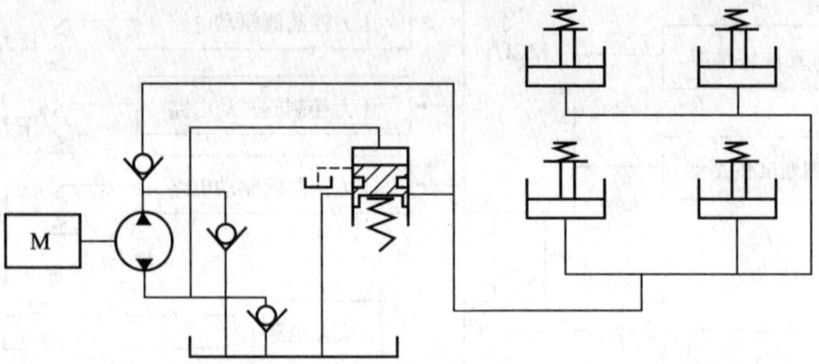

图 9-16　汽车电控液压悬架系统

2. 车身姿态控制

(1)转向车身侧倾控制(图 9-17)：根据转向盘转角传感器和车速传感器信号，ECU 把外侧悬架阻尼和刚度调节到高层次。

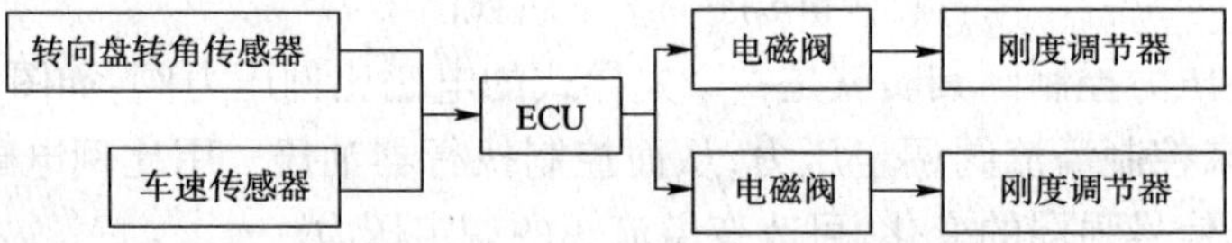

图 9-17　转向车身侧倾控制

(2)制动点头控制(图 9-18)：根据制动灯开关与车速传感器信号，ECU 将前悬架阻尼和刚度调节至最高层次。

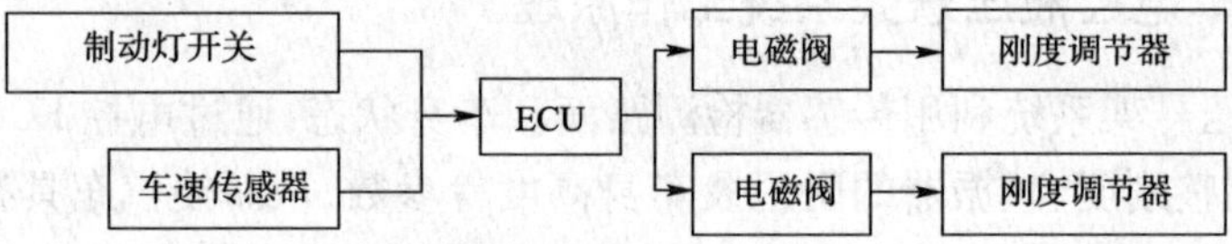

图 9-18　制动点头控制

(3)起步车身后仰控制(图 9-19)：根据车速传感器和节气门开度传感器信号，ECU 将后悬架阻尼和刚度调节到最高层次。

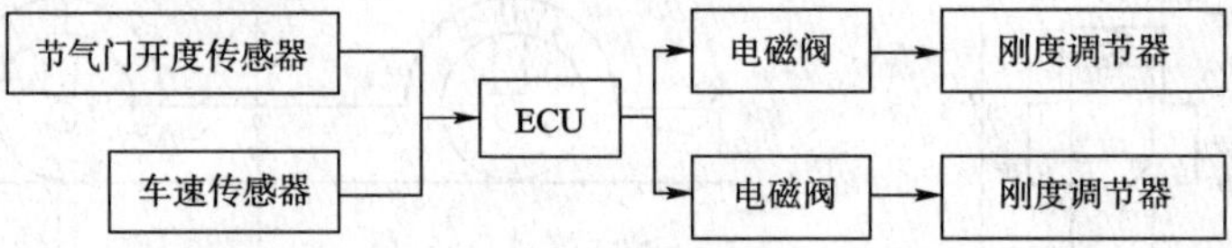

图 9-19　路面感应控制

(4)坏路响应控制(图 9-20)：当车身高度在短时间剧烈变化时，ECU 将悬架阻尼和刚度调节到中层次。

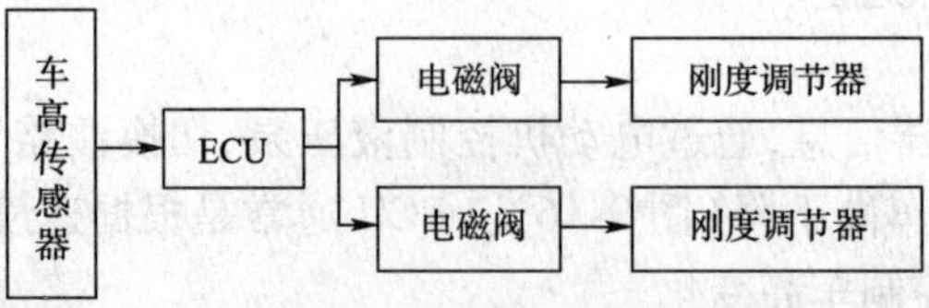

图 9-20　坏路响应控制

9.4 自动变速器液压控制系统

9.4.1 液压控制系统的组成

自动变速器的自动控制是靠液压控制系统来完成的,液压控制系统由动力源、执行机构和控制机构三部分组成。

动力源是由液力变矩器泵轮驱动的油泵,它除了向控制机构、执行机构供给压力油以实现换挡外,还给液力变矩器提供冷却补偿油,向行星齿轮变速器供给润滑油。

执行机构包括各离合器、制动器和液压缸。

控制机构大体包括主油路系统、换挡信号系统、换挡阀系统和缓冲安全系统。根据其换挡信号系统和换挡阀系统采用的是全液压元件还是电子控制元件可将控制机构分为液控式和电控式两种。

1. 主油路系统

因油泵由发动机直接驱动,故其理论泵油量与发动机转速成正比,液压油由油泵输出后进入主油路系统,从而使主油路系统压力发生变化。发动机高速时,泵油量多,主油路压力高,引起换挡冲击及泵油消耗功率增大;发动机低速时,泵油量少,主油路压力低,引起制动器、离合器打滑。

为防止上述两种现象发生,油泵的泵油量应在发动机处于怠速时即可满足自动变速器各部分的所需,而在发动机转速增加时利用主油路系统中的主油路调压阀来调节压力,让多余的液压油返回油底壳,使主油路系统的压力稳定在一定的范围之内(图9-21)。同时,主油路调压阀应能满足主油路系统在不同工况、不同挡位时,具有不同油压的要求:

(1)节气门开度较小时,自动变速器所传递的转矩较小,离合器、制动器不易打滑,主油路压力可以降低。而当节气门开度较大时,因传递的转矩较大,为防止离合器、制动器打滑,主油路压力要升高。

(2)汽车低速挡行驶时,所传递的转矩较大,主油路压力要高。而在高挡行驶时,所传递的转矩较小,可降低主油路油压,以减小油泵运行阻力。

(3)倒挡的使用时间较少,为减小自动变速器的尺寸,倒挡执行机构制得较小(摩擦片数少),为防止打滑,主油路压力要比前进挡时有所提高。主油路调压阀通常采用阶梯型滑阀。它由上部的阀芯、下部的柱塞套筒及调压弹簧组成。

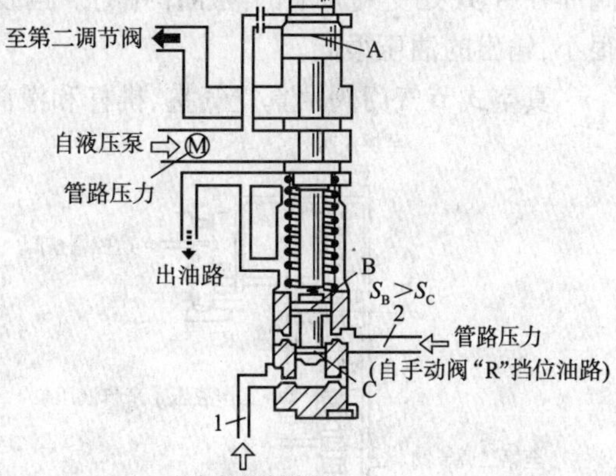

图9-21 主油路调压阀的工作原理

在阀门的上端A处,受来自油泵的液压力的作用;下端则受到柱塞下部C处的来自发动机节气门所控制的节气门阀的液压力的作用(该液压力与节气门开度成正比关系),以及调压弹簧的作用力。柱塞上下两端力的平衡,决定阀体所处的位置。

若油泵泵油量增大，油压升高，作用在A处向下的液压力增大，推动阀体下移，出油口打开，液压泵输出的部分油液排回油底壳，使主油路压力调整到规定值。

当节气门开大时，发动机转速增加，油泵产生液压力也升高，A处向下的液压力增大，但此时受节气门控制的节气门阀油压也增大，使得在C处向上的作用力也增大，于是主油路调压阀继续保持平衡，满足了节气门开度大时对主油路油压增大的要求。

倒挡时，手动阀打开另一条油路，将压力油引入主油路调压阀柱塞的B腔，使作用在下端向上的油压力增大，阀芯上移，出油口变小，主油路压力增高，从而满足了倒挡时油压较前进挡有所增大的要求。

2. 换挡信号系统

给自动变速器提供换挡操纵的有两个换挡信号，即发动机负荷与转速。在液压控制系统中，这两个信号分别由节气门阀和速控阀提供。

1）节气门阀

节气门阀受发动机加速踏板控制，是随节气门开度大小（即发动机负荷大小）而改变其输出油压力的液压阀，其输出油压与节气门开度成正比关系。此油压作为液压控制系统自动换挡的一个信号。

节气门阀根据控制方式的不同分为机械式和真空式两种。

机械式节气门阀由上部的节气门阀体、复位弹簧、下部的强制低挡柱塞和调压弹簧等组成，如图9-22所示。节气门阀体和强制低挡柱塞并不直接接触，而是通过调压弹簧联系在一起。强制低挡柱塞下装有滚轮，与节气门阀凸轮接触（见强制低挡阀）。节气门阀凸轮经钢缆绳与加速踏板相连。

来自主油路的压力油由节气门阀的进油口进入，须经阀口节流后，方能从出油口至各换挡阀。另外节气门阀上还有两个控制油口，分别与来自断流阀的油压及出油口油压相通，使阀体在A、B处受到向下的液压作用力。当发动机怠速运行时，阀上进油口处的节流口开度很小，输出的油压很低。

真空式节气门阀由真空气室、推杆和滑阀等组成，如图9-23。

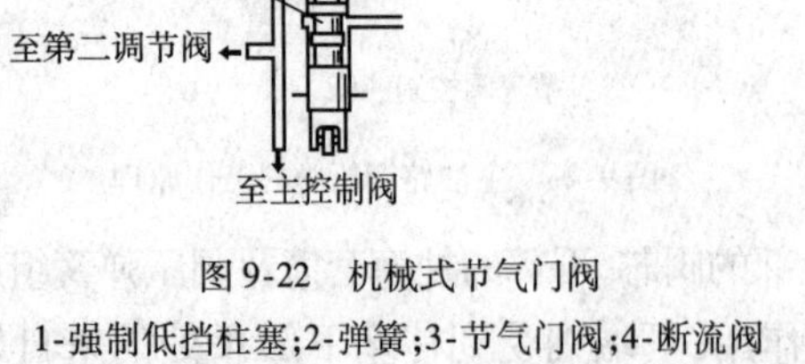

图9-22 机械式节气门阀

1-强制低挡柱塞；2-弹簧；3-节气门阀；4-断流阀

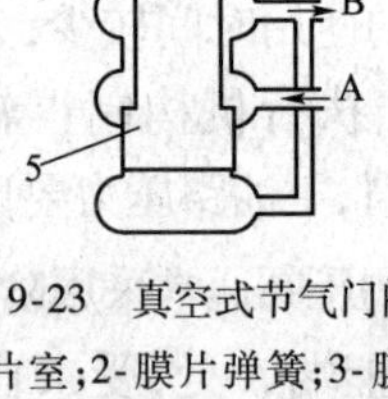

图9-23 真空式节气门阀

1-真空膜片室；2-膜片弹簧；3-膜片；4-推杆；5-滑阀；A-主油路进油口；B-节气门油压出油口；C-泄油口；D-真空接口

上部被膜片隔开的真空气室通过软管与发动机节气门后的进气管相通,与膜片相连的推杆则在膜片弹簧的作用力下将滑阀的阀芯往下推。阀芯上有三个油道口:进油口 A 与主油路相通,出油口 B 输出节气门阀油压,泄油口 C 用以泄油。从出油口 B 输出的油压流至阀芯底部,其液压作用力使滑阀阀芯上移,与膜片弹簧的作用力平衡。油液从进油口 A 到出油口 B 或出油口 B 到泄油口 C,均要经阀口节流。

当节气门开度较小时,进气管的真空度大,真空室膜片对阀芯向下的推力减小,阀芯上移,节流口变小,输出油压减小;当节气门开度大时,进气管真空度小,真空室膜片对阀芯向下的推力增大,阀芯下移,节流口变大,输出油压力增大;当节气门开度维持不变时,阀芯维持在将进油口 A、泄油口 C 关闭的平衡状态,输出油压不变,若此时减速小开度则通过泄油 C 泄油使输出油降低,反之增大开度,则从进油口 A 进油使输出油增大。

2)速控阀

速控阀又称调速器,其作用是为自动变速器换挡控制提供一个随车速变化的控制油压。该油压与节气门阀油压一起共同控制换挡阀的工作。它一般安装在自动变速器的输出轴上,随输出轴一起转动,或者安装在自动变速器的壳体上,通过齿轮与输出轴相连。其基本原理是利用离心力来控制滑阀阀芯的位置,来控制速控阀油压的大小。

安装在输出轴上的双级式速控阀如图 9-24 所示。

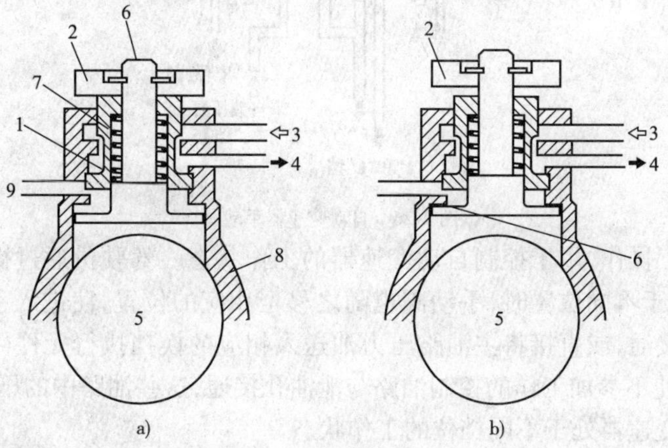

图 9-24 节流式双极速控阀

1-滑阀;2-重块;3-进油口;4-出油孔;5-输出轴;6-销轴;7-弹簧;8-调速器外壳;9-泄油口

重块为初级飞块,滑阀为次级飞块。进油孔与主油路相通,出油孔输出速控阀油压,泄油孔用来泄油以调节速控阀油压。

在低速区工作时,重块在离心力的作用下外移,并通过弹簧带动滑阀一起外移,打开进油孔,主油路压力油经进油孔节流减压后成为速控阀油压。作用在油阀上的速控阀油压向下的作用力使油阀下移,关小进油孔,直至速控阀油压的作用与离心力平衡时,关闭进油口,速控阀输出油压不变。因重块质量大,随着车速提高,输出轴转速升高,离心力增大,速控阀油压急剧升高。

当车速继续提高时,重块带动销轴逐渐外移,直至销轴内端的平面抵靠速控阀外壳的台阶为止。此后车速再提高,重块不再外移,因此,速控阀油压仅靠滑阀的离心力来调节。由于滑阀质量较小,其离心力增大较慢,从而使速控阀输出油压缓慢增大。

车速下降时,离心力下降,速控阀油压对滑阀向下的作用力使之下移,打开泄油口,利用泄油使速控阀油压降低。当车速维持一定时,进油口和泄油口都处于关闭状态,速控阀油压维持一定的值不变。

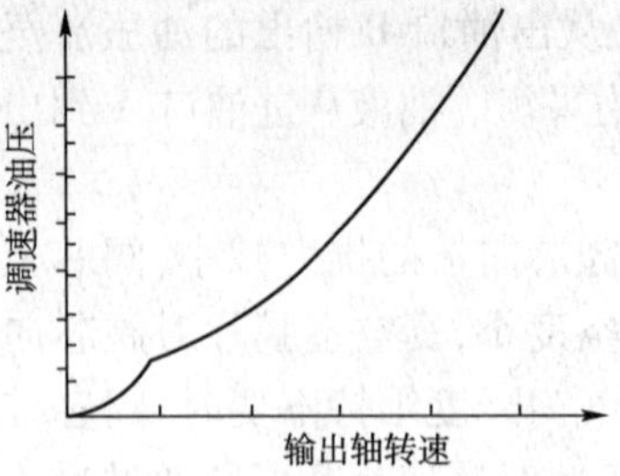

图 9-25　双级式速控阀工作特性曲线

双级式速控阀在低速区和高速区具有不同的工作特性,如图 9-25 所示。

双级式速控阀能使自动变速器在低速区和高速区具有不同的换挡规律。在低速区,由于速控阀油压随车速变化较大,从而使汽车起步后及时由低挡升至中速挡,防止因升挡过迟而使发动机转速过高,增加油耗。在高速区,由于速控阀油压随车速变化较小,从而使汽车由中速挡升至高速挡之前有足够的加速时间,防止过早升挡而影响汽车的动力性。

3. 换挡阀系统

1)手动阀

手动阀是由操纵手柄控制的多路换向阀,如图 9-26 所示。它位于控制系统的阀板总成中,经机械传动机构和自动变速器的操纵手柄连接。

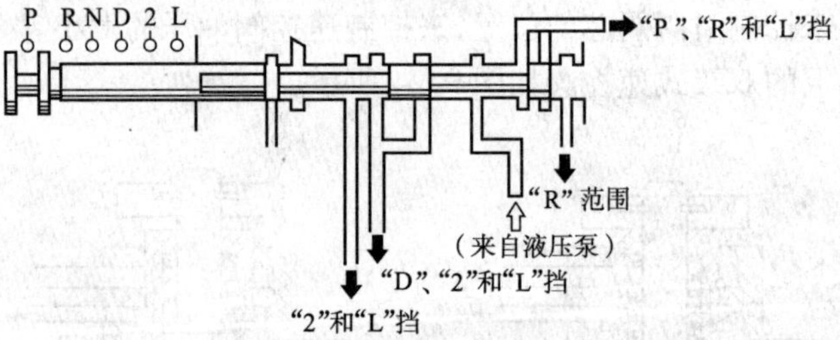

图 9-26　自动变速器手动阀

由驾驶员手工操作,用于控制自动变速器的工作状态。驾驶员通过操纵手柄拨动手动阀,当操纵手柄位于不同位置时,手动阀也随之移至相应的位置,使进入手动阀的主油路与不同的控制油路接通,或直接将主油路压力油送入相应的换挡执行元件(如前进离合器、倒挡离合器等),并使不参加工作的控制油路与泄油孔接通,这些油路中的压力油泄空,从而使控制系统及自动变速器处于不同挡位的工作状态。

当手柄置于前进(D)位置时,对三挡自动变速器而言,变速可根据换挡信号在 1 ~3 挡之间自动变换;对四挡自动变速器而言,变速器则可根据换挡信号在 1 ~4 挡间自动变换。当手柄置于前进 S 挡位(或 2 位)时,自动变速器只能在 1 ~2 挡间自动变速换。

当手柄置于前进低挡 L 位(或 1 位)时,自动变速器被限制在 1 挡工作。手动阀还提供倒挡(R 位)、空挡(N 位)、停车挡(P 位)等功能。

在阀体上有多条油道,一条油道与主油路相连,其余为出油道,分别通至"D"、"S"、"L"、"P" 和"R"挡位相应的滑阀或直接通往换挡执行元件。

2)换挡阀

换挡阀是一种由液压控制的二位换向阀,如图 9-27 所示。它有两个工作位置,可以实现升挡或降挡的目的。图中换挡阀的右端作用来自速控阀的输出油压,左端作用来自节气门阀的输出油压和弹簧的作用力。

换挡阀的位置取决于两端控制压力的大小。当右端的速控阀油压低于左端的节气门阀油压和弹簧作用力之和时，换挡阀保持在右端；当右端的速控阀油压高于左端的节气门阀油压和弹簧作用力之和时，换挡阀移至左端。换挡阀改变方向时，主油路的方向发生变化，以实现不同的挡位。图 9-27 中当换挡阀从左端移至右端时，自动变速器升高 1 个挡位；反之则降低 1 个挡位。

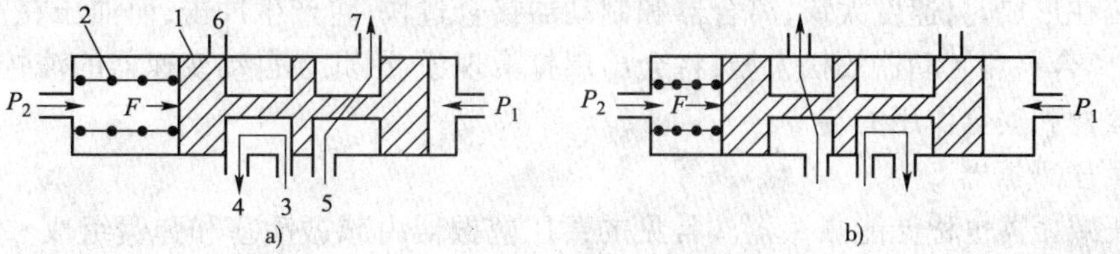

图 9-27 换挡阀工作原理

1-换挡阀；2-弹簧；3-主油路进油孔；4-至低挡换挡执行元件；5-至高挡换挡执行元件；6、7-泄油口；P_1-速控阀油压；P_2-节气门阀油压；F-弹簧力

由此可知，自动变速器的升挡和降挡完全受节气门阀油压和速控阀油压控制。节气门阀油压大小反映的是节气门的开度大小，速控阀油压大小反映的是车速大小。若汽车行驶时节气门开度保持不变，车速低时换挡阀在左端处于低挡，随着车速升高至规定值将推动换挡阀移至右端升入高挡，这个车速的规定值称为升挡车速（或升挡时刻）。

当节气门开度增大时，节气门阀油压增大，从而使相应的升挡速控阀油压增大即升挡车速将增大，这种规律十分符合汽车的实际使用要求。因每个换挡阀只有两个工作位置，只能在两个挡之间变换，故对三挡自动变速器而言要设置两个换挡阀，对四挡自动变速器而言要设置三个换挡阀，它们的工作原理完全一样，只是控制的挡位不同而已。

3）强制低挡阀

强制低挡阀又称强制降挡阀。其作用是在节气门全开或接近全开时，强制性地将自动变速器降低 1 个挡位，以提高驱动轮的驱动力来获得良好的加速性能。

强制低挡阀的工作原理是：从阀输出来自主油路的压力油作用于各换挡阀的挡与节气门作用相同的一端，将换挡阀阀芯向降挡方向移动，从而使自动变速器降挡。

常见的强制低挡阀有滚轮式和电磁式两种。

丰田轿车自动变速器上所使用的一种滚轮式强制低挡阀，如图 9-28 所示，它与节气门阀安装在同一阀体内，上部通过弹簧与节气门阀相连，下部通过滚轮与节气门凸轮接触。与强制低挡阀配合的阀体上有两条油路，分别与锁止调节阀和换挡阀相通，作为输入和输出。

当节气门开度没有达到规定开度时，节气门凸轮将强制低挡阀顶起不多，输入油路和输出油路不相通。

当节气门达到规定开度时（全开或接近全开），输入油路与输出油路相通，由锁止调节阀过来的压力油经强制低挡阀通至换挡阀的节气门阀油压作用端，迫使换挡阀芯往降挡方向移动，自动变速器将降低 1 个挡位。

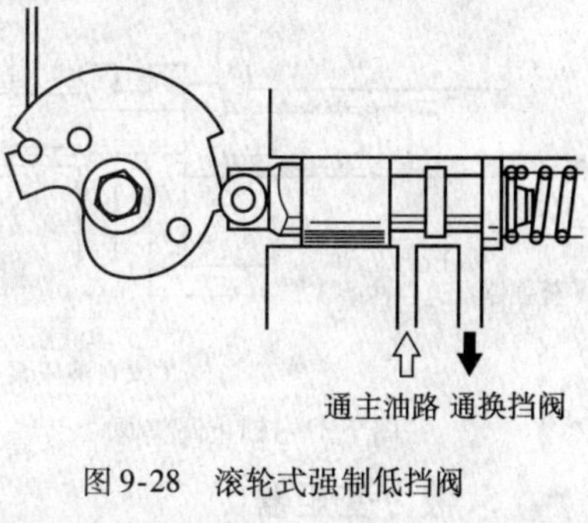

图 9-28 滚轮式强制低挡阀

应当指出的是锁止调节阀过来的压力油作用在每一个换挡阀上，若自动变速器降低 1 个挡位后仍无法满足驱动力的要求，汽车行驶的车速将下降，降低到一定的速度后自动变速器将再次降低挡位直

至能满足驱动力的要求为止。此时的降挡车速较正常行驶时的降挡车速高，目的是为了能尽快满足汽车行驶时对驱动力的要求。

4. 缓冲安全系统

为提高自动变速器换挡质量，执行元件（离合器和制动器）的工作是用压力油来控制的，当其油压在形成时，速度太快，离合器和制动器接合过快，将产生冲击，而油压在泄空时，速度太慢，离合器和制动器放松太慢，将会出现打滑现象，因此在自动变速器的液控系统装有许多起缓冲和安全作用的装置。

1）蓄压减振器

蓄压减振器也称储能减振器。常见的蓄压减振器由减振活塞和弹簧组成。如图 9-29 所示，图中的 3 个蓄压减振器分别与 3 个挡位换挡执行元件的油路相通，对应在各挡起作用。如图 9-30 所示，当自动变速器换挡时，主油路压力油进入离合器（或制动器）的液压缸的同时也进入蓄压减振器。压力油进入的初期，油压不是很高，不能推动减振器活塞下移，因此液压缸油压升高快，这样便于离合器、制动器迅速消除自由间隙。

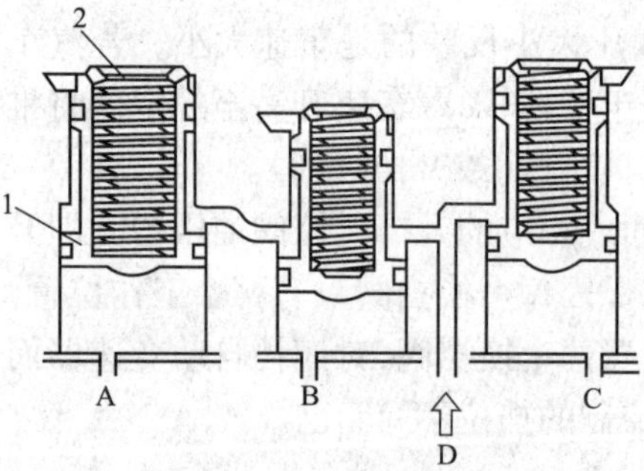

图 9-29　蓄压减振器

1-活塞；2-减振弹簧；A、B、C-通换挡执行元件油路；D-节气门油路

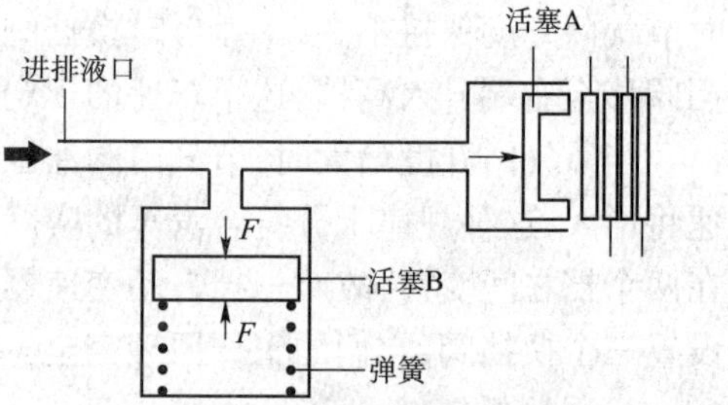

图 9-30　蓄压减振器的工作原理

此后，油压迅速增大，油压克服减振弹簧的弹力将减振活塞下移，容积增大，油路部分压力油进入减振器工作腔，使液压缸内压力升高速度减缓，离合器、制动器接合柔和，减小换挡冲击。

通常，在减振活塞上方还作用有节气门油压（也称减振器背压），D 油路。在节气门开度较大时，它能适当降低蓄压减振器的减振能力，加快换挡过程，防止大转矩传递时执行元件打滑，以满足汽车在各种行驶条件下对换挡过程的不同要求。

2）调整阀

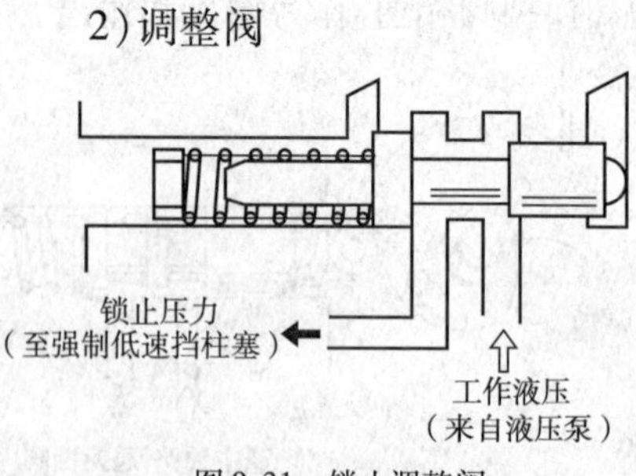

图 9-31　锁止调整阀

换挡阀动作时，若主油路压力油立即加至执行元件，将会产生较大的冲击。为进行缓冲，油路中设置了一些调整阀，如中间调整阀、滑行调整阀、锁止调整阀等。强制低挡调整阀来自油泵的压力油并不直接去强制低挡阀，而是先进入锁止调整阀，待克服弹簧预紧力，将锁止调整阀阀芯左移后才打开与强制低挡阀的油路，从而起缓冲击作用。锁止调整阀如图 9-31 所示。

5. 液力变矩器

液力变矩器控制装置作用主要有两个：

一是为变矩器提供具有一定压力的液压油,同时将变矩器内的高温液压油引出加以冷却,冷却后的液压油一部分去润滑行星齿轮机构。

二是控制变矩器中锁止离合器的工作。

6. 第二调节阀

第二调节阀如图 9-32 所示,其作用是调节变矩器压力和润滑压力,与发动机功率和车辆速度保持一致。弹簧弹力和节气门阀油压作用在阀芯下端的力作为向上的力,而主油路压力节流后的变矩器压力作用在阀芯上端作为向下的力。这两个力来平衡,从而调节变矩器压力和润滑油压。发动机转速低或节气门关闭时,第二调节阀把通向液压油冷却器的油路切断,发动机转速升高,液力变矩器油压升高时,把油路开放。

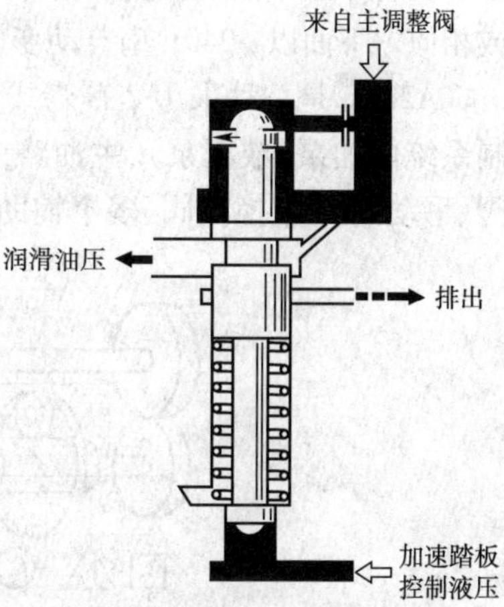

图 9-32 第二调节阀

7. 锁止信号阀和锁止继动阀

变矩器内锁止离合器的工作是由锁止信号阀和锁止继动阀一同控制的。锁止信号阀上方作用着速控阀油压。在车速较低时,速控阀油压低,锁止信号阀阀芯在弹簧的作用力作用下处于图 9-33a)中上端位置,将通向锁止继动阀下端的主油路切断,从而使锁止继动阀在上端弹簧的作用力及主油路油压的作用下,保持在图 9-33a)中的下方位置。

变矩器中锁止离合器压盘左侧的油腔与来自第二调节阀的进油道相通,压盘两侧无压差,锁止离合器处于分离状态,发动机动力完全由液力变矩器来传递(图 9-33a)。

当汽车以超速挡行驶,且车速及相应的速控阀油压升高到一定数值时,锁止信号阀阀芯下端的速控阀油压推动阀芯至图 9-33b)中下方位置,使来自超速挡油路的主油路压力油进入锁止继动阀的下端,并推动锁止继动阀阀芯上移至上方位置。锁止离合器压盘左侧的油腔与泄油口相通,压盘右侧压力使压盘左移与主动盘(变矩器壳体)接合、锁止离合器接合,发动机动力经锁止离合器直接传递(图 9-33b)。

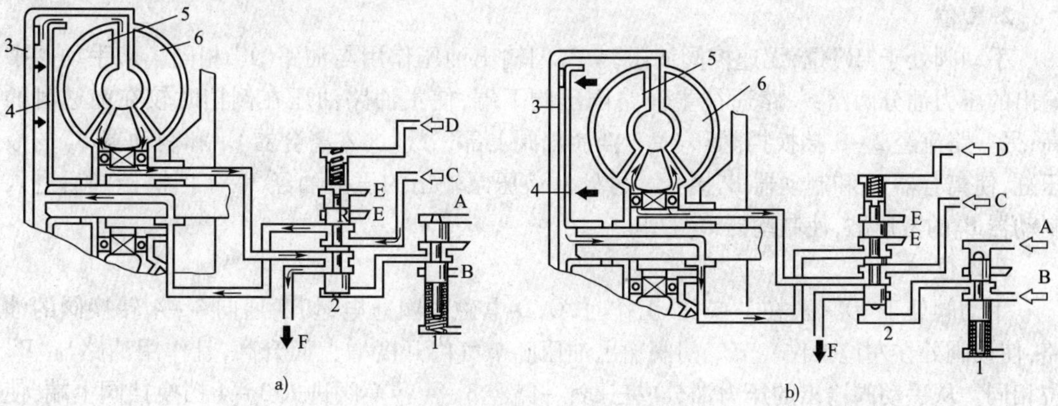

图 9-33 锁止信号阀与锁止继动阀

1-锁止信号阀;2-锁止继动阀;3-变矩器壳;4-锁止离合器;5-涡轮;6-泵轮;A-来自调速器;B、D-来自超速挡油路;C-来自变矩器阀;D-来自主油路;E-泄油口;F-至冷却器

9.4.2 液压控制系统工作原理

各种车型中液压控制系统的结构和工作过程都不完全相同,但它们的原理却是基本相同或相似。下面以 A240L 型自动变速器的液压控制系统为例,来分析液压控制系统的工作过程。

A240L 是一种采用辛普森式 3 行星排四挡行星齿轮变速器。如图 9-34 所示,其液压控制系统由油泵(液压泵)、主油路调压阀、第二调压阀(次级调压阀)、节气门阀、离心式速控阀、手动阀、3 个换挡阀、多个辅助阀及蓄压减振器、超速挡电磁阀等组成。

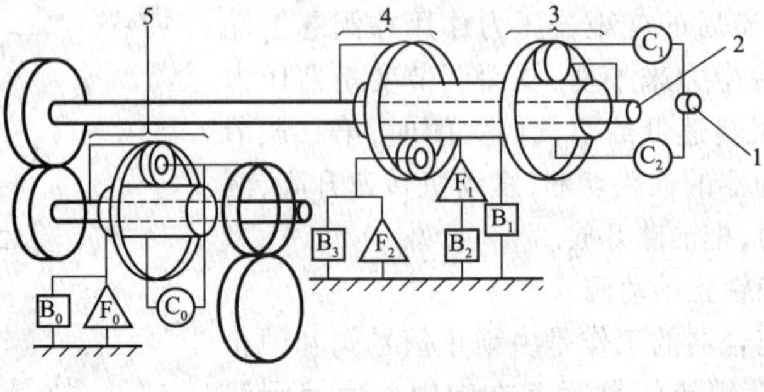

图 9-34 A240L 系列自动变速器原理

1-输入轴;2-第一中间轴及前行星齿轮架和后齿圈组件;3-前行星排;4-后行星排;5-超速行星排;C_0-超速挡离合器;C_1-前进离合器;C_2-倒挡及高挡离合器;B_0-非超速挡制动器;B_1-2 挡强制制动器;B_2-2 挡制动器;B_3-低挡及倒挡制动器;F_0-非超速挡单向离合器;F_1-2 挡单向离合器;F_2-低挡单向离合器

1. P 位

手动阀处于“P”位,没有压力油从手动阀输出,无速控阀油压。节气门阀输出的压力油,分别作用在三个换挡阀的上端;同时该油压经节气门调节阀调节后作用于主油路调压阀的下端,使主油路压力能随节气门开度增大而升高。超速挡电磁阀处于断电状态。从液压泵输出的压力油经 3 - 4 挡换挡阀后,进入制动器 B_0,使制动器 B_0工作。因离合器 C_1和离合器 C_2均尚未工作,自动变速器不传递动力,此时自动变速器输出轴被停车挡机构机械锁止,输出轴和驱动轮不工作。

2. R 位

手动阀处于“R”位,无速控阀油压,节气门输出油压作用与油路“P”相同。从手动阀中输出的压力油分两路:一路通往主油路调压阀下端,使主油路油压在倒挡时较在前进时的高;另一路流经 2 - 3 挡换挡阀和 1 - 2 挡换挡阀上部,分别进入离合器 C_1 和制动器 B_3 的液压缸,使离合器 C_1和制动器 B_3接合。另外从液压泵输出的压力油经 3 - 4 挡换挡阀后进入制动器 B_0的液压缸,使制动器 B_0工作。

3. D 位

手动阀处于“D”位,在 1 - 3 挡工作时,O/D 电磁线圈通电,切断通向 3 - 4 转换阀的油路,使该阀处在左位工作。节气门阀输出油压随节气门开度增大而升高,且作用油路与“P”位相同。从手动阀输出的压力油分成三路:一路经 3 - 4 转换阀进入 3 - 4 挡换挡阀上端,使该阀处于 3 挡位置;第二路进入速控阀,经速控阀输出的压力油至 1 - 2 挡换挡阀、2 - 3 挡换挡阀、2 - 4 挡换挡阀下端;第三路通往离合器 C_1,使离合器 C_1接合。同样,液压泵还输出一路压力油至制动器 B_0,使制动器 B_0工作。

9.5 汽车发动机液压调速系统

柴油机的不同转速是通过改变循环喷油量来获得的。改变柴油机的油量调节机构,使其转速调节到规定的转速范围内称柴油机调速。为此必须装设专门的调速装置,以便根据柴油机负载的变化自动调节供油量,维持其规定的转速范围。这种装置称调速器。

9.5.1 液压调速系统组成

1. 无反馈液压调速器

图9-35所示为无反馈简单的液压调速器。其主要部件有飞锤3、速度杆2、弹簧4、驱动轴10、飞锤支架1、液压伺服器6、滑阀7、齿轮油泵8以及连接速度杆2和滑阀7的连接摇杆5。溢流阀9使高压油路中的油保持一定的压力。

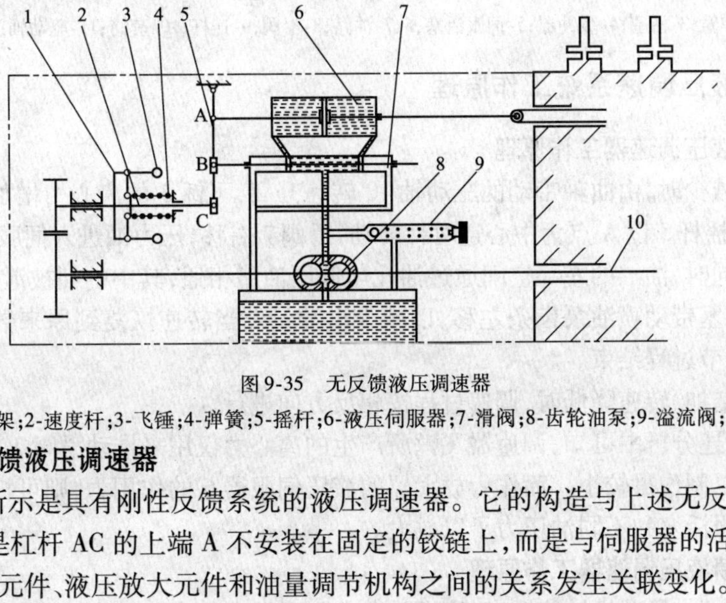

图9-35 无反馈液压调速器

1-飞锤支架;2-速度杆;3-飞锤;4-弹簧;5-摇杆;6-液压伺服器;7-滑阀;8-齿轮油泵;9-溢流阀;10-驱动轴

2. 刚性反馈液压调速器

图9-36所示是具有刚性反馈系统的液压调速器。它的构造与上述无反馈液压调速器基本相同,只是杠杆AC的上端A不安装在固定的铰链上,而是与伺服器的活塞杆相连。这一改变使感应元件、液压放大元件和油量调节机构之间的关系发生关联变化。

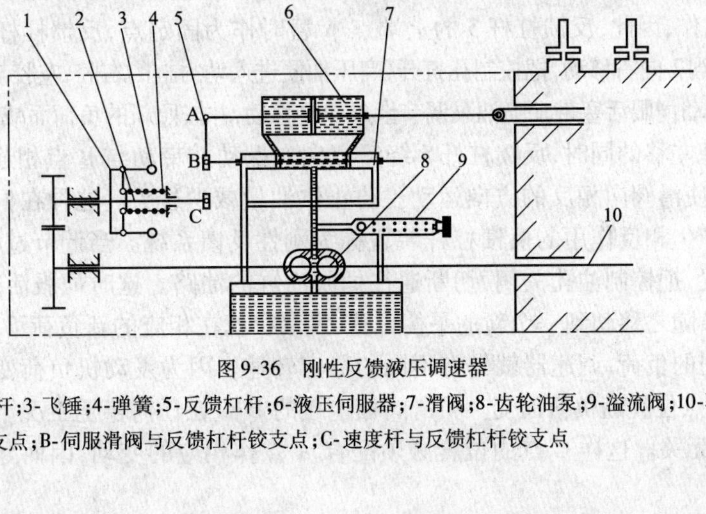

图9-36 刚性反馈液压调速器

1-飞锤支架;2-速度杆;3-飞锤;4-弹簧;5-反馈杠杆;6-液压伺服器;7-滑阀;8-齿轮油泵;9-溢流阀;10-驱动轴;A-伺服器活塞杆与反馈杠杆铰支点;B-伺服滑阀与反馈杠杆铰支点;C-速度杆与反馈杠杆铰支点

3. 弹性反馈液压调速器

图9-37所示是弹性反馈液压调速器。这种反馈形式实际上是在“刚性反馈”装置中加入一个弹性环节——缓冲器4和弹簧2。弹簧2的另一端同固定的支点1相连，而另一端则与缓冲器4的活塞3相连。缓冲器的油缸同伺服器的活塞5成刚体连接。

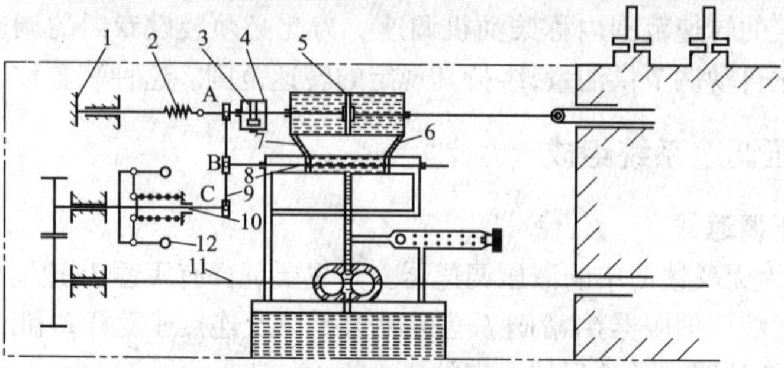

图9-37　弹性反馈液压调速器

1-支点；2-弹簧；3-活塞；4-缓冲器；5-伺服活塞；6、7-油路；8-滑阀；9-连杆；10-套筒；11-驱动轴；12-飞锤

9.5.2　液压调速系统工作原理

1. 无反馈液压调速器工作原理

当外负荷减少时，由曲轴带动的驱动轴10转速升高，飞锤3的离心力增加，推动速度杆2右移。于是，摇杆5以A点为中心逆时针转动，滑阀7右移，压力油进入伺服器6油缸的右部空间。与此同时，油缸的左部空间通过油孔与低压油路相通，其中的油被泄放。在压差的作用下，伺服活塞带动喷油泵齿条左移，以减少供油量。当转速恢复到原来数值时，滑阀回到中央位置，调节过程结束。

当外负荷增加、转速降低时，调速过程按相反方向进行。

特点：从上述分析中可知，调速器飞锤所产生的离心力仅用来推动滑阀7，因而飞锤的质量和尺寸就可以制作得较小。而作为放大器的液压伺服器6的作用力，则可根据需要，选择不同尺寸的伺服活塞和不同油压力予以放大。

2. 刚性反馈液压调速器工作原理

当负荷减小时，发动机转速升高，飞锤3向外飞开带动速度杆2向右移动。此时伺服器6的活塞尚未动作，因此，反馈杠杆5的上端点A暂时作为固定点，反馈杠杆5绕A点反时针转动，带动滑阀7向右移动，把控制孔打开，高压油便进入动力缸的右腔，左腔与低压油路相通。这样高压油便推动伺服活塞带动喷油泵调节齿条向左移动，并按照新的负荷而减少燃油供给量。

在伺服活塞左移的同时，反馈杠杆5绕C点向左摆动并带动与B点相连接的滑阀7也向左移动，从而使滑阀向相反的方向运动。防止供油量减少过头。这种在伺服活塞移动时能对滑阀运动产生相反作用的反馈杠杆装置称为刚性反馈系统。当调节过程终了时，滑阀回到了平衡位置，把控制油孔关闭，切断通往伺服油缸的油路。这时伺服活塞就停止运动，喷油泵调节齿条随之移动到一个新的平衡位置，发动机就在相应的新负荷下工作。因此，相应于发动机不同的负荷，调速器就具有不同的稳定转速。因为发动机负荷变化时需要改变供油量，所以A点位置随负荷而变。与滑阀相连接的B点在任何稳定工况下均应处于平衡的位置，与负荷无关。这样C点的位置必须配合A点作相应的变动，因而导致了转速的变化。例如当负荷减小时,调速过程结束后,滑阀7回到中间原来位置时,伺服活塞处于减少了的供油量位置,使A点偏左,C点偏右,因C点偏右,弹簧4进一步受压,只有在较高的转速下运转才能使飞锤的离心力与弹簧压力相平衡。这说明负荷减小时稳定运转后,柴油机的转速比原来稍有升高。同理,当负荷增加时,稳定运转后,柴油机的转速比原来稍有降低。具有刚性反馈的液压调速器,可以保证调速过程具有稳定的工作特性,但负荷改变后,柴油机转速发生变化,稳定速差率δ_2不能为零。

3. 弹性反馈液压调速器工作原理

当发动机负荷减小时,转速增大,飞锤12的离心力增加。同样,滑阀8右移,而伺服活塞5则左移,减少喷油泵的供油量。当活塞5的运动速度很快时,由于缓冲器4中滑油的阻尼作用,缓冲器4和缓冲活塞3就像一个刚体一样运动。随着伺服活塞5的左移,缓冲器和AC杠杆上的A点也向左移动。这一过程和上述刚性反馈系统的调速器完全相同。但当调速过程接近终了时,滑阀8已回到原来的位置,遮住了通往伺服油缸的油路6、7,此时缓冲器和伺服活塞已停留在与新负荷相应的位置上。被压缩的弹簧2由于有弹性复原的作用,因此使A点带动缓冲器活塞3相对于缓冲器4油缸移向右方,回到原来位置。缓冲活塞右方油缸中的油经节流阀流到左方。于是,AC杠杆上的各点都恢复到原来的位置,此时调速器的套筒10亦因转速复原而回到原来的位置。这样,发动机的稳定转速就保持不变。当负荷增加时,动作过程相反。这种调速器没有静速差,即$\delta_2=0$。

本章小结

1. 液压式动力转向机构由机械转向器、转向动力缸和转向动力阀等组成。按液压动力转向系统压力状态可分为常压式和常流式。

2. 液压制动传动装置是利用特制油液作为传力介质,将制动踏板力转换为油液压力,并通过管路传至车轮制动器,再将油液压力转变为制动蹄张开的推力,即产生制动作用。

3. 汽车电控液压悬架系统利用传感器检测路面和车身状态,通过电控ECU来控制悬架系统的执行机构,调整刚度、减振器的阻尼及车身高度等参数,从而使汽车具有良好的舒适性和操纵稳定性。

4. 自动变速器的自动控制是靠液压控制系统来完成的,液压控制系统由动力源、执行机构和控制机构三部分组成。

5. 柴油机的不同转速是通过改变循环喷油量来获得的。改变柴油机的油量调节机构,使其转速调节到规定的转速范围内称柴油机调速。

复习思考题

9.1 简述常压式动力转向系统和常流式动力转向系统的优缺点。

9.2 简述真空增压器的工作原理。

9.3 自动变速器液压控制系统的控制机构由哪些部分组成?

9.4 无反馈液压调速器、刚性反馈液压调速器和弹性反馈液压调速器的结构有何不同?

9.5 简述弹性反馈液压调速器工作原理。

第10章 气压传动

教学目标

1. 了解气源装置和辅助元件的结构特点。
2. 掌握气动元件的分类、工作原理及特点。
3. 掌握气动基本回路的工作原理及特点。

教学要点

知识要点	掌握程度	相关知识
气源装置的结构及特点	理解	气压传动原理
气动元件的工作原理	理解	气压传动原理
气动基本回路的工作原理	理解	气压传动原理

10.1 气源装置及辅助元件

10.1.1 气源装置

气压传动系统中的气源装置是为气动系统提供满足一定质量要求的压缩空气，它是气压传动系统的重要组成部分。由空气压缩机产生的压缩空气，必须经过降温、净化、减压、稳压等一系列处理后，才能供给控制元件和执行元件使用。而用过的压缩空气排向大气时，会产生噪声，应采取措施，降低噪声，改善劳动条件和环境质量。

1. 空气压缩机

1）空气压缩机的分类及选用原则

（1）分类。

空气压缩机是一种气压发生装置，它是将机械能转化成气体压力能的能量转换装置，其种类很多，分类形式也有数种。

如按其工作原理可分为容积型压缩机和速度型压缩机，容积型压缩机的工作原理是压缩气体的体积，使单位体积内气体分子的密度增大以提高压缩空气的压力。速度型压缩机的工作原理是提高气体分子的运动速度，然后使气体的动能转化为压力能以提高压缩空气的压力。

容积型压缩机按结构不同又可分为活塞式、膜片式和螺杆式等。速度型压缩机按结构不同分为离心式和轴流式等。目前，使用最广泛的是活塞式压缩机。

按输出压力 p 可分为低压空气压缩机($0.2\text{MPa} \leqslant p \leqslant 1\text{MPa}$)、中压空气压缩机($1\text{MPa} < p \leqslant 10\text{MPa}$)、高压空气压缩机($10\text{MPa} < p \leqslant 100\text{MPa}$)、超高压空气压缩机($p > 100\text{MPa}$)。

按输出流量 q(即铭牌流量或自由流量)分为微型空气压缩机($q \leqslant 0.017\ \text{m}^3/\text{s}$)、小型空气压缩机($0.017\ \text{m}^3 < q \leqslant 0.17\ \text{m}^3/\text{s}$)、中型空气压缩机($0.7\ \text{m}^3 < q \leqslant 1.7\ \text{m}^3/\text{s}$)、大型空气压缩机($q > 1.7\ \text{m}^3/\text{s}$)。

(2)空气压缩机的选用原则。

选用空气压缩机的根据是气压传动系统所需要的工作压力和流量两个参数。

按压力选择时,一般空气压缩机为中压空气压缩机,额定排气压力为1MPa。另外还有低压空气压缩机,排气压力为0.2MPa;高压空气压缩机,排气压力为10MPa;超高压空气压缩机,排气压力为100MPa。

按输出流量的选择时,要根据整个气动系统对压缩空气的需要再加一定的备用余量,作为选择空气压缩机的流量依据。空气压缩机铭牌上的流量是自由空气流量。

首先按空气压缩机的特性要求来确定空气压缩机类型,再根据气动系统所需要的工作压力和流量两个参数来选取空气压缩机的型号。

①空气压缩机的输出压力 p_c

$$p_c = p + \sum \Delta p \qquad (10\text{-}1)$$

式中:p——气动执行元件使用的最高工作压力,MPa;

$\sum \Delta p$——气动系统总的压力损失,MPa。

一般情况下,令 $\sum \Delta p = 0.15 \sim 0.2\text{MPa}$。

②空气压缩机的输出流量 q_c。设空气压缩机的理论输出流量为 q_b,则

不设气罐时

$$q_b \gg q_{max}$$

设气罐时

$$q_b \gg q_a$$

式中:q_{max}——气动系统的最大耗气量,m^3/min(ANR);

q_a——气动系统的平均耗气量,m^3/min(ANR)。

空气压缩机实际输出流量 q_c 为

$$q_c = k \cdot q_b \qquad (10\text{-}2)$$

式中:k——修正系数。

考虑气动元件、管接头等处的泄漏,风动工具等的磨损泄漏,可能增添新的气动装置和多台气动设备不一定同时使用等因素,通常可取 $k = 1.5 \sim 2.0$。

2)空气压缩机的工作原理

(1)活塞式空气压缩机。

气压传动系统中最常用的空气压缩机是往复活塞式,其工作原理如图10-1所示。当活塞3向右运动时,气缸2内活塞左腔的压力低于大气压力,吸气阀9被打开,空气在大气

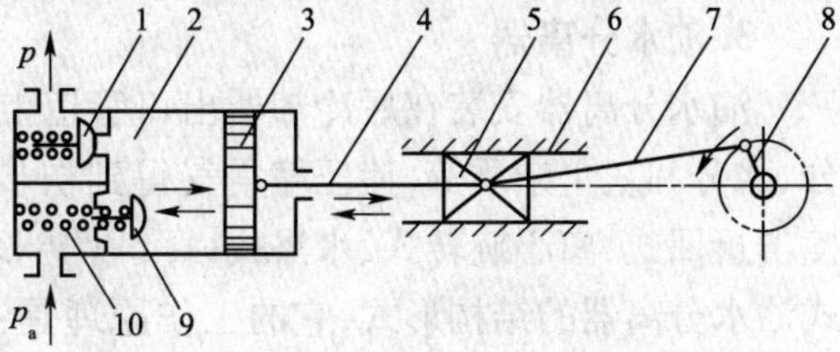

图10-1 往复活塞式空气压缩机工作原理图

1-排气阀;2-气缸;3-活塞;4-活塞杆;5-滑块;6-滑道;7-连杆;8-曲柄;9-吸气阀;10-弹簧

压力作用下进入气缸 2 内,这个过程称为“吸气过程”。当活塞向左移动时,吸气阀 9 在缸内压缩气体的作用下而关闭,缸内气体被压缩,这个过程称为压缩过程。当气缸内空气压力增高到略高于输气管内压力后,排气阀 1 被打开,压缩空气进入输气管道,这个过程称为“排气过程”。活塞 3 的往复运动是由电动机带动曲柄转动,通过连杆、滑块、活塞杆转化为直线往复运动而产生的。图 10-1 中只表示了一个活塞一个缸的空气压缩机,大多数空气压缩机是多缸多活塞的组合。

(2)滑片式空气压缩机。

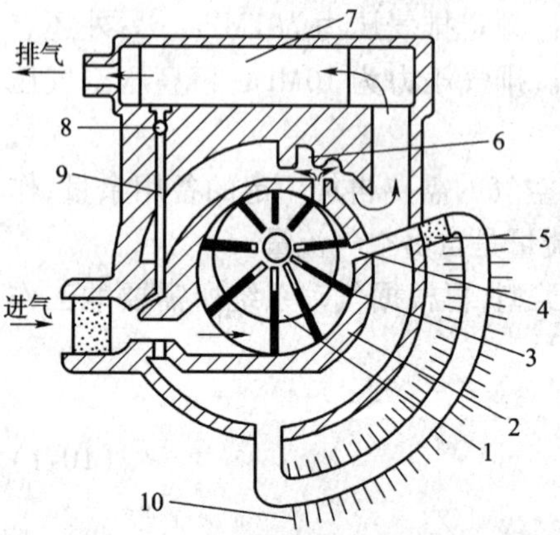

图 10-2 滑片式空气压缩机

1-转子;2-定子;3-滑片;4-喷油;5-过滤器;6-迷宫环;7-油分离器;8-回油阀;9-回油管;10-冷却器

图 10-2 所示为滑片式空气压缩机的工作原理图。转子 1 偏心安装在定子 2 内,一组滑片 3 插在转子的放射状槽内。当转子旋转时,各滑片靠离心力作用紧贴定子内壁。转子回转过程中,在排气侧的滑片逐渐被定子内表面压进转子沟槽内,滑片、转子和定子内壁围成的容积逐渐变小,从进口吸入的空气就逐渐被压缩,最后从排气口排出。在进气侧,由于滑片、转子和定子内壁围成的容积逐渐变大,压力逐渐降为大气压力。

在气压作用下,润滑油经冷却器 10、流过过滤器 5,不断从喷油口 4 喷入气缸压缩室,对滑片及定子内部进行润滑,故在排出的压缩空气中含有大量油分,需经迷宫环 6 离心分离,再经油分离器 7 把油分从压缩空气中分离出来,经回油阀 8、回油管 9 循环再用。同时,从排气口还可获得清洁压缩空气(含油量小于 15ppm,1ppm = 1.29mg/m^3)。

另外,在进气口设有入口过滤器和流量调节阀。根据排出压力的变化,流量调节阀自动调节流量,以保持排出压力的稳定。

2. 冷却器(又称后冷却器)

后冷却器安装在空气压缩机出口处的管道上。它的作用是将空气压缩机排出的压缩空气温度由 140 ~170℃降至 40 ~50℃。这样就可使压缩空气中的油雾和水汽迅速达到饱和,使其大部分析出并凝结成油滴和水滴,以便经油水分离器排出。后冷却器的结构形式有:蛇形管式、列管式、散热片式、管套式。冷却方式有水冷和气冷两种方式,蛇形管和列管式后冷却器的结构如图 10-3 所示。

3. 油水分离器

油水分离器安装在后冷却器出口管道上,它的作用是分离并排出压缩空气中凝聚的油分、水分和灰尘杂质等,使压缩空气得到初步净化。油水分离器的结构形式有环形回转式、撞击折回式、离心旋转式、水浴式以及以上形式的组合等。图 10-4 所示是撞击折回并回转式油水分离器的结构形式,它的工作原理是:当压缩空气由入口进入分离器壳体后,气流先受到隔板阻挡而被撞击折回向下(见图中箭头所示流向);之后又上升产生环形回转,这样凝聚在压缩空气中的油滴、水滴等杂质受惯性力作用而分离析出,沉降于壳体底部,由放水阀定期排出。

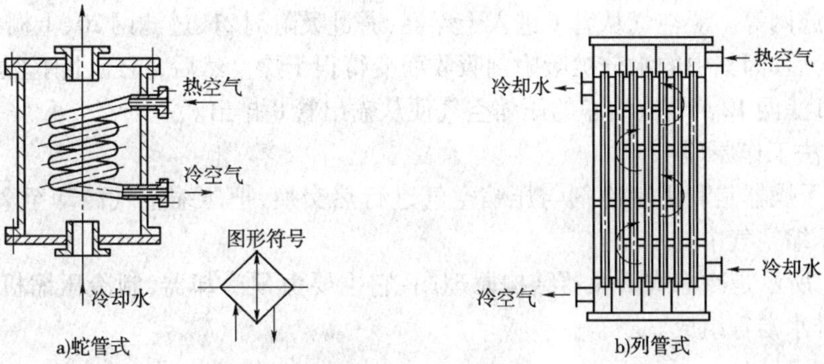

图 10-3　后冷却器

为提高油水分离效果,应控制气流在回转后上升的速度不超过 0.3～0.5m/s。

4. 储气罐

储气罐的主要作用是:

(1)储存一定数量的压缩空气,以备发生故障或临时需要应急使用。

(2)消除由于空气压缩机断续排气而对系统引起的压力脉动,保证输出气流的连续性和平稳性。

(3)进一步分离压缩空气中的油、水等杂质。

储气罐一般采用焊接结构,以立式居多,其结构如图 10-5 所示。

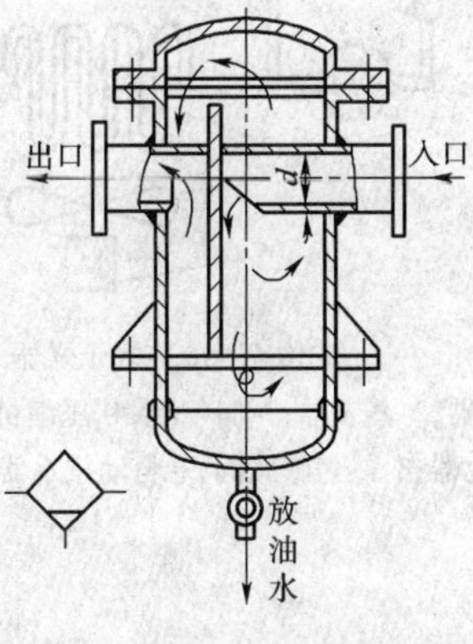

图 10-4　撞击折回并回转式油水分离器

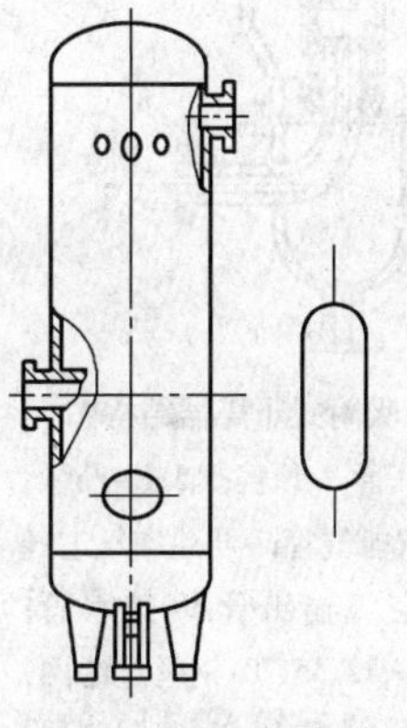

图 10-5　储气罐结构图

5. 干燥器

经过后冷却器、油水分离器和储气罐后得到初步净化的压缩空气,已满足一般气压传动的需要。但压缩空气中仍含一定量的油、水以及少量的粉尘。如果用于精密的气动装置、气动仪表等,上述压缩空气还必须进行干燥处理。

压缩空气干燥方法主要采用吸附法和冷却法。

1)吸附法工作原理

吸附法是利用具有吸附性能的吸附剂(如硅胶、铝胶或分午筛等)来吸附压缩空气中含有的水分,而使其干燥;冷却法是利用制冷设备使空气冷却到一定的露点温度,析出空气中超过饱和水蒸气部分的多余水分,从而达到所需干燥度。吸附法是干燥处理方法中应用最为普遍的一种方法。吸附式干燥器结构如图 10-6 所示。它的外壳呈筒形,其中分层设置栅板、吸附剂、滤网等。湿空气从管1进入干燥器，通过吸附剂21、过滤网20、上栅板19和下部吸附剂层16后，因其中的水分被吸附剂吸收而变得很干燥。然后，再经过钢丝过滤网15、下栅板14和过滤网12，干燥、洁净的压缩空气便从输出管8排出。

2)冷冻法工作原理

冷冻式干燥器是利用制冷剂与压缩空气进行热交换，把压缩空气冷却至2～10℃的范围，以去除压缩空气中的水分。

图10-7所示是冷冻式干燥器结构原理图，它主要由预冷却器、制冷压缩机、蒸发器、膨胀阀、自动排水器等组成。

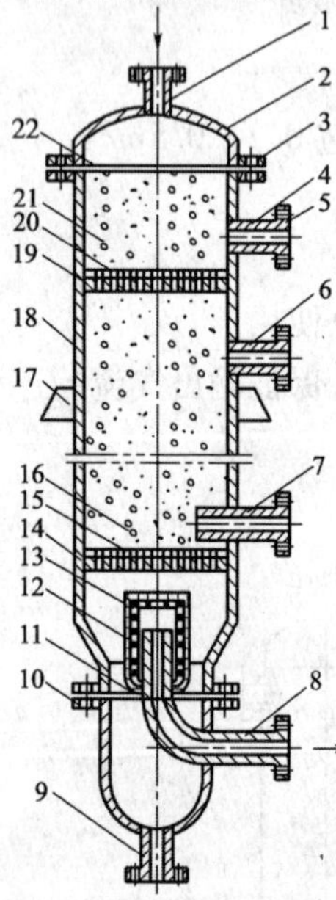

图10-6　吸附式干燥器结构图

1-湿空气进气管；2-顶盖；3、5、10-凸缘；4、6-再生空气排气管；7-再生空气进气管；8-干燥空气输出管；9-排水管；11、22-密封座；12、15、20-钢丝过滤网；13-毛毡；14-下栅板；16、21-吸附剂层；17-支撑板；18-筒体；19-上栅板

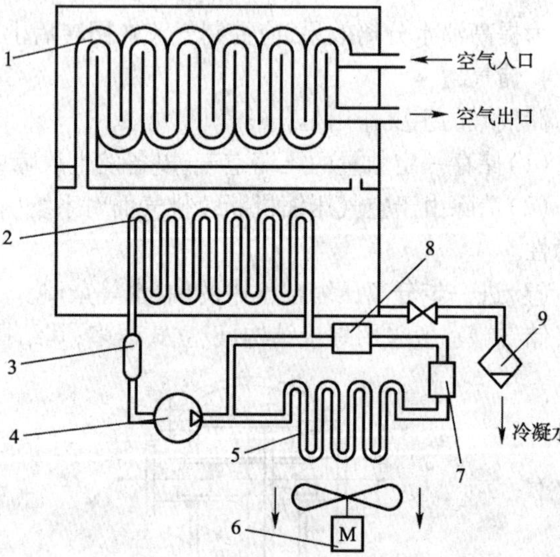

图10-7　冷冻式干燥器

1-预冷却器；2-蒸发器；3-储气罐；4-压缩机；5-冷凝器；6-风机；7-过滤器；8-热力膨胀阀；9-自动排水器

潮湿的热压缩空气最先进入预冷却器1冷却，再流入蒸发器2进一步冷却降温至2～10℃，使空气中含有的水蒸气冷却到压力露点，使水蒸气凝结成水滴，经自动排水器9排出。经蒸发器冷却后的压缩空气，流经预冷却器输出。空气在流经预冷却器的过程当中，通过热交换，一方面降低输入空气的温度，另一方面其本身的温度上升，防止输出管道系统被由于温差导致的“发汗”所腐蚀。

在制冷回路中，制冷剂由压缩机4压缩成高压气态状，经冷凝器5冷却后成为高压液态状，通过过滤器7过滤后，流经热力膨胀阀8输出。在膨胀阀里，由于膨胀成为低压、低温的液态状，通过热交换器转变成气态，进入下一周期循环。

6. 过滤器

空气的过滤是气压传动系统中的重要环节。不同的场合，对压缩空气的要求也不同。

过滤器的作用是进一步滤除压缩空气中的杂质。常用的过滤器有一次性过滤器(也称简易过滤器,滤灰效率为50%~70%);二次过滤器(滤灰效率为70%~99%)。在要求高的特殊场合,还可使用高效率的过滤器(滤灰效率大于99%)。

1)一次过滤器

图10-8所示为一种一次过滤器,气流由切线方向进入筒内,在离心力的作用下分离出液滴,然后气体由下而上通过多片钢板、毛毡、硅胶、焦炭、滤网等过滤吸附材料,干燥清洁的空气从筒顶输出。

2)分水滤气器

分水滤气器滤灰能力较强,属于二次过滤器。它和减压阀、油雾器一起被称为气动三联件,是气动系统不可缺少的辅助元件。普通分水滤气器的结构如图10-9所示。其工作原理如下:压缩空气从输入口进入后,被引入旋风叶子1,旋风叶子上有很多小缺口,使空气沿切线反向产生强烈的旋转,这样夹杂在气体中的较大水滴、油滴、灰尘(主要是水滴)便获得较大的离心力,并高速与存水杯3内壁碰撞,而从气体中分离出来,沉淀于存水杯3中,然后气体通过中间的滤芯2,部分灰尘、雾状水被滤芯2拦截而滤去,洁净的空气便从输出口输出。挡水板4是防止气体漩涡将杯中积存的污水卷起而破坏过滤作用。为保证分水滤气器正常工作,必须及时将存水杯中的污水通过排水阀5放掉。在某些人工排水不方便的场合,可采用自动排水式分水滤气器。

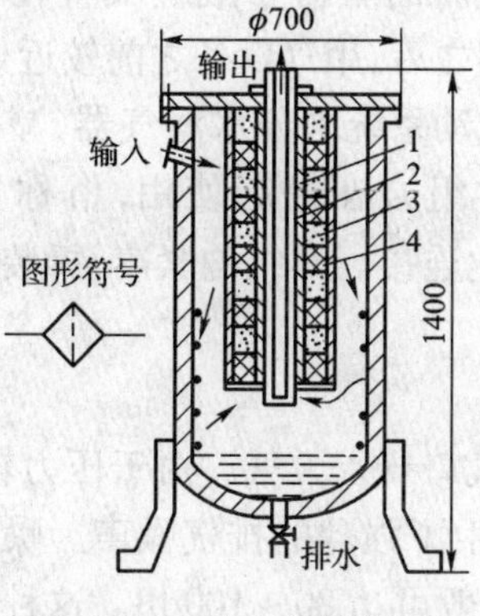

图10-8 一次过滤器结构图
1-ϕ10密孔网;2-280目细钢丝网;3-焦炭;4-硅胶等

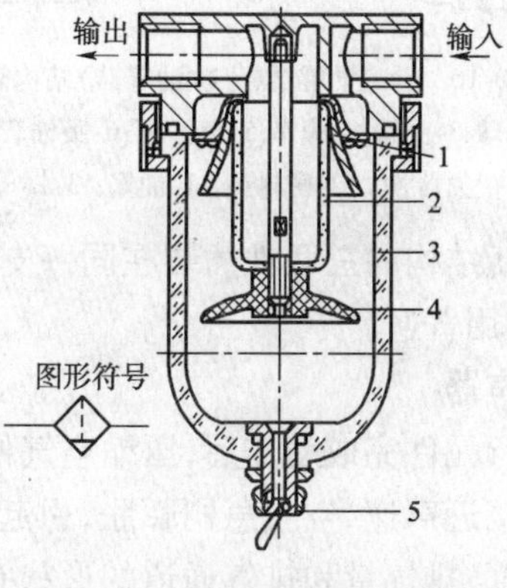

图10-9 普通分水滤气器结构图
1-旋风叶子;2-滤芯;3-存水杯;4-挡水板;5-手动排水阀

存水杯由透明材料制成,便于观察工作情况、污水情况和滤芯污染情况。滤芯目前采用铜粒烧结而成。发现油泥过多,可采用酒精清洗,干燥后再装上,可继续使用。但是这种过滤器只能滤除固体和液体杂质,因此,使用时应尽可能装在能使空气中的水分变成液态的部位或防止液体进入的部位,如气动设备的气源入口处。

10.1.2 辅助元件

1. 油雾器

油雾器是一种特殊的注油装置。它以空气为动力,使润滑油雾化后,注入空气流中,并随空气进入需要润滑的部件,达到润滑的目的。

图10-10是普通油雾器(也称一次油雾器)的结构简图。当压缩空气由输入口进入后,通过喷嘴1下端的小孔进入阀座4的腔室内,在截止阀的钢球2上下表面形成压差,由于泄漏和弹簧3的作用,而使钢球处于中间位置,压缩空气进入存油杯5的上腔使油面受压,压力油经吸油管6将单向阀7的钢球顶起,钢球上部管道有一个方形小孔,钢球不能将上部管道封死,压力油不断流入视油器9内,再滴入喷嘴1中,被主管气流从上面小孔引射出来,雾化后从输出口输出。节流阀8可以调节流量,使滴油量在每分钟0~120滴内变化。

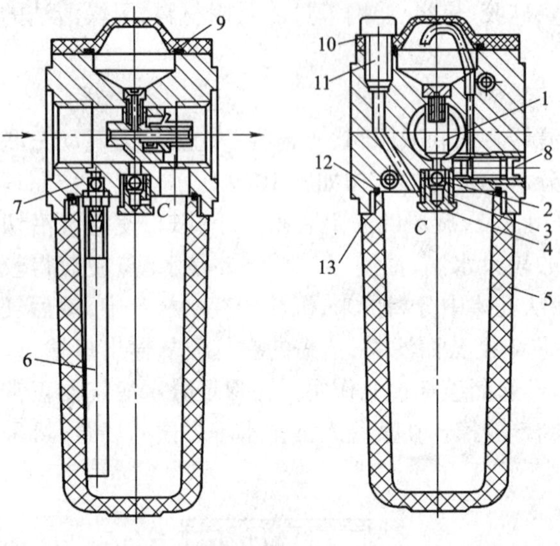

图10-10 普通油雾器(一次油雾器)结构简图

1-喷嘴;2-钢球;3-弹簧;4-阀座;5-存油杯;6-吸油管;7-单向阀;8-节流阀;9-视油器;10、12-密封垫;11-油塞;13-螺母、螺栓

润滑油在一次油雾器中只经过一次雾化,油雾粒径为20~30μm,一般输送距离在5m以内,适于一般气动元件的润滑。

二次油雾器能使油滴在雾化器内进行两次雾化,使油雾粒度更小、更均匀,输送距离更远。二次雾化粒径可达5μm。

油雾器的选择主要是根据气压传动系统所需额定流量及油雾粒径大小来进行。所需油雾粒径在50μm左右选用一次油雾器。若需油雾粒径很小可选用二次油雾器。油雾器一般应配置在滤气器和减压阀之后,用气设备之前较近处。

气动系统中分水滤气器、减压阀和油雾器常组合在一起使用,俗称气动三联件。目前新结构的三联件插装在同一支架上,形成无管化连接。其结构紧凑、拆装及更换元件方便,应用普遍。

2. 消声器

在执行元件完成动作后,压缩空气便经换向阀的排气口排入大气。由于压力较高,一般排气速度接近声速,空气急剧膨胀,引起气体振动,便产生了强烈的排气噪声。噪声的强弱与排气速度、排气量和排气通道的形状有关,排气噪声一般可达80~100dB。这种噪声使工作环境恶化,使人体健康受到损害,工作效率降低。所以,一般车间内噪声高于75dB时,都应采取消声措施。

1)消除噪声的措施

(1)吸声。吸声是用吸声材料,如玻璃棉、矿渣棉等装饰在房间内壁,或铺设在管道内壁上,将噪声吸收一部分,从而达到降低噪声的目的。

吸声材料能够降低噪声的原因是由于它是一种多孔隙的材料,孔内充满空气,声波射到多孔材料表面,一部分被表面反射,另一部分进入多孔材料内引起细孔和狭缝中空气振动,声能转化为热能被吸收。

(2)隔声。用厚实的材料和结构隔断噪声的传播途径,隔声材料一般为砖、钢板、混凝土等。如用三夹板隔声量为18dB,一砖厚的墙隔声量为50dB。

(3)隔振。振动是噪声的来源之一,该噪声不仅通过空气向外传播,还通过固体向外传播,一般可以通过涂刷阻尼材料,装弹簧减振器、橡皮、软木等使振动减弱,降低噪声。

(4)消声。用装设消声器的方法,使噪声沿通道衰减,而气体仍能自行通过。

2)消声器的分类

目前使用的消声器种类繁多,常用的有以下类型。

(1)吸收型消声器。吸收型消声器通过多孔的吸声材料吸收声音,如图10-11a)所示。吸声材料大多使用聚苯乙烯或铜珠烧结。一般情况下,要求通过消声器的气流流速不超过1m/s,以减小压力损失,提高消声效果。吸收型消声器具有良好的消除中、高频噪声的性能,一般可降低噪声20dB以上。

图10-11b)为其图形符号。

(2)膨胀干涉型消声器。这种消声器的直径比排气孔径大得多,气流在里面扩散、碰撞、反射、互相干涉,减弱了噪声强度,最后气流通过非吸声材料制成的、开孔较大的多孔外壳排入大气。主要用来消除中、低频噪声。

(3)膨胀干涉吸收型消声器。图10-12所示为膨胀干涉吸收型消声器,其消声效果特别好,低频消声20dB,高频可消声约50dB。

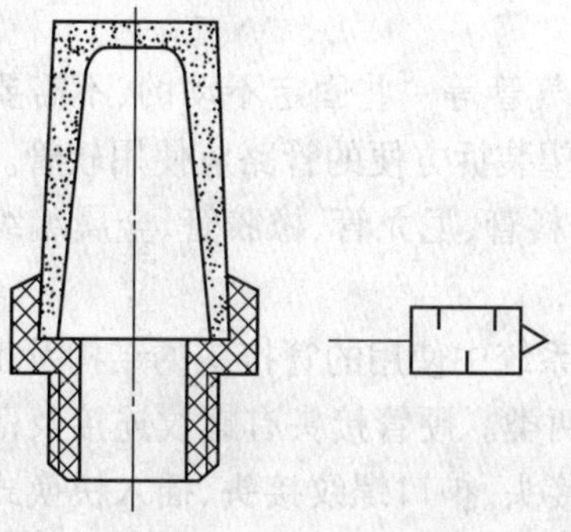

a) b)

图10-11 吸收型消声器

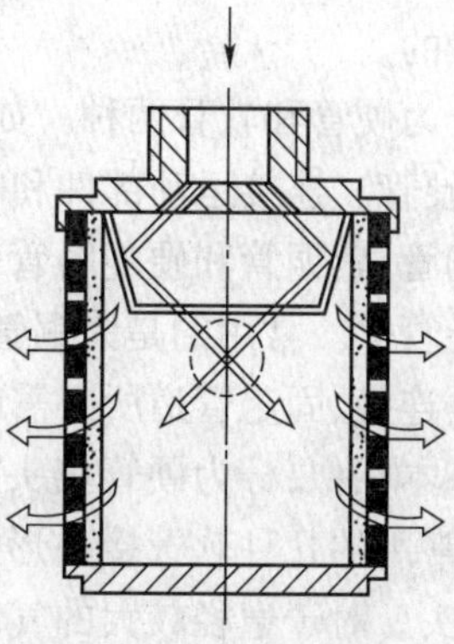

图10-12 膨胀干涉吸收型消声器

(4)集中排气法消声。把排出的气体引导到总排气管,总排气管的出口可设在室外或地沟内,使工作环境里没有噪声。需注意总排气管的内径应足够大,以免产生不必要的节流。

3)消声器的应用

(1)压缩机吸入端消声器。对于小型压缩机,可以装入能换气的防声箱内,有明显的降低噪声作用。一般防声箱用薄钢板制成,内壁涂敷阻尼层,再贴上纤维、地毯之类的吸声材料。现在的螺杆式压缩机、滑片式压缩机外形都制成箱形,不但外观设计美观,而且也有消声作用。

(2)压缩机输出端消声器。压缩机输出的压缩空气未经处理前有大量的水分、油雾、灰尘等,若直接将消声器安装在压缩机的输出口,对消声器的工作是不利的。消声器安装位置应在气罐之前,即按照压缩机、后冷却器、冷凝水分离器、消声器、储气罐的次序安装。对储气罐的噪声采用隔声材料遮蔽起来的办法也是经济的。

(3)阀用消声器。气动系统中,压缩空气经换向阀向气缸等执行元件供气;动作完成后,又经换向阀向大气排气。由于阀内的气路复杂而又十分狭窄,压缩空气以近声速的流速从排气口排出,空气急剧膨胀和压力变化产生高频噪声,声音十分刺耳。排气噪声与压力、流量和有效面积等因素有关,阀的排气压力为0.5MPa时可达100dB以上。而且执行元件速度越高、流量越大、噪声也越大。此时就需要用消声器来降低排气噪声。

阀用消声器一般采用螺纹连接方式,直接安装在阀的排气口上。对于采用集装式连接的控制阀,消声器安装在底板的排气口上。

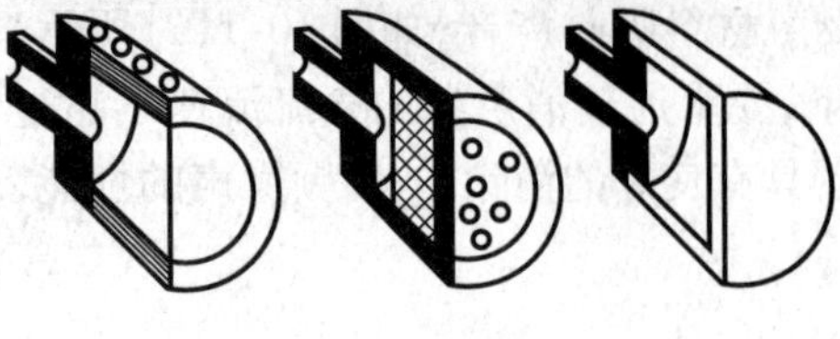

a) b) c)

图10-13 消声器的结构和排气方式

图10-13所示为阀用消声器的结构和排气方式。通常在罩壳中设置了消声元件,并在罩壳上开有许多小孔或沟槽。罩壳材料一般为塑料、铝及黄铜等。消声元件的材料通常为纤维、多孔塑料、金属烧结物或金属网状物等。图10-13a)所示为侧面排气,图10-13b)所示为端面排气,图10-13c)所示为全面排气。

3. 管道连接件

管道连接件包括管子和各种管接头。有了管子和各种管接头,才能把气动控制元件、气动执行元件以及辅助元件等连接成一个完整的气动控制系统,因此,实际应用中,管道连接件是不可缺少的。

管子可分为硬管和软管两种。如总气管和支气管等一些固定不动的、不需要经常装拆的地方,使用硬管。连接运动部件和临时使用、希望装拆方便的管路应使用软管。硬管有铁管、铜管、黄铜管、紫铜管和硬塑料管等;软管有塑料管、尼龙管、橡胶管、金属编织塑料管以及挠性金属导管等。常用的是紫铜管和尼龙管。

管接头是连接、固定管道所必需的辅件,气动系统中使用的管接头的结构及工作原理与液压管接头基本相似,分为硬管接头与软管接头两类。硬管接头有螺纹连接及薄壁管扩口试卡套连接;常用的几种软管接头形式有卡箍式接头、扩口螺纹接头、插入快换式接头和长管、卡套式接头。对于通径较大的气动设备、元件、管道等可采用凸缘连接。

10.2 气动元件

气动元件是通过气体的压力或膨胀产生的力来做功的元件,即将压缩空气的弹性能量转换为动能的元件。如气缸、气马达、蒸汽机等。气动元件是一种动力传动形式,亦为能量转换装置,利用气体压力来传递能量。

10.2.1 执行元件

气动执行元件是将压缩空气的压力能转换为机械能的装置。它包括气缸和气马达。气缸用于直线往复运动或摆动,气马达用于实现连续回转运动。

1. 气缸

气缸是气动系统的执行元件之一。除几种特殊气缸外,普通气缸其种类及结构形式与液压缸基本相同。目前最常选用的是标准气缸,其结构和参数都已系列化、标准化、通用化。目前几种较为典型的特殊气缸有气液阻尼缸、薄膜式气缸和冲击式气缸等。

1)气液阻尼缸

普通气缸工作时,由于气体的压缩性,当外部载荷变化较大时,会产生“爬行”或“自走”现象,使气缸的工作不稳定。为了使气缸运动平稳,普遍采用气液阻尼缸。

气液阻尼缸是由气缸和液压缸组合而成,它的工作原理如图 10-14 所示。它是以压缩空气为能源,并利用油液的不可压缩性和控制油液排量来获得活塞的平稳运动和调节活塞的运动速度。它将液压缸和气缸串联成一个整体,两个活塞固定在一根活塞杆上。当气缸右端供气时,气缸克服外负载并带动液压缸同时向左运动,此时液压缸左腔排油、单向阀关闭。油液只能经节流阀缓慢流入液压缸右腔,对整个活塞的运动起阻尼作用。调节节流阀的阀口大小就能达到调节活塞运动速度的目的。当压缩空气经换向阀从气缸左腔进入时,液压缸右腔排抽,此时因单向阀开启,活塞能快速返回原来位置。

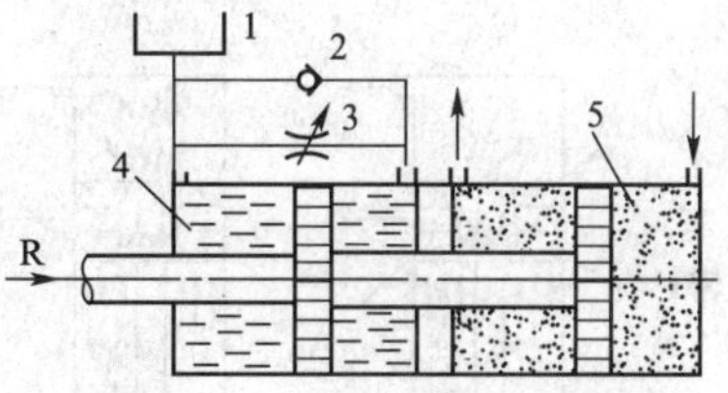

图 10-14　气液阻尼缸的工作原理图

1-油杯;2-单向阀;3-节流阀;4-液压缸;5-气缸

这种气液阻尼缸的结构一般是将双活塞杆缸作为液压缸。因为这样可使液压缸两腔的排油量相等,此时油箱内的油液只用来补充因液压缸泄漏而减少的油量,一般用油杯就行了。

2)薄膜式气缸

薄膜式气缸是一种利用压缩空气通过膜片推动活塞杆作往复直线运动的气缸。它由缸体、膜片、膜盘和活塞杆等主要零件组成。其功能类似于活塞式气缸,它分单作用式和双作用式两种,如图 10-15 所示。

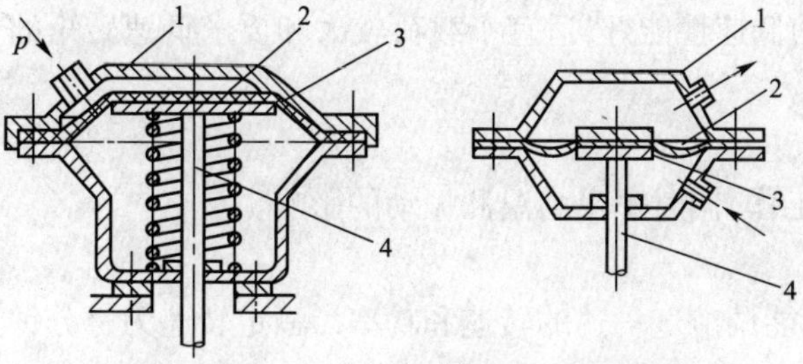

a)单作用式　　b)双作用式

图 10-15　薄膜式气缸结构简图

1-缸体;2-膜片;3-膜盘;4-活塞杆

薄膜式气缸的膜片可以做成盘形膜片和平膜片两种形式。膜片材料为夹织物橡胶、钢片或磷青铜片。常用的是夹织物橡胶,橡胶的厚度为 5～6mm,有时也可用 1～3mm。金属式膜片只用于行程较小的薄膜式气缸中。

薄膜式气缸和活塞式气缸相比较,具有结构简单、紧凑、制造容易、成本低、维修方便、寿命长、泄漏小、效率高等优点。但是膜片的变形量有限,故其行程短(一般不超过 40～50mm),且气缸活塞杆上的输出力随着行程的加大而减小。

3)冲击气缸

冲击气缸是一种体积小、结构简单、易于制造、耗气功率小但能产生相当大的冲击力的一种特殊气缸。与普通气缸相比,冲击气缸的结构特点是增加了一个具有一定容积的蓄能腔和喷嘴。它的工作原理如图 10-16 所示。

冲击气缸的整个工作过程可简单地分为三个阶段。第一个阶段(图 10-16a),压缩空气由孔 A 输入冲击缸的下腔,蓄气缸经孔 B 排气,活塞上升并用密封垫封住喷嘴,中盖和活塞间的环形空间经排气孔与大气相通。第二阶段(图 10-16b),压缩空气改由孔 B 进气,输入蓄气缸中,冲击缸下腔经孔 A 排气。由于活塞上端气压作用在面积较小的喷嘴上,而活塞下端受力面积较大，一般设计成喷嘴面积的9倍，缸下腔的压力虽因排气而下降，但此时活塞下端向上的作用力仍然大于活塞上端向下的作用力。第三阶段（图10-16c），蓄气缸的压力继续增大，冲击缸下腔的压力继续降低，当蓄气缸内压力高于活塞下腔压力9倍时，活塞开始向下移动，活塞一旦离开喷嘴，蓄气缸内的高压气体迅速充入到活塞与中间盖间的空间，使活塞上端受力面积突然增加9倍，于是活塞将以极大的加速度向下运动，气体的压力能转换成活塞的动能。在冲程达到一定时，获得最大冲击速度和能量，利用这个能量对工件进行冲击做功，产生很大的冲击力。

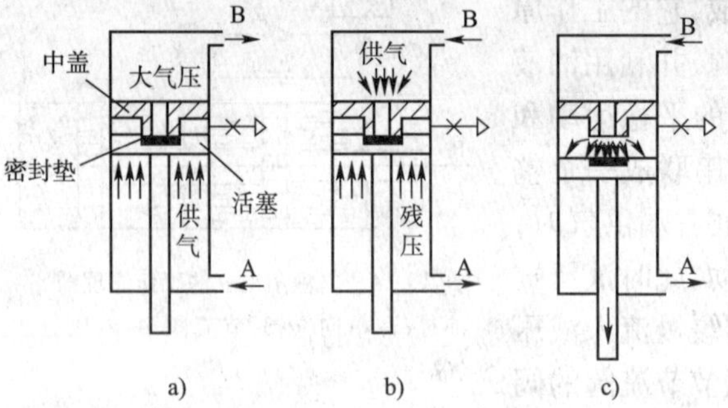

图10-16　冲击气缸工作原理图

2. 气马达

气马达也是气动执行元件的一种。

它的作用相当于电动机或液压马达，即输出转矩，拖动机构作旋转运动。

1）气马达的分类及特点

气马达按结构形式可分为：叶片式气马达、活塞式气马达和齿轮式气马达等。最为常见的是活塞式气马达和叶片式气马达。叶片式气马达制造简单，结构紧凑，但低速运动转矩小，低速性能不好，适用于中、低功率的机械，目前在矿山及风动工具中应用普遍。活塞式气马达在低速情况下有较大的输出功率，它的低速性能好，适宜于载荷较大和要求低速转矩的机械，如起重机、绞车、绞盘、拉管机等。

与液压马达相比，气马达具有以下特点：

（1）工作安全。可以在易燃易爆场所工作，同时不受高温和振动的影响。

（2）可以长时间满载工作而温升较小。

（3）可以无级调速。控制进气流量，就能调节气马达的转速和功率。额定转速为每分钟几十转到几十万转。

（4）具有较高的启动力矩，可以直接带负载运动。

（5）结构简单，操纵方便，维护容易，成本低。

（6）输出功率相对较小，最大只有20kW左。

（7）耗气量大，效率低，噪声大。

2）气马达的工作原理

图10-17a）所示是叶片式气马达的工作原理图。它的主要结构和工作原理与叶片式液压马达相似，主要包括一个径向装有3～10个叶片的转子，偏心安装在定子内，转子两侧有前后盖板（图中未画出），叶片在转子的槽内可径向滑动，叶片底部通有压缩空气，转子转动是靠离心力和叶片底部气压将叶片紧压在定子内表面上。定子内有半圆形的切沟，提供压缩空气及排出废气。

当压缩空气从A口进入定子内，会使叶片带动转子作逆时针旋转，产生转矩。废气从排气口C排出；而定子腔内残留气体则从B口排出。如需改变气马达旋转方向，只需改变进、排气口即可。

图 10-17b)所示是径向活塞式气马达的原理图。压缩空气经进气口进入分配阀(又称配气阀)后再进入气缸,推动活塞及连杆组件运动,再使曲柄旋转。曲柄旋转的同时,带动固定在曲轴上的分配阀同步转动,使压缩空气随着分配阀角度位置的改变而进入不同的缸内,依次推动各个活塞运动,由各活塞及连杆带动曲轴连续运转。与此同时,与进气缸相对应的气缸则处于排气状态。

图 10-17c)所示是薄膜式气马达的工作原理图。它实际上是一个薄膜式气缸,当它作往复运动时,通过推杆端部的棘爪使棘轮转动。

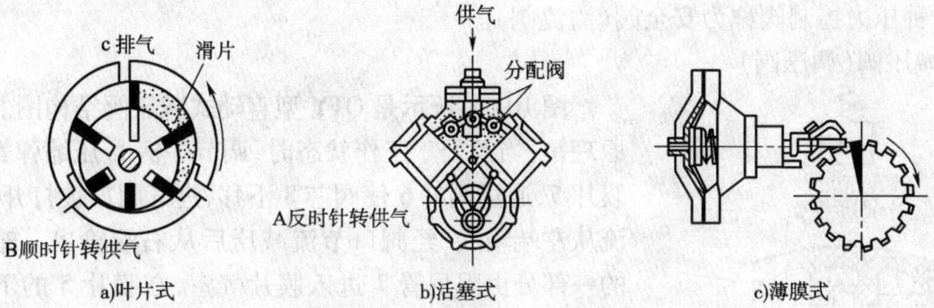

图 10-17 气马达工作原理图

各种气马达的特点及应用范围见表 10-1。

各种气马达的特点及应用范围 表 10-1

类型	转矩	速度	功率	每千瓦耗气量 Q (m^3/min)	特点及应用范围
叶片式	低转矩	高速度	1～1.3kW	小型:1.8～2.3 大型:1.0～1.4	制造简单,结构紧凑,但低速启动转矩小,低速性能不好。适用于要求低或中功率的机械,如手提工具、复合工具传送带、升降机、泵、拖拉机等
活塞式	中高转矩	低速或中速	1～1.7kW	小型:1.9～2.3 大型:1.0～1.4	在低速时有较大的功率输出和较好的转矩特性。启动准确,且启动和停止特性均较叶片式好,适用于载荷较大和要求低速转矩较高的机械,如手提工具、起重机、绞车、绞盘、拉管机等
薄膜式	高转矩	低速度	小于 1kW	1.2～1.4	适用于控制要求很精确、启动转矩极高和速度低的机械

10.2.2 控制元件

在气压传动系统中,气动控制元件是控制和调节压缩空气的压力、流量和方向的控制阀,其作用是保证气动执行元件(如气缸、气马达等)按设计的程序正常地进行工作。

1. 压力控制阀

1)压力控制阀的作用及分类

气动系统不同于液压系统，一般每一个液压系统都自带液压源（液压泵）；而在气动系统中，一般来说由空气压缩机先将空气压缩，储存在储气罐内，然后经管路输送给各个气动装置使用。而储气罐的空气压力往往比各台设备实际所需要的压力高些，同时其压力波动值也较大。因此需要用减压阀（调压阀）将其压力减到每台装置所需的压力，并使减压后的压力稳定在所需压力值上。

有些气动回路需要依靠回路中压力的变化来实现控制两个执行元件的顺序动作，所用的这种阀就是顺序阀。顺序阀与单向阀的组合称为单向顺序阀。

所有的气动回路或储气罐为了安全起见，当压力超过允许压力值时，需要实现自动向外排气，这种压力控制阀称为安全阀（溢流阀）。

2）减压阀（调压阀）

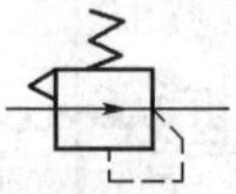
a)图形符号

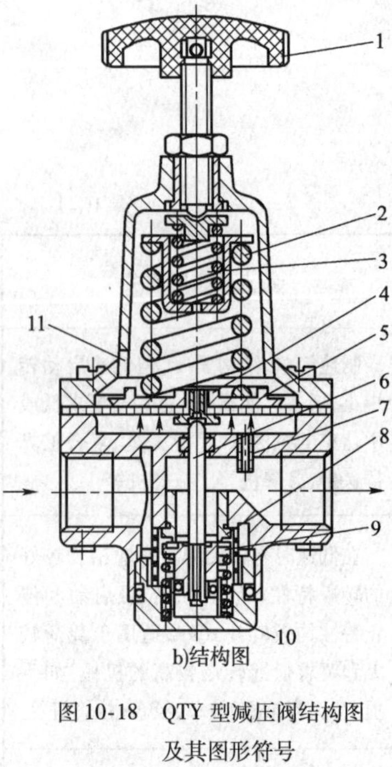

b)结构图

图 10-18　QTY 型减压阀结构图及其图形符号

1-手柄；2、3-调压弹簧；4-溢流口；5-膜片；6-阀杆；7-阻尼管；8-阀芯；9-阀座；10-复位弹簧；11-排气孔

图 10-18 所示是 QTY 型直动式减压阀结构图。其工作原理是：当阀处于工作状态时，调节手柄 1、压缩弹簧 2、3 及膜片 5，通过阀杆 6 使阀芯 8 下移，进气阀口被打开，有压气流从左端输入，经阀口节流减压后从右端输出。输出气流的一部分由阻尼管 7 进入膜片气室，在膜片 5 的下方产生一个向上的推力，这个推力总是试图把阀口开度关小，使其输出压力下降。当作用于膜片上的推力与弹簧力相平衡后，减压阀的输出压力便保持一定。

当输入压力发生波动时，如输入压力瞬时升高，输出压力也随之升高，作用于膜片 5 上的气体推力也随之增大，破坏了原来的力的平衡，使膜片 5 向上移动，有少量气体经溢流口 4、排气孔 11 排出。在膜片上移的同时，因复位弹簧 10 的作用，使输出压力下降，直到新的平衡为止。重新平衡后的输出压力又基本上恢复至原值。反之，输出压力瞬时下降，膜片下移，进气口开度增大，节流作用减小，输出压力又基本上回升至原值。

调节手柄 1 使弹簧 2、3 恢复自由状态，输出压力降至零，阀芯 8 在复位弹簧 10 的作用下，关闭进气阀口，这样，减压阀便处于截止状态，无气流输出。

QTY 型直动式减压阀的调压范围为 0.05～0.63MPa。为限制气体流过减压阀所造成的压力损失，规定气体通过阀内通道的流速在 15～25m/s 范围内。

安装减压阀时，要按气流的方向和减压阀上所示的箭头方向，依照分水滤气器→减压阀→油雾器的安装次序进行安装。调压时，应由低向高调，直至规定的调压值为止。减压阀不用时，应把手柄放松，以免膜片经常受压变形。

3）顺序阀

顺序阀是依靠气路中压力的作用而控制执行元件按顺序动作的压力控制阀，如图 10-19 所示，它根据弹簧的预压缩量来控制其开启压力。当输入压力达到或超过开启压力时，顶开弹簧,于是 P→A 才有输出;反之 A 无输出。

顺序阀一般很少单独使用,往往与单向阀配合在一起,构成单向顺序阀。图 10-20 所示为单向顺序阀的工作原理图。当压缩空气由左端进入阀腔后,作用于活塞 3 上的气压力超过压缩弹簧 2 上的力时,将活塞顶起,压缩空气从 P 经 A 输出,如图 10-20a)所示,此时单向阀 4 在压差力及弹簧力的作用下处于关闭状态。反向流动时,输入侧变成排气口,输出侧压力将顶开单向阀 4 由 O 口排气,如图 10-20b)所示。

调节旋钮就可改变单向顺序阀的开启压力,以便在不同的开启压力下,控制执行元件的顺序动作。

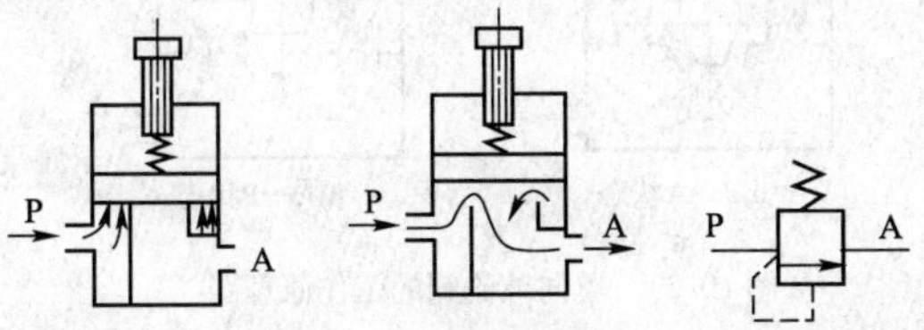

a)关闭状态 b)开启状态 c)图形符号

图 10-19 顺序阀工作原理图

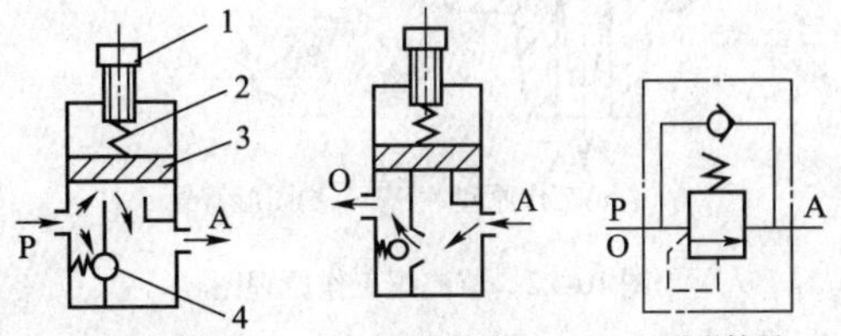

a)关闭状态 b)开启状态 c)图形符号

图 10-20 单向顺序阀工作原理图

1-调节手柄;2-弹簧;3-活塞;4-单向阀

4)安全阀

当储气罐或回路中压力超过某调定值,要用安全阀向外放气,安全阀在系统中起过载保护作用。图 10-21 所示是安全阀工作原理图。当系统中气体压力在调定范围内时,作用在活塞 3 上的压力小于弹簧 2 的力,活塞处于关闭状态(图 10-21a)。当系统压力升高,作用在活塞 3 上的压力大于弹簧的预定压力时,活塞 3 向上移动,阀门开启排气(图 10-21b),直到系统压力降到调定范围以下,活塞又重新关闭。开启压力的大小与弹簧的预压量有关。

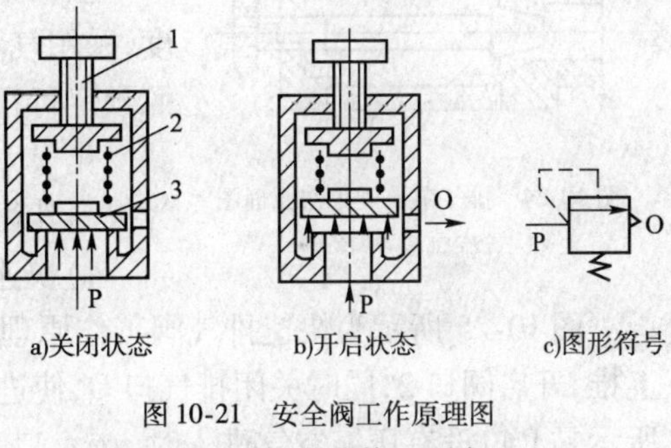

a)关闭状态 b)开启状态 c)图形符号

图 10-21 安全阀工作原理图

1-调节手柄;2-弹簧;3-活塞

2. 流量控制阀

在气压传动系统中,有时需要控制气缸的运动速度,有时需要控制换向阀的切换时间和气动信号的传递速度,这些都需要调节压缩空气的流量来实现。流量控制阀就是通过改变阀的通流截面积来实现流量控制的元件。流量控制阀包括节流阀、单向节流阀、排气节流阀和快速排气阀等。

1)节流阀

图 10-22 所示为圆柱斜切型节流阀的结构图。压缩空气由 P 口进入,经过节流后,由 A 口流出。旋转阀芯螺杆,就可改变节流口的开度,这样就调节了压缩空气的流量。由于这种节流阀的结构简单、体积小,故应用范围较广。

2)单向节流阀

单向节流阀是由单向阀和节流阀并联而成的组合式流量控制阀,如图 10-23 所示。当气流沿着一个方向，例如 P→A（图 10-23a）流动时，经过节流阀节流；反方向（图 10-23b）流动，由 A→P 时单向阀打开，不节流，单向节流阀常用于气缸的调速和延时回路。

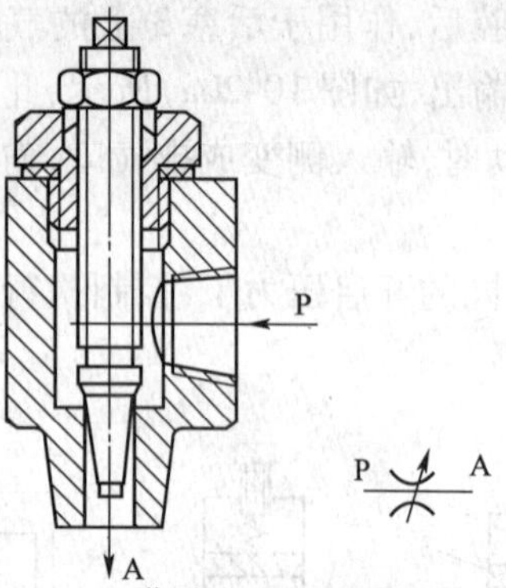

a)工作原理　b)图形符号

图 10-22　节流阀工作原理图

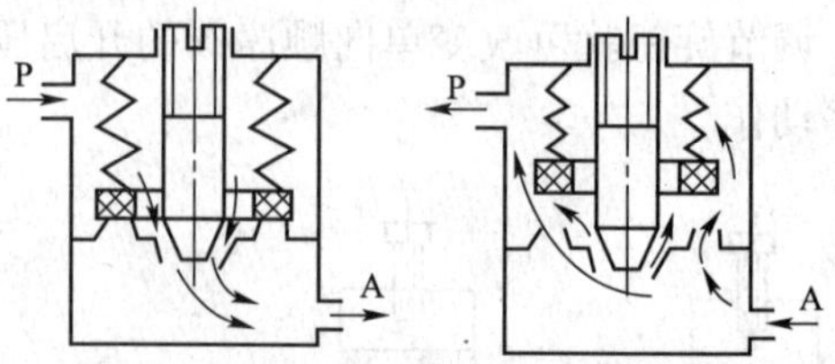

a)P→A状态　b)A→P状态

图 10-23　单向节流阀的工作原理图

3）排气节流阀

排气节流阀是装在执行元件的排气口处，调节进入大气中气体流量的一种控制阀。它不仅能调节执行元件的运动速度，还常带有消声器件，所以也能起降低排气噪声的作用。

图 10-24 所示为排气节流阀工作原理图。其工作原理和节流阀类似，靠调节节流口 1 处的通流面积来调节排气流量，由消声套 2 来减小排气噪声。

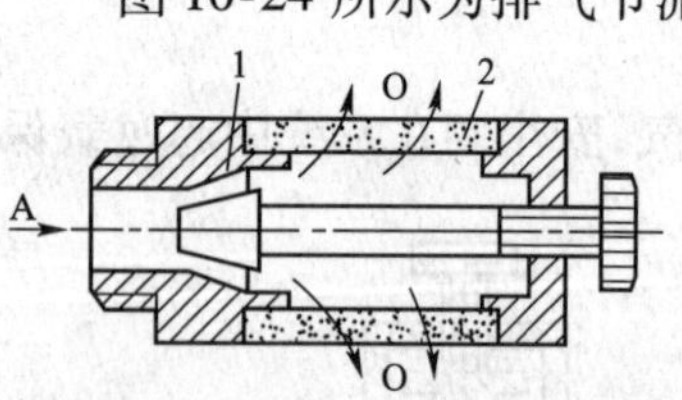

图 10-24　排气节流阀工作原理图

1-节流口；2-消声套

应当指出，用流量控制的方法控制气缸内活塞的运动速度，采用气动比采用液压困难，特别是在极低速控制中，要按照预定行程变化来控制速度，只用气动很难实现。在外部负载变化很大时，仅用气动流量阀也不会得到满意的调速效果。为提高其运动平稳性，建议采用气液联动。

4）快速排气阀

图 10-25 所示为快速排气阀工作原理图。进气口 P 进入压缩空气，并将密封活塞迅速上推，开启阀口 2，同时关闭排气口 O，使进气口 P 和工作口 A 相通（图 10-25a）。图 10-25b）所示是 P 口没有压缩空气进入时，在 A 口和 P 口压差作用下，密封活塞迅速下降，关闭 P 口，使 A 口通过 O 口快速排气。

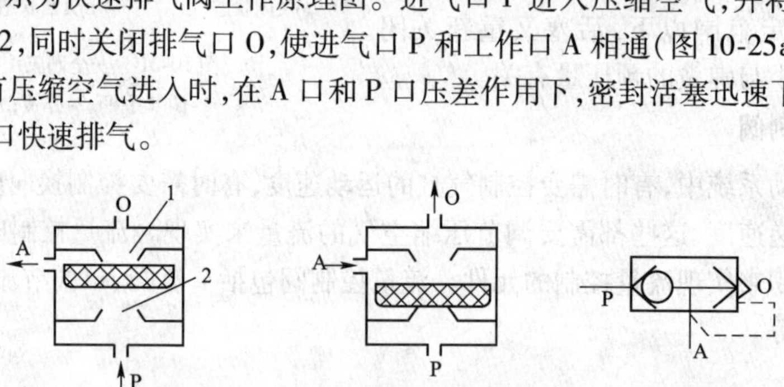

a)进气口P进入压缩空气　b)进气口P没有压缩空气进入　c)图形符号

图 10-25　快速排气阀工作原理

1、2-阀口

快速排气阀常安装在换向阀和气缸之间。它使气缸的排气不用通过换向阀而快速排出，从而加速了气缸往复的运动速度，缩短了工作周期。

3. 方向控制阀

方向控制阀是气压传动系统中通过改变压缩空气的流动方向和气流的通断来控制执行元件启动、停止及运动方向的气动元件。

根据方向控制阀的功能、控制方式、结构方式、阀内气流的方向及密封形式等,可将方向控制阀分为几类,具体参见表10-2。

方向控制阀的分类 表10-2

分类方式	形式
按阀内气体的流动方向	单向阀、换向阀
按阀芯的结构形式	截止阀、滑阀
按阀的密封形式	硬质密封、软质密封
按阀的工作位数及通路数	二位三通、二位五通、三位五通等
按阀的控制操纵方式	气压控制、电磁控制、机械控制、手动控制

下面介绍几种典型的方向控制阀。

1)气压控制换向阀

气压控制换向阀是以压缩空气为动力切换气阀,使气路换向或通断的阀类。气压控制换向阀的用途很广,多用于组成全气阀控制的气压传动系统或易燃、易爆以及高净化等场合。

(1)单气控加压式换向阀。图10-26为单气控加压式换向阀的工作原理。图10-26a)是无气控信号K时的状态(即常态),此时,阀芯1在弹簧2的作用下处于上端位置,使阀A与O相通,A口排气。图10-26b)是在有气控信号K时阀的状态(即动力阀状态)。由于气压力的作用,阀芯1压缩弹簧2下移,使阀口A与O断开,P与A接通,A口有气体输出。

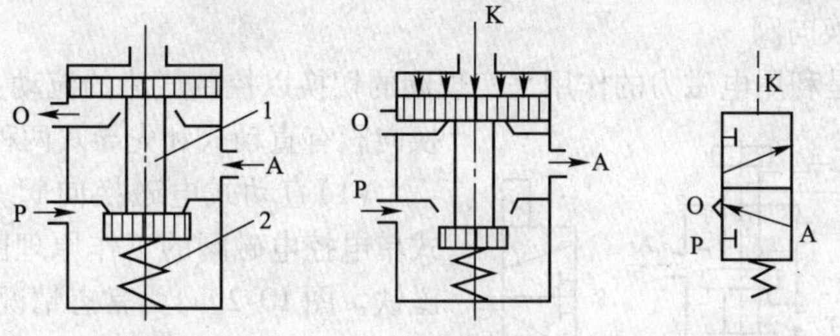

a)无控制信号状态　b)有控制信号状态　c)图形符号

图10-26 单气控加压截止式换向阀的工作原理图

1-阀芯;2-弹簧

(2)双气控加压式换向阀。图10-27为双气控滑阀式换向阀的工作原理图。图10-27a)为有气控信号K_2时阀的状态,此时阀停在左边,其通路状态是P与A、B与O相通。10-27b)

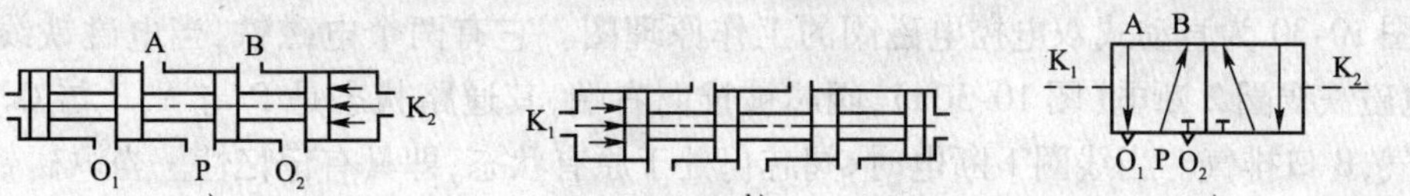

a)　b)　c)

图10-27 双气控滑阀式换向阀的工作原理图

为有气控信号 K_1 时阀的状态（此时信号 K_2 已不存在），阀芯换位，其通路状态变为 P 与 B、A 与 O 相通。双气控滑阀具有记忆功能，即气控信号消失后，阀仍能保持在有信号时的工作状态。

（3）差动控制换向阀。差动控制换向阀是利用控制气压作用在阀芯两端不同面积上所产生的压力差来使阀换向的一种控制方式。

图 10-28 为二位五通差压控制换向阀的结构原理图。阀的右腔始终与进气口 P 相通。在没有进气信号 K 时，控制活塞 13 上的气压力将推动阀芯 9 左移，其通路状态为 P 与 A、B 与 O 相通。A 口进气，B 口排气。当有气控信号 K 时，由于控制活塞 3 的端面积大于控制活塞 13 的端面积，作用在控制活塞 3 上的气压力将克服控制活塞 13 上的压力及摩擦力，推动阀芯 9 右移，气路换向，其通路状态为 P 与 B、A 与 O 相通，B 口进气，A 口排气。当气控信号 K 消失时，阀芯 9 借右腔内的气压作用复位。采用气压复位可提高阀的可靠性。

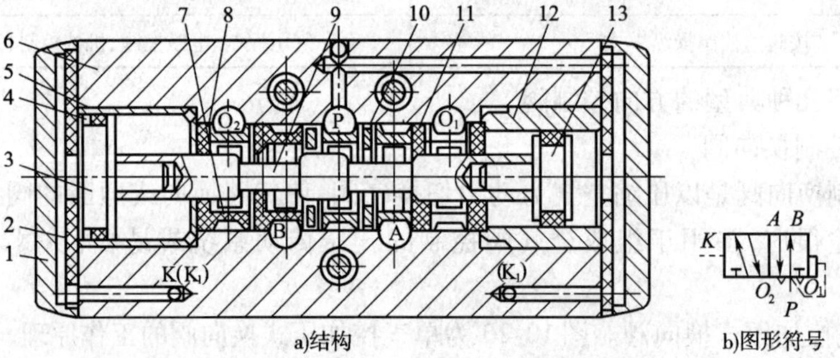

图 10-28　二位五通差压控制换向阀结构原理图

1-端盖；2-缓冲垫片；3、13-控制活塞；4、10、11-密封垫；5、12-衬套；6-阀体；7-隔套；8-挡片；9-阀芯

2）电磁控制换向阀

电磁换向阀是利用电磁力的作用来实现阀的切换以控制气流的流动方向。常用的电磁换向阀有直动式和先导式两种。

（1）直动式电磁换向阀。图 10-29 为直动式单电控电磁阀的工作原理图。它只有一个电磁铁。图 10-29a）为常态情况，即激励线圈不通电，此时阀在复位弹簧的作用下处于上端位置。其通路状态为 A 与 T 相通，A 口排气。当通电时，电磁铁 1 推动阀芯向下移动，气路换向，其通路为 P 与 A 相通，A 口进气，如图 10-29b）所示。

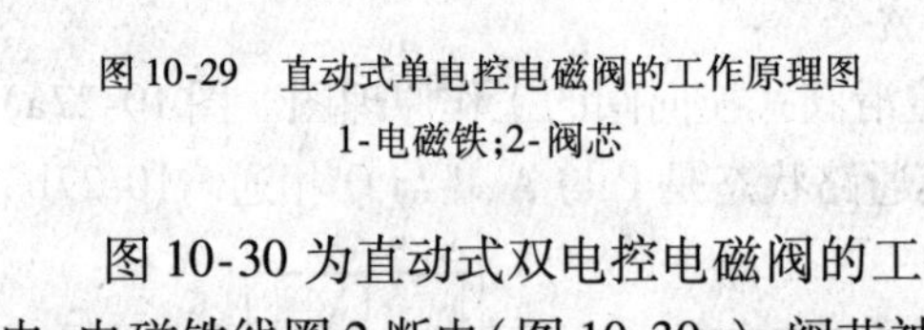

图 10-29　直动式单电控电磁阀的工作原理图

1-电磁铁；2-阀芯

图 10-30 为直动式双电控电磁阀的工作原理图。它有两个电磁铁，当电磁铁线圈 1 通电、电磁铁线圈 2 断电（图 10-30a），阀芯被推向右端，其通路状态是 P 与 A，B 与 O_2 相通，A 口进气，B 口排气。当线圈 1 断电时，阀芯仍处于原有状态，即具有记忆性。当电磁铁线圈 2 通电、电磁铁线圈 1 断电（图 10-30b），阀芯被推向左端，其通路状态是 P 与 B、A 与 O_1 相通，B 口进气，A 口排气。若电磁铁线圈断电，气流通路仍保持原状态。

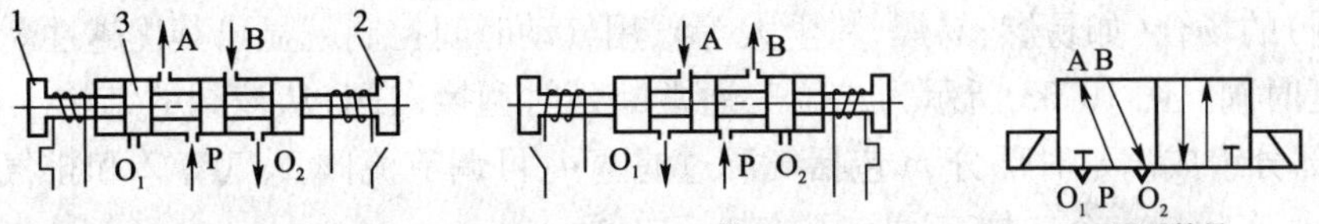

a) b) c)图形符号

图 10-30 直动式双电控电磁阀的工作原理图

1、2-电磁铁;3-阀芯

(2)先导式电磁换向阀。直动式电磁阀由电磁铁直接推动阀芯移动。当阀通径较大时，用直动式结构所需的电磁铁体积和电力消耗都必然加大，为克服此弱点可采用先导式结构。

先导式电磁阀是由电磁铁首先控制气路，产生先导压力，再由先导压力推动主阀阀芯，使其换向。图 10-31 为先导式双电控换向阀的工作原理图。当电磁先导阀 1 的线圈通电，而先导阀 2 断电时(图 10-31a)，由于主阀 3 的 K_2腔进气，K_2腔排气，使主阀阀芯向右移动。此时 P 与 A、B 与 O_2相通，A 口进气、B 口排气。当电磁先导阀 2 通电，而先导阀 1 断电时(图 10-31b)，主阀的 K_2腔进气，K_2腔排气，使主阀阀芯向左移动。此时 P 与 B、A 与 O_1相通，B 口进气、A 口排气。先导式双电控电磁阀具有记忆功能，即通电换向，断电保持原状态。为保证主阀正常工作，两个电磁阀不能同时通电，电路中要考虑互锁。

先导式电磁换向阀便于实现电、气联合控制，所以应用广泛。

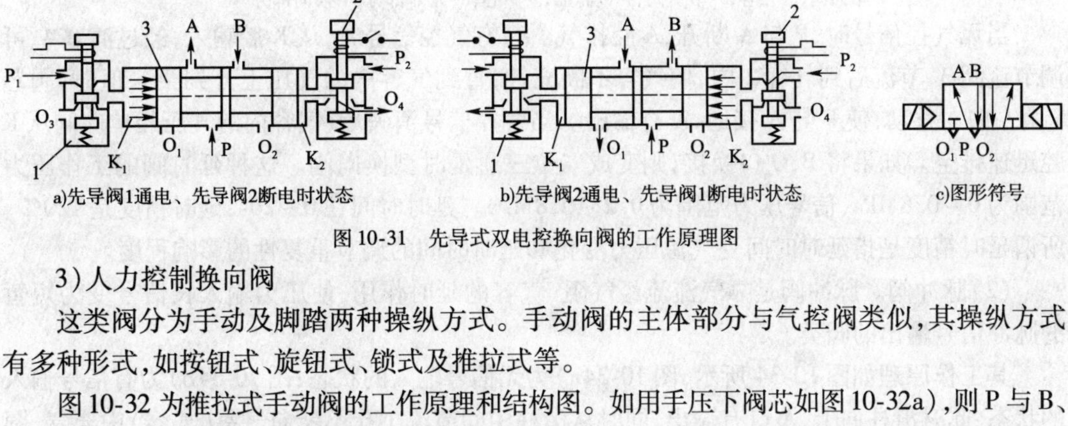

a)先导阀1通电、先导阀2断电时状态 b)先导阀2通电、先导阀1断电时状态 c)图形符号

图 10-31 先导式双电控换向阀的工作原理图

3)人力控制换向阀

这类阀分为手动及脚踏两种操纵方式。手动阀的主体部分与气控阀类似，其操纵方式有多种形式，如按钮式、旋钮式、锁式及推拉式等。

图 10-32 为推拉式手动阀的工作原理和结构图。如用手压下阀芯如图 10-32a)，则 P 与 B、A 与 O_1相通。手放开，而阀依靠定位装置保持状态不变。当用手将阀芯拉出时(图 10-32b)，则 P 与 A、B 与 O_2相通，气路改变，并能维持该状态不变。

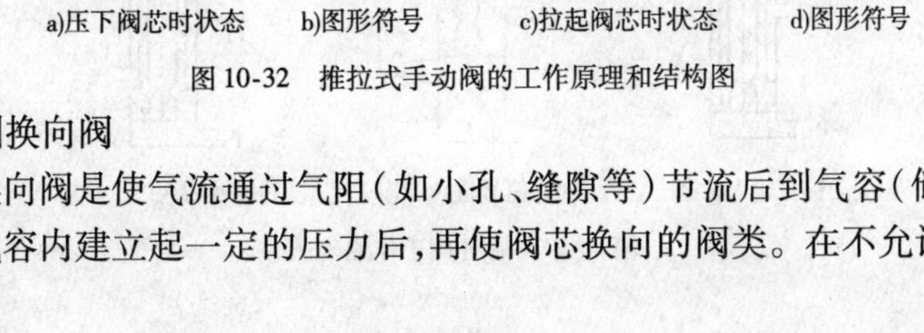

a)压下阀芯时状态 b)图形符号 c)拉起阀芯时状态 d)图形符号

图 10-32 推拉式手动阀的工作原理和结构图

4)时间控制换向阀

时间控制换向阀是使气流通过气阻(如小孔、缝隙等)节流后到气容(储气空间)中，经一定的时间使气容内建立起一定的压力后，再使阀芯换向的阀类。在不允许使用时间继电

器(电控制)的场合(如易燃、易爆、粉尘大等),用气动时间控制就显出其优越性。

(1)延时阀。图 10-33 所示为二位三通常断延时型换向阀,从该阀的结构上可以看出,它由两大部分组成。延时部分 m 包括气源过滤塞 4、可调节流阀 3、气容 2 和排气单向阀 1,换向部分 n,实际是一个二位三通差压控制换向阀。

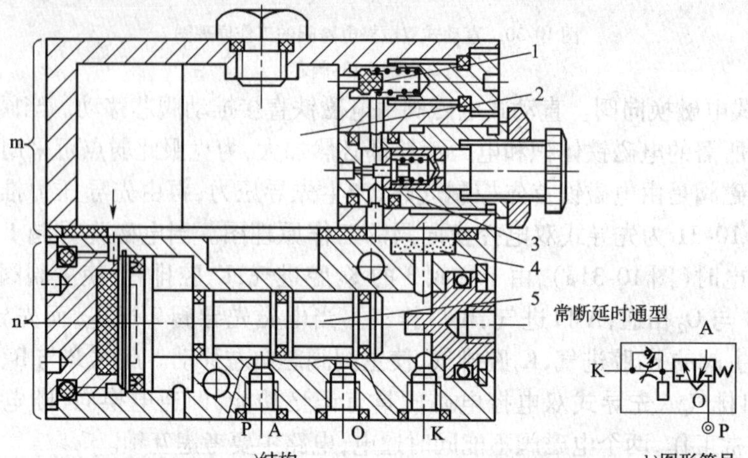

a)结构　　b)图形符号

图 10-33　二位三通常断延时型换向阀结构图

1-单向阀;2-气容;3-节流阀;4-过滤器;5-阀芯;m-延时部分;n-换向部分

当无气控信号时,P 与 A 断开,A 腔排气。当有气控信号时,从 K 腔输入,经过滤塞 4、可调节流阀 3,节流后到气容 2 内,使气容不断充气,直到气容内的气压上升到某一值时,阀芯 5 由左向右移动,使 P 与 A 接通,A 有输出。当气控信号消失后,气容内的气压经单向阀从 K 腔迅速排空。如果将 P、O 口换接,则变成二位三通延时型换向阀。这种延时阀的工作压力范围为 0 ~0.8MPa,信号压力范围为 0.2 ~0.8MPa。延时时间在 0 ~20s,延时精度是 120%。所谓延时精度是指延时时间受气源压力变化和延时时间的调节重复性的影响程度。

(2)脉冲阀。脉冲阀是靠气流流经气阻、气容的延时作用,使压力输入长信号变为短暂的脉冲信号输出的阀类。

其工作原理如图 10-34 所示,图 10-34a)为无信号输入的状态;图 10-34b)为有信号输入的状态,此时滑柱向上,A 口有输出,同时从滑柱中间节流小孔不断向气室(气容)中充气;图 10-34c)是当气室内的压力达到一定值时,滑柱向下,A 与 O 接通,A 口的输出状态结束。

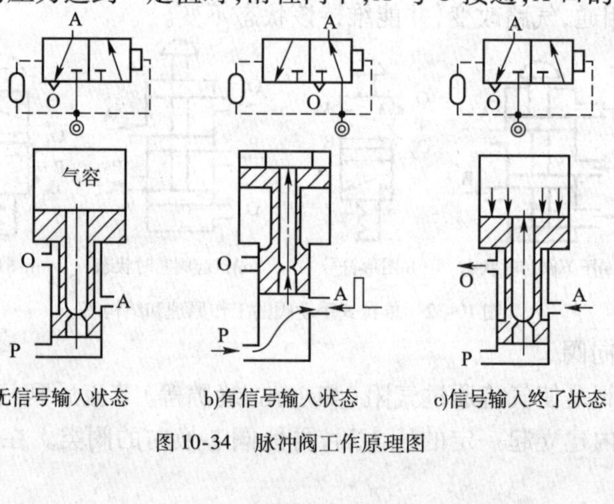

a)无信号输入状态　　b)有信号输入状态　　c)信号输入终了状态

图 10-34　脉冲阀工作原理图

5)梭阀

梭阀相当于两个单向阀组合的阀。图10-35为梭阀的工作原理图。

梭阀有两个进气口P_1和P_2,一个工作口A,阀芯1在两个方向上起单向阀的作用。其中P_1和P_2都可与A口相通,但这P_1与P_2不相通。当P_1进气时,阀芯1右移,封住P_2口,使P_1与A相通,A口进气,如图10-35a)所示。反之,P_2进气时,阀芯1左移,封住P_1口,使P_2与A相通,A口也进气。若P_1与P_2都进气时,阀芯就可能停在任意一边,这主要随压力加入的先后顺序和压力的大小而定。若P_1与P_2不等,则高压口的,通道打开,低压口则被封闭,高压气流从A口输出。

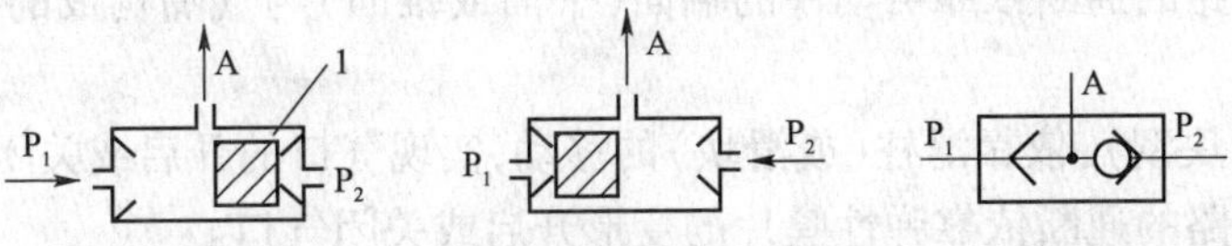

a)P_1进气状态　b)P_2进气状态　c)图形符号

图10-35　梭阀的工作原理

梭阀的应用很广,多用于手动与自动控制的并联回路中。

10.2.3　逻辑元件

1.逻辑控制概述

任何一个实际的控制问题都可以用逻辑关系来进行描述。从逻辑角度看,事物都可以表示为两个对立的状态,这两个对立的状态又可以用两个数字符号"1"和"0"来表示。它们之间的逻辑关系遵循布尔代数的二进制逻辑运算法则。同样,任何一个气动控制系统及执行机构的动作和状态,亦可设定为"1"和"0"。例如,将气缸前进设定为"1",后退设定为"0";管道有压设定为"1",无压设定为"0";元件有输出信号设定为"1",无输出信号设定为"0"等。这样,一个具体的气动系统可以用若干个逻辑函数式来表达。由于逻辑函数式的运算是有规律的,对这些逻辑函数式进行运算和求解,可使问题变得明了、易解,从而可获得最简单的或最佳的系统。

总之,逻辑控制即是将具有不同逻辑功能的元件,按不同的逻辑关系组配,实现输入、输出口状态的变换。气动逻辑控制系统,遵循布尔代数的运算规则,其设计方法已趋于成熟和规范化,然而元件的结构原理发展变化较大,自20世纪60年代以来已经历了三代更新。第一代为滑阀式元件,可动部件是滑柱,在阀孔内移动,利用了空气轴承的原理,反应速度快,但要求很高的制造精度;第二代为注塑型元件,可动件为橡胶塑料膜片,结构简单,成本低,适于大批量生产;第三代为集成化组合式元件,综合利用了电、磁的功能,便于组成通用程序回路或者与可编程序控制器(PLC)匹配组成气—电混合控制系统。

2.逻辑元件

气动逻辑元件是用压缩空气为介质,通过元件的可动部件(如膜片、阀芯)在气控信号作用下动作,改变气流方向以实现一定逻辑功能的气体控制元件。实际上气动方向控制阀也具有逻辑元件的各种功能,所不同的是它的输出功率较大,尺寸大。而气动逻辑元件的尺寸较小,因此在气动控制系统中广泛采用各种形式的气动逻辑元件(逻辑阀)。

1)气动逻辑元件的分类

气动逻辑元件的种类很多,可根据不同特性进行分类。

(1)按工作压力分类。

①高压型:工作压力为0.2~0.8MPa。

②低压型:工作压力为0.05~0.2MPa。

③微压型:工作压力为0.005~0.05MPa。

(2)按结构形式分类。元件的结构总是由开关部分和控制部分组成。开关部分是在控制气压信号作用下来回动作,改变气流通路,完成逻辑功能。根据组成原理,气动逻辑元件的结构形式可分为三类:

①截止式:气路的通断依靠可动件的端面(平面或锥面)与气嘴构成的气口的开启或关闭来实现。

②滑柱式(滑块型):依靠滑柱(或滑块)的移动,实现气口的开启或关闭。

③膜片式:气路的通断依靠弹性膜片的变形开启或关闭气口。

(3)按逻辑功能分类。对二进制逻辑功能的元件,可按逻辑功能的性质分为两大类:

①单功能元件:每个元件只具备一种逻辑功能,如或、非、与、双稳等。

②多功能元件:每个元件具有多种逻辑功能,各种逻辑功能由不同的连接方式获得。如三膜片多功能气动逻辑元件等。

2)高压截止式逻辑元件

高压截止式逻辑元件是依靠控制气压信号推动阀芯或通过膜片的变形推动阀芯动作,改变气流的流动方向以实现一定逻辑功能的逻辑元件。气压逻辑系统中广泛采用高压截止式逻辑元件。它具有行程小、流量大、工作压力高、对气源压力净化要求低,便于实现集成安装和集中控制等,其拆卸也方便。

(1)或门元件。图10-36为或门元件的结构原理。A、B为元件的信号输入口,S为信号的输出口。气流的流通关系是:A、B口任意一个有信号或同时有信号,则S口有信号输出;逻辑关系式:S=A+B。

(2)是门和与门元件。图10-37为是门和与门元件的结构原理。在A口接信号,S为输出口,中间孔接气源P情况下,元件为是门。在A口没有信号的情况下,由于弹簧力的作用,阀口处在关闭状态;当A口接入控制信号后,气流的压力作用在膜片上,压下阀芯导通P、S通道,S有输出。指示活塞8可以显示S有无输出;手动按钮7用于手动发讯。元件的逻辑关系为:S=A。

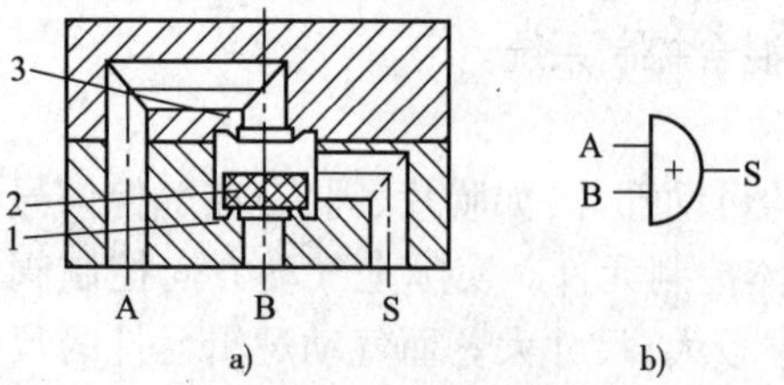

图10-36　气动或门元件

1-下阀座;2-阀芯;3-上阀座

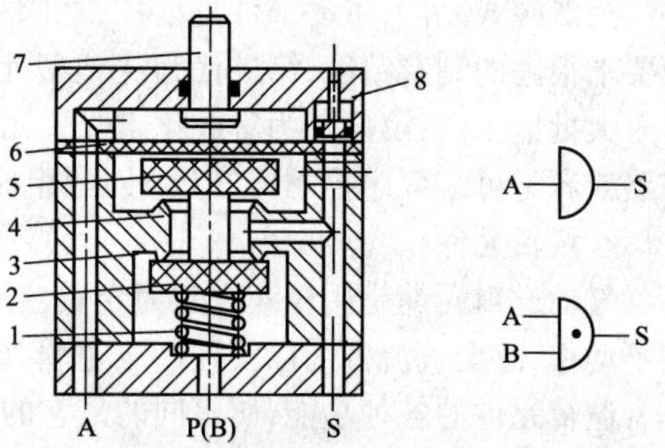

图10-37　气动是门和与门元件

1-弹簧;2-下密封阀芯;3-下截止阀座;4-上截止阀座;5-上密封阀芯;6-膜片;7-手动按钮;8-指示活塞

若中间孔不接气源P而接信号B,则元件为与门。也就是说,只有A、B同时有信号时S口才有输出。逻辑关系式:S = A · B。

(3)非门和禁门元件。非门和禁门元件的结构原理如图10-38所示。在P口接气源,A口接信号,S为输出口情况下元件为非门。在A口没有信号的情况下,气源压力P将阀芯推离截止阀座1,S有信号输出;当A口有信号时,信号压力通过膜片把阀芯压在截止阀座1上,关断P、S通路,这时S没有信号。其逻辑关系式:S = A取反。

在A口无信号而B口有信号时,S有输出。A信号对B信号起禁止作用,逻辑关系式:S = A取反B。

(4)或非元件。如图10-39所示,或非元件是在非门元件的基础上增加了两个输入端,即具有A、B、C三个信号输入端。在三个输入端都没有信号时,P、S导通,S有输出信号。当存在任何一个输入信号时,元件都没有输出。元件的逻辑关系式:S = (A + B + C)取反。

或非元件是一种多功能逻辑元件,可以实现是门、或门、与门、非门或记忆等逻辑功能。

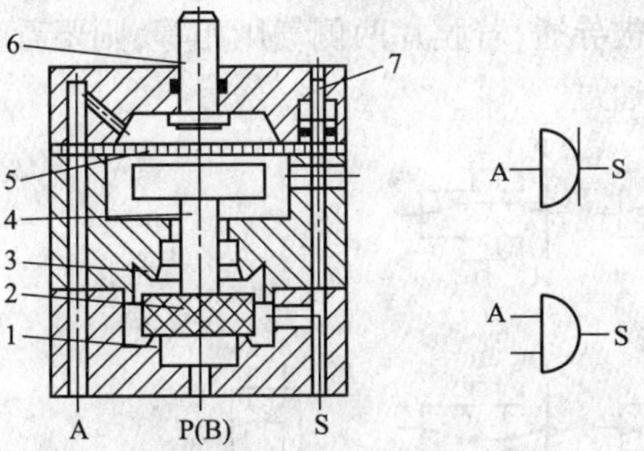

图10-38 气动非门和禁门元件

1-下截止阀座;2-密封阀芯;3-上截止阀座;4-阀芯;5-膜片;6-手动按钮;7-指示活塞

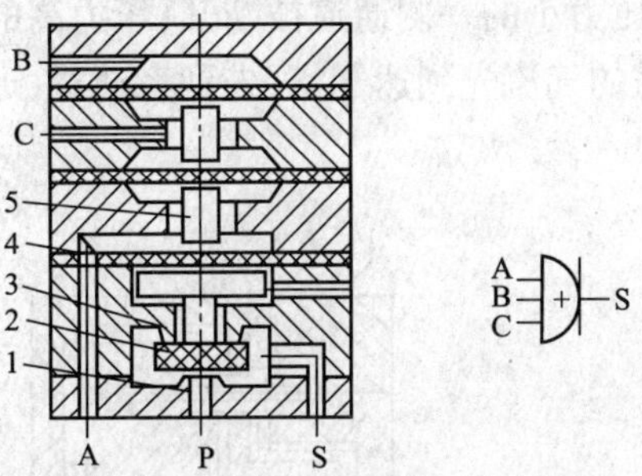

图10-39 气动或非元件

1-下截止阀座;2-密封阀芯;3-上截止阀座;4-膜片;5-阀柱

(5)双稳元件。双稳元件属于记忆型元件,在逻辑线路中具有重要的作用。图10-40为双稳元件的工作原理。当A有信号输入时,阀芯移动到右端极限位置,由于滑块的分隔作用,P口的压缩空气通过S_1输出,S_2与排气口T相通;在A信号消失后B信号到来前,阀芯保持在右端位置,S_1总有输出;当B有信号输入时,阀芯移动到左端极限位置,P口的压缩空气通过S_2输出,S_1与排气口T相通;在B信号消失后A信号到来前,阀芯保持在右端位置,S_2总有输出;这里,两个输入信号不能同时存在。元件的逻辑关系式为:S_1 = KAB;S_2 = KBA。

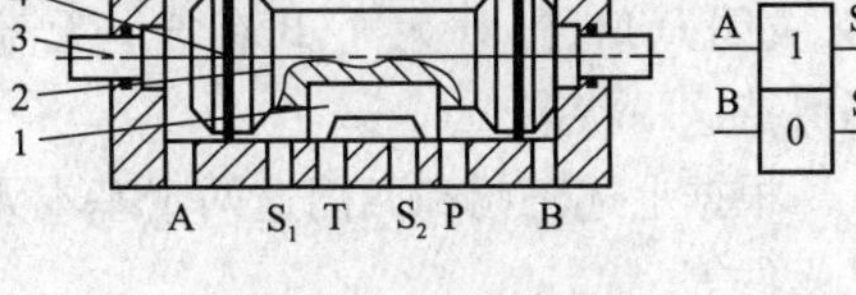

图10-40 双稳元件

1-滑块;2-阀芯;3-手动按钮;4-密封圈

3)高压膜片式逻辑元件

高压膜片式逻辑元件是利用膜片式阀芯的变形来实现其逻辑功能的。最基本的单元是三门元件和四门元件。

(1)三门元件。图10-41为三门元件的工作原理。它由上、下气室及膜片组成,下气室有输入口A和输出口S,上气室有一个输入口B,膜片将上、下两个气室隔开。因为元件共有三个口,所以称为三门元件。A口接气源(输入),S口为输出口,B口接控制信号。若B口无控制信号,则A口输入的气流顶开膜片从S口输出,如图10-41b)所示;如S口接大气,若

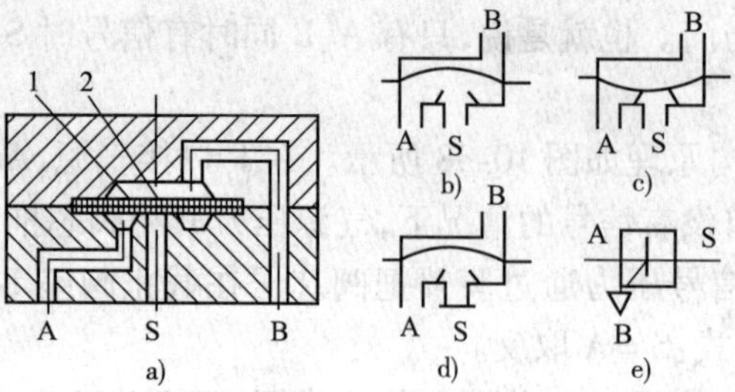

图 10-41　三门元件

1-截止阀口；2-膜片

A 口和 B 口输入相等的压力，由于膜片两边作用面积不同，受力不等，S 口通道被封闭，A、S 气路不通，如图 10-41c）所示。若 S 口封闭，A、B 口通入相等的压力信号，膜片受力平衡，无输出，如图 10-41d）所示。但在 S 口接负载时，三门的关断是有条件的，即 S 口降压或 B 口升压才能保证可靠地关断。利用这个压力差作用的原理，关闭或开启元件的通道，可组成各种逻辑元件。其图形符号如图 10-41e）所示。

（2）四门元件。四门元件的工作原理如图 10-42 所示。膜片将元件分成上、下两个气室，下气室有输入口 A 和输出口 B，上气室有输入口 C 和输出口 D，因为共有四个口，所以称之为四门元件。四门元件是一个压力比较元件。就是说，膜片两侧都有压力且压力不相等时，压力小的一侧通道被断开，压力高的一侧通道被导通；若膜片两侧气压相等，则要看哪一通道的气流先到达气室，先到者通过，迟到者不能通过。

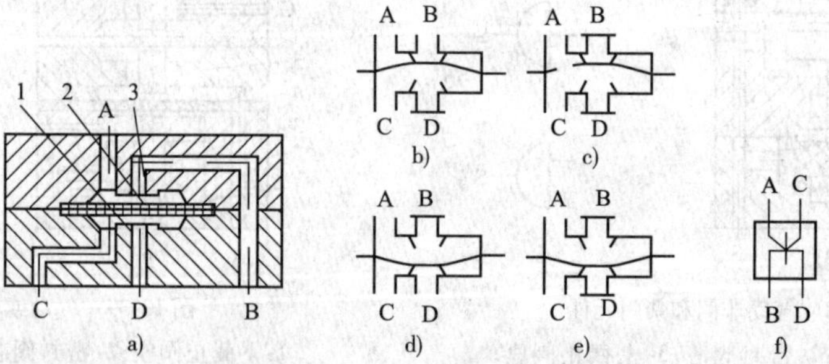

图 10-42　四门元件

1-下截止阀口；2-膜片；3-上截止阀口

当 A、C 口同时接气源，B 口通大气，D 口封闭时，则 D 口有气无流量，B 口关闭无输出，如图 10-42b）所示；此时若封闭 B 口，情况与上述状态相同，如图 10-42c）所示此时放开 D，则 C 至 D 气体流动，放空，下气室压力很小，膜片上气室气体由 A 输入，为气源压力，膜片下移，关闭 D 口，则 D 无气，B 有气但无流量，如图 10-42d）所示；同理，此时再将 D 封闭，元件仍保持这一状态。

根据上述三门和四门这两个基本元件，就可构成逻辑回路中常用的或门、与门、非门、记忆元件等。

3. 逻辑元件的选用

气动逻辑控制系统所用气源的压力变化必须保障逻辑元件正常工作需要的气压范围和输出端切换时所需的切换压力，逻辑元件的输出流量和响应时间等在设计系统时可根据系统要求参照有关资料选取。

无论采用截止式或膜片式高压逻辑元件，都要尽量将元件集中布置，以便于集中管理。

由于信号的传输有一定的延时，信号的发出点（例如行程开关）与接收点（例如元件）之间不能相距太远。一般说来，最好不要超过几十米。

在逻辑元件相互串联时一定要有足够的流量，否则可能无力推动下一级元件。

另外,尽管高压逻辑元件对气源过滤要求不高,但最好使用过滤后的气源,一定不要使加入油雾的气源进入逻辑元件。

10.3 气动基本回路

气压传动系统和液压传动系统一样,不管系统多么复杂,总是由若干基本回路组成的。所谓气压回路,是由相关的气动元件按一定方式组成的具有某种特定功能的气动子系统。熟悉和掌握常用的气动基本回路是分析、设计、使用和维护气动设备的必要基础。

10.3.1 方向控制回路

气动执行元件的换向主要是利用方向控制阀来实现的。方向控制阀按其通路数来分,有二通阀、三通阀以及四通阀、五通阀等,利用这些方向控制阀可以构成单作用执行元件和双作用执行元件的各种换向控制回路。

1. 单作用气缸换向回路

单作用气缸靠气压使活塞杆朝单方向伸出,反向依靠弹簧力或自重等其他外力返回。通常采用二位三通阀、三位三通阀和二位二通阀来实现方向控制。

1)采用二位三通阀控制

图 10-43 所示为采用手控二位三通阀控制的单作用气缸换向回路,此方法适用于气缸缸径较小的场合。图 10-43a)为采用弹簧复位式手控二位三通换向阀的换向回路;当按下按钮后阀进行切换,活塞杆伸出;松开按钮后阀复位,气缸活塞杆靠弹簧力返回。图 10-43b)为采用带定位机构手控二位三通换向阀的换向回路,按下按钮后活塞杆伸出;松开按钮,因阀有定位机构而保持原位,活塞杆仍保持伸出状态,只有把按钮上拨时,二位三通阀才能换向,气缸进行排气,活塞杆返回。

图 10-44 为采用气控二位三通阀换向阀控制的换向回路。当缸径很大时,手控阀的流通能力过小将影响气缸运动速度。因此,直接控制气缸换向的主控阀需采用通径较大的气控阀 2,图中阀 1 为手动操作阀,阀 1 也可用机控阀代替。

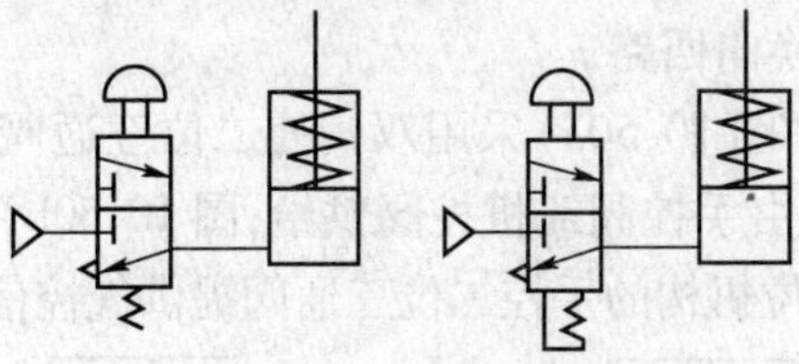
a) b)

图 10-43 二位三通阀手动换向回路

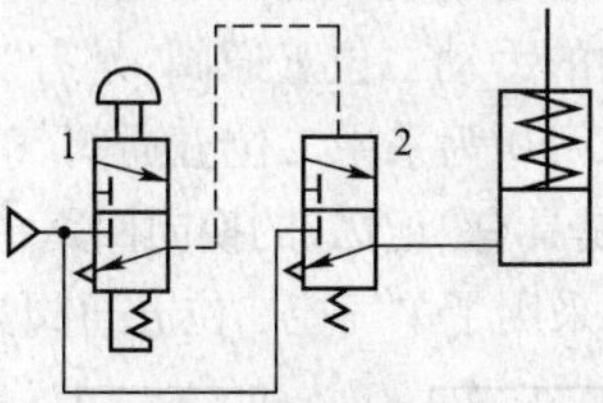

图 10-44 二位三通阀气控换向回路

1-手动操作阀;2-气控阀

图 10-45 所示为采用电控二位三通阀换向阀的控制回路,其中图 10-45a)为采用单电控换向阀的控制回路,此回路如果气缸在伸出时突然断电,则单电控阀将立即复位,气缸返回。图 10-45b)所示为采用双电控换向阀的控制回路,双电控阀为双稳态阀,具有记忆功能,当气缸在伸出时突然断电,气缸仍将保持在原来的状态。如果回路需要考虑失电保护控制,则选用双电控阀为好,双电控阀应水平安装。

图 10-46 所示为采用一个二位三通阀和一个二位二通阀的组合控制回路,该回路能实

现单作用气缸的中间停止功能。

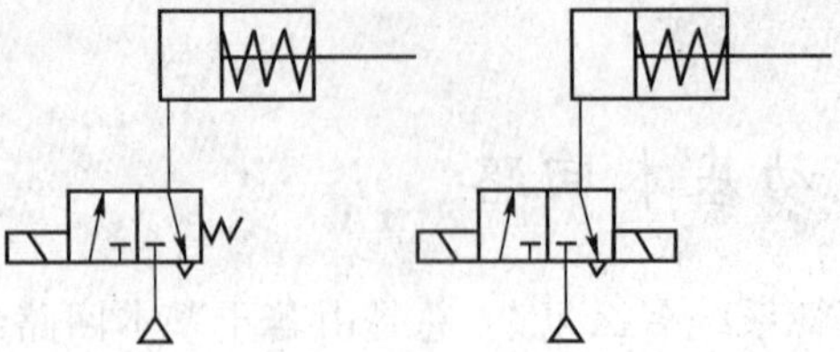

图 10-45　二位三通电控换向回路

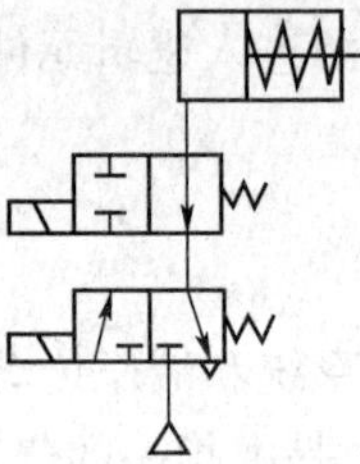

图 10-46　二位二通和二位三通联合电控换向回路

2）采用三位三通阀控制

如图 10-47 所示，采用三位三通阀的换向控制回路，能实现活塞杆在行程中途的任意位置停留。不过由于空气的可压缩性原因，其定位精度较差。

3）采用二位二通阀控制

如图 10-48 所示为采用二位二通换向阀的控制回路，对于该回路应注意的问题是两个电磁阀不能同时通电。

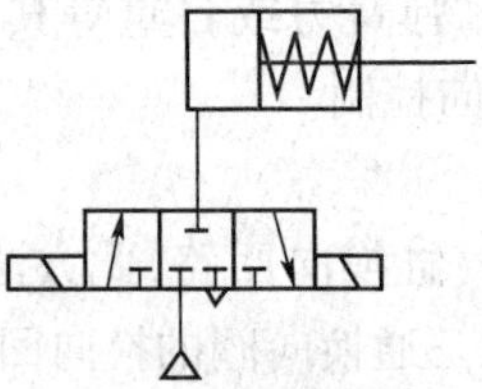

图 10-47　采用三位三通阀的换向回路

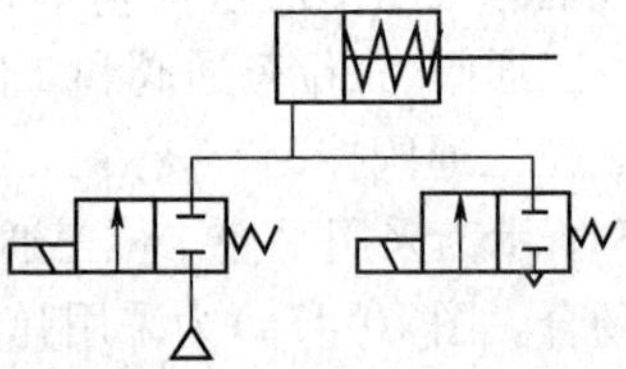

图 10-48　采用二位二通阀的换向回路

2. 双作用气缸换向回路

双作用气缸的换向回路是指通过控制气缸两腔的供气和排气来实现气缸的伸出和缩回运动的回路，一般用二位五通阀和三位五通阀控制。

1）采用二位五通阀控制

图 10-49 为采用二位五通阀手动控制的双作用气缸换向回路，其中图 10-49a）所示为采用弹簧复位的手动二位五通阀换向回路，它是不带“记忆”的换向回路；图 10-49b）为采用有定位机构的手动二位五通阀，是有“记忆”的手控阀换向回路。

图 10-50 为采用二位五通阀气控换向回路，其中图 10-50a）采用双气控二位五通阀为主控阀，它是具有“记忆”的换向回路，气控信号 m 和 n 由手控阀或机控阀供给；图 10-50b）中的换向回路采用了单气控二位五通阀为主控阀，由带定位机构的手控二位三通阀提供气控信号。

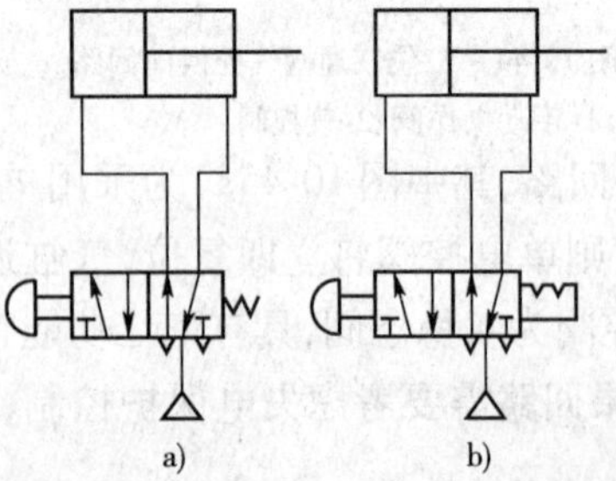

图 10-49　采用二位五通阀手动换向回路

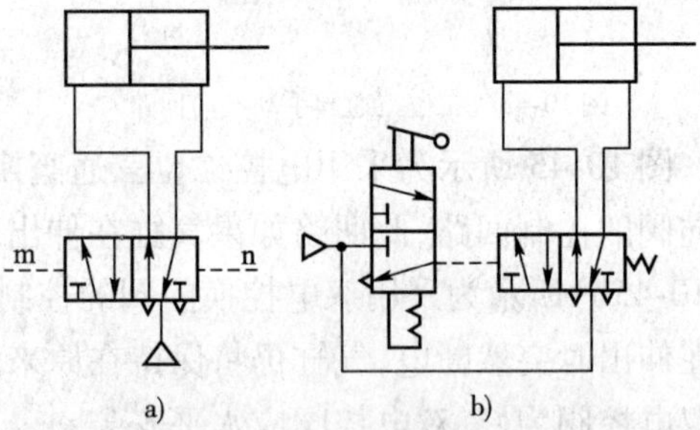

图 10-50　采用二位五通阀气控换向回路

图 10-51 采用了二位五通阀电气控制的换向回路，图 10-51a）为单电控方式，图 10-51b）为双电控方式。

2）采用三位五通阀控制

当需要中间定位时，可采用三位五通阀构成的换向回路，如图 10-52 所示。

图 10-52a）所示为双气控三位五通阀换向回路。当 m 信号输入时换向阀移至左位，气缸活塞杆伸出；当 n 信号输入时换向阀至右位，气缸活塞杆缩回；当 m、n 均排气时换向阀回到中位，活塞杆在中途停止运动。由于空气的可压缩性以及气缸活塞、活塞杆及其带动的运动部件产生的惯性力，仅用三位五通阀使活塞杆中途停下来，其定位精度不高。

图 10-52b）是用双电控气动三位五通阀组成的换向回路。活塞可在中途停止运动，它用电气控制线路来进行控制。

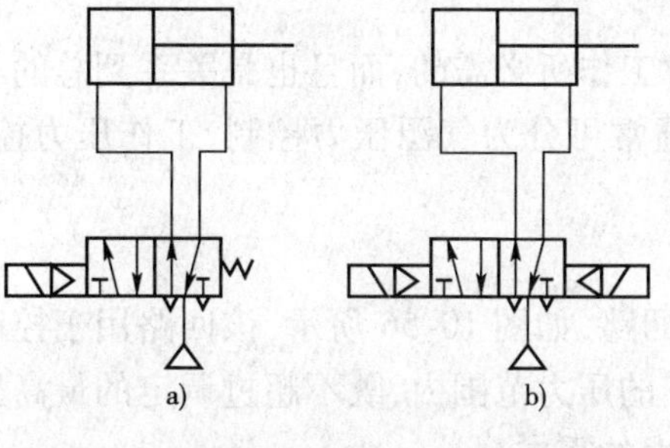

图 10-51　二位五通阀双电控气动换向回路

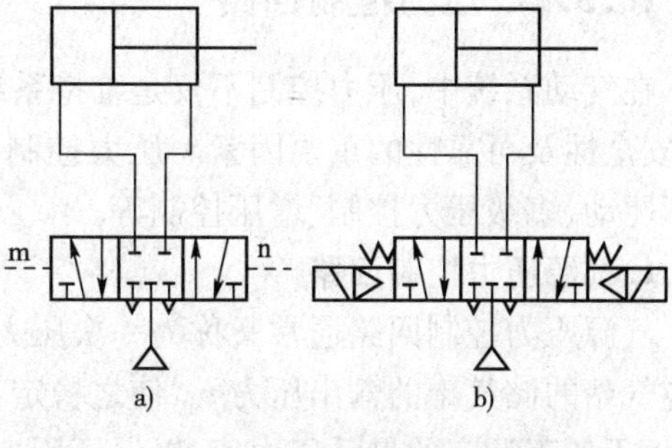

图 10-52　三位五通阀换向回路

3）采用二位三通阀控制

图 10-53 是由两个单控常通式二位三通阀组成的换向回路，活塞在中途可以停止运动。

3. 差动回路

差动回路是指气缸的两个运动方向采用不同压力供气，从而利用差压进行工作的回路。图 10-54 是差压式控制回路，活塞上侧有低压 P_2，活塞下侧有高压 P_1，目的是为了减小气缸运动的撞击（如气缸垂直安装）或减少耗气量。

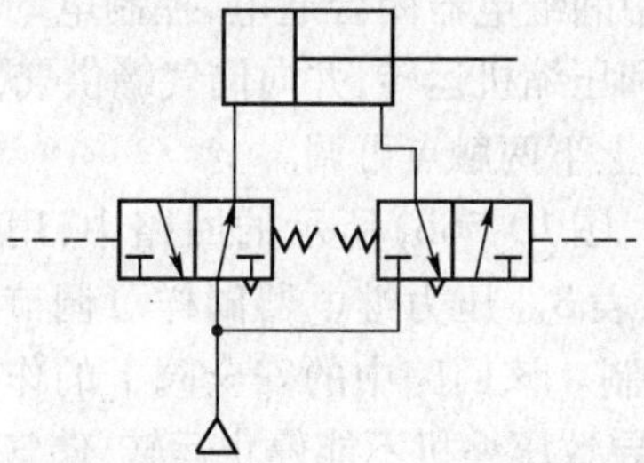

图 10-53　二位三通阀组合换向回路

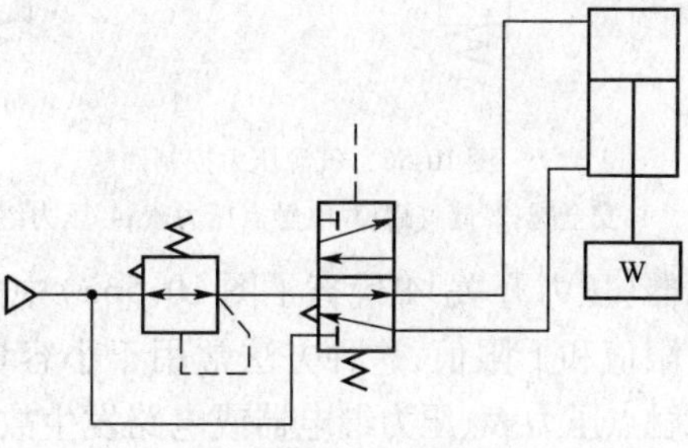

图 10-54　差动回路

4. 气马达换向回路

图 10-55a）为气马达单方向旋转的回路，采用了二位二通电磁阀来实现转停控制，气马达的转速用节流阀来调整。图 10-55b）、c）所示的回路分别为采用两个二位三通阀和一个三位五通阀来控制气马达正反转的回路。

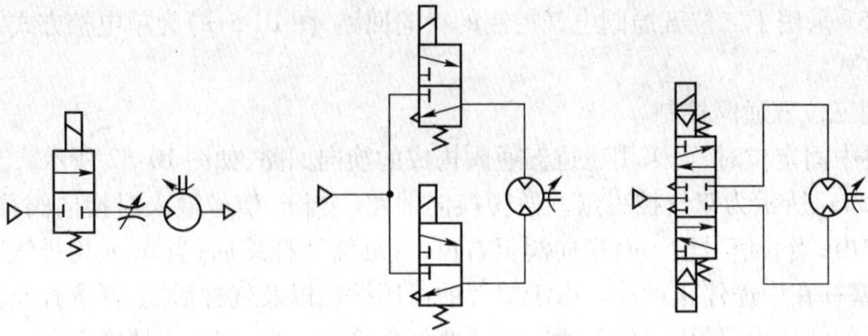

a)　　　　b)　　　　c)

图 10-55　气马达换向回路

10.3.2　压力控制回路

在气动系统中,压力控制不仅是维持系统正常工作所必需的,而且也是关系到总的经济性、安全性及可靠性的重要因素。压力控制方法通常可分为气源压力控制、工作压力控制、双压驱动、多级压力控制、增压控制等。

1. 气源压力控制回路

气源压力控制回路通常又称为一次压力控制回路,如图 10-56 所示,该回路用于控制压缩空气站的储气罐的输出压力 p_s,使之稳定在一定的压力范围内,既不超过调定的最高压力值,也不低于调定的最低压力值,以保证用户对压力的需求。

图 10-56a)所示回路的工作原理是:空气压缩机由电动机带动,启动后,压缩空气经单向阀向储气罐 2 内送气,罐内压力上升。当 p_s 上升到最大值 p_{max} 时,电触点压力表 3 内的指针碰到上触点,即控制其中间继电器断电,控制电动机停转,压缩机停止运转,压力不再上升;当压力 p_s 下降到最小值 p_{min} 时,指针碰到下触点,使中间继电器闭合通电,控制电动机启动和压缩机运转,并向储气罐供气,p_s 上升,上下两触点可调。

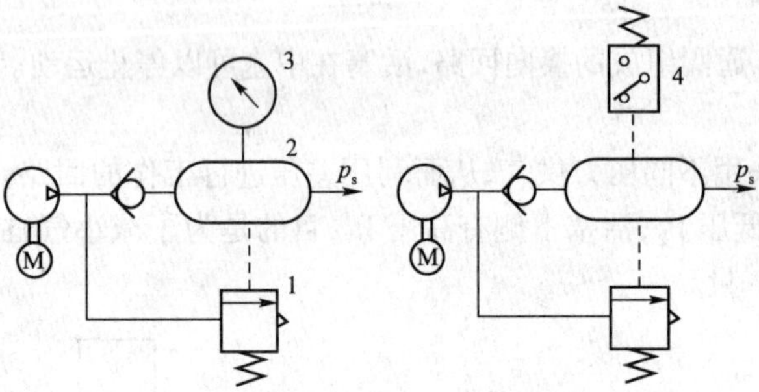

a)　　　　b)

图 10-56　气源压力控制回路

1-安全阀;2-储气罐;3-电触点压力表;4-压力继电器

图 10-56b)所示的回路中,用压力继电器(压力开关)4 代替了图 10-56a)中的电触点压力表 3。压力继电器同样可调节压力的上限值和下限值,这种方法常用于小容量压缩机的控制。该回路中的安全阀 1 的作用是当电触点压力表、压力继电器或电路发生故障而失灵后,导致压缩机不能停止运转,储气罐内压力不断上升,当压力达到调定值时,该安全阀会打开溢流,使 p_s 稳定在调定压力值的范围内。

2. 工作压力控制回路

为了使系统正常工作,保持稳定的性能,以达到安全、可靠、节能等目的,需要对系统工作压力进行控制。

在图 10-57 所示的压力控制回路中,从压缩空气站一次回路过来的压缩空气,经空气过滤器 1、减压阀 2、油雾器 3 供给气动设备使用。在其过程中,调节减压阀就能得到气动设备

所需的工作压力 p。应该指出，这里的油雾器 3 主要用于对气动换向阀和执行元件进行润滑。如果采用无给油润滑气动元件，则不需要油雾器。

3. 双压驱动回路

在气动系统中，有时需要提供两种不同的压力来驱动双作用气缸在不同方向上的运动。图 10-58 为采用带单向减压阀的双压驱动回路。当电磁阀 1 通电时，系统采用正常压力驱动活塞杆伸出，对外做功；当电磁阀 1 断电时，气体经过单向减压阀 2 后，进入气缸有杆腔，以较低的压力驱动气缸缩回，达到节省耗气量的目的。

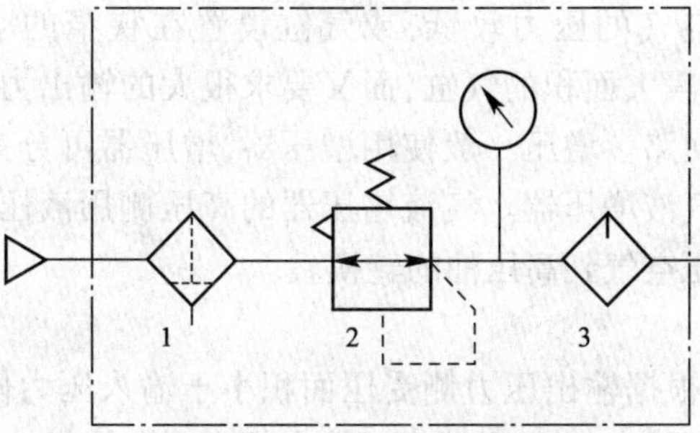

图 10-57 一种工作压力控制回路

1-空气过滤器；2-减压阀；3-油雾器

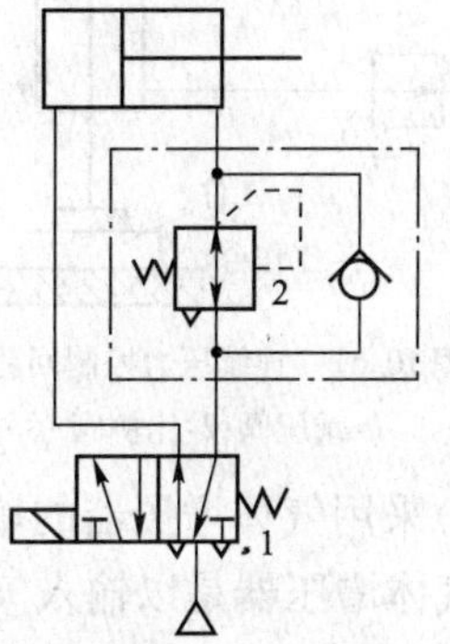

图 10-58 双压驱动回路

1-电磁阀；2-单向减压阀

4. 多级压力控制回路

如果有些气动设备时而需要高压，时而需要低压，就可采用图 10-59 所示的高低压转换回路。其原理是先将气源用减压阀 1 和 2 调至两种不同的压力 p_1 和 p_2，再由二位三通阀 3 转换成 p_2 和 p_1。

在一些场合，例如在平衡系统中，需要根据工件质量的不同提供多种平衡压力。这时，就需要用到多级压力控制回路。图 10-60 为一种采用远程调压阀的多级压力控制回路。该回路中的远程调压阀 1 的先导压力通过三个二位三通电磁换向阀 2、3、4 的切换来控制，可根据需要设定低、中、高三种先导压力。在进行压力切换时，必须用电磁阀 5 先将先导压力泄压，然后再选择新的先导压力。

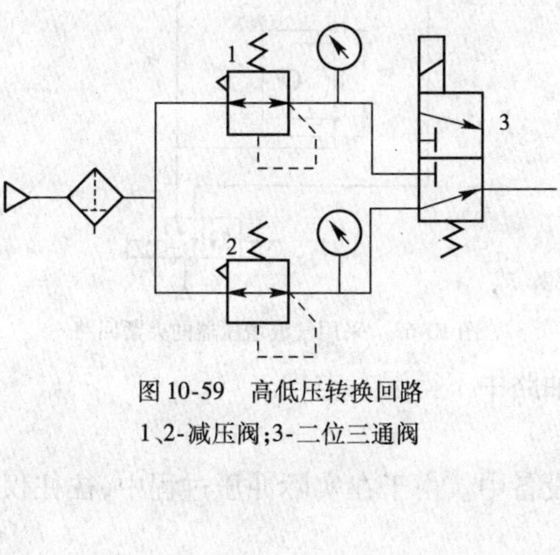

图 10-59 高低压转换回路

1、2-减压阀；3-二位三通阀

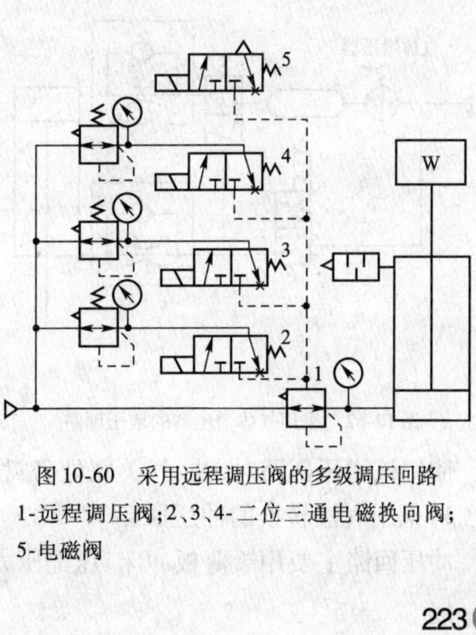

图 10-60 采用远程调压阀的多级调压回路

1-远程调压阀；2、3、4-二位三通电磁换向阀；

5-电磁阀

5. 连续压力控制回路

当需要设定的压力等级较多时，就需要使用较多的减压阀和电磁阀。这时，可考虑使用电/气比例压力阀代替减压阀和电磁阀来实现压力的无级控制。

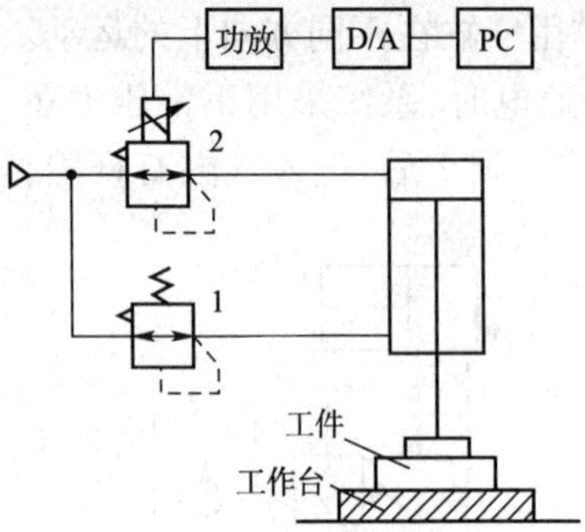

图 10-61　连续压力控制回路
1-减压阀；2-比例阀

图 10-61 为采用比例阀构成的连续压力控制回路。气缸有杆腔的压力由减压阀 1 调为定值，而无杆腔的压力由计算机输出的控制信号控制比例阀 2 的输出压力来实现控制，从而使气缸的输出力得到连续控制。

6. 增压回路

当压缩空气的压力较低，或气缸设置在狭窄的空间里，不能使用较大面积的气缸，而又要求很大的输出力时，可采用增压回路。增压一般使用增压器，增压器可分为气体增压器和气液增压器。气液增压器的高压侧用液压油，以实现从低压空气到高压油的转换。

1）采用气体增压器的增压回路

气体增压器是以输入气体压力为驱动源，根据输出压力侧受压面积小于输入压力侧受压面积的原理，得到大于输入的压力的增压装置。它可以通过内置换向阀实现连续供给。

图 10-62 所示为采用气体增压器的增压回路。二位五通电磁阀通电，气控信号使二位三通阀换向，经增压器增压后的压缩空气进入气缸无杆腔；二位五通电磁阀断电，气缸在较低的供气压力作用下缩回，可以达到节能的目的。

2）采用气液增压器的夹紧回路

图 10-63 为采用气液增压器的夹紧回路。电磁阀左侧通电，对增压器低压侧施加压力，增压器动作，其高压侧产生高压油并供应给工作缸，推动工作缸活塞动作并夹紧工件，电磁阀右侧通电，可实现工作缸及增压器回程。

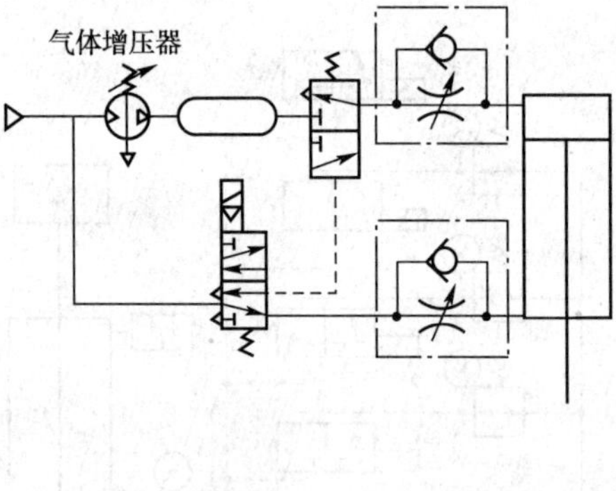

图 10-62　采用气体增压器的增压回路

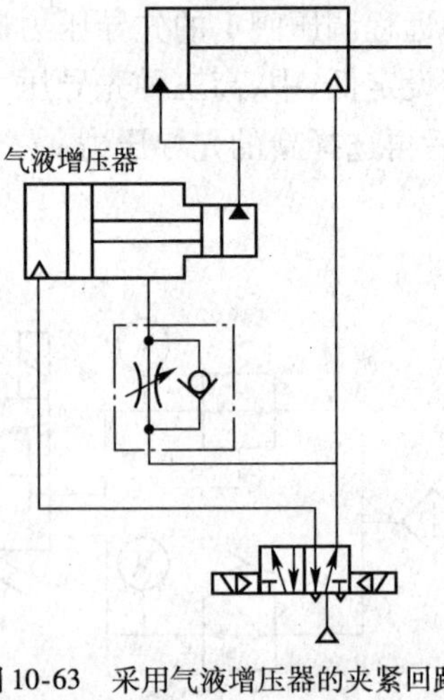

图 10-63　采用气液增压器的夹紧回路

使用该增压回路时，油、气关联处密封要好，油路中不得混入空气。

3）采用气液转换的冲压回路

冲压回路主要用于薄板冲床、压配压力机等设备中。由于在实际冲压过程中，往往仅在最后一段行程做功,其他行程不做功;因而宜采用低压、高压二级回路,无负载时低压,做功时高压。图10-64是冲压回路,电磁换向阀通电后,压缩空气进入气液转换器,使工作缸动作。当活塞前进到某一位置,触动三通高低压转换阀时,该阀动作,压缩空气供入增压器,使增压器动作。由于增压器活塞动作,气液转换器到增压器的低压液压回路被切断(由内部结构实现),高压油作用于工作缸进行冲压做功。当电磁阀复位时,气压作用于增压器及工作缸的回程侧,使之分别回程。

7. 利用串联气缸的多级力控制回路

在气动系统中,力的控制除了可以通过改变输入气缸的工作压力来实现外,还可以通过改变有效作用面积来实现力的控制。

图10-65所示为利用串联气缸实现多级力控制的回路,串联气缸的活塞杆上连接有数个活塞,每个活塞的两侧可分别供给压力。通过对电磁阀1、2、3的通电个数进行组合,可实现气缸的多级力输出。

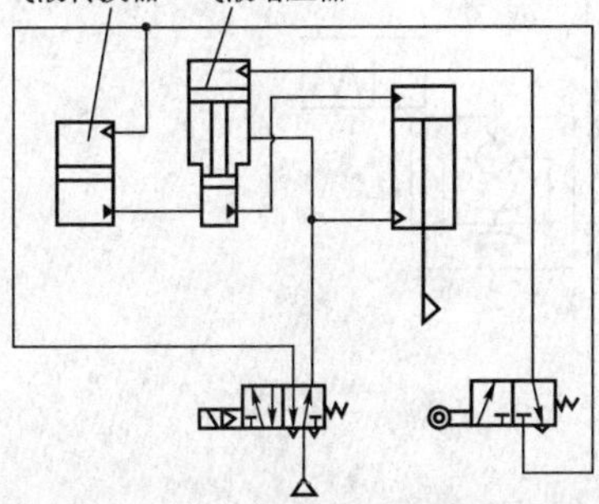

图10-64 冲压回路

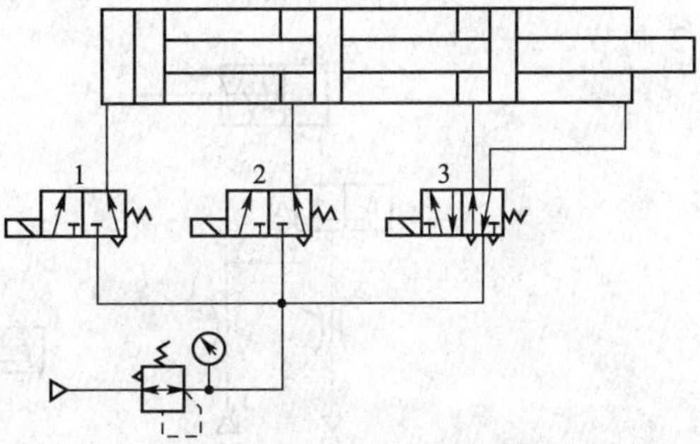

图10-65 利用串联气缸的多级力控制回路
1、2、3-电磁阀

10.3.3 速度控制回路

控制气动执行元件运动速度的回路称为速度控制回路。控制气动执行元件运动速度的一般方法是改变气缸进排气管路的阻力。因此,利用流量控制阀来改变进排气管路的有效截面积,即可实现速度控制。

1. 单作用气缸速度控制回路

1)进气节流调速回路

图10-66a)、b)所示的回路分别采用了节流阀和单向节流阀,通过调节节流阀的不同开度,可以实现进气节流调速。气缸活塞杆返回时,由于没有节流,可以快速返回。

2)排气节流调速回路

如图10-67所示的回路均是通过排气节流来实现快进—慢退的。

图10-67a)中的回路是在排气口设置一排气节流阀来实现调速的。其优点是安装简单,维修方便;但在管路比较长时,较大的管内容积会对气缸的运行速度产生影响,此时就不宜采用排气节流阀控制。

图10-67b)中的回路是换向阀与气缸之间安装了单向节流阀。进气时不节流,活塞杆快速前进;换向阀复位时,由节流阀控制活塞杆的返回速度。这种安装形式不会影响换向阀的

性能，工程中多数采用这种回路。

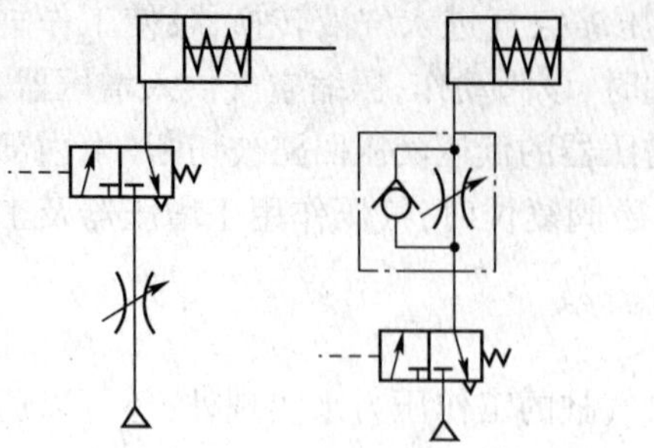

a)　　b)

图 10-66　单作用气缸进气节流调速回路

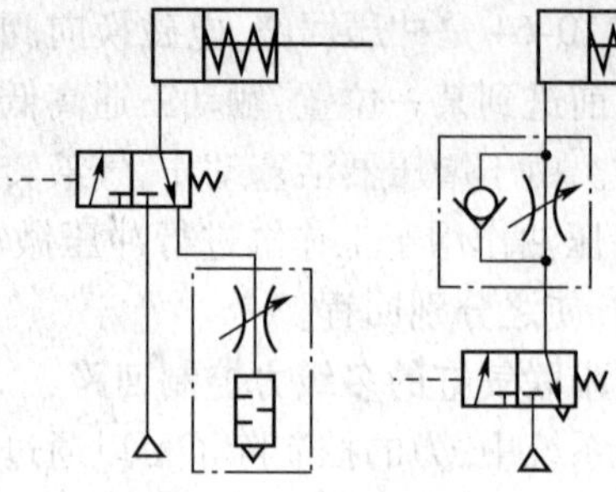

a)　　b)

图 10-67　单作用气缸排气节流调速回路

3）双向调速回路

如图 10-68 所示，此回路是气缸活塞杆伸出和返回都能调速的回路，进退速度分别由阀 1、2 调节。

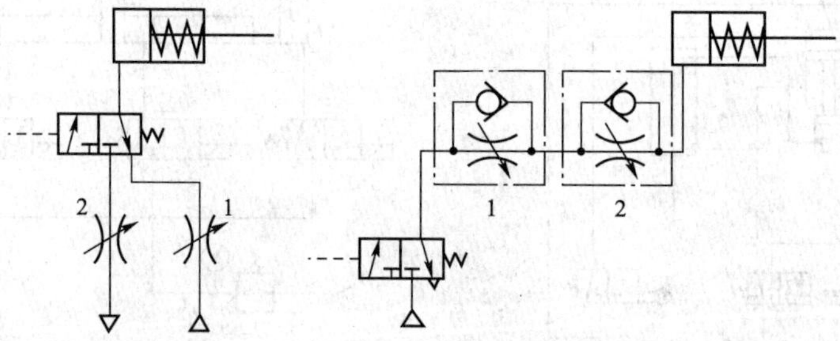

a)　　b)

图 10-68　单作用气缸双向调速回路

1、2-节流阀

2. 双作用气缸速度控制回路

双作用气缸的调速回路可采用图 10-69 所示的几种方法。

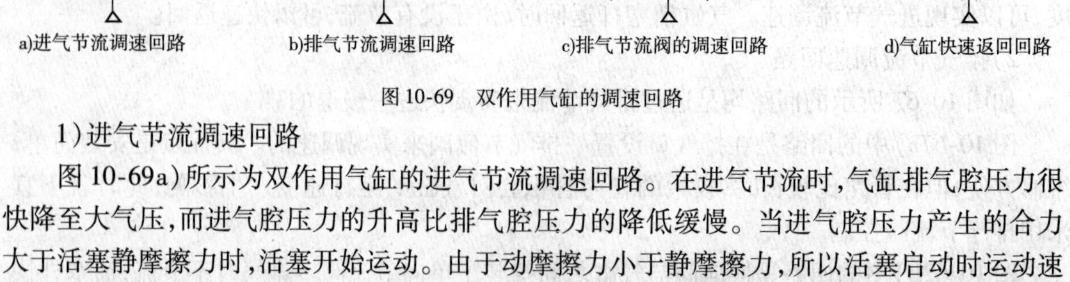

a)进气节流调速回路　　b)排气节流调速回路　　c)排气节流阀的调速回路　　d)气缸快速返回回路

图 10-69　双作用气缸的调速回路

1）进气节流调速回路

图 10-69a）所示为双作用气缸的进气节流调速回路。在进气节流时，气缸排气腔压力很快降至大气压，而进气腔压力的升高比排气腔压力的降低缓慢。当进气腔压力产生的合力大于活塞静摩擦力时，活塞开始运动。由于动摩擦力小于静摩擦力，所以活塞启动时运动速度较快，进气腔容积急剧增大，由于进气节流限制了供气速度，使得进气腔压力降低，从而容

易造成气缸的“爬行”现象。一般来说，进气节流多用于垂直安装的气缸支撑腔的供气回路。

2）排气节流调速回路

图10-69b）所示为双作用气缸的排气节流调速回路。在排气节流时，排气腔内可以建立与负载相适应的背压，在负载保持不变或微小变动的条件下，运动比较平稳，调节节流阀的开度即可调节气缸往复运动的速度。从节流阀的开度和速度的比例、初始加速度、缓冲能力等特性来看，双作用气缸一般采用排气节流控制。

图10-69c）为采用排气节流阀的调速回路。

3）快速返回回路

图10-69d）为采用快速排气阀的气缸快速返回回路。此回路在气缸返回时的出口安装了快速排气阀，这样可以提高气缸的返回速度。

4）缓冲回路

气缸驱动较大负载高速移动时，会产生很大的动能。将此动能从某一位置开始逐渐减小，逐渐减慢速度，最终使执行元件在指定位置平稳停止的回路称为缓冲回路。

缓冲的方法大多是利用空气的可压缩性，在气缸内设置气压缓冲装置。对于行程短、速度高的情况，气缸内设气压缓冲吸收动能比较困难，一般采用液压吸振器，如图10-70a）所示；对于运动速度较高、惯性力较大、行程较长的气缸，可采用两个节流阀并联使用的方法，如图10-70b）所示。

在图10-70b）所示的回路中，节流阀3的开度大于节流阀2的节流口。当换向阀1通电时，A腔进气，B腔的气流经节流阀3、换向阀4从换向阀1排出。调节阀3的节流阀开度，可改变活塞杆的前进速度。当活塞杆挡块压下行程终端的行程阀4后，换向阀4换向，通路切断，这时B腔的余气只能从节流阀2的节流阀排出。如果把节流阀2的节流开度调得很小，则B腔内压力猛升，对活塞产生反向作用力，阻止和减小活塞的高速运动，从而达到在行程末端减速和缓冲的目的。根据负载大小调整行程阀4的位置，即调整B腔的缓冲容积，就可获得较好的缓冲效果。

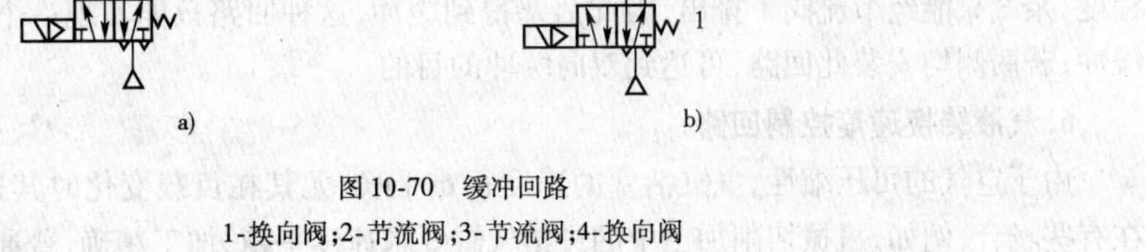

图10-70 缓冲回路

1-换向阀；2-节流阀；3-节流阀；4-换向阀

5）冲击回路

冲击回路是利用气缸的高速运动给工件以冲击的回路。

如图10-71所示，此回路由储存压缩空气的储气罐1、快速排气阀4及操纵气缸的换向阀 2、3 等元件组成。气缸在初始状态时，由于机动换向阀处于压下状态，即上位工作，气缸有杆腔通大气。二位五通电磁阀通电后，二位三通气控阀换向，气罐内的压缩空气快速流入冲击气缸，气缸启动，快速排气阀快速排气，活塞以极高的速度运动，活塞的动能可以对工件形成了很大的冲击力。使用该回路时，应尽量缩短各元件与气缸之间的距离。

3. 快速往复运动回路

图 10-72 为采用快速排气阀的快速往复动作回路，若欲实现气缸单向快速运动，可只采用一只快速排气阀。

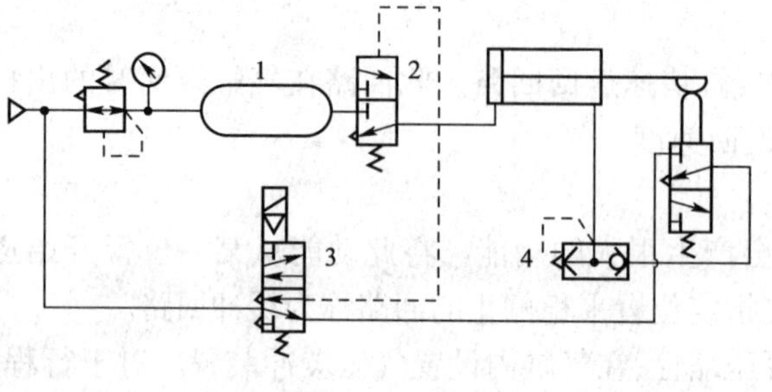

图 10-71　冲击回路

1-储气罐；2-换向阀；3-换向阀；4-快速排气阀

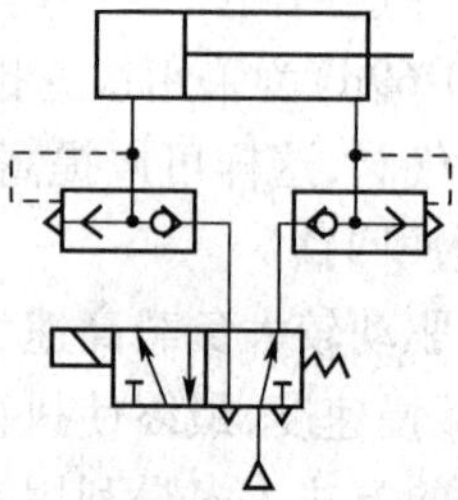

图 10-72　快速往复运动回路

4. 速度换接回路

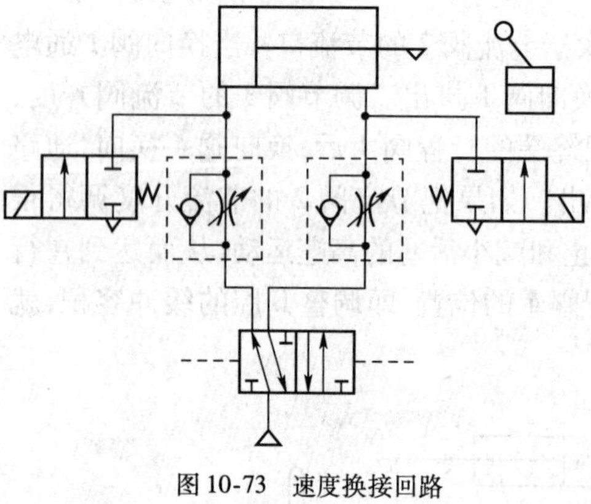

图 10-73　速度换接回路

如图 10-73 所示的速度换接回路是利用两个二位二通阀与单向节流阀并联，当撞块压下行程开关时，发出电信号，使二位二通阀换向，改变排气通路，从而使气缸速度改变。行程开关的位置，可根据需要选定。图中二位二通阀也可改用行程阀。

5. 缓冲回路

要获得气缸行程末端的缓冲，除采用带缓冲的气缸外，特别在行程长、速度快、惯性大的情况下，往往需要采用缓冲回路来满足气缸运动速度的要求，常用的方法如图 10-74 所示。图 10-74a）所示回路能实现快进—慢进缓冲—停止快退的循环，行程阀可根据需要来调整缓冲开始位置，这种回路常用于惯性力大的场合。图 10-74b）回路的特点是：当活塞返回到行程末端时，其左腔压力已降至打不开顺序阀 2 的程度，余气只能经节流阀 1 排出，因此活塞得到缓冲，这种回路只能实现一个运动方向上的缓冲；若两侧均安装此回路，可达到双向缓冲的目的。

6. 气液转换速度控制回路

由于空气的可压缩性，气缸活塞的速度很难平稳，尤其在负载变化时其速度波动更大。在有些场合，例如，机械切削加工中的进给气缸要求速度平稳、加工精确，普通气缸难以满足此要求。为此可使用气液转换器或气液阻尼缸，通过调节油路中的节流阀开度来控制活塞运动的速度，实现低速和平稳的进给运动。

1）采用气液转换器的速度控制回路

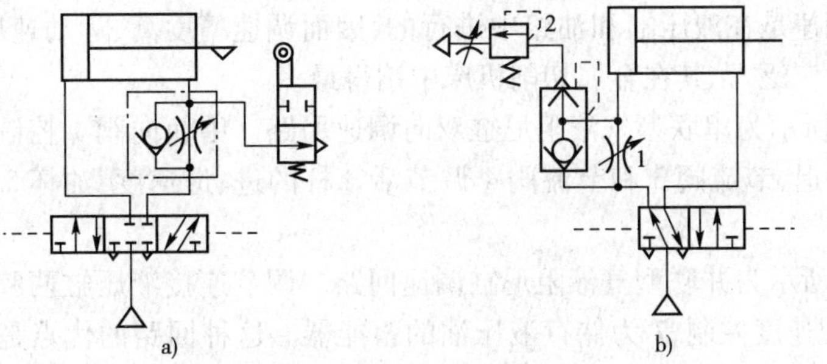

图 10-74　缓冲回路

1-节流阀;2-顺序阀

图 10-75 所示为采用气液转换器的双向调速回路,该回路中,原来的气缸换成液压缸,但原动力还是压缩空气。由换向阀 1 输出的压缩空气通过气液转换器 2 转换成油压,推动液压缸 4 做前进与后退运动。两个节流阀 3 串联在油路中,可控制液压缸活塞进退运动的速度。由于液压油是不可压缩的介质,因此其调节的速度容易控制、调速精度高、活塞运动平稳。

需要注意的是:气液转换器的储油容积应大于液压缸的容积,而且要避免气体混入液压油中,否则就会影响调速精度与活塞运动的平稳性。

图 10-76 所示为采用气液转换器,且能实现“快进—慢进—快退”的变速回路。

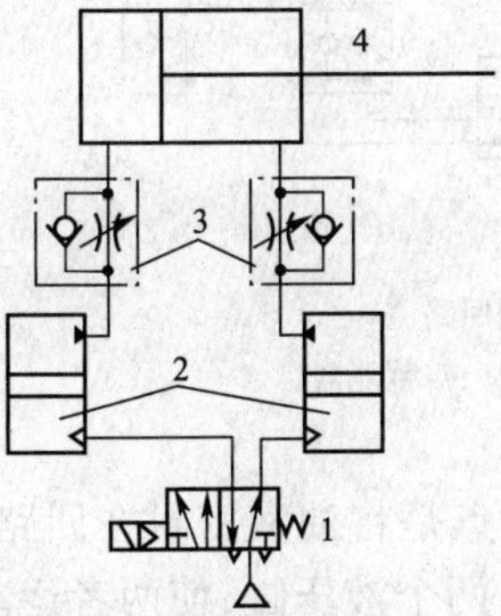

图 10-75　采用气液转换器的双向调速回路

1-换向阀;2-气液转换器; 3-节流阀;4-液压缸

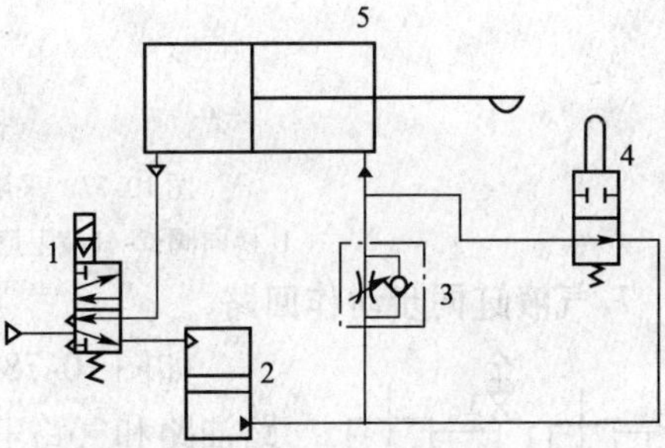

图 10-76　采用气液转换器的速度控制回路

1-换向阀;2-气液转换器;3-节流阀;4-行程阀;5-液压缸

快进阶段:当换向阀 1 通电时,液压缸 5 左腔进气,右腔经行程阀 4 快速排油至气液转换器 2,活塞杆快速前进。

慢进阶段:当活塞杆的挡块压下行程阀 4 后,油路切断,右腔余油只能经节流阀 3 回流到气液转换器 2,因此活塞杆慢速前进,调节节流阀 3 的开度,就可得到所需的进给速度。

快退阶段:当换向阀 1 复位后,经气液转换器,油液经节流阀 3 迅速流入液压缸 5 右腔,同时液压缸左腔的压缩空气迅速从换向阀 1 排空,使活塞杆快速退回。

这种变速回路常用于金属切削机床上推动刀具进给和退回的驱动缸。行程阀 4 的位置可根据加工工件的长度进行调整。

2)应用气液阻尼缸的速度控制回路

在这种回路中,用气缸传递动力,并由液压缸进行阻尼和稳速,由液压缸和调速机构进行调速。由于调速是在液压缸和油路中进行的,因而调速精度高、运动速度平稳。因此,这种调速回路应用广泛,尤其在金属切削机床中用得最多。

图 10-77a)所示为串联型气液阻尼缸双向调速回路。由换向阀 1 控制气液阻尼缸 2 的活塞杆前进与后退,节流阀 3 和节流阀 4 调节活塞杆的进、退速度,油杯 5 起补充回路中少量漏油的作用。

图 10-77b)所示为并联型气液阻尼缸调速回路。调节连接液压缸两腔回路中设置的节流阀 6,即可实现速度控制,7 为储存液压油的蓄能器。这种回路的优点是比串联型结构紧凑,气液不宜相混;不足之处是如果两缸安装轴线不平行,会由于机械摩擦导致运动速度不平稳。

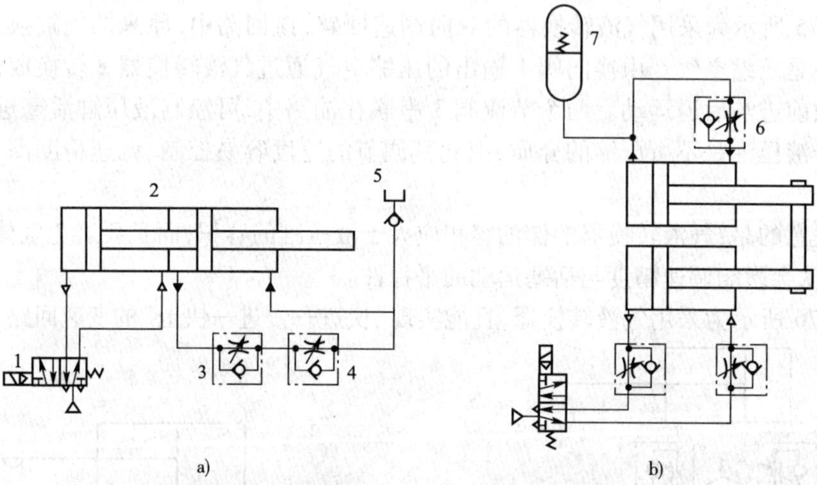

图 10-77 采用气液阻尼缸的速度控制回路

1-换向阀;2-气液阻尼缸;3、4、6-节流阀;5-油杯;7-蓄能器

7. 气液缸同步动作回路

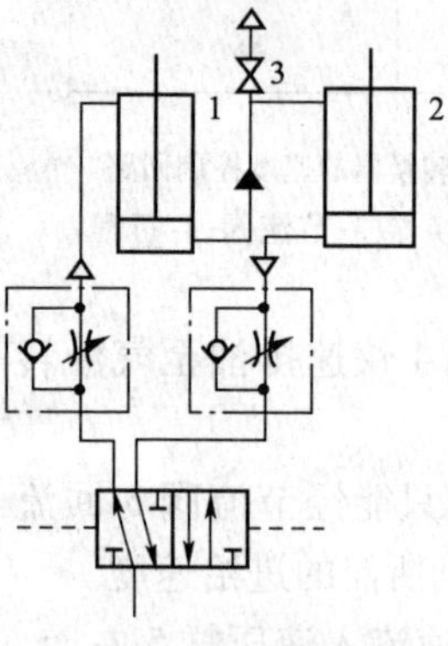

图 10-78 气液缸同步动作

1、2-液压缸;3-截止阀

如图 10-78 所示,该回路的特点是将油液密封在回路之中,回路油路和气路串接,同时驱动 1、2 两个液压缸,使两者运动速度相同,但这种回路要求液压缸 1 无杆腔的有效面积必须和液压缸 2 的有杆腔面积相等。在设计和制造中,要保证活塞与缸体之间的密封,回路中的截止阀 3 与放气口相接,用以放掉混入油液中的空气。

10.3.4 其他回路

1. 安全保护控制回路

由于气动机构负荷的过载、气压的突然降低以及气动执行机构的快速动作等原因都可能危及操作人员或设备的安全,因此在气动回路中,常常要加入安全回路。需要指出的是,在设计任何气动回路中,特别是安全回路中,都不可缺少过滤装置和油雾器。因为,污脏空气中的杂物,可能堵塞阀中的小孔与通路,使气路发生故障。缺乏润滑油,很可能使阀发生卡死或磨损,以致整个系统的安全都发生问题。下面介绍几种常用的安全保护回路。

1)双手操作安全回路

所谓双手操作回路就是使用了两个启动用的手动换向阀,只有同时按动这两个换向阀时才动作的回路。这在锻压、冲压设备中常用来避免误动作,以保护操作者的安全及设备的正常工作。

图10-79a)的回路需要双手同时按下手动换向阀时,才能切换主阀,气缸活塞才能下落并锻、冲工件。实际上给主阀的控制信号相当于换向阀1、2相“与”的信号。如换向阀1(或2)的弹簧折断不能复位,此时单独按下一个手动阀,气缸活塞也可以下落,所以此回路并不十分安全。

在图10-79b)的回路中,当双手同时按下手动换向阀时,储气罐3中预先充满的压缩空气经节流阀4,延迟一定时间后切换换向阀5,活塞才能落下。如果双手不同时按下手动换向阀,或因其中任一个手动换向阀弹簧折断不能复位,储气罐3中的压缩空气都将通过手动换向阀1的排气口排空,不足以建立起控制压力,因此换向阀5不能被切换,活塞也不能下落。所以,此回路比上述回路更为安全。

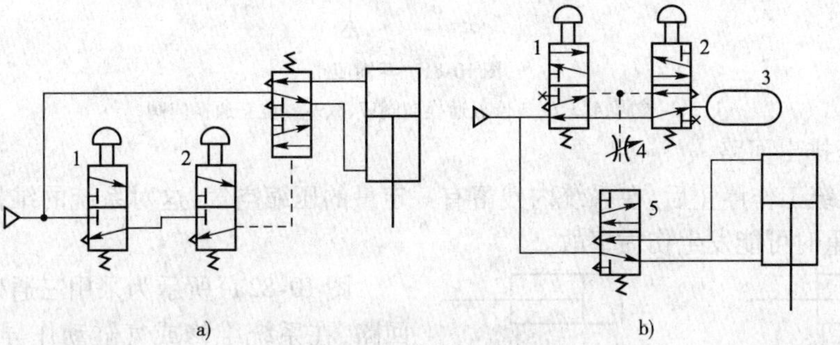

图10-79 双手操作安全回路

1、2-手动换向阀;3-储气罐;4-节流阀;5-换向阀

2)过载保护回路

当活塞杆在伸出途中遇到故障或其他原因使气缸过载时,活塞能自动返回的回路,称为过载保护回路。

如图10-80所示的是过载保护回路,按下手动换向阀1,使二位五通换向阀2处于左位,活塞右移前进,正常运行时,挡块压下行程阀5后,活塞自动返回;当活塞运行中途遇到障碍物6时,气缸左腔压力升高超过预定值时,顺序阀3打开,控制气体可经梭阀4将主控阀切换至右位(图示位置),使活塞缩回,气缸左腔压缩空气经二位五通换向阀2排掉,可以防止系统过载。

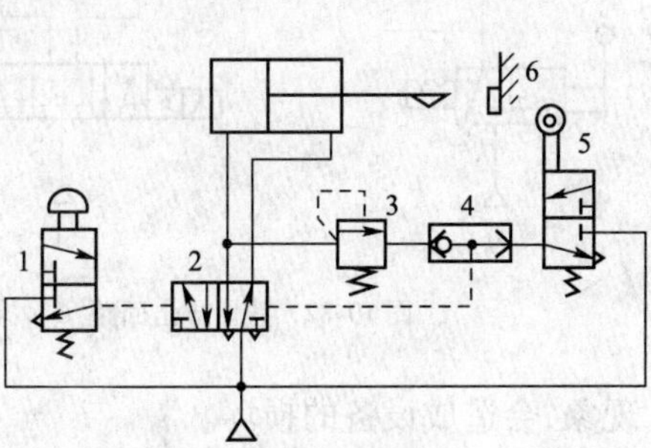

图10-80 过载保护回路

1-手动换向阀;2-二位五通换向阀;3-顺序阀;4-梭阀;5-行程阀;6-障碍物

3)互锁回路

图10-81所示为互锁回路。该回路能防止各气缸的活塞同时动作,而保证只有一个活塞动作。该回路的技术要点是利用了梭阀1、2、3及换向阀4、5、6进行互锁。

例如:当换向阀7切换至左位,则换向阀4至左位,使A缸活塞杆上移伸出。与此同时,气缸进气管路的压缩空气使梭阀1、2动作，把换向阀5、6锁住，B缸和C缸活塞杆均处于下降状态。此时换向阀8、9即使有信号，B、C缸也不会动作。如要改变缸的动作，必须把前动作缸的气控阀复位。

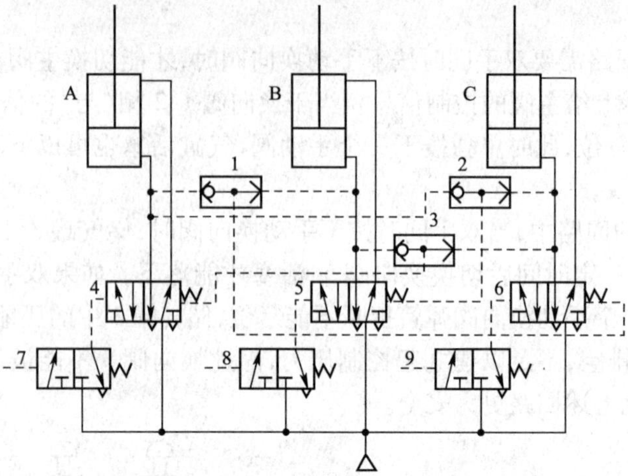

图10-81　互锁回路

1、2、3-梭阀；4、5、6-二位五通换向阀；7、8、9-二位三通换向阀

4）残压排出回路

气动系统工作停止后，在系统内残留有一定量的压缩空气，这对系统的维护将造成了很多不便，严重时可能发生伤亡事故。

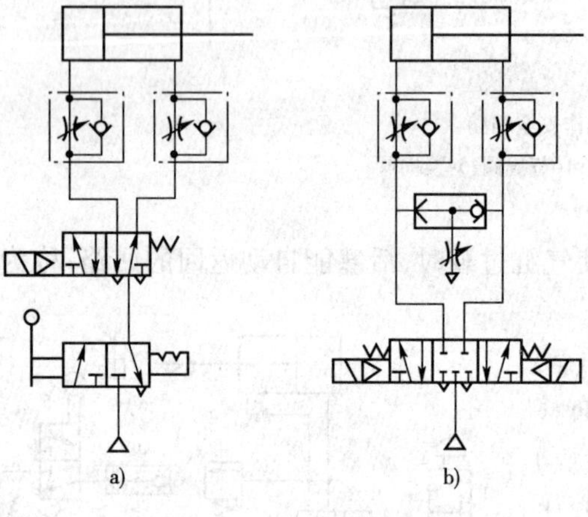

图10-82　残压排出回路

图10-82a）所示为采用三通残压排放阀的回路，在系统维修或气缸动作异常时，气缸内的压缩空气经三通阀排出，气缸在外力的作用下可以任意移动。

图10-82b）所示为采用节流排放阀的回路。当系统不工作时，三位五通阀处于中位。将节流阀打开，气缸两腔的压缩空气经梭阀和节流阀排出。

5）防止启动冲出回路

在进行气动系统设计时，应充分考虑气缸启动时的安全问题。当气缸有杆腔的压力为大气压时，气缸在启动时容易发生始启动冲出现象，会造成设备的损坏。

图10-83a）所示为使用了中位加压机能三位五通电磁阀的防止启动冲出回路。当气缸为单活塞杆气缸时，由于气缸有杆控和无杆腔的压力作用面积不同，因此应考虑电磁阀处于中位时，使气缸两侧的压力保持平衡。这样气缸在启动时就能保证排气侧有背压，不会以很快的速度冲出。

图10-83b）所示为采用进气节流调速的防止启动冲出回路。当五通电磁阀1断电时，气缸两腔都泄压；启动时，利用节流阀3的进口节流调速功能来防止启动冲出。由于进口节流

调速的调速特性较差，因此在气缸的出口侧还串联了一个出口节流阀2，用来改善启动后的调速特性。需要注意进口节流阀3和出口节流阀2的安装顺序，进口节流阀3应靠近气缸。

由于进气节流调速的调速特性较差，因此希望在气缸启动后，完全消除进口节流调速阀的影响，只使用出口节流来进行速度控制。专用的防止启动冲出阀就是为此而开发出来的。

图10-83c）所示为采用了防止启动冲出阀（即复合速度控制阀5）的防止启动冲出回路。此回路在正常驱动时为出口节流调速，但在气缸内没有压力的状态下启动时将切换为进口节流调速，以达到防止启动飞出的目的。

例如，当三位五通电磁阀4左端电磁铁通电后，复合速度控制阀5中的二通阀处于右位，压缩空气经固定节流口向气缸无杆腔供气，气缸活塞杆低速伸出，当气缸无杆腔压力达到一定值时，二通阀切换到左位，变为正常的出口节流速度控制。

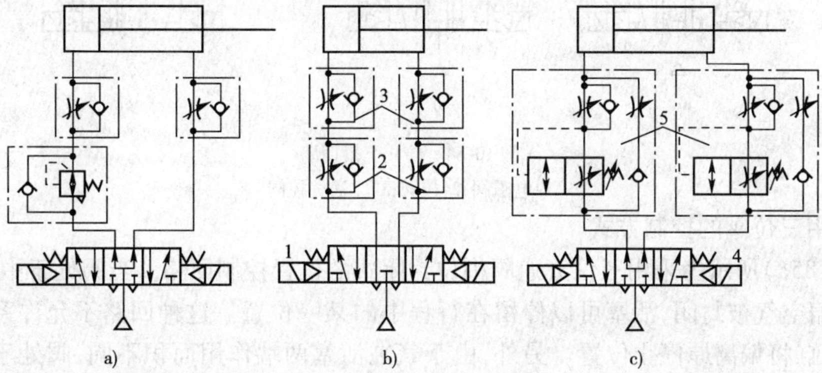

图10-83 防止启动冲出回路

1、4-电磁阀；2、3-节流阀；5-复合速度控制阀

6）防止下落回路

气缸在垂直使用且带有负载的场合如果突然停电或停气，气缸将会在负载重力的作用下伸出，为了保证安全，通常应考虑加设防止落下机构。

图10-84a）为采用了两个二位二通气控阀的防止下落回路。当三位五通电磁阀1左端电磁铁通电时，压缩空气经梭阀2作用在两个二通气控阀3上，使它们换向，气缸向下运动。同理，当电磁阀右端电磁铁通电时，气缸向上运动。当电磁阀不通电时，加在二通气控阀上的气控信号消失，二通气控阀复位，气缸两腔的气体被封闭，气缸保持在原位置。

图10-84b）所示为采用气控单向阀的防止下落回路。当三位五通电磁阀左端电磁铁通电后。压缩空气一路进入气缸无杆腔，另一路将右侧的气控单向阀打开，使气缸有杆腔的气体经由单向阀排出。当电磁阀不通电时，加在气控单向阀上的气控信号消失，气缸两腔的气体被封闭，气缸保持在原位置。

图10-84c）所示为采用了行程末端锁定气缸的防止下落回路。当气缸上升至行程末端，电磁阀处于非通电状态时，气缸内部的锁定机构将活塞杆锁定；当电磁阀右端电磁铁通电后，利用气压将锁打开，气缸向下运动。

2. 位置控制回路

气动系统中，气缸通常只有两个固定的定位点。如果要求气动执行元件在运动过程中的某个中间位置停下来，则要求气动系统具有位置控制功能。常采用的位置控制方式有气压控制方式、机械挡块方式、气液转换方式和制动气缸控制方式等。

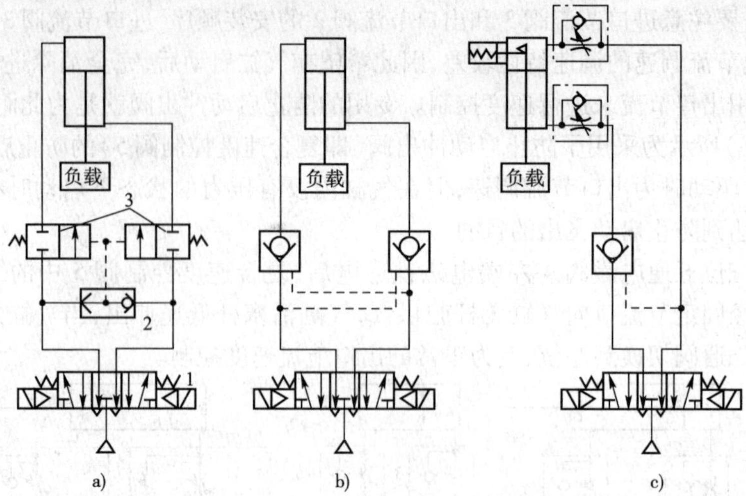

图 10-84　防止下落回路

1-电磁阀;2-梭阀;3-二通气控阀

1)采用三位阀的控制方式

图 10-85a)所示为采用三位五通阀中位封闭式的位置控制回路。当阀处于中位时,气缸两腔的压缩空气被封闭,活塞可以停留在行程中的某一位置。这种回路不允许系统有内泄漏,否则气缸将偏离原停止位置。另外,由于气缸活塞两端作用面积不同,阀处于中位后活塞仍将移动一段距离。

图 10-85b)的回路可以克服上述缺点,因为它在活塞面积较大的一侧和控制阀之间增设了调压阀,调节调压阀的压力,可以使作用在活塞上的合力为零。

图 10-85c)的回路采用了中位加压式三位五通换向阀,适用于活塞两侧作用面积相等的气缸。

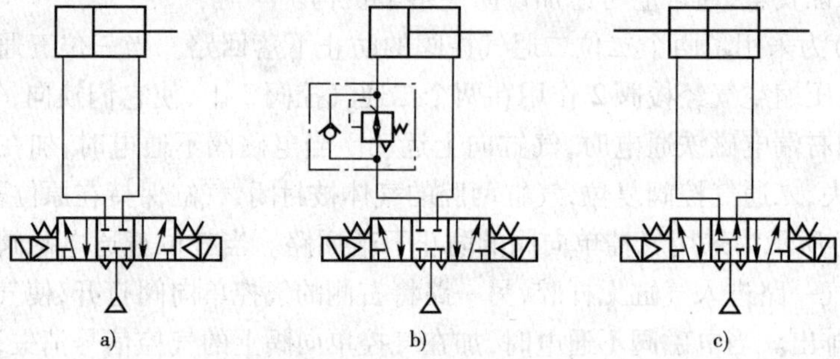

图 10-85　采用三位阀的位置控制回路

由于空气的可压缩性,采用纯气动控制方式难以得到较高的控制精度。

2)利用机械挡块的控制方式

图 10-86 为采用机械挡块辅助定位的控制回路。该回路简单可靠,其定位精度取决于挡块的机械精度。必须注意:为防止系统压力过高,应设置有安全阀;为了保证高的定位精度,挡块的设置既要考虑有较高的刚度,又要考虑具有吸收冲击的缓冲能力。

3)采用气液转换的控制方式

图 10-87 所示为采用气液转换器的位置控制回路。当液压缸运动到指定位置时,控制信号使五通电磁阀和二通电磁阀均断电,液压缸有杆腔的液体被封闭,液压缸停止运动。采用气液转换方法的目的是获得高精度的位置控制效果。

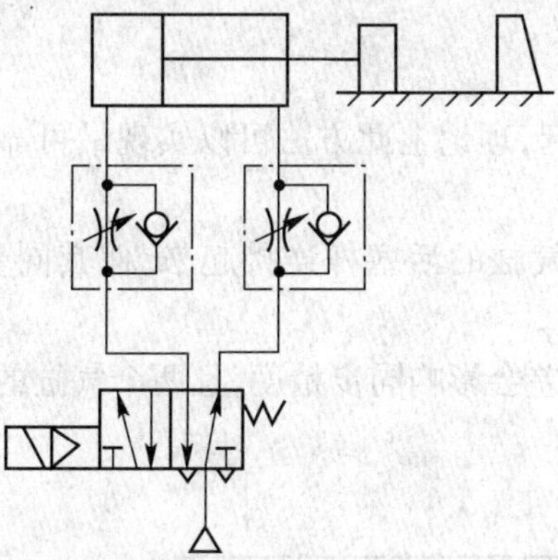

图 10-86　采用机械挡块的位置控制回路

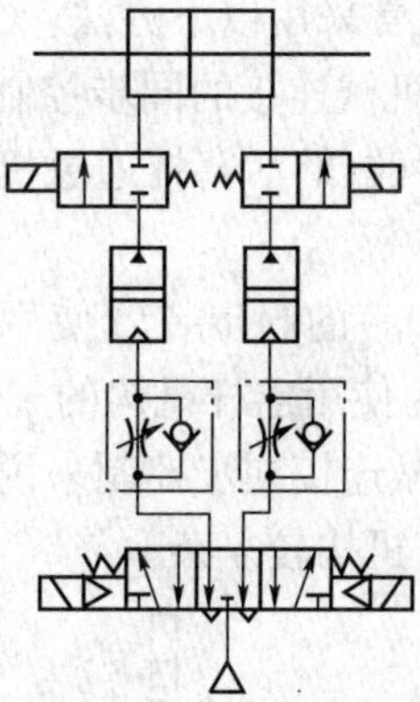

图 10-87　采用气液转换器的位置控制回路

4)利用制动气缸的控制方式

图 10-88 为利用制动气缸实现中间定位控制的回路。该回路中,三位五通换向阀 1 的中位机能为中位加压型,二位五通换向阀 2 用来控制制动活塞的动作,利用带单向阀的减压阀 3 来进行负载的压力补偿。当三位五通换向阀 1、二位五通换向阀 2 断电时,气缸在行程中间制动并定位;当二位五通换向阀 2 通电时,制动解除。

5)采用比例阀、伺服阀的方法

比例阀和伺服阀可连续控制压力或流量的变化,不采用机械式辅助定位也可达到较高精度的位置控制。

图 10-89 所示为采用流量伺服阀的位置控制回路。该回路由气缸、流量伺服阀、位移传感器及计算机控制系统组成。活塞位移由位移传感器获得并送入计算机,计算机按一定的算法求得伺服阀的控制信号的大小,从而控制活塞停留在期望的位置上。

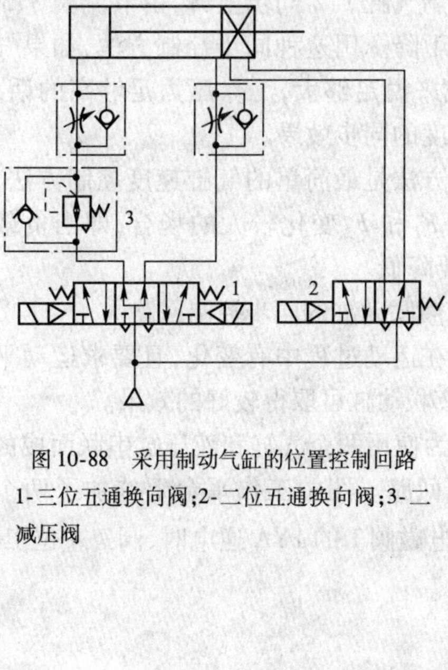

图 10-88　采用制动气缸的位置控制回路

1-三位五通换向阀;2-二位五通换向阀;3-二减压阀

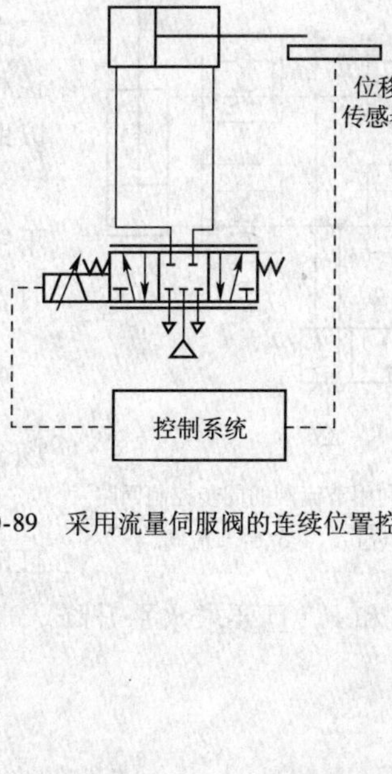

图 10-89　采用流量伺服阀的连续位置控制回路

3. 同步控制回路

同步控制回路是指驱动两个或多个执行机构以相同的速度移动或在预定的位置同时停止的回路。由于气体的可压缩性及负载的变化等因素，要使它们保持同步并非易事。为了实现同步，通常采用以下方法。

1）利用机械连接的同步控制

将两个气缸的活塞杆通过机械结构连接在一起，理论上此方法可以实现最可靠的同步动作。

图10-90a）的同步装置使用齿轮齿条将两只气缸的活塞杆连接起来，使其同步动作。图10-90b）为使用连杆机构的气缸同步装置。

对于机械连接同步控制来说，其缺点是机械误差会影响同步精度，且两个气缸的设置距离不能太大，机构较复杂。

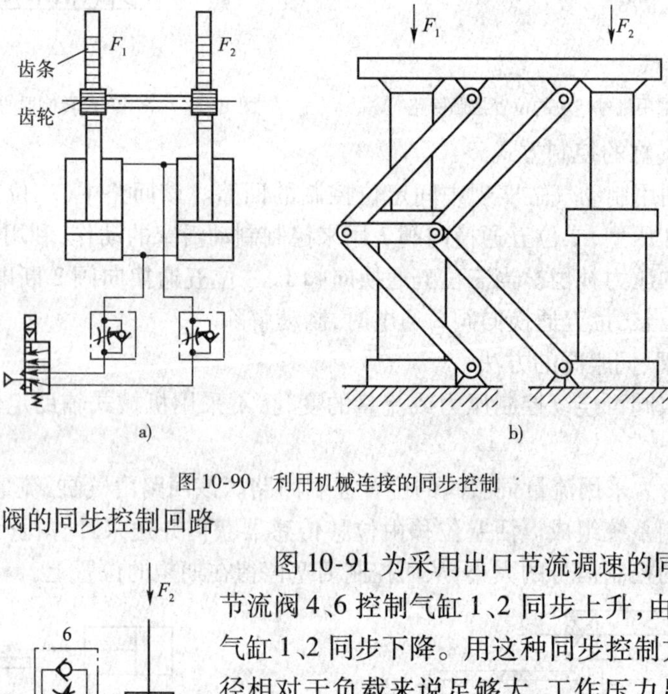

图10-90　利用机械连接的同步控制

2）利用节流阀的同步控制回路

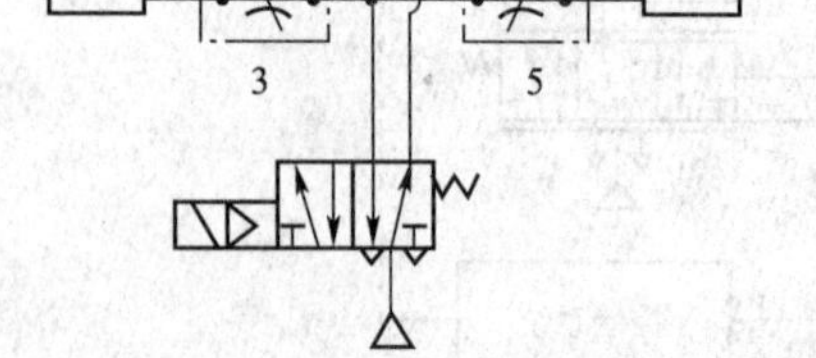

图10-91　利用节流阀的同步控制回路
1、2-气缸；3、4、5、6-节流阀

图10-91为采用出口节流调速的同步控制回路。由节流阀4、6控制气缸1、2同步上升，由节流阀3、5控制气缸1、2同步下降。用这种同步控制方法，如果气缸缸径相对于负载来说足够大，工作压力足够高的话，则可以取得一定程度的同步效果。

上述同步方法是最简单的气缸速度控制方法，但它不能适应负载 F_1 和 F_2 变化较大的场合，即当负载变化时，同步精度要降低。

3）采用气液联动缸的同步控制回路

对于负载在运动过程中有变化，且要求运动平稳的场合，使用气液联动缸可取得较好的效果。

图10-92为使用两个气缸和液压缸串联而成的气液缸的同步控制回路。图中工作平台上施加了两个不相等的负载 F_1 和 F_2，且要求水平升降。当回路中的电磁阀7的1YA通电时，阀7左位工作，压

力气体流入气液缸 1、2 的下腔中，克服负载 F_1 和 F_2 推动活塞上升。此时，在从梭阀 6 来的先导压力的作用下，常开型二位二通阀 3、4 关闭，使气液缸 1 的液压缸上腔的油压入气液缸 2 的液压缸下腔，气液缸 2 的液压缸上腔的油被压入气液缸 1 的液压缸下腔，从而使它们保持同步上升。同样，当电磁阀 7 的 2YA 通电时，可使气液联动缸向下的运动保持同步。

这种上下运动中由于泄漏而造成的液压油不足可在电磁阀不通电的图示状态下从油箱 5 自动补充。为了排出液压缸中的空气，需设置放气塞 8 和 9。

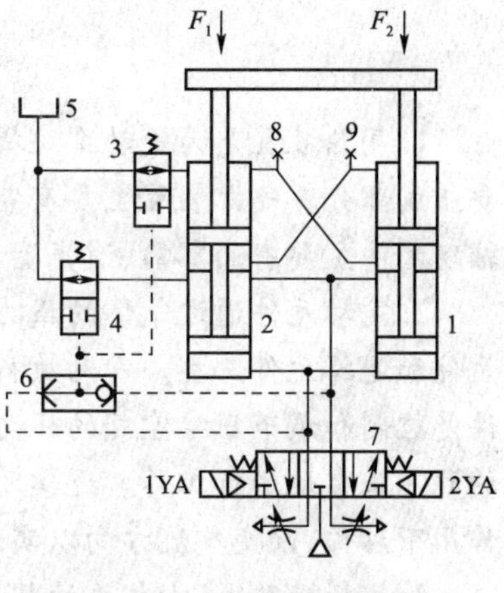

图 10-92　采用气液联动缸的同步回路

1、2-气液缸；3、4-二位二通阀；5-油箱；6-梭阀；7-电磁阀；8、9-放气塞

4）闭环同步控制方法

在开环同步控制方法中，所产生的同步误差虽然可以在气缸的行程端点等特殊位置进行修正，但为了实现高精度的同步控制，应采用闭环同步控制方法，在同步动作中连续地对同步误差进行修正。

图 10-93a）、b）分别为反馈同步控制的框图和气动回路图。

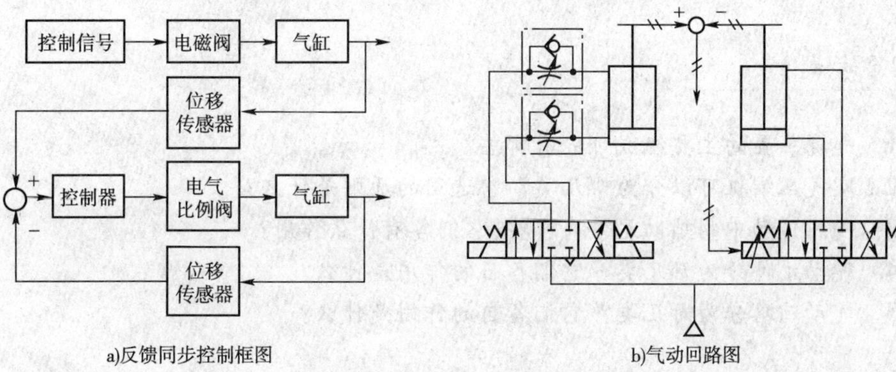

图 10-93　闭环同步控制回路

4. 延时回路

图 10-94 为延时回路，图 10-94a）是延时输出回路，当控制信号切换先导换向阀 4 后，压缩空气经单向节流阀 3 向气容 2 充气。当充气压力经延时升高致使先导换向阀 1 换位时，先导换向阀 1 就有输出。

在图 10-94b）回路中，按下手动换向阀 8，则气缸向外伸出，当气缸在伸出行程中压下手动换向阀 5 后，压缩空气经节流阀到气容 6 延时后才将二位四通换向阀 7 切换，气缸退回。

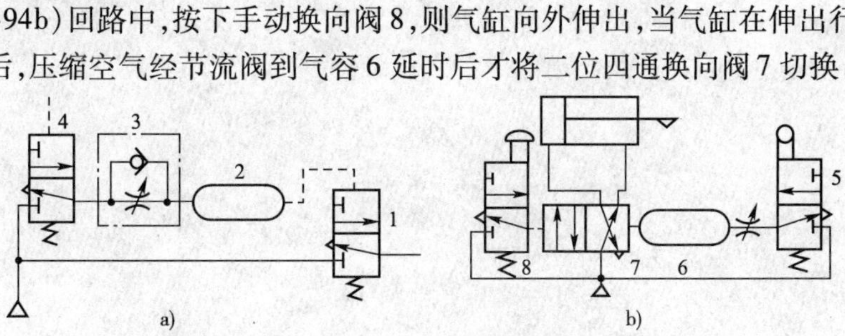

图 10-94　延时回路

1、4-先导换向阀；2、6-气容；3-节流阀；5、8-手动换向阀；7-二位四通换向阀

本 章 小 结

1. 气源装置是为气动系统提供满足一定质量要求的压缩空气，它是气压传动系统的重要组成部分。气源装置主要有空气压缩机、冷却器、油水分离器、储气罐、干燥器、过滤器等。辅助元件主要有油雾器、消声器、管道连接件等。

2. 气动元件通过气体的压力或膨胀产生的力来做功的元件。主要包括执行元件、控制元件和逻辑元件三类。气动执行元件是将压缩空气的压力能转换为机械能的装置。控制元件是控制和调节压缩空气的压力、流量和方向的控制阀，其作用是保证气动执行元件按设计的程序正常地进行工作。逻辑元件是用压缩空气为介质，通过元件的可动部件在气控信号作用下动作，改变气流方向以实现一定逻辑功能的气体控制元件。

3. 气压回路，是由相关的气动元件按一定方式组成的具有某种特定功能的气动子系统。可以分为方向控制回路、压力控制回路、速度控制回路以及其他回路。方向控制回路主要是利用方向控制阀来实现的。压力控制方法通常可分为气源压力控制、工作压力控制、双压驱动、多级压力控制、增压控制等。速度控制可以利用流量控制阀来改变进排气管路的有效截面积来实现。

复习思考题

10.1　气源装置的主要组成部分有哪些？

10.2　空气压缩机可以分为哪几类？它选用的原则是什么？

10.3　气压传动中的辅助元件有哪些，它们各有什么作用？

10.4　气动元件分为哪几类？它们各自的作用是什么？

10.5　气动回路分为哪几类？它们各自的作用是什么？

第 11 章　气压传动在汽车上的应用

教学目标

1. 了解汽车制动气压系统的组成。
2. 掌握汽车制动气压控制系统的工作原理。
3. 了解汽车空气动力悬架系统的组成。
4. 掌握汽车空气动力悬架系统的工作原理。

教学要点

知识要点	掌握程度	相关知识
制动气压控制系统的工作原理	理解	汽车制动原理
空气动力悬架系统的工作原理	理解	汽车悬架系统原理

11.1　汽车制动气压系统

11.1.1　汽车制动气压系统的组成

目前 4t 以上的载货汽车、客车几乎都使用气压制动。这是因为:气压制动不但制动力矩大、踏板行程较短、操纵轻便、使用可靠,而且对长轴距、多轴和拖带半挂车、挂车等,实现异步分配制动有独特的优越性。它的缺点是:消耗发动机的动力,结构复杂,制动不如液压式柔和而且制动反应也不如液压式快,非簧载质量大,行驶舒适性差,因而一般只用于中、重型汽车上。

气压制动传动装置,如图 11-1 所示,是以发动机的动力驱动空气压缩机工作,然后将压缩空气的压力转变为机械推力,使车轮产生制动。驾驶员只需按不同的制动强度要求控制踏板的行程,释放不同数量的压缩空气,便可调整气体压力的大小来获得所需的制动力。

气压制动传动装置由能源和控制装置两部分组成。能源部分包括空气压缩机、调压装置、双针气压表、前后桥储气筒、气压过低报警装置、油水放出阀和取气阀、安全阀等部件。控制装置包括制动踏板、拉杆、双腔控制阀、快放阀、继动阀等。

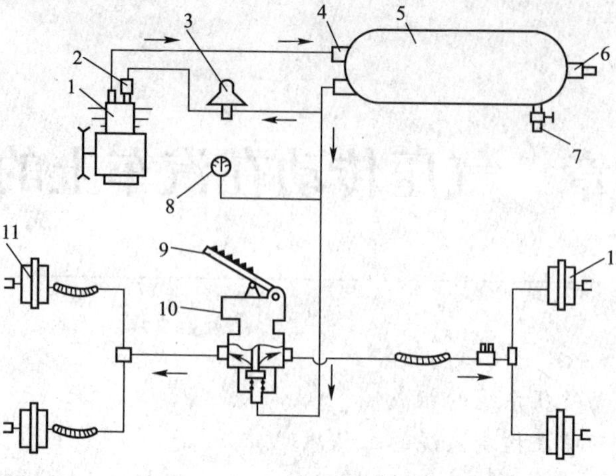

图 11-1　气压制动传动装置

1-空气压缩机;2-卸荷阀;3-调压器;4-单向阀;5-储气筒;6-安全阀;7-油水放出阀;8-气压表;9-制动开关;10-制动控制阀;11-前制动室;12-后制动室

1. 风冷式空气压缩机

空气压缩机的作用是产生压缩空气,是整个制动系统的动力源。最常见的结构是空气冷却往复活塞式空气压缩机,如图 11-2 所示,它与往复活塞式发动机结构相似。空气压缩机按其气缸的数量可分为单缸和双缸两种。

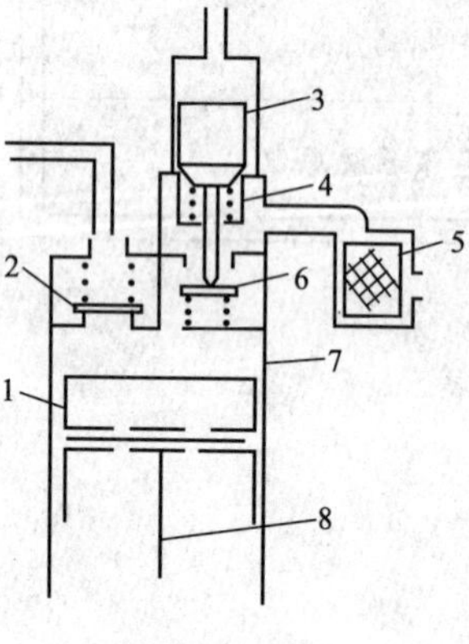

图 11-2　空气压缩机

1-活塞;2-出气阀;3-卸荷柱塞;4-柱塞弹簧;5-空气滤清器;6-进气阀;7-缸体;8-连杆

空气压缩机固定于发动机一侧的支架上,由曲轴带轮通过 V 形带驱动。如图 11-2 所示,空气压缩机由缸体、曲轴箱、曲轴、活塞、连杆、气缸阀盖总成、空气滤清器等组成。气缸体是铸铁的,带有散热肋片,气缸有弹簧压紧的进、排气阀门。进气口经气管通向空气滤清器,出气口经气管通向湿储气筒。

发动机运转时,空气压缩机即随之运转。当活塞下行时,吸开进气阀门,外界空气经空气滤清器、进气阀进入气缸。活塞上行时,进气阀在弹簧作用下关闭,气缸内空气被压缩并顶开出气阀门,压缩空气经出气口和气管送到湿储气筒。当储气筒内的气压达到 700 ~ 740kPa 时,卸荷柱塞顶开进气阀,使空气压缩机气缸与大气相通不再泵气,卸掉活塞上的载荷,减少了发动机的功率损失。

2. 调压器

调压器的作用是使储气筒保持在规定的气压范围内,并在超过规定气压后,实现空气压缩机的卸荷空转,以减少发动机的功率消耗。调压器在回路中的连接方法有两种。

(1)将调压器与空气压缩机和储气筒并联,当系统内的压力达到规定值时,调压器将空气压缩机的进气阀开启,卸荷空转。

(2)将调压器串联在空气压缩机和储气筒之间,当系统的空气压力达到规定值时,调压器将多余的压缩空气直接排入大气,使空气压缩机卸荷空转。这种方式浪费发动机动率,采用较少。

膜片式调压器的结构图如图 11-3 所示,调压器壳体上装有两个带滤芯的管,接头分别与卸荷室和储气筒相连。壳体和盖之间装有膜片调压弹簧,膜片中用螺纹固连着空心管。空心管可以在壳体中央孔中滑动,其间有密封圈,上部的侧面有径向孔与轴向孔相通。调压器下部装有与大气相通的排气阀。

3. 油水分离器

油水分离器的作用是将压缩空气中所含的水分和润滑油分离开来,以免腐蚀气筒及回路中的橡胶件。

黄河 JN 型汽车装用的油水分离器,当压缩空气流过油水分离器的滤芯时进行过滤,油水沉积下来,压缩空气流经调压器后进入储气筒。解放 CA1092 和东风 EQ1092 型汽车由于装用了湿储气筒,已将压缩空气进行了清洗、干燥,故不再装用油水分离器。

4. 双腔制动控制阀

1)作用

制动控制阀控制从储气筒进入制动气室和挂车制动阀的压缩空气,即控制制动气室的工作气压。同时在制动过程中具有渐进随动的作用。从而保证制动气室的工作气压与制动踏板的行程有一定的比例关系,使车速稳定在驾驶员的控制范围,确保制动的稳定,可靠,安全。

2)制动控制阀的组成

制动控制阀主要由上壳体,下壳体、平衡臂、膜片及阀门等部件组成,如图 11-4 所示。

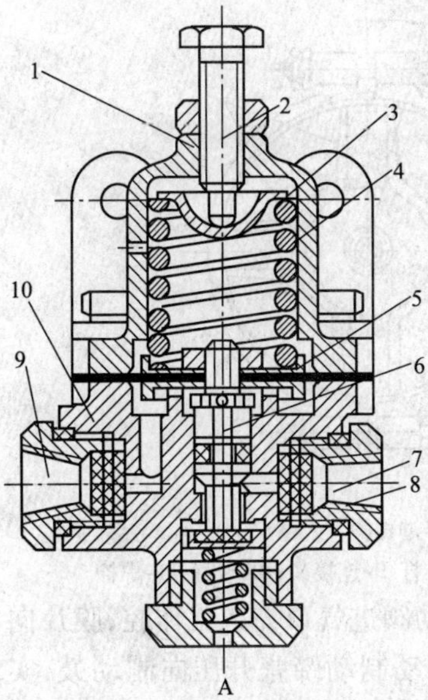

图 11-3 膜片式调压器

1-盖;2-调压螺钉;3-弹簧座;4-调压弹簧;5-膜片;6-空心管;7-接卸荷室管接头;8-排气阀;9-接储气筒管接头;10-壳体;A-通大气

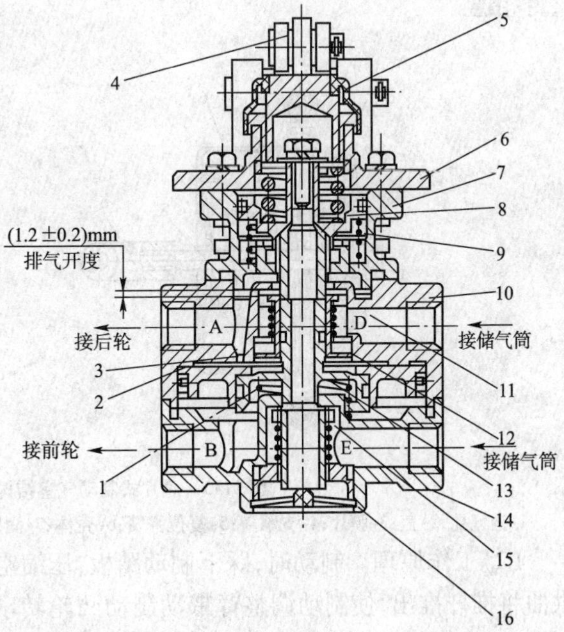

图 11-4 双腔串联活塞式制动控制阀

1-小活塞复位弹簧;2-大活塞;3-通气孔;4-滚轮;5-挺杆;6-上盖;7-上壳体;8-上活塞总成;9-上活塞复位弹簧;10-中壳体;11-上阀门;12-卡环;13-小活塞总成;14-下壳体;15-下阀门;16-排气阀

3)制动控制阀的工作过程

踩下制动踏板时,拉动制动阀拉臂,将平衡弹簧上座下压,经平衡弹簧和下座、钢球,通过推杆及钢球压下平衡臂,推动两腔膜片总成下移。消除间隙后,先关闭排气阀口,再打开进气阀口,储气筒内的压缩空气经制动阀进入各制动气室,推杆推动调整臂使凸轮转动,制动蹄压向制动鼓,产生制动作用。

放松制动踏板时,拉臂在复位弹簧的作用下复位,平衡弹簧座上端面的压力消除,推杆、平衡臂、膜片总成均在复位弹簧及平衡腔内压缩空气的作用下向上移,排气阀口 E 打开,制动气室及制动管路的压缩空气便经排气阀口,穿过芯管内孔通道,从上体排气口 B 排入大气,同时,制动蹄在复位弹簧作用下,摩擦片与制动鼓分离,解除制动。

5. 制动气室

制动气室相当于制动轮缸的作用,与制动器组合使用,功能是将输入的空气压力转变为转动制动凸轮的机械推力,使车轮制动器产生制动力矩。

制动气室目前有两大类:膜片式制动气室和活塞式制动气室。

1)膜片式制动气室

(1)结构特点。膜片式制动气室主要由盖、橡胶膜片、外壳、推杆以及复位弹簧等组成,如图 11-5 所示。夹布层橡胶膜片的周缘用卡箍夹紧在壳体和盖的凸缘之间。盖与膜片之间为工作腔,用橡胶软管与由制动阀接出的钢管连通,膜片右方则通大气。弹簧通过焊接在推杆上的支承盘推动膜片紧靠在盖的极限位置。推杆的外端通过连接叉与制动器的制动调整臂相连。

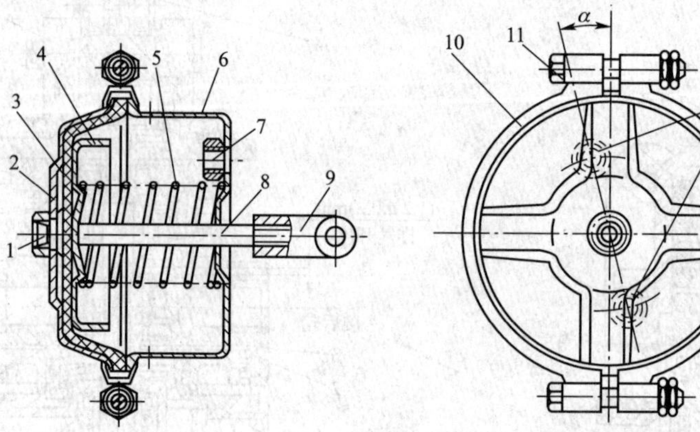

图 11-5　膜片式制动气室结构特点与工作过程图

1-通气孔;2-盖;3-膜片;4-支承盖;5-复位弹簧;6-壳体;7-固定螺栓;8-推杆;9-连接叉;10-卡箍;11-螺栓

(2)工作原理。制动时,踩下制动踏板,压缩空气经制动阀进气口充入工作腔,膜片向右拱曲将推杆推出,使制动调整臂带动制动凸轮转动,从而推动制动蹄张开压向制动鼓,实现制动。松开制动踏板,工作腔中的压缩空气经制动控制阀(或快放阀)排入大气,膜片和推杆在弹簧作用下复位,从而解除制动。

2)活塞式制动气室

(1)结构特点。双活塞制动气室由前行车制动气室、后驻车制动气室、中隔板、密封元件组成,如图 11-6 所示。驻车制动气室主要由腰鼓形弹簧、驻车制动活塞、推杆等组成;行车制动气室主要由制动活塞、复位弹簧、连接叉等组成。

(2)工作原理。利用行车时加气制动和驻车时放气制动结合实现。

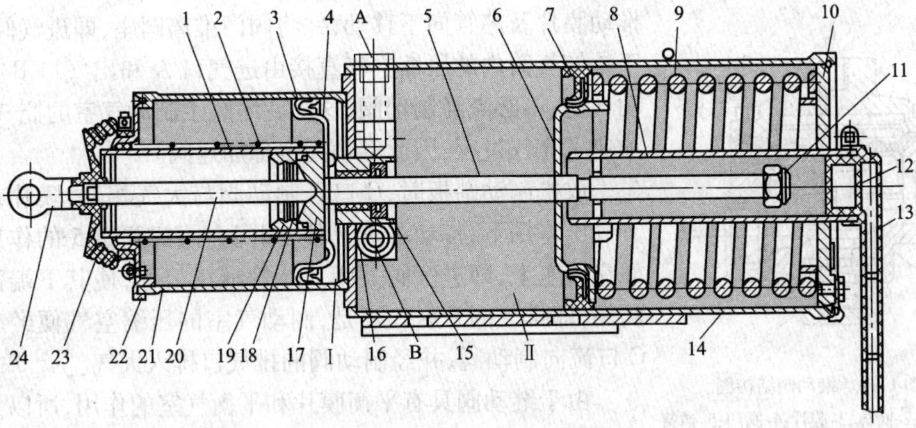

图 11-6 双活塞式制动气室结构特点与工作过程图

1-导向套筒;2-行车制动活塞复位弹簧;3-行车制动活塞皮圈;4-行车制动活塞体;5-驻车制动气室推杆;6-驻车制动活塞体;7-驻车制动活塞皮圈;8-套筒;9-储能弹簧;10-驻车制动气室盖板;11-螺母;12-毛毡滤气片;13-防尘管;14-驻车制动气室壳体;15-密封圈座;16-尼龙活塞皮圈;17-承推活塞;18-尼龙导向环;19-尼龙挡圈;20-行车制动气室推杆;21-行车制动气室壳体;22-行车制动气室盖;23-防护套;24-连接叉;A-行车制动气室通气口;B-驻车制动气室通气口;Ⅰ-行车制动气室;Ⅱ-驻车制动气室

①不制动时:手动控制阀在上位,接通储气筒,储气筒的压缩空气经手动阀到进气口 A 再进入驻车制动气室,推动驻车制动活塞压缩腰鼓形弹簧使推杆、制动活塞和连接叉右移,制动器无制动作用。

②行车制动时:气压经驾驶员控制的控制阀到 B 口进入制动气室推动制动活塞和连接叉左移,使制动器产生制动。

③驻车制动时:手动控制阀在下位,关闭储气筒气源,接通大气,驻车气室 A 口通大气,驻车制动活塞、推杆、制动活塞和连接叉在腰鼓形弹簧推动下,左移制动器产生制动作用。

④保护制动时:如果车辆长期存放制动系统无气压时或因系统严重漏气、气管断裂、压缩机故障、频繁制动等引起系统气压过低时,驻车气室气压小于腰鼓形弹簧的弹力时,驻车制动活塞、推杆、制动活塞和连接叉在腰鼓形弹簧推动下,左移制动器产生制动作用,使汽车进入保护制动,从而保障安全。

6. 继动阀和快放阀

反应迟缓是气压制动的一大弱点,而在长轴距的汽车制动中,制动阀距制动气室较远,如果制动气室的充气与放气都要经过制动阀,则将使制动的产生与解除过于迟缓,气压制动的迟缓性更严重影响了制动的随动性。为此,现代汽车在制动阀与制动气室之间装有继动阀与快放阀,使制动气室的气压更快地建立与撤除。它的作用是迅速排放制动气室中的压缩空气,以便迅速解除制动。

1)继动阀

(1)结构。继动阀由芯管、阀体、膜片、阀门及弹簧等组成,如图 11-7 所示。它安装在储气筒和制动气室之间。进气口 A 接储气筒,出气口 B 接制动气室,孔口 C 与制动阀的出气口相通。

(2)工作原理。制动时,踩下制动踏板,压缩空气由制动阀 C 口充入膜片上方的气室,

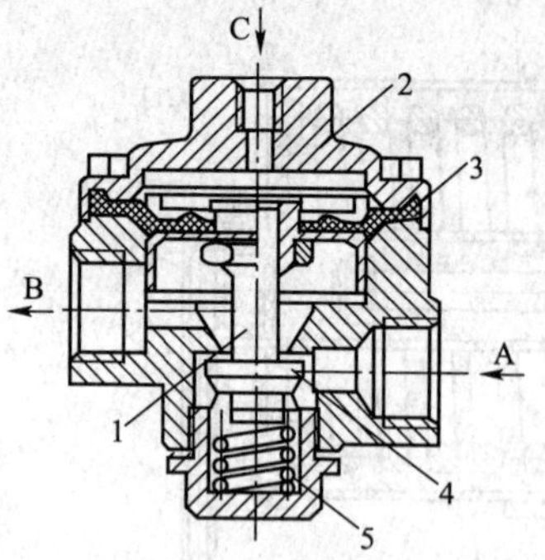

图 11-7　继动阀结构图

1-芯管;2-阀体;3-膜片;4-阀门;5-弹簧

推动膜片及芯管向下移动,并将阀门推离阀座,即进气阀开启,于是储气筒内的压缩空气直接由进气口 A 和出气口 B 充入制动气室,不必流经制动阀,这样就缩短了制动气室的充气管路,加速了充气过程,因此继动阀也称加速阀。

放松制动踏板时,C 口经制动阀与大气相通,膜片在其下方气压作用下,带动芯管上移,阀门在阀门弹簧 5 的作用下紧靠在阀座上,即进气阀关闭。芯管继续上移,使其下端面离开阀门,即排气阀开启。于是,制动气室的压缩空气便经芯管和 C 口流向制动阀,并经制动阀的排气口排入大气。

由于继动阀具有平衡膜片和平衡气室的作用,所以只要输入的制动压力是渐进变化的,则继动阀对本身输出压力的控制也是渐进的。

2)快放阀

(1)结构。它主要由上壳体、膜片、密封垫及下壳体等零件组成(图 11-8)。

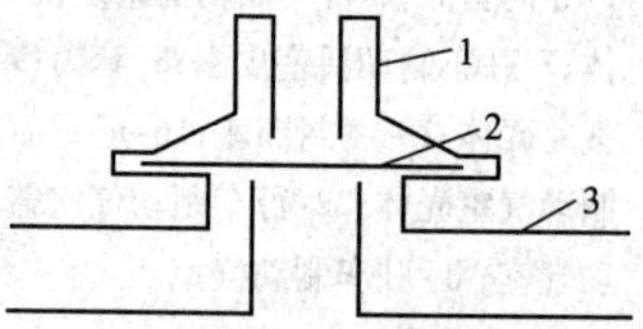

图 11-8　快放阀简图

1-上壳体;2-膜片;3-下壳体

(2)工作原理(图 11-9)。

①当制动时,从双腔并列膜片或制动阀前腔室输往后桥车轮制动气室的压缩空气进入 A 口后推动膜片,将排气口 D 堵住,同时吹开膜片四周,使膜片边缘下弯,压缩空气沿下壳体的径向沟槽,经 B、C 口分别通往左、右制动气室。

②当放松制动时,制动气室的压缩空气回流,从快放阀 B、C 口进入,将膜片向上吹起关闭了进气口 A,同时从排气口 D 排入大气,无须迂回流经制动阀。

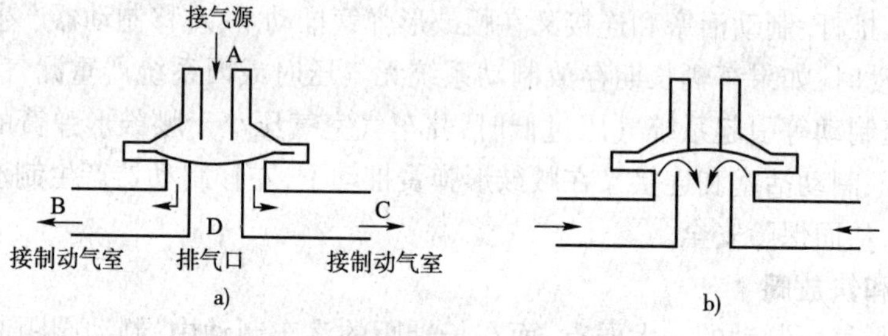

图 11-9　快放阀工作原理图

7. 双回路压力保护阀

双回路制动系统中,空气压缩机产生的压缩空气经双回路保护阀分别向各回路的储气筒充气,当一条回路损坏或漏气时,压力保护阀能保证另一条完好的管路继续充气。

8. 双通单向阀

在两管路对同一装置供气的情况下,为防止两管路气压不等,互相充气而影响用气装置的工作,常采用双通单向阀。

11.1.2　汽车制动气压控制系统工作原理

以发动机的动力驱动空气压缩机作为制动器制动的唯一能源,而驾驶员的体力仅作为控制能源的制动系统称之为气压制动系统。一般装载质量在8000kg以上的载货汽车和大客车都使用这种制动装置。

由发动机驱动的空气压缩机将压缩空气经单向阀首先输入湿储气罐,压缩空气在湿输气管内冷却、并进行油水分离之后,分成两个回路:一个回路经储气筒、双腔制动阀的中腔通向后制动气室;另一个回路经储气筒、双腔制动阀的下腔通往前制动气室。当其中一个回路发生故障失效时,另一个回路仍能继续工作,以保证汽车具有一定的制动能力,从而提高了汽车行驶的安全性。

踩下制动踏板,拉杆拉动制动控制阀使之工作,前、后储气筒的压缩空气便分别通过制动控制阀的两个腔调节后,进入前、后轮制动气室,使前、后轮制动。与此同时,通过前、后制动回路之间并联的双通单向阀接挂车制动控制阀,将湿储气罐与通向挂车的通路切断,使挂车进行放气制动。

图11-10为一汽车气压制动系统示意图。

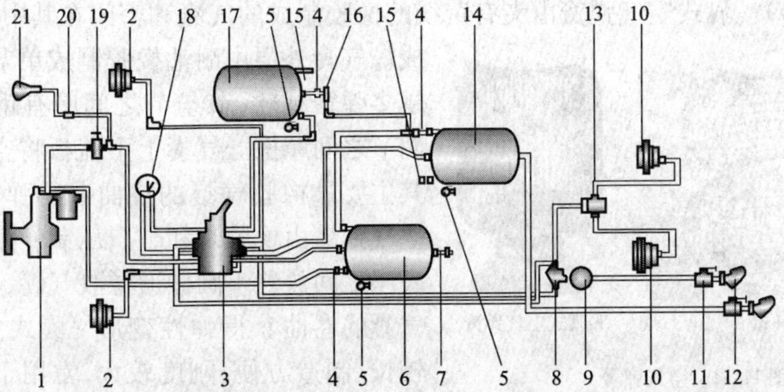

图11-10　气压制动回路示意图

1-空气压缩机;2-前制动气室;3-双腔制动阀;4-储气罐单向阀;5-放水阀;6-湿储气罐;7-安全阀;8-梭阀;9-挂车制动阀;10-后制动气室;11-挂车分离开关;12-接头;13-快放阀;14-主储气罐(供前制动器);15-低压报警器;16-取气阀;17-主储气罐(供后制动器);18-双针气压表;19-调压器;20-气喇叭开关;21-气喇叭

由发动机驱动的空气压缩机(以下简称空压机)1将压缩空气经单向阀4首先输入湿储气罐6,压缩空气在湿储气罐内冷却并进行油水分离之后,分成两个回路:一个回路经储气罐14、双腔制动阀3的后腔通向前制动气室2,另一个回路经储气罐17、双腔制动阀3的前腔和快放阀13通向后制动气室10。当其中一个回路发生故障失效时,另一个回路仍能继续工作,以维持汽车具有一定的制动能力,从而提高了汽车行驶的安全性。

双腔制动阀通过制动踏板来操纵。不制动时,前、后制动气室分别经制动阀和快放阀与大气相通,而与来自储气罐的压缩空气隔绝,因此所有车轮制动器均不制动。当驾驶员踩下制动踏板时,制动阀首先切断各制动气室与大气的通道,并接通与压缩空气的通道,于是两个主储气罐便各自独立地经制动阀向前、后制动气室供气,促动前、后制动器产生制动。

图11-10中还有一条通向挂车制动回路的气路。在不制动的情况下,前制动储气罐通过挂车制动阀9、挂车分离开关11、接头12向挂车储气罐充气。制动时,双腔制动阀的前、后腔输出气压都通入梭阀8。由于两腔输出的气压不可能一致,梭阀只让压力较高腔的压缩空气输入挂车制动阀9,后者输出的气压控制装在挂车上的继动阀,使挂车产生制动。

11.2 汽车空气动力悬架系统

11.2.1 汽车空气动力悬架系统组成

汽车空气动力悬架系统主要由空气弹簧、导向机构、高度控制阀、减振器、横向稳定器和缓冲限位块等组成。以空气弹簧为弹性元件,利用空气的可压缩性实现其弹性作用。通过压缩空气的压力能够随着载荷和道路条件变化进行自动调节,不论满载还是空载,整车高度几乎没有变化,可以大大提高乘坐的舒适性。

1. 空气弹簧

空气弹簧是一橡胶帘布结构的气囊,以空气为介质,利用空气具有的压缩弹性的性质所制成的弹簧。根据橡胶气囊工作时的变形方式,空气弹簧一般分囊式空气弹簧和膜式空气弹簧(图 11-11)。囊式空气弹簧由夹有帘线的橡胶制成的气囊和密闭在其中的压缩空气构成。气囊外层由耐油橡胶制成单节或多节,节数越多弹簧越软,节与节之间围有钢质腰环,防止两节之间摩擦。气囊上下盖板将空气封于囊内,其主要靠橡胶气囊的挠曲获得弹性变形。膜式空气弹簧由橡胶片和金属压制件组成,在盖板和底座之间放置一圆柱形橡胶气囊,其主要靠橡胶气囊的卷曲获得弹性变形。囊式空气弹簧寿命较长、制造方便、刚度较大,常用于载货汽车上;膜式空气弹簧尺寸较小、弹性特性曲线更理想、刚度较小,常用于轿车上。

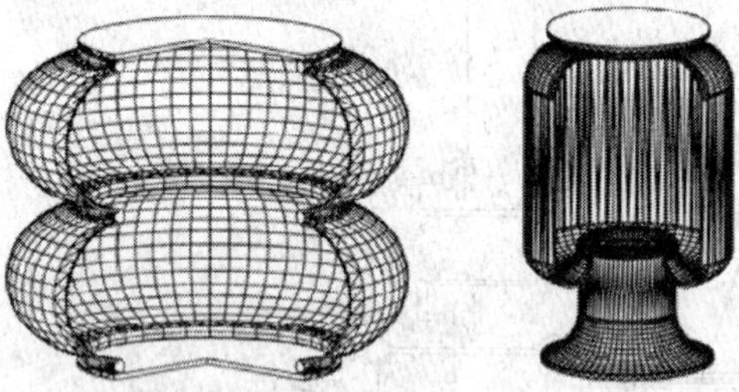
a)囊式空气弹簧　b)膜式空气弹簧

图 11-11　空气弹簧

2. 导向机构

由于空气弹簧只能承受垂直载荷,要传递作用在车轮和车架〔或车身〕之间的一切力(纵向力和侧向力)和其力矩,必须在汽车空气悬架中设计导向机构。导向机构的形式很多,目前典型的导向机构有以下几种。

1)板簧式导向机构

主要用于复合式空气弹簧悬架中,钢板弹簧主要作用为导向元件,同时也承担一部分载荷,兼起一部分弹性元件的作用。日野、日产及韩国的部分大中型客车都采用这种悬架结构形式。这种导向机构对于具有纵梁或类似纵梁的汽车底盘结构布置比较方便,对于传统的工字型锻造前梁和铸造后桥壳,不需进行改造,可直接装置空气悬架。常见有纵置半椭圆钢板弹簧导向机构和纵置四分之一椭圆钢板弹簧导向机构。

2)纵向单臂式导向机构

纵向单臂式导向机构类似于纵置四分之一椭圆钢板弹簧导向机构,所不同的是纵臂采用刚性臂,而纵置四分之一椭圆钢板弹簧导向机构采用弹性臂,这种导向机构必须设置横向推力杆,用来承担侧向力。该导向机构可降低汽车纵向倾覆力矩中心位置,增加了车身抗纵倾能力。前悬架导向臂一般较长,可保持主销后倾角不变。通常导向臂与车桥及车架弹性连接,消除了刚性连接应力集中的影响,也可减少噪声的传递。

3)A 形导向机构

A 形导向机构可以看成是纵向单臂式导向机构的特殊形式,它将两根纵置刚性臂通过与车架上一点的连接构成 A 形架,在传递纵向力的同时还传递侧向力。A 形架可避免导向机构内的附加载荷,克服了纵向单臂式导向机构的缺点。A 形架的另一优点是可使左右空气弹簧中心距较大,大大提高了悬架的侧向角刚度。但是该结构为了减少轮胎磨损,避免空气弹簧有过大的垂直位移,常把 A 形架做得很大以增加摆臂长度,使得导向机构尺寸和质量变大。

4)四连杆导向机构

四连杆导向机构是空气弹簧悬架系统广泛采用的一种结构形式。它常采用两种结构形式,一种主要用于前悬架;另一种主要用于后悬架。如依卡露斯 256 前悬架、三菱扶桑 MP158 前悬架等,这种导向机构由一根上纵向推力杆、二根下纵向推力杆和一根横向推力杆组成。依卡露斯 256 后悬架、日野 RE 大客车后悬架等其四连杆导向机构采用两根上纵向推力杆在水平面内倾斜布置的方式,构成了一个三角形架,上推力杆不仅承受纵向力,也承受侧向力。

3. 高度控制阀组件

高度控制阀组件是用来控制空气弹簧内气体压力的执行机构,装配在车架和车桥之间,用来感知车身与悬架之间高度变化,即空气弹簧挠度变化,调整空气弹簧的刚度,使之维持在标准高度附近。高速时降低车身,保持汽车稳定性,减少空气阻力。在起伏不平的路面情况下,提高车身高度以提高汽车通过性。

高度控制阀根据阀门开闭对车身振动反应时间分为即时型和延时型。所谓即时型高度控制阀即当车身有相对位移时,高度控制阀就有充放气动作。这就要求控制设备精度高,气路密封性好,同时所有的控制设备每时都处于工作状态,工作负荷较大;延时型高度控制阀避免了这种频繁工作的现象。延时型高度控制阀通过延时装置产生阻尼,延缓阀门的动作,其延时时间一般为 1 ~6s,通常使用时间为 2 ~4s,即在两个振动周期左右不敏感,以节省压缩空气无益的消耗,减小了阀中各零部件的磨损,延长了高度控制阀的使用寿命,所以被普遍采用。

4. 减振器

减振器的作用是吸收悬架弹性元件变形时的车辆振动,使其迅速恢复平稳状态,以改善汽车行驶的平稳性。空气悬架系统减振器是一种高性能减振器,该减振器性能随载荷的增减而改变,有很高的抗拉强度,具有极限行程的限位作用。

5. 横向稳定器

安装横向稳定器的目的是为了提高汽车抗侧倾能力和保证汽车具有良好的转向特性。如果空气悬架导向机构有足够的侧倾角刚度时可以没有横向稳定器。

6. 缓冲限位块

空气悬架系统中缓冲限位块的安装形式有两种,一种为安装在空气弹簧的盖板或底座上,另一种为安装在空气弹簧以外的车架或车桥上。缓冲块的作用是避免车架和车桥或导向杆件之间的刚性冲击。在车辆行驶过程中,缓冲块经常受到间断性的冲击压缩。因此,缓冲块应具有足够的强度且内部应力分布要均匀。当空气弹簧漏气或气囊损坏时，缓冲块起到橡胶弹簧的作用。

11.2.2 汽车空气动力悬架系统工作原理

事实上空气悬架的种类有很多，既有只可调软硬无法调高低的，也有高低软硬都可调整的，例如早期应用在部分豪华轿车上的空气悬架系统，便通过调整两个气室之间的空气流速来改变悬架软硬，而不具备高低调整功能。本文则以现时流行的高低软硬可调式空气悬架为例。

通过上面的结构图可见，空气悬架的主体构造与螺旋弹簧+减振筒形式几乎一模一样，只不过在螺旋弹簧上部设有一个密闭的气室，通过改变气室体积（上下方向），便可以改变弹簧的长短，来调整车身离地距离并一定程度改变软硬特性；另外减振器部分则由电动机改变通气孔大小，从而调节减振器的衰减力。

要通过充气来改变气室的体积，需要配置一套泵气和储存高压气体的机构。而充气量的多少以及车身水平的维持，则由相应的传感器与电控单元来决定。以大众途锐为例，其电动气泵安放在底盘上大概是副驾座椅下面的位置，而高压储气罐则位于行李舱备胎旁边。

当需要升高车身的时候，系统发出指令让压缩气泵启动，并将储气罐里面的压缩空气输送到弹簧的空气室里面，需要降低车身时则仅仅需要控制排气阀排出空气即可。至于车身的实际高度则由每一个车轮旁边的车高传感器来监测和修正。升高或降低的调节，一方面可以由驾驶员通过车内的模式选择界面来控制，另一方面系统也会自动根据车速、路面振荡等其他参考数据来自动调整。

本章小结

1. 气压制动传动装置，是以发动机的动力驱动空气压缩机工作，然后将压缩空气的压力转变为机械推力，使车轮产生制动。

2. 气压制动传动装置由能源和控制装置两部分组成。能源部分包括空气压缩机、调压装置、双针气压表、前后桥储气罐、气压过低报警装置、油水放出阀和取气阀、安全阀等部件。控制装置包括制动踏板、拉杆、双腔控制阀、快放阀、继动阀等。

3. 汽车空气悬架系统主要由空气弹簧、导向机构、高度控制阀、减振器、横向稳定器和缓冲限位块等组成。

复习思考题

11.1 汽车制动气压系统的主要组成部分有哪些？

11.2 简述汽车制动气压控制系统的工作原理。

11.3 汽车空气动力悬架系统的组成部分有哪些？

11.4 简述汽车空气动力悬架系统的工作原理。

参 考 文 献

[1] 曹建东,龚肖新.液压传动与气动技术[M].北京:北京大学出版社,2006.

[2] 章宏甲,黄谊,王积伟.液压传动[M].2版.北京:机械工业出版社,2006.

[3] 左建民.液压与气压传动[M].4版.北京:机械工业出版社,2007.

[4] 陈尧明,许福玲.液压与气压传动学习指导与习题集[M].北京:机械工业出版社,2005.

[5] 齐晓杰.汽车液压与气压传动[M].2版.北京:机械工业出版社.2012.

[6] 许福玲,陈尧明.液压与气压传动[M].3版.北京:机械工业出版社,2007.

[7] 肖英奎.执行元件及控制[M].北京:化学工业出版社,2008.

[8] 杨逢瑜.电液伺服与电液比例控制技术[M].北京:清华大学出版社,2009.

[9] 吴海荣,郭新民.电液比例溢流阀在发动机上的应用[J].农机化研究,2006(9).

[10] 毛卫平.液压阀[M].北京:化学工业出版社,2009.

[11] 马雅丽,黄志坚.蓄能器实用技术[M].北京:化学工业出版社,2007.

[12] 成大先.机械设计手册　气压传动[M].5版.北京:化学工业出版社,2006.

[13] 邓英剑,刘志勇.液压与气压传动[M].北京:国防工业出版社.2007.

[14] 杨征瑞,花克勤,徐铁.电液比例与伺服控制[M].北京:冶金工业出版社.2009.

[15] 许益民.电液比例控制系统分析与设计[M].北京:机械工业出版社.2005.

[16] 安永东.汽车液压、液力与气压传动学习指导[M].北京:化学工业出版社,2008.

[17] 刘延俊.液压系统使用与维修[M].北京:化学工业出版社,2007.

[18] 林建材.空气悬架系统在汽车上的应用[硕士学位论文].佳木斯:佳木斯大学.2009.